江苏省全民阅读促进会
江苏省书香全民阅读基金会 编

江苏全民阅读
年度报告 2022

南京大学出版社

图书在版编目(CIP)数据

江苏全民阅读年度报告.2022 / 江苏省全民阅读促进会，江苏省书香全民阅读基金会编.—南京：南京大学出版社，2023.9
　ISBN 978-7-305-27237-0

Ⅰ.①江… Ⅱ.①江… ②江… Ⅲ.①读书活动-研究报告-江苏-2022　Ⅳ.①G252.17

中国国家版本馆 CIP 数据核字(2023)第 163242 号

出版发行	南京大学出版社
社　　址	南京市汉口路 22 号　邮　编　210093
出 版 人	王文军
书　　名	江苏全民阅读年度报告（2022）
	JIANGSU QUANMIN YUEDU NIANDU BAOGAO (2022)
编　　者	江苏省全民阅读促进会　江苏省书香全民阅读基金会
责任编辑	谭　天　余凯莉　束　悦
照　　排	南京紫藤制版印务中心
印　　刷	南京京新印刷有限公司
开　　本	718 mm×1000 mm　1/16　印张 23　字数 448 千
版　　次	2023 年 9 月第 1 版　印次　2023 年 9 月第 1 次印刷
ISBN 978-7-305-27237-0	
定　　价	90.00 元
网　　址	http://www.njupco.com
官方微博	http://weibo.com/njupco
微信服务	njupress
销售热线	025-83594756

* 版权所有，侵权必究
* 凡购买南大版图书，如有印装质量问题，请与所购图书销售部门联系调换

《江苏全民阅读年度报告(2022)》
编 委 会

主　任　韩松林
副主任　李贞强　汪维宏　裴　旭　朱学山　潘文卿
　　　　陈　辉　钱丽萍　王建萍
委　员　孙　敏　叶明生　刘　锋　左玉梅　于奎潮
　　　　陈光亚　黄茗馨　王华超　卢晓光　王卫平
　　　　钮启贤　侯沛成　周广峰　季德荣　朱　军
　　　　刘春安　徐春洪　刘　虎

主　编　韩松林
副主编　汪维宏　刘　锋　王建萍　张志强

前　言

2022年,在全民阅读发展史上是极为重要的一年。

2022年4月23日,首届全民阅读大会在北京召开。

2022年4月23日,习近平总书记向首届全民阅读大会致贺信。

2022年10月16日,习近平总书记在党的二十大报告中明确要求"深化全民阅读活动"。

2022年,江苏各地各部门坚决贯彻落实习近平总书记致首届全民阅读大会贺信精神和党的二十大精神,认真贯彻落实省委省政府和省全民阅读活动领导小组决策部署和工作安排,扎实深入推进全民阅读,书香江苏建设取得新成绩。一是组织领导有力度有作为。在全国率先制定贯彻落实习近平总书记致首届全民阅读大会贺信精神的"15条措施",得到中宣部领导的肯定。省委主要领导和省委省政府分管领导专题调研全民阅读工作,南京、无锡、苏州、连云港、淮安、盐城、镇江、泰州、宿迁等9个城市市委主要负责同志专题听取全民阅读工作汇报或实地调研书香城市建设,全民阅读、书香社会建设的组织领导明显增强。二是主题阅读有深度有温度。集中发布"书写新时代 献礼二十大"主题出版重点出版物,9种项目入选中宣部主题出版重点出版物选题,全省征订发行党的二十大文件及学习辅导读物1 295万册,数量均居各省(区、市)第一。图书《我心归处是敦煌:樊锦诗自述》获中宣部"五个一工程"优秀作品奖。省市县联动举办第十八届江苏读书节222场重点活动,全民阅读活动领导小组成员单位举办系列主题阅读活动,推动党的创新理论走深走心走实。三是阅读服务有创新有突破。"12本好书"等好书推荐活动、选树和复核书香城市建设示范市、认证和扶持一批省级公益阅读推广活动项目、推选全民阅读"五十佳"等,一系列先进典型的示范引领作用更加凸显。第十二届江苏书展线上线下参与人次超过1.56亿,全省农家书屋举办主题阅读活动7.8万多场次,分众分类阅读活动有效满足了不同群体需求。江苏数字农家书屋注册用户累计达621万人、使用7 142万人次。常州"秋白书苑"入选全国基层公共文化服务高质量发展典型案例。四是宣传报道有声势有效果。《人民日报》等中央主要媒体、《中国新闻出版广电报》等行业主要媒体,共刊发我省全民阅读工作经验做法稿件130多篇(次)。《新华日报》、省广电总台、《现代快报》等省内主要媒体对书香江苏建设的宣传报道力度也明显加大。江苏卫视创新开办《我在岛屿读书》节目,豆瓣开分高,获得观众好评。这些报道营造了读书为荣、读书为乐、读书为用的良好社会氛围,展示了书香江苏建设创新突破、蓬勃发展的良好形象。

《江苏全民阅读年度报告(2022)》生动反映了2022年江苏全民阅读氛围更加浓厚、书香江苏建设步伐明显加快。

编 者
2023年7月

第十八届江苏读书节

2022年4月23日上午,第十八届江苏读书节暨第二十七届南京读书节启动活动在南京渡江胜利纪念馆举行。省委常委、宣传部部长、省全民阅读活动领导小组组长张爱军出席活动并讲话,副省长、省全民阅读活动领导小组组长马欣出席活动。

第十二届江苏书展

第十二届江苏书展以"阅读新时代 喜迎二十大"为主题，超400家出版发行单位参与展示展销，线上线下参展出版物品种20万余种。

全民阅读春风行动

2023年元旦和春节期间,全省各市、县(市、区)纷纷开展"全民阅读春风行动"。

"书香中国·全民阅读大讲堂"活动

　　"书香中国·全民阅读大讲堂"2022年度共举办6场，分别于第十八届江苏读书节暨第二十七届南京读书节启动活动和第十二届江苏书展期间，邀请9名专家、学者主讲，受到广大读者的欢迎。

第十二届农民读书节

4月20日,第十二届江苏农民读书节暨2022淮安周恩来读书节在盱眙县天泉湖镇陡山村启动。活动以"弘扬耕读文化 助力乡风文明"为主题,发布了第十二届江苏农民读书节100种阅读参考书目、江苏数字农家书屋2021年度阅读数据,并开展图书和听书设备捐赠等活动。

第十三届"江苏职工读书月"

2022年5月至9月,第十三届"江苏职工读书月"在各地举行。

"书香政协"读书活动

省政协党组认真学习贯彻习近平总书记重要指示精神,深入开展"书香政协·同心筑梦"委员读书活动,让书香充盈政协履职全过程各方面,用读书聚共识筑同心促履职,以"书香政协"助推书香社会建设。

机关干部读书活动

省自然资源厅"先锋自然"读书会组织"一人一书"主题分享活动。

省水利厅"同心关爱　书送梦想"公益捐书活动。

第二届"江苏青少年阅读季"活动

2022年7月5日，第二届"江苏青少年阅读季"启动仪式在第十二届江苏书展苏州主展场举行。

"万名青少年助读计划"

第二届"江苏青少年阅读季"继续实施"万名青少年助读计划",向全省 10 000 名家庭困难中小学生每人赠送 300 元助读卡。

高校阅读活动

南京农业大学"最是书香能致远"阅读马拉松大赛。

常州大学"经典永流传,红色小说当下解读"活动。

"书香飘万家"阅读活动

无锡市锡山区安镇锦安社区带孩子来一场世界名著之旅。

淮安市社区家庭教育活动。

图书馆阅读推广活动

在图书馆服务宣传周期间,徐州市云龙区图书馆开展阅读活动。

南京图书馆开展的亲子阅读陪伴活动。

广播电视阅读推广活动

江苏卫视创新开办《我在岛屿读书》节目，豆瓣开分高，获得观众好评。

《我爱古诗词》是一档大型青少年传统文化益智类节目，2022年推出"名师说年俗""诗词里的文化地标""诗词里的二十四节气"等主题活动。

纸媒阅读推广活动

《新华日报》在第十二届江苏书展上推出"共读长江与运河"大型综合阅读活动。

《现代快报·读品周刊》广受读者好评。

世界读书日期间,紫牛荐书栏目邀请众多作家、学者、艺术家、运动员,通过紫牛新闻、《扬子晚报》官方微博等新媒体渠道,以视频的方式为读者推荐好书。

"9·28经典诵读"活动

2022年9月28日,"阅读新时代 喜迎二十大——9·28经典诵读活动"在江苏省内临江、沿河、濒海的南京、常州、新沂、靖江、如东五座城市的六处地标点接力举行,多个平台同步直播8小时,全网观看量超789万人次。

"玄武湖读书汇"活动

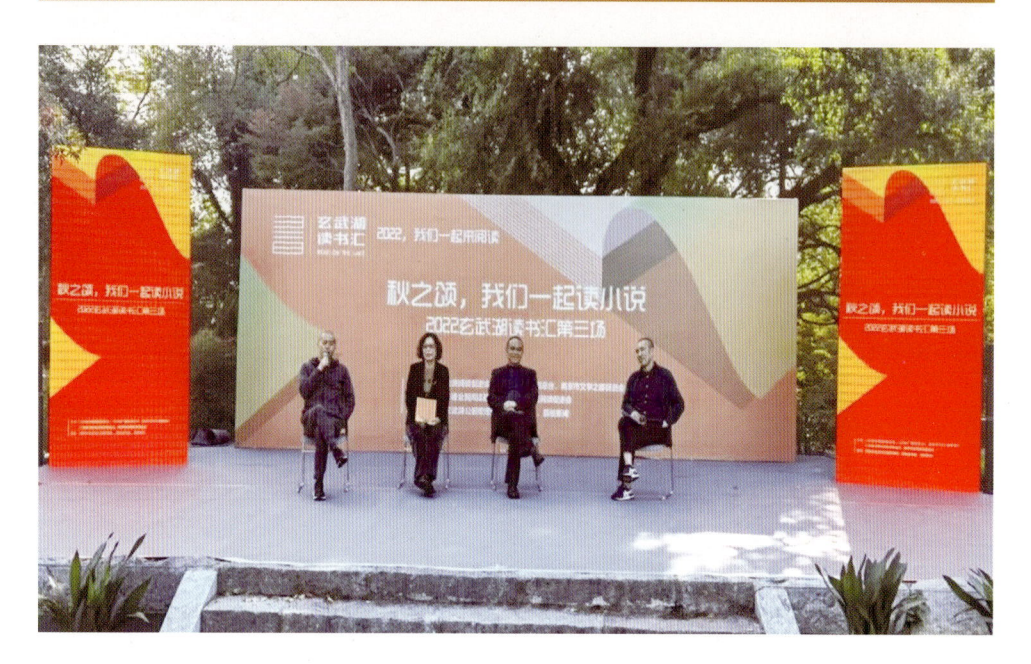

　　2022年，"玄武湖读书汇"以"我们一起来阅读"为核心理念，以"四季颂"为篇章，聚焦诗歌、散文、小说、科普四大专题，举行四场大型阅读推广活动。

科普阅读活动

江苏省青少年"诗词里的科学"科普主题阅读活动走进校园。

"大手拉小手 共话强国梦"科学家精神分享会在南京市中山小学举行。中国工程院院士贲德、中国科学院院士祝世宁、中国工程院院士曹福亮,以及吴春颖、吴巨友、柴人杰等3位中青年科学家,与同学们进行了面对面交流,并捐赠了科普图书。

"喜迎二十大 筑梦向未来"全省中小学生诵读大赛

第十二届江苏书展期间,"喜迎二十大 筑梦向未来"全省中小学生诵读大赛在苏州主展场举行。

第四届"《七彩语文》杯"青少年"讲·读·演"大赛

第四届"《七彩语文》杯"青少年"讲·读·演"大赛展演在南京举行。

"东方娃娃"阅读推广活动

东方娃娃杂志社在南京市江宁龙西社区举办"卜卜阅读会"活动。

南京市全民阅读活动

2022年2月26日,南京市全民阅读办在武定门青春会客厅举办"共读南京"《大明城垣》品读会。

2022年7月14日,南京市全民阅读办举办"长江大保护"主题阅读系列活动。

无锡市全民阅读活动

2022年9月24日，锡山区羊尖镇举办全民阅读节暨农民读书节启动式。

2022年12月10日，由江苏省新闻出版局指导、无锡市新闻出版局主办、宜兴市新闻出版局承办的江苏省2022"新时代乡村阅读季"主题阅读示范活动——宜兴市农民读书节暨"党的二十大精神共学共读"活动在宜兴启动。

徐州市全民阅读活动

2022年6月25日,徐州市全民阅读办、市教育局在新沂市联合举办阅读推广人暨领读者大会。

2022年9月9日,徐州市委宣传部、市文明办、市教育局、市农业农村局在邳州市联合举办以"弘扬耕读文化 助力乡风文明"为主题的第十二届徐州农民读书节启动仪式。

常州市全民阅读活动

2022年4月22日，常州市残联、市委宣传部、市全民阅读促进会共同举办"迎盛会·诵经典·向未来"常州市残疾人全民阅读系列活动。

2022年7月24日，常州市委宣传部、常州市全民阅读促进会、晋陵集团在青果巷举办青果思享会活动。

苏州市全民阅读活动

2022年8月21日,由苏州工业园区公共文化中心主办的"城市可阅读 巴士WE旅行"走进月光码头站。

2022年11月13日,昆山市文体广电和旅游局举办"我们走在大路上"诗文朗诵会。

南通市全民阅读活动

2022年4月22日，第十九届南通韬奋读书节在南通博物苑正式启动。

2022年7月1日，南通市"学习新思想 喜迎二十大"主题读书系列活动正式启动。

连云港市全民阅读活动

2022年4月23日,连云港市东海县第三届水晶读书节举行开幕式。

2022年8月31日,连云港市开发区朝阳街道小镇书房举办金秋阅读季启动仪式。

淮安市全民阅读活动

2022年1月,淮安市组织开展"带一本好书回家过年"图书募集活动,社会各界共捐赠图书7 000余册。

2022年6月22日,淮安市举办大学生阅读种子志愿服务行动启动仪式。

盐城市全民阅读活动

2022年5月29日,盐城市举行"童爱悦读"首届儿童读书节启动仪式。

2022年11月8日,盐城市举行"学习贯彻二十大 书香盐城向未来"主题读书活动暨"阅"见美好乡村全民阅读镇村行盐都专场启动仪式。

扬州市全民阅读活动

2022年1月18日,扬州市"全民阅读春风行动"——带一本好书回家过年活动走进扬州东站。

2022年9月27日,扬州市举办农家书屋阅读示范推广暨宝应县新时代乡村阅读季活动。

镇江市全民阅读活动

2022 年 10 月，"金山诵读"等阅读活动吸引超 10 万名中小学生参加。

2022 年 10 月，镇江市级机关开展"品味书香　畅享悦读"主题读书分享会。

泰州市全民阅读活动

2022年4月23日，泰州市在安定书院举行2022年泰州市"胡瑗读书节"开幕式。

2022年11月7日，"乐学泰州·二十四节气"中外读书交流分享会启动仪式暨"立冬"主题阅读活动在江苏中药科技园举行。

宿迁市全民阅读活动

2022年6月2日,宿迁市举行第十三届"职工读书月"启动仪式。

2022年10月15日,宿迁市全民阅读示范推广活动走进洋河新区西门社区。

目 录

第一部分 总报告

江苏全民阅读概况 ·· 3
江苏居民阅读状况调查概况 ·· 12
江苏全民阅读好书推荐概况 ·· 14
江苏全民阅读组织发展概况 ·· 26
江苏全民阅读典型发展概况 ·· 29
江苏全民阅读推广人发展概况 ······································ 39
江苏全民阅读领读者（阅读推广人）培训概况 ···················· 50
江苏全民阅读理论研究概况 ·· 53
江苏全民阅读宣传概况 ··· 63
江苏省书香全民阅读基金会发展概况 ······························ 73

第二部分 重大活动报告

第十八届江苏读书节综述 ··· 77
第十二届江苏书展综述 ··· 82
第十二届农民读书节综述 ··· 86
第十三届"江苏职工读书月"活动综述 ···························· 90
全民阅读春风行动活动综述 ·· 92
"书香中国·全民阅读大讲堂"活动综述 ························· 97
"书香政协"读书活动综述 ······································· 102
机关干部读书活动综述 ·· 106
高校阅读活动综述 ··· 109
第二届"江苏青少年阅读季"活动综述 ·························· 114
"书香飘万家"阅读活动综述 ···································· 117

1

全省中小学生诵读大赛综述 …………………………………………… 120
"9·28经典诵读"活动综述 ……………………………………………… 122
"玄武湖读书汇"活动综述 ……………………………………………… 130
科普阅读推广综述 ……………………………………………………… 133
第四届"《七彩语文》杯"青少年"讲·读·演"大赛综述 …………… 136
"东方娃娃"阅读推广活动综述 ………………………………………… 139
图书馆阅读推广活动综述 ……………………………………………… 142
广播电视阅读推广活动综述 …………………………………………… 145
纸媒阅读推广活动综述 ………………………………………………… 150
新媒体阅读推广活动综述 ……………………………………………… 156

第三部分 设区市全民阅读年度报告

南京市全民阅读年度报告 ……………………………………………… 163
无锡市全民阅读年度报告 ……………………………………………… 174
徐州市全民阅读年度报告 ……………………………………………… 183
常州市全民阅读年度报告 ……………………………………………… 193
苏州市全民阅读年度报告 ……………………………………………… 202
南通市全民阅读年度报告 ……………………………………………… 213
连云港市全民阅读年度报告 …………………………………………… 222
淮安市全民阅读年度报告 ……………………………………………… 229
盐城市全民阅读年度报告 ……………………………………………… 236
扬州市全民阅读年度报告 ……………………………………………… 244
镇江市全民阅读年度报告 ……………………………………………… 254
泰州市全民阅读年度报告 ……………………………………………… 263
宿迁市全民阅读年度报告 ……………………………………………… 269

附录一 重要文件

2022年江苏省全民阅读工作要点 …………………………………… 279
第十八届江苏读书节总体方案 ………………………………………… 283
关于开展第四批江苏省书香城市建设示范市(县、城区)选树测评工作的
　　通知 ……………………………………………………………… 305
关于开展2022年度省级公益阅读推广活动认证扶持工作的通知 …… 324

关于开展2023年"全民阅读春风行动"的通知 …………………………… 328
扬州市城市书房条例 ……………………………………………………… 331

附录二 荣誉与奖励

江苏省第四批书香城市建设示范市（县、城区）名单 …………………… 341
2022年度省级公益阅读推广活动认证名单 ……………………………… 342
第四届江苏全民阅读"五十佳"名单 ……………………………………… 345
第三批江苏省全民阅读推广人名单 ……………………………………… 348
江苏省第五届书香家庭名单 ……………………………………………… 349
第十三届"江苏职工读书月"获奖名单 …………………………………… 351

附录三 受捐与资助

向江苏省书香全民阅读基金会捐赠资金和出版物的企业名录（2022年度）
………………………………………………………………………………… 359
江苏省书香全民阅读基金会资助项目（2022年度） …………………… 360

后记 ………………………………………………………………………… 361

第一部分

总报告

江苏全民阅读概况

党的二十大报告提出"深化全民阅读活动"的使命任务。这是继2012年党的十八大报告历史性地写入"开展全民阅读活动"以来,"全民阅读"第二次被写入党的全国代表大会的报告。

2022年,江苏深入贯彻落实习近平总书记致首届全民阅读大会贺信精神和党的二十大关于深化全民阅读活动的部署,持续推动文化强省建设,将奋力建设"社会主义文化强国先行区"作为推进中国式现代化江苏新实践的重要一环,着力推进江苏全民阅读工作向纵深发展,大力倡导读书学习,强化优秀出版产品和服务供给,创造更好的阅读条件,积极推动全社会参与到阅读中来,形成了爱读书、读好书、善读书的浓厚氛围,"书香江苏"建设取得一系列新进展、新成效。

2022年,江苏在全国率先制定贯彻落实习近平总书记致首届全民阅读大会贺信精神的"15条措施",得到中宣部领导的肯定。江苏省委主要领导专题调研全民阅读工作,南京、无锡、苏州、连云港、淮安、盐城、镇江、泰州、宿迁等9个城市市委主要负责同志,专题听取全民阅读工作汇报或实地调研书香城市建设。

2022年,江苏成年居民综合阅读率为90.33%,较2021年提高0.1个百分点;人均每天阅读时长为85.35分钟,较2021年增加7.56分钟;人均纸质图书阅读量6.55本,较2021年增加0.77本;电子书阅读率为64.51%,较2021年上升0.13个百分点;人均听书量为4.43本,较2021年增加1.17本。

一、坚持加强阅读指导服务

2022年,江苏深入实施"文化强省""书香江苏"战略,不断强化精品出版意识,聚焦优质内容建设,为江苏全民阅读的深化提供了更多优质的阅读内容。图书《我心归处是敦煌:樊锦诗自述》获中宣部"五个一工程"优秀作品奖,9种项目入选中宣部主题出版重点出版物选题,全省征订发行党的二十大文件及学习辅导读物1 295万册,数量均居全国各省(区、市)第一。

江苏在全民阅读好书推荐领域积极探索,打磨出"省全民阅读活动领导小组向社会推荐的 12 本好书""2022 共读南京""新华书房""凤凰好书""大众好书榜"等特色书单,全省各地和有关单位也纷纷推出特色书单,将优质阅读内容深度覆盖全省人民。2022 年省全民阅读活动领导小组向全省读者推荐了包括《一切为了人民:中国共产党为什么成功》《双循环论纲》《长寿时代:从长寿、健康、财富的角度透视人类未来》等在内的"12 本好书";"2022 共读南京"12 本推荐书目包含诗词、散文、文献、实录等;2022 年"新华书房"推荐书目包括《习近平在浙江》《人民至上:从〈共产党宣言〉到〈为人民服务〉》《觉醒与超越:中国共产党与中国式现代化》等红色读物和主题出版物,内容涵盖价值引领、社会发展和国家进步等领域;2022 年度"凤凰好书"推荐书目涵盖哲学思辨、政史变迁、国学文化、世界文明等多元题材,旨在使读者提升思辨能力、涵养人文底蕴;2022 年度"大众好书榜"揭晓了《自我革命》等 40 本大众好书榜年度好书及《我陪你长大,你陪我成长》等 20 本年度亲子阅读好书,同时在大众书局各连锁门店重点陈列,以更好满足人民群众的精神文化需求。

这些精心遴选的推荐书目,有的引导广大人民群众追寻红色足迹、传承红色基因,有的以史为镜、从历史中凝炼智慧获得启迪,有的直击中国发展与转型的现实困境与解决路径,有的放眼世界、关注文明的碰撞与交流,有的传承与弘扬深厚的江苏文化,在精神提升与价值引领上具有较强的推动作用,从内容层面为全民阅读深入开展打下坚实的基础。

二、大力开展阅读推广活动

2022 年,江苏各级党委、政府紧紧围绕学习宣传贯彻党的二十大精神和习近平总书记致首届全民阅读大会贺信精神,通过开展各类阅读推广活动,坚持把全民阅读融入人民日常生活,融入实施文化强省战略和"书香江苏"高质量发展大局。从数据来看,无论是省级阅读推广活动还是各设区市组织的阅读推广活动,其活动数量均相当可观,如第十八届江苏读书节推出 222 项重点阅读活动,省会城市南京 2022 年举办各类阅读推广活动共 1 万多场,其他各设区市也充分发力,如无锡市梁溪区、锡山区分别开展阅读活动约 3 000 场、4 000 场,充分显示了江苏全民阅读活动的丰富程度。

从省市重大活动的开展来看,活动规模进一步扩大,活动开展进一步优化,在阅读引领、品牌示范、重点群体、宣传普及等方面有了进一步突破。第十八届江苏读书节暨第二十七届南京读书节,于 2022 年 4 月 23 日在南京市党史综合设施序厅启动,紧扣迎接宣传贯彻党的二十大工作主线开展"新思想 e 起学"、"马克思主义·青年说"、"时代先锋讲坛"、"逐梦向未来"中华经典诵读活动、

"党的光辉照我心,童心喜迎二十大"主题征稿活动等。江苏"全民阅读春风行动",于2023年元旦和春节期间在江苏广泛开展,聚焦特殊群体,以"两中心一平台"建设结合全省科技文化卫生"三下乡"服务活动和"农家书屋万场主题阅读活动"等系列活动推动全民阅读进一步深入。2022年度"书香中国·全民阅读大讲堂"活动于第十八届江苏读书节启幕后首次开讲,4月至7月共邀请9名各行业学界全民阅读领军人物开展全民阅读大讲堂6场。第二届"江苏青少年阅读季"活动,以"喜迎二十大 逐梦向未来"为主题,开展万场青少年主题阅读活动,实施"万名青少年助读计划"等。

2022年,江苏充分开展全民阅读活动,在活动形式、活动内容以及活动覆盖面上都有长足的进步。首先,活动形式得到充分创新。除了常见的书单推荐、诵读活动等外,江苏全民阅读活动还充分联合社会力量,如苏州联合轨道交通推出绿色数字阅读"云图书馆"为市民乘客提供免费借阅服务;充分调动数字资源,如宿迁用好"京东读书"App海量数字阅读资源,2022年向市民提供5万多张京东读书VIP卡。其次,活动内容得到极大丰富。通过第十八届江苏读书节、第十二届江苏书展、"全民阅读春风行动"、各地方读书节(月、季)等大型活动组织覆盖全省、贯穿全年的各类阅读活动,人民群众的精神生活得到新的丰富。再次,活动覆盖面得到充分提升。如南京、常州等市充分注重分众服务,面向机关干部、企业员工、少年儿童、农民群体、残障人士分别开展各类阅读活动,帮助全市人民更好参与到全民阅读行列中,从阅读中收获充实和快乐。南通、淮安等市充分关注乡村阅读推广,举办农家书屋各类活动2 000余场。

三、积极培育阅读组织

2022年,江苏积极推进阅读组织建设,推动阅读组织规模不断扩大,组织架构持续规范,制度要求更加清晰,多样化、品牌化全民阅读活动进社区、进乡村,让全民阅读服务走通最后一公里,全民阅读生态圈更加完善。

在组织数量上,江苏省全民阅读组织整体数量呈稳步上升态势。据不完全统计,2022年江苏各类社会阅读组织共有5 776家,其中高校阅读组织共计232家,省属企事业单位阅读组织共计145家;各设区市全民阅读组织共有5 399家,较去年增加140家,增长率为2.6%,其中徐州市阅读组织数量增加175家,增长率为83.73%,增长速度居全省第一。在组织架构上,各设区市阅读组织层级逐步完善,成立市、县、区全民阅读促进会,基层阅读组织构建成为重点,通过组织力量的传递使全民阅读进基层、进农村、进一线,建立覆盖城乡的阅读网络。在制度规范上,通过民主会议、多方协商等形式制定与调整阅读组织相关制度,如常州市全民阅读促进会制定《常州市社会阅读组织备案管理暂行办法》《常州市全民阅读促进会阅读推广人选聘办法》等,使阅读组织活动开展更加规范,促进全民阅读活动开展有据可依、阅读组织健康可持续发展。在会员发展和培训上,全省各级阅读促进会广泛吸纳会员,相关阅读组织会员人数不断增多、社会影响力不断提升。各阅读组织通过定期的精品培训活动,提升组织成员的服务能力与工作能力,打造了一支具备专业水平与服务精神的优质团队。在全民参与上,广泛吸纳多元化的社会主体加入阅读组织,积极与各类社会组织资源互换,如与民营出版机构、独立书店、互联网电商等通力合作,吸纳社区工作者、教师、大学生等社会力量,积极支持民间阅读组织建设,重点关注解决外来务工人群子女等阅读弱势群体的各类阅读困境。在典型打造上,一批有针对性、特色性、趣味性的阅读推广品牌活动涌现,如常州市持续深化"春晖朗读"品牌活动等;一批重点培育的阅读组织正积极发挥阅读带动作用,如苏州市的慢书房、思麦特等一批读书会已成为深化全民阅读的中坚力量。

四、充分发挥榜样引领作用

2022年,江苏又涌现出一批特色鲜明的国家级、省级全民阅读典型,通过评选书香城市、书香企业、书香家庭、最美书店、最美公共文化空间、江苏全民阅读"五十佳"和省级公益推广阅读活动认证等一系列典型,持续发挥阅读榜样的示范引领作用。

在国家级全民阅读典型选树上,国家税务总局南京江宁经济技术开发区税务局等来自江苏省的44家单位获评2022年全国工会职工书屋示范点,江苏各地还获得了"全国乡村阅读榜样""乡村振兴十大优秀阅读推广人"等十余项重要荣誉。这些国家级典型面向全国传递着深入推进全民阅读的江苏经验。在省内典型的建设上,2022年第四批书香城市建设新增22个示范市(县、城区);2022年度省级公益阅读推广活动认证名单中获评省级一类的共6个、获评省级二类的共13个、获评省级三类的共41个;第四届江苏全民阅读"五十佳"新表彰了十佳阅读推广机构、十佳阅读推广活动、十佳阅读推广人、十佳阅读志愿服务组织、十佳阅读推广平台;100户家庭获评江苏省第五届"书香家庭"称号;凤凰新华镇江分公司望山书局等9家书店获评2022年江苏"最美书店";新增200余个江苏"最美公共文化空间";在江苏省职工书屋建设和系列职工读书活动中涌现出了大批优秀单位和个人,包括职工书屋示范点64家、最美职工书屋16家、服务大厅职工书屋13家、优秀职工读书组织13家、优秀职工领读员26名、优秀组织奖10家。这些各具特色的阅读典型,面向青年群体、职工群体等关键人群充分发挥着阅读示范效应,有利于全民阅读更加普及化、大众化,带动公共文化服务整体的高质高效发展。

江苏坚持加强全民阅读领读者、全民阅读推广人、全民阅读志愿者队伍建设及其能力提升。截至2022年,江苏已培养4 000多名全民阅读领读者、6 700多名全民阅读推广人,不少设区市拥有上万名阅读志愿者。江苏领读者和阅读推广人培训也呈现出新特点:一是受到党和政府的高度重视;二是具有较高专业性,出现了"领读者培养计划""公益领读行动""导读荐读沙龙"等多样的培训管理与导读活动。

五、持续拓展城乡阅读空间

2022年,江苏持续推动各地阅读场馆、城乡阅读空间的合理布局和提质增效,提升阅读阵地的服务能力,织密、织细城乡阅读网络,使人民群众的阅读需求得到进一步满足。

公共阅读服务进一步完善,集中表现在省内公共图书馆建设、城市书房建设等事业取得新的进步。在公共图书馆建设上,全省各级公共图书馆以第七次全国公共图书馆评估定级为契机,进一步推进阅读服务阵地建设。公共图书馆建设已经较为完备的城市如南京市,积极推进建设包括公共图书馆、综合文化服务中心、自助图书馆、少儿图书室在内的互联互通"公共阅读设施群";公共图书馆有待完善的城市则积极提档升级,如宿迁市新建大型公共图书馆3个,总投资8.4亿元建设市图书馆新馆、宿豫区图书馆新馆和沭阳县图书馆新馆,在市图书馆下新建少儿图书馆。在城市书房上,各市特色城市书房建设得到持续深化,广泛开展"最美城市书房"评选活动,一批别具一格的城市书房品牌已经形成,如常州市全市建成"秋白书苑"37家,还积极推出"阳湖书房""溧书房"等城市书房品牌;无锡市聚力打造"钟书"文化品牌,推进50个"钟书房"阅读新空间建设;淮安市在乡镇以上布局建设"淮安书房"。这些小型共享阅读空间有力推动了书香遍布全城。

基础阅读设施进一步优化,集中表现在省内农家书屋建设取得显著成效,尤其是在数字化建设、出版物更新、星级示范农家书屋认定等方面取得较为明显的成效。江苏全省农民朋友2022年在农家书屋借阅纸质图书的总量达2 244万余册次;全省各市农家书屋深度融入新时代文明实践中心,积极开通"江苏省数字农家书屋"平台,强化"数字农家书屋"推广,2022年"江苏省数字农家书屋"平台新增注册用户139万人、累计达625万人,新增使用3 290万人次、累计使用超7 100万人次,平均日活跃度达7.9万人次。积极开展第十二届江苏农民读书节暨农家书屋万场主题阅读活动,全省各地以农家书屋为主阵地,通过"读、学、观、听、讲、演、展"等多种形式,共开展各类阅读活动7.8万余场次。持续开展农家书屋"一二三"提升工程。积极修订完善星级示范农家书屋认定标准,关注书屋日常使用率和群众对书屋活动的满意率,积极创建星级示范农家书屋。

各类阅读空间持续共同发展,如实体书店、家庭图书馆、职工书屋等多元阅读空间建设均呈现良好态势。实体书店已经成为江苏全民阅读推广的重要阵地,各地通过政策和资金双管齐下积极扶持实体书店发展,如苏州设立"苏州市优秀实体书店""苏州市优秀特色书店""苏州市实体书店优秀阅读推广活动"等奖励扶持项目,常州培育"青果朗读""摆渡船阅读项目""半山人文客厅"等群众喜爱的实体书店品牌阅读活动。而以家庭为单位创建新型阅读空间,也已经成为推动阅读走进日常生活的重要创新。江苏省第五届书香家庭推选活动推选出100户家庭获评"书香家庭"称号,家庭图书馆等微型阅读空间也得到了积极建设。此外,企业和单位也是推动阅读推广的重要社会力量,职工书屋建设获得重点关注,目前职工书屋已经逐步形成从全国到省级到市级再到基层工会阅读站点的多层架构,2022年江苏省更有44家单位获评全国工会职工书屋示范点,充分显示了江苏职工书屋的建设力度。

六、加强阅读推广宣传

2022年,从中央媒体到江苏各级新闻媒体,"数智"赋能阅读宣传,逐步形成了全域覆盖的全民阅读宣传网络。

中央媒体在报道江苏全民阅读情况时,着重把握世界读书日、江苏读书节、江苏书展等重大时间节点,基于高站位、大格局、广角度发挥央媒的舆论引导和价值引领作用。2022年,《人民日报》等中央主要媒体、《中国新闻出版广电报》等主要行业媒体,共刊发江苏全民阅读活动、经验做法稿件130多篇(次)。如报道2021年度江苏居民阅读状况调查结果,体现江苏阅读活动知晓率、参与率、满意率均上升的良好风貌;世界读书日当天,人民网发布若干有关江苏阅读活动品牌、江苏读书节启动等报道,充分展现了江苏对全民阅读工作的高度关注。此外,这些中央媒体和中央重点新闻网站还走进江苏基层,对江苏省内全民阅读地方进展与先进典型案例给予深度报道。如4月19日,中国青年网转载《江苏省盐城市大丰区图书馆:一道美景一抹书香》,将目光聚焦获评"全国双服务先进集体"的盐城市大丰区图书馆,肯定了该服务阵地在书香社会建设中的强劲助力。

省级媒体对江苏全民阅读的宣传推广以新华报业、江苏广电、《现代快报》、"书香江苏在线"网站、"书香江苏"公众号等为主要阵地,通过载体联合、渠道联通、主题联动等途径,展现出全方位、立体化、多角度的全民阅读宣传效果。新华报业传媒集团以《新华日报》《扬子晚报》、交汇点新闻客户端、中国江苏网、新江苏客户端、"学习强国"江苏学习平台为抓手,在新闻报道和热点宣传工作方面持续发力,积极塑造江苏省全民阅读品牌形象,为江苏全民阅读推广工作精心策划、刊发推送了系列内容精良、要点鲜明的新闻稿件。江苏卫视创新开办《我在岛屿读书》节目,豆瓣开分高,获得观众好评。《现代快报》深耕文化领域,积极发挥主流媒体在促进全民阅读、建设书香社会中的重要作用,深入报道第十八届江苏读书节、第十二届江苏书展、9·28经典诵读活动等省级重大全民阅读活动,以《现代快报·读品周刊》为主要阵地,在引领深度阅读、聚焦文化传承方面多维度呈现推广江苏全民阅读的"快报力量"。此外,作为江苏宣传推广全民阅读工作的重要线上平台,"书香江苏在线"网站、"书香江苏"公众号、"江苏阅读"微信公众号始终坚持以"书香江苏建设"为主题,发挥新媒体宣传优势,努力打造优质江苏全民阅读信息交流平台。

七、推进阅读理论研究

2022年,江苏全民阅读理论研究守正出新,从宏观的理论构建、中观的运行机制以及微观的在地实践等层面上展开,深入阅读理论的前沿,开展了若干探索性研究。

宏观层面,对全民阅读的理论研究从既有理论成就、价值阐释和"十四五"期间的提升发展等维度展开。江苏省全民阅读促进会、江苏省书香全民阅读基金会编的《江苏全民阅读年度报告(2021)》(南京大学出版社2022年版),对2021年江苏全民阅读工作作了全面的总结和回顾,全面展现了2021年度江苏全民阅读情况和全民阅读推广情况,为全民阅读研究提供了江苏范本与经验。南京大学出版研究院尹召凯等的《中国居民阅读行为对社会治理绩效感知的影响研究——基于CGSS2015数据的实证分析》一文,以实证研究方法探讨阅读与社会治理之间的有机联系,证明阅读行为对社会治理的绩效感知具有促进作用,为深化全民阅读提供了理论指导。南京大学信息管理学院陈菁等对十九大以来我国新阶段全民阅读工作中的新观点、立法促进对全民阅读深入开展的重要性等进行了回顾,为深化全民阅读提供了历史背景。2022年还出现了更多对阅读价值本质的探讨,力求从源头证明全民阅读的重要性与必要性,认为"十四五"期间要持续高质量提升全民阅读,"馆社合作""馆校合作"将是重要途径。

中观层面,对全民阅读可持续运行的机制研究围绕阅读效能的发挥以及阅读推广的具体环节展开,包括策略研究和效用评价的阅读推广方案的整体架构,对阅读推广中典型个体的研究,对城乡阅读空间建设的研究,数字技术在阅读推广中的应用和展望,对阅读推广营销模式的创新研究。其中,随着数字化加速融入社会发展,元宇宙图书馆、智慧阅读等已经成为阅读推广中的前沿议题。微观层面,对全民阅读的具体实践的研究主要围绕校园阅读推广、公共图书馆阅读推广尤其是儿童阅读推广、残障群体阅读推广,以及红色出版物的阅读推广展开。其中,有大量校园阅读推广研究是在江苏高校丰富的阅读推广实践经验上开展的,如南京审计大学"彼岸花开"校园阅读品牌建设、南京师范大学图书馆"校史阅读"系列主题推广、苏州大学"校友书架"等。公共图书馆阅读推广研究中,随着数字技术进步、文旅融合深入,图书馆阅读推广策略的优化视角也与时俱进,首次出现了与户外文化体验节目的结合。

八、着力推动全社会参与

2022年,江苏社会各界通力合作,全民阅读合力不断增强,共同构建出良好的全民阅读生态。

一是加强与出版传媒企业的合作,为江苏广大读者打造更有针对性的阅读产品,满足读者对优质出版物的需求。除了在全民阅读好书推荐上发力外,出版传媒企业还通过江苏书展等大型活动与读者进行广泛接触,如以"阅读新时代 喜迎二十大"为主题的第十二届江苏书展,以"阅读的盛会 读者的节日"为总定位,苏州主展场总面积1.7万平方米,有400多家出版发行单位、8万多种优秀出版物参展,举办阅读推广活动140余场,同时开展"百家优秀出版社社长总编云荐书"、"我们云上见"5×8小时大型全媒体不间断直播活动等,实现"云逛展、云阅读、云购书、云互动",线上线下参与人次超过1.56亿。南京世界文学之都主题书展、徐州淮海书展等全省各地分展场和线上分展场举办具有地方特色的阅读推广活动1 000多场,营造出江苏人"爱读书、读好书、善读书"的浓厚氛围。

二是加强与图书馆、高校等文化教育基地的合作,系统整合全民阅读服务资源,提供更加丰富多元的全民阅读服务体验。图书馆始终是全民阅读推广的重要阵地,通过深入开展内容丰富、形式多样的阅读推广活动,引领全民阅读助推书香城市建设。如淮安市图书馆2022年开展各类阅读推广活动1 200余场,以周末俱"阅"公益课堂激励少年阅读、"书籍放映厅"拉动亲子阅读、"纵横经纬 阅史知今"系列讲座带动科普阅读、少儿阅读品牌活动推动低幼阅读等,满足市民的精神文化需求。江苏各高校则积极把阅读纳入学校教育活动中,开展各类阅读活动,营造浓厚的"书香校园"氛围;充分利用世界读书日、江苏读书节、校园文化节等时间节点,结合社团、协会等学生组织推广阅读活动,通过读书征文、经典诵读、知识竞赛等学生喜闻乐见的形式开展系列主题活动,进一步提升高校学生参与阅读的积极性;将阅读教育与社会实践相结合,组织学生走进企业、社区、乡村开展经典传诵等实践活动,让学生在实践中加深对书本的理解和感悟,做经典的推广者和传播者。

三是加强与社会资本的合作,推动各类阅读文化场所提档升级,打造更加亲民、利民、便民的阅读服务新场景。"最美书店""最美文化空间"的评选为城市阅读空间的建设提供了范本,而这些典型空间也在催生一种新形态的互利双赢模式,带动公共文化服务整体的高质高效发展。如无锡市正在逐步打造"15分钟文化场馆覆盖圈",增加市民"家门口的好去处",围绕这些空间出现了"咖啡＋阅读"等新的消费方式。这不仅为全民阅读推广探索了新途径,更重要的是能够带动周围的公共文化服务整体可持续地高质量发展。

四是加强与科技领域深度融合,积极寻求技术力量的支持,为全民阅读深入开展提供"数智"支持。数字化加速融入社会发展各领域,元宇宙图书馆、智慧阅读等新兴概念也成为阅读推广中的前沿议题,已有研究指出要基于5G＋多元智能技术打造智慧阅读空间,提供阅读游戏开发、智慧阅读营销、阅读资源导航、阅读素养教育等服务;还有研究描述了未来元宇宙图书馆虚拟建筑、阅读推广、教育学习等10种服务场景,为图书馆行业发展的数字新形态提供设想,而这些设想正在全民阅读推广实践中逐渐落地。如在推广宣传中,线上渠道的应用已经较为深入,世界读书日前后《扬子晚报》推出了系列融媒体产品,通过紫牛新闻、《扬子晚报》官方微博等新媒体渠道为读者推荐好书获得热烈反响;"交汇点"新闻客户端开设了"第十八届江苏读书节""第十二届江苏书展"等专题新闻,以图文、视频、音频、H5等新媒体形式推出了一系列深受好评的融媒体产品。

江苏居民阅读状况调查概况

在"4·23"江苏全民阅读日和世界读书日到来前夕,2023年4月20日上午,江苏省全民阅读办召开新闻通气会,公布了2022年度江苏省居民阅读状况。据介绍,2022年,全省成年居民综合阅读率为90.33%,人均读书16.04本(纸质书和电子书),人均听书4.43本。

2022年度的全省居民阅读状况调查工作由江苏省社情民意调查中心负责实施。本次调查采用计算机辅助电话调查系统的方式,对被抽中的调查对象进行问卷调查。调查范围覆盖全省13个设区市、95个县(市、区)和苏州工业园区,调查对象是居住在调查区域内1年以上、18—70周岁的公民(不含外籍人员)。在充分考虑调查样本代表性的要求下,全省调查成功样本量40 000个,城乡样本配比为73.5∶26.5。各县(市、区)根据常住人口规模设计调查样本量,同时根据最新城镇化率设置城乡样本配比,各县(市、区)的样本量在300—500个之间。

根据调查数据分析,2022年江苏省居民阅读状况主要有以下几个特点:

一是阅读人口稳中有升。2022年,全省成年居民综合阅读率为90.33%,比2021年提高0.1个百分点。

二是人均阅读时长明显增加。2022年,江苏省居民人均每天阅读时长为85.35分钟,较上年增加7.56分钟。对15 386个家庭有8岁以下儿童的被访者调查显示,被访者或其家人平常有陪孩子读书习惯的占比达到89.78%,较上年上升1.58个百分点。

三是纸质图书阅读有升有降。上升的是人均纸质图书阅读量,全省人均阅读量6.55本,较上年增加0.77本。下降的是图书阅读率,全省纸质图书阅读率为68.68%,较上年下降3.04个百分点,说明读纸质图书的居民在减少。

四是纸质期刊阅读明显上升。2022年,纸质期刊阅读率39.18%,较上年上升3.33个百分点;人均纸质期刊阅读量为6.06本,较上年增加0.74本。

五是纸质报纸阅读继续下滑。全省居民纸质报纸阅读率37.20%,较上年下降2.49个百分点;人均纸质报纸阅读量为63.72份,较上年下降0.24份。

六是电子媒介阅读稳中有升。2022年,全省居民电子媒介阅读率为

86.58%，继续稳定在85%以上。电子书阅读率为64.51%，较上年上升0.13个百分点，但人均电子书阅读量较上年减少0.75本，为9.49本；听书率为46.55%，较上年上升8.62个百分点；人均听书量为4.43本，较上年增加1.17本。

从公共阅读服务调查数据来看，主要有以下特点。一是对阅读设施的知晓率上升。2022年，有74.93%的居民表示，在居住地附近（步行15分钟的生活圈）或本村有阅读服务设施，比上年上升0.64个百分点。二是对阅读设施满意率上升。对使用阅读设施的居民调查显示，有89.54%的居民对阅读设施所提供的服务感到"满意"，较上年上升0.63个百分点。三是对阅读推广活动的知晓率上升。2022年，江苏省居民阅读活动知晓率为42.48%，比上年上升1.38个百分点。四是阅读活动的参与率上升。2022年，江苏省居民阅读活动参与率为20.97%，较上年上升0.45个百分点。

但与往年比较，江苏也存在居民阅读设施使用率、阅读活动满意率下降等问题。如2022年，江苏省居民阅读设施使用率为30.17%，较上年下降14.21个百分点；居民阅读活动满意率为91.74%，较上年下降1.66个百分点。据介绍，这两项指标下降的主要原因是疫情。

总体来看，2022年，江苏省阅读人口继续稳步增长，阅读方式更加多元，阅读质量稳步提升，公共阅读服务不断加强，书香江苏建设呈现创新突破、蓬勃发展的良好局面。

江苏全民阅读好书推荐概况

2022年4月23日,习近平总书记在致首届全民阅读大会的贺信中指出:"阅读是人类获取知识、启智增慧、培养道德的重要途径,可以让人得到思想启发,树立崇高理想,涵养浩然之气。"在积极推动全民阅读、建设书香中国的进程中,倡导爱读书、读好书、善读书,是党中央从治国理政的高度对建设学习型政党、学习型社会的高度重视。"好书推荐"从阅读引领的层面在传承阅读底蕴、涵养阅读风尚、构建阅读体系、提升阅读品质等方面作用明显。

江苏全民阅读好书推荐用优质"精神食粮"丰富读者大众的业余生活,让读者大众在诵读经典、品味书香、借鉴智慧、传承精神中奋发前行。

为学习贯彻党的二十大精神,不断强化"爱读书、读好书、善读书"的学习理念,把握全民阅读的丰富内涵和实践要求,推动全民阅读活动走深走实;同时持续推进"书香江苏"建设,以"书香江苏"建设为"书香中国"建设添砖加瓦,为"奋进新征程、建功新时代"注入强大精神力量,江苏省在全民阅读好书推荐领域积极探索,打磨出"省全民阅读活动领导小组向社会推荐的12本好书""以书为媒、共读南京""凤凰好书""新华书房""大众好书榜"等特色书单,切实为书香社会建设提质增效,让阅读文化在全省枝繁叶茂。

一、江苏全民阅读年度好书推荐的代表性活动

2022年,江苏关于全民阅读好书推荐的代表活动,主要包括"省全民阅读活动领导小组向社会推荐的12本好书""2022共读南京""凤凰好书""新华书房""大众好书榜"以及"苏版好书"六大板块。

"12本好书"推荐活动由江苏省全民阅读活动领导小组组织开展。自2013年以来,省全民阅读领导小组已连续10年于每年4月23日世界读书日、江苏全民阅读日、江苏读书节启动仪式上向全省读者推荐12本年度好书。2022年4月23日,在第十八届江苏读书节暨第二十七届南京读书节启动活动现场,省全民阅读活动领导小组向全省读者推荐了包括《一切为了人民:中国共产党为什么成功》《双循环论纲》《长寿时代:从长寿、健康、财富的角度透视人类未来》

等在内的12种优秀出版物。2022年"12本好书"推荐书目充分彰显寻觅人生足迹和探访民族血脉的创作风格,从个人成长、民族历史、国家命运以及科学进步、文明发展、未来畅想等角度重温历史烙印、见证时代更迭、洞悉未来发展,为读者带来激荡人心、引人入胜的阅读盛宴。

"以书为媒、共读南京"是由南京市全民阅读办创办的"共读南京"活动,目前已经成为全省知名阅读推广品牌活动,自2016年1月开展至今已推荐70部经典作品。该活动着眼于南京特色,从"品读、寻访、推介、讲述"南京入手,推荐的系列作品广受读者赞誉。2017年该活动荣膺"2017南京市社会建设创新典型案例";2018年入选第二届江苏全民阅读"五十佳"十佳阅读推广活动;"共读南京"还荣获2019年度江苏省一类公益阅读推广项目认证。6年来,"共读南京"品牌形成的"南京全民共读"理念,已在广大市民中赢得口碑。"2022共读南京"书目评审会于1月25日在武定门登城口青春书店举行,最新出炉的"2022共读南京"12本推荐书目包含诗词、散文、文献、实录等多种体裁,所选作品既有弘扬红色主旋律的党史故事,也有展示南京悠久文脉的散文经典;既有描写日常生活的风情长卷,也有描写阅读感悟的名人名篇;既有屡获嘉奖的科普读物,也有叙述南京美丽古都的见闻实录等。"共读南京"让南京文化基因在阅读中赓续,也让南京文化风骨在阅读中传承。

"新华书房"是由江苏省新闻出版局、江苏省全民阅读办、新华日报社联合推出的全媒体阅读品牌,以全省党员干部为主要受众,倡导"在阅读中开阔眼界、增长知识,在书香中滋养心灵、提高修养"。"新华书房"于2016年正式推出,经榜单调研、行业推荐、专家评审、学者遴选,每季度推荐10本好书和10种延伸书目。"新华书房"经过数年精心打造已成为江苏全民阅读活动的一道亮丽风景线。2022年,"新华书房"推荐书目内容涵盖社会发展和民族进步各领域,让读者大众在品读中为奋发前行汲取力量,为梦想的实现插上翅膀。

"凤凰好书"由凤凰出版传媒集团组织开展,是从凤凰出版传媒集团每年度出版的图书中遴选10余种精品图书的年度好书推荐活动。2022年"凤凰好书"评选活动推荐了包括《中国哲学通史(学术版)》《北京的人力车夫:1920年代的市民与政治》等在内的19种好书。2022年度"凤凰好书"涵盖哲学思辨、政史变迁、国学文化、世界文明等题材,得以让读者大众提升思辨能力,追寻历史经典,感悟国学脉络,拥抱多元文明。此外,2022年"凤凰好书"另设特别奖,获奖书目包括了《大唐气象:唐代审美意识研究》《好物有匠心:影响世界文明的中华匠人》等在内的17种好书。

"大众好书榜"是由南京市全民阅读促进会指导,大众书局组织推荐的年度好书榜单。2022年度"大众好书榜"由审读专家、图书馆馆长、专家学者组成审读团队,经过严谨细致的评选,最终揭晓了40本大众好书榜年度好书及20本年度亲子阅读好书。目前,大众好书榜上榜好书已在大众书局各连锁门店重点陈列。

"苏版好书"评选活动是江苏的品牌活动,现由江苏省出版协会组织推荐年度好书榜单。2022年度,全省18家图书出版社按照"导向正确、以人为本、质量为先、体现知识性、科学性、艺术性和可读性相统一"的要求,申报了97种图书参评。经专家评审并公示,40种图书入选"苏版好书",推荐书目类别细分为主题出版、社科类、文艺类、少儿类、科技类、科普类、古籍类。

二、2022年江苏全民阅读好书推荐主要书目

2022年,"省全民阅读活动领导小组向社会推荐的12本好书""2022共读南京""凤凰好书""新华书房""大众好书榜""苏版好书"推荐书目如下。

表1　2022年省全民阅读活动领导小组向社会推荐的12本好书书目

序号	书名	作者(主编)	出版单位
1	《习近平讲党史故事》	本书编写组	人民出版社
2	《一切为了人民:中国共产党为什么成功》	戴木才	广东人民出版社
3	《奋力迈上共同富裕之路》	马建堂	中信出版集团
4	《双循环论纲》	蔡昉 等	广东人民出版社
5	《从农业1.0到农业4.0:生态转型与农业可持续》	温铁军　唐正花　刘亚慧	东方出版社
6	《看不见的大自然:生命和健康的微生物根源》	[美]大卫·R.蒙哥马利　[美]安妮·贝克尔　徐传辉　毛雅珊　陆江 译	北京大学出版社
7	《每朵乌云背后都有阳光》	朱永新	人民文学出版社
8	《致父亲》+《致母亲》	梁晓声	江苏凤凰文艺出版社
9	《给孩子讲宇宙的故事》	[日]佐藤胜彦	北京联合出版公司
10	《追星星的少年》	杨娟	江苏凤凰少年儿童出版社
11	《长寿时代:从长寿、健康、财富的角度透视人类未来》	陈东升	中信出版集团
12	《太阳转身》	范稳	人民文学出版社

表2 2022年南京市全民阅读办"共读南京"全年12本好书书目

序号	书名	作者(主编)	出版单位
1	《烟火门西》	陶起鸣	南京出版社
2	《南唐书》	(宋)陆游 著 胡阿祥 注	南京出版社
3	《南京大屠杀》	[美]张纯如 著 谭春霞 焦国林 译	中信出版社
4	《名家笔下的南京》	冯亦同	南京出版社
5	《大明城垣》	陈正荣	作家出版社
6	《陈铎散曲》	(明)陈铎	南京出版社
7	《南京党史一百年(1921—2021)》	中共南京市委党史工作办	南京出版社
8	《老照片·南京百年影像：1840—1949》	邓攀	南京出版社
9	《诗词里的科学》(小学版、中学版)	《诗词里的科学》编写组	南京出版社
10	《南京野花图鉴》	吴琦	南京出版社
11	《鼓楼街巷录》	南京市鼓楼区档案馆	南京出版社
12	《南京白局》	高安宁	南京出版社

表3 2022年度"凤凰好书"书目

序号	书名	作者(主编)	出版单位
1	《中国哲学通史(学术版)》	郭齐勇	江苏人民出版社
2	《北京的人力车夫：1920年代的市民与政治》	[美]史谦德 著 周书垚 袁剑 译 周育民 校	江苏人民出版社
3	《大运河画传》	全国政协文化文史和学习委员会 主编 中国文化遗产研究院 承编	江苏凤凰科学技术出版社 江苏凤凰美术出版社
4	《一曲满庭芳》	王芳 王薇 闻雨轩	江苏凤凰教育出版社
5	《星岛女孩》	燃木	江苏凤凰少年儿童出版社
6	《福如东海》	韩佳童	江苏凤凰少年儿童出版社

(续表)

序号	书名	作者（主编）	出版单位
7	《日读论语》	孙晓云 书 府建明 注评	江苏凤凰美术出版社
8	《漆艺文化系列(3册)》	［日］四柳嘉章　大西长利 松田权六 著 杨立山　唐影 等译	江苏凤凰美术出版社
9	《隐秘史》	罗伟章	江苏凤凰文艺出版社
10	《广陵散》	郭平	江苏凤凰文艺出版社
11	《不老》	叶弥	江苏凤凰文艺出版社
12	《中国的变法:黄遵宪与日本模式》	［美］蒲地典子 著 间小波 译	凤凰出版社
13	《俞樾全集》	（清）俞樾 著 汪少华　王华宝 编	凤凰出版社
14	《作家们的作家》	阎连科	译林出版社
15	《新月与蔷薇:波斯五千年》	［伊朗］霍马·卡图赞 著 王东辉 译	译林出版社
16	《本巴》	刘亮程	译林出版社
17	《英格兰史六部曲》	［英］彼得·阿克罗伊德 著 赵国新　王喆　王庆 朱任东　马睿　朱邦芊 译	译林出版社
18	《1914:世界终结之年》	［澳大利亚］保罗·哈姆 著 杨楠 译	译林出版社
19	《桑塔格传:人生与作品》	［美］本杰明·莫泽 著 姚君伟 译	译林出版社

表4　2022年第一季度"新华书房"书目

序号	书名	作者（主编）	出版单位
1	《习近平在浙江》	中央党校采访实录编辑室	中共中央党校出版社
2	《人民至上:从〈共产党宣言〉到〈为人民服务〉》	牛先锋　杨磊	广西人民出版社
3	《共同富裕:科学内涵与实现路径》	厉以宁　黄奇帆　刘世锦 等	中信出版集团
4	《碳中和革命:未来40年中国经济社会大变局》	曹开虎　粟灵	电子工业出版社

(续表)

序号	书名	作者（主编）	出版单位
5	《大国之本：乡村振兴大战略解读》	张孝德	东方出版社
6	《大国之城：中国城市经济与治理现代化》	秦朔	浙江大学出版社
7	《原动力：改变未来世界的5大核心力量》	[美]史蒂文·霍夫曼 著 周海云 译	中信出版集团
8	《溯源中国》	许宏	河南文艺出版社
9	《好物有匠心：影响世界文明的中华匠人》	潘天波	江苏凤凰美术出版社
10	《江苏历代贤吏为官之道》	范金民	江苏人民出版社

表5　2022年第三季度"新华书房"书目

序号	书名	作者（主编）	出版单位
1	《让群众过上好日子——习近平正定足迹》《闽山闽水物华新——习近平福建足迹》《干在实处 勇立潮头——习近平浙江足迹》《当好改革开放的排头兵——习近平上海足迹》	本书编写组	人民出版社，河北人民出版社，福建人民出版社，浙江人民出版社，上海人民出版社
2	《觉醒与超越：中国共产党与中国式现代化》	本书编写组	中国青年出版社
3	《中国改革真命题：迈向高质量发展》	贾康	中信出版集团
4	《未来产业：引领创新的战略布局》	陈劲　朱子钦	机械工业出版社
5	《云网融合：算力时代的数字信息基础设施》	李正茂 等	中信出版集团
6	《无形疆域安全：新时代网络空间安全战略研究》	李大光	研究出版社
7	《第五次社会浪潮：工业的未来、技术、方法和工具》	[法]布鲁诺·萨尔格斯 著 高宏 译	机械工业出版社
8	《新一轮技术革命与中国城市化2020—2050：影响、前景与战略》	国务院发展研究中心市场经济研究所课题组	中国发展出版社

（续表）

序号	书名	作者（主编）	出版单位
9	《六千里运河 二十一座城》	刘士林	上海交通大学出版社
10	《探寻古蜀国:从三星堆看中华文明》	黄剑华	研究出版社

表6　2022年第四季度"新华书房"书目

序号	书名	作者（主编）	出版单位
1	《马克思主义为什么行》	牛先锋 等	江苏人民出版社
2	《自我革命:跳出历史周期率的第二个答案》	甄占民 等	人民出版社
3	《奔向共同富裕》	韩康　张占斌	湖南人民出版社,民主与建设出版社
4	《数字经济:内涵与路径》	黄奇帆　朱岩　邵平	中信出版集团
5	《国家基石:基层社会治理图景与乡村振兴》	吕德文	东方出版社
6	《21世纪的中国与全球化》	王辉耀　苗绿	中信出版集团
7	《元宇宙:互联网终极形态》	陈建明	清华大学出版社
8	《态度:大国工匠和他们的时代》	蒋菡	中国工人出版社
9	《以史为鉴:中华文明的演进与选择》	金冲及　孙正聿 等	中共中央党校出版社
10	《天地人生:中华传统文化十章》	王蒙	江苏人民出版社 凤凰出版社

表7　2022年度"大众好书榜"书目

序号	书名	作者（主编）	出版单位
1	《自我革命》	徐昕	人民出版社
2	《县乡中国》	杨华	中国人民大学出版社
3	《见证新时代》	国家文物局	南京出版社
4	《中国饭碗丛书》	师高民	南京出版社
5	《马克思主义为什么行》	牛先锋 等	江苏人民出版社
6	《南京城市史》	薛冰	江苏凤凰文艺出版社

（续表）

序号	书名	作者（主编）	出版单位
7	《南京百年文学史》	张光芒	江苏凤凰文艺出版社
8	《南京·天下文枢》	高顺青	江苏人民出版社
9	《世界文学之都:南京》	本书编写组	南京出版社
10	《中华文明五千年》	冯天瑜	北京大学出版社
11	《文明的两端》	何怀宏	广西师大出版社
12	《手艺里的中国》	李武望	北京联合出版社
13	《叠变》	马勇	中国大百科全书出版社
14	《天地人生》	王蒙	江苏人民出版社
15	《谷物的故事》	崔凯	上海三联出版社
16	《食色里的传统》	郗文倩	中华书局出版社
17	《算法的力量》	［英］杰米·萨斯坎德 著 李大白 译	北京日报出版社
18	《战略与路径》	黄奇帆	上海人民出版社
19	《原则 2》	［美］瑞·达利欧 著 崔苹苹 刘波 译	中信出版社
20	《西海固笔记》	季栋梁	北京十月文艺出版社
21	《古典的春水》	潘向黎	人民文学出版社
22	《通往父亲之路》	叶兆言	译林出版社
23	《金色河流》	鲁敏	译林出版社
24	《中文桃李》	梁晓声	作家出版社
25	《做壶》	徐风	江苏文艺出版社
26	《江山》	张新科	江苏凤凰文艺出版社
27	《大医破晓篇/日出篇》	马伯庸	上海文艺出版社
28	《燕食记》	葛亮	人民文学出版社
29	《书房记》	程章灿 史梅 等	上海古籍出版社
30	《大博弈》	周梅森	作家出版社
31	《瘟疫之夜》	［土耳其］奥尔罕·帕慕克 著 龚颖元 译	上海人民出版社
32	《玫瑰之书》	［英］布伦特·埃利奥特 著 冯真豪 柏森 译	上海人民美术出版社

(续表)

序号	书名	作者(主编)	出版单位
33	《中国美术五千年》	杨琪	中信出版社
34	《看见敦煌》	谢成水	湖南美术出版社
35	《敦煌如是绘》	敦煌画院 著绘	中信出版社
36	《人人都该懂点婚姻法》	张明英	北京联合出版社
37	《物理学家的智性冒险》	[意大利]卡洛·罗韦利 著 胡晓凯 译	北京联合出版社
38	《不可思议的科学史》	鬼谷藏龙	科技文献出版社
39	《生命密码3 瘟疫传》	尹烨	中信出版社
40	《人类知道的太多了》	[巴拿马]豪尔赫·陈 [美]丹尼尔·怀特森 著 邓舒夏 尔欣中 苟利军 译	海峡书局出版社

表8　2022年度"苏版好书"书目

序号	书名	作者(主编)	出版单位
1	《邓小平在1992》	刘金田	江苏人民出版社
2	《马克思主义为什么行》	牛先锋 等	江苏人民出版社
3	《天地人生:中华传统文化十章》	王蒙	江苏人民出版社
4	《中国青年运动一百年(1919—2019)》	胡献忠	江苏人民出版社
5	《大运河画传》	全国政协文化文史和学习委员会 主编 中国文化遗产研究院 承编	江苏凤凰科学技术出版社 江苏凤凰美术出版社
6	《万鸟归巢》	何建明	江苏凤凰文艺出版社
7	《深潜:中国深海载人潜水器研发纪实》	高仲泰	译林出版社
8	《〈国际歌〉在中国:〈国际歌〉的译本、底本与传播》	宋逸炜	南京大学出版社
9	《丰行百村——看新时代苏州农村党建》	王乐飞　陆晓华	古吴轩出版社
10	《大唐气象——唐代审美意识研究》	陈望衡　范明华 等	江苏人民出版社

(续表)

序号	书名	作者(主编)	出版单位
11	《中国哲学通史》	郭齐勇	江苏人民出版社
12	《敦煌岁时节令》	敦煌研究院	江苏凤凰美术出版社
13	《青瓷艺术史》	吴越滨	江苏凤凰美术出版社
14	《中国古代山水画理论史》	张建军	江苏凤凰美术出版社
15	《楼兰考古调查与发掘报告》	侯灿	凤凰出版社
16	《江苏省国家级非物质文化遗产代表性传承人口述史丛书》	江苏省非物质文化遗产保护中心	江苏凤凰文艺出版社
17	《中国古代文献:历史、社会与文化》	赵益	南京大学出版社
18	《陶行知师德师风系列丛书》	南京晓庄学院陶行知研究院	东南大学出版社
19	《新时代"长江之歌"》	贺云翱	河海大学出版社
20	《苏州稻香村史稿》	李峰　王晋玲	苏州大学出版社
21	《世界文学之都:南京》	本书编写组	南京出版社
22	《百年风潮——留学报国苏州故事》	苏同欣	古吴轩出版社
23	《书船长载江南月:文学山房江澄波口述史》	江澄波 口述 韦力张颖 整理	古吴轩出版社
24	《他助与天助:晚清官员私人经济状况研究》	过旭明	广陵书社
25	《一曲满庭芳》	王芳　王薇　闻雨轩	江苏凤凰教育出版社
26	《不老》	叶弥	江苏凤凰文艺出版社
27	《做壶》	徐风	江苏凤凰文艺出版社
28	《本巴》	刘亮程	译林出版社
29	《金色河流》	鲁敏	译林出版社
30	《日读论语》	孙晓云 书 府建明 注评	江苏凤凰美术出版社
31	《哦,原来如此!生活中的相对关系》	周兢　朱成梁　李娜　李璋　陈泽新　周翔　胡宁娜　俞理　姚红　徐乐乐　徐维德	南京师范大学出版社

(续表)

序号	书名	作者（主编）	出版单位
32	《儿童脊柱外科学》	邱勇　朱泽章	江苏凤凰科学技术出版社
33	《化石密语》	戎嘉余 等	江苏凤凰科学技术出版社
34	《电磁超材料》	程强　崔铁军	东南大学出版社
35	《近距离煤层群瓦斯高效防治理论与关键技术》	贺志宏	中国矿业大学出版社
36	《药物的体内奇幻漫游》	陈晔光 主编 朱亮　侯丽娜　徐光旎 著 李立早 绘	南京大学出版社
37	《"中国饭碗"丛书第一辑》	师高民	南京出版社
38	《扬州八怪研究大系》	周积寅	江苏凤凰美术出版社
39	《朝鲜时代文献所见笔谈资料汇编》	张伯伟　徐毅　陈俐 编	凤凰出版社
40	《唐刺史考全编（增订本）》	郁贤皓	凤凰出版社

三、江苏全民阅读年度好书推荐书目的特点

2022年，江苏全民阅读好书推荐活动有以下特点：

一是以史为鉴，在传承与弘扬中彰显文化精髓。推荐书目从中华优秀传统文化中带领读者大众解读传统文化核心内涵，梳理中华文明厚重历史，探寻国人价值观、思维方式、生活准则的源头，学习古圣先贤人生智慧。入选图书囊括了如《以史为鉴：中华文明的演进与选择》《天地人生：中华传统文化十章》《六千里运河　二十一座城》《中华文明五千年》等反映中国文明演变、中国历史纵横的经典佳作。推荐书目以史为镜，积极响应"历史自信文化自信"的强国号召，为读者打开岁月长河中的时光隧道，从民族与国家的历史征程中凝炼智慧与精神，充分彰显自信自强、守正创新、踔厉风发、勇毅前行的时代要求。

二是突出崇高理想，以科学理论涵养人生。推荐书目熔铸了内涵厚重、载体丰富、属性鲜明、博大精深的党史文化，聚焦于个人与国家、民族间的命运齿轮。以《让群众过上好日子——习近平正定足迹》《马克思主义为什么行》等书目为例，既包括了党在治国理政基本方略中的道路、理论、制度以及领导革命、建设、改革实践中创造出来的文化，又包括了党在执政方针上的主张导向和决

策部署,集中体现了中国共产党人崇高的理想信念、坚定的精神追求及其实践创造成果所蕴含的正确的价值取向。例如《觉醒与超越:中国共产党与中国式现代化》,该书以习近平新时代中国特色社会主义思想为指导,从开辟人类现代化新道路、中国式现代化的百年观、彰显人民主体性、坚持群众路线、建构现代化民主观、国家治理现代化、实现共同富裕、中华文明的现代化、创造人类文明新形态等方面,全景式、立体化、多层次科学总结中国道路、理论、制度和文化,生动诠释"党领导人民成功走出中国式现代化道路,创造了人类文明新形态,拓展了发展中国家走向现代化的途径"的真理力量。党史经典读物通过润物细无声的育人作用,以先进的价值观念滋养和激励人民群众塑造自信自强、凝心聚力的民族品格。

三是紧扣时代主题,崇尚创新创造。推荐书目将带有鲜明时代特色、勇立科技潮头的优质读物送进千家万户,为读者大众描绘出一幅信息时代数字格局下关键领域和行业技术迭代升级的未来蓝图。各出版单位积极开展数字产业发展、科学技术革命、行业未来期许等选题策划,推出一批如《未来产业:引领创新的战略布局》《数字经济:内涵与路径》《双循环论纲》在内的优质出版物,为建设中国特色社会主义现代化强国面临的重大课题,提供思路和对策。

四是以人为本,在奉献与抉择中书写人性赞歌。推荐书目还体现出关怀人文和礼赞人性的特点,作品回归人物在社会中的角色与定位,让个人理想在时代洪流中谱写下动人篇章。囊括图书如《桑塔格传:人生与作品》《态度:大国工匠和他们的时代》,带领读者在人情百态和世事沧桑中重温初心与纯真,以"人"的姿态领受社会的嘉奖与赞颂,让读者大众坚定地对命运浪潮中摸爬滚打的每个人伸出温暖之手,发出赞美之音,在情怀与温度中获得慰藉与共鸣。

江苏全民阅读组织发展概况

2022年，江苏各地及省有关部门单位积极推进阅读组织发展，广泛凝聚社会阅读力量，打造多样化、品牌化全民阅读活动，让全民阅读推广活动进社区、进基层、进农村，让全民阅读服务走通最后一公里，浓厚社会阅读氛围，引领全民阅读社会风尚，在全民阅读推广中发挥重要作用。

一、县(市、区)阅读促进会不断健全

2022年，在省全民阅读办、省全民阅读促进会和各地宣传部门的推动、指导下，全省县(市、区)全民阅读促进会由63个发展到79个。各级全民阅读促进会积极发挥作用，努力构建面向社会各方面的阅读网络。徐州市全市10个县(市、区)已全部成立全民阅读促进会，邳州市全民阅读促进会更积极推动乡镇分会建设，逐步推动全民阅读促进会网络构建。常州市6个县(区)全民阅读促进会成立，逐步形成多层级阅读组织。苏州张家港市、常熟市、太仓市、昆山市均成立全民阅读促进会。南通市所辖的海门区、通州区、如皋市、海安市、如东县、崇川区、启东市已成立全民阅读促进会，开发区、通州湾等地的阅读促进机构筹建也在积极推进中。淮安市实现县区全民阅读促进会全覆盖。泰州市所辖的靖江市、兴化市、海陵区、姜堰区、医药高新区(高港区)已成立全民阅读促进会。宿迁市宿城区成立三级全民阅读促进会(读书会)，分别是区、乡、村全民阅读促进会，推动阅读活动广泛开展。

各地阅读促进会广泛吸纳会员，不断提升阅读组织社会影响力。徐州市大力开展全民阅读促进会分会会员招募，截至2022年底会员超过5 000人，截至2022年底，全市统计各级各类阅读组织近400家，阅读推广人550余人，领读者近600人。南通市全民阅读促进会现有团体会员130个、个人会员50人，至2022年底，南通市有各类阅读组织650个，各级阅读推广人1 100人，领读者60人。扬州市共成立各类注册阅读组织14个，阅读服务团体59个，招募阅读志愿者3 569人，市全民阅读促进会拥有团体会员30余家、个人会员140余名，每年招募阅读推广人300名。镇江市邀请社会阅读组织负责人、"百姓名嘴"、大

学生、退休教师等群众身边的阅读爱好者加入阅读推广队伍,组建志愿者队伍,实现乡镇街道全覆盖。

二、阅读组织数量不断上升

2022年,江苏全民阅读组织数量稳步上升,增长速度相对放缓,转向高质量增长。各设区市间均衡发展,各地区均打造了一批具有地区特色的品牌阅读组织,全民阅读组织发展欣欣向荣。

据不完全统计,2022年,江苏各类社会阅读组织共有5 776家。

省有关方面:高校阅读组织232家,省属企事业单位阅读组织145家。

各设区市方面:2022年,江苏各设区市全民阅读组织共有5 399家,较2021年增长140家,增长率为2.6%。其中南京市854家,无锡市330家,徐州市384家,常州市550家,苏州市1 297家,南通市645家,连云港市171家,淮安市88家,盐城市205家,扬州市67家,镇江市150家,泰州市256家,宿迁市402家。徐州市、泰州市、无锡市、常州市阅读组织数量有所增长,增长数分别为175家、102家、81家、47家。其中,徐州市阅读组织数量增长175家,增长率为83.73%,增长速度居全省第一。

三、阅读组织构成不断丰富

不断涌现的各类阅读组织,覆盖了社会的方方面面。南京、常州市阅读组织涵盖学校、企业、社区等各个层面,组织吸纳各有关部门、村(社区)、图书与报刊出版单位、热心全民阅读推广的企业和其他社会人士。南通市各级全民阅读促进会吸纳全市范围内的各级公共图书馆、有关出版物发行单位、其他有关企业、各县(市)区和街道文化馆(站)、民间阅读组织、阅读推广人和志愿者为会员,发动大学生青年加入全民阅读志愿服务队伍。连云港市邀请全区各界读书会、文化驿站、书店、乡村志愿服务队等阅读组织加入全民阅读推广。扬州市积极吸纳社区工作者、教师、大学生等社会力量,在全市74个乡镇(街道)组建509支阅读指导员队伍,招募大学生、社区居民、热心读者等作为志愿者参与图书馆总(分)馆、城市书房的日常管理,缓解公共阅读服务体系发展壮大带来的人员短缺问题。盐城市成立基层读书会、文学社、亲子阅读组织、网络读书组织等阅读社团,广泛调动社会资源、凝聚社会力量,共促全民阅读、共建书香盐城。

四、阅读品牌活动不断打造

江苏各地坚持打造有思想性、特色性、趣味性的阅读推广品牌活动,吸引更多群众参与到阅读活动中来。南京市各区阅读组织围绕扮靓"世界文学之都",先后深化了"世界读书日"、红色经典阅读活动等特色品牌活动的打造。常州市持续深化"春晖朗读"品牌活动,在北京冬奥会期间举办"一起向未来"阅读接力,世界读书日举办第一届"武图有约"读书节、"红领巾"读书征文活动等。苏州市重点培育有代表性、有影响力的各类民间阅读社团,慢书房、思麦特、涵舍、"四叶草"等一大批读书会已成为推进全民阅读的重要力量,2022年评选产生了24家"优秀阅读推广组织"。连云港市孵化行知书店"爱慧赢研学"、彩虹岛"点灯人志愿团队"、优丫漫"绘本阅读"、"柘里友爱"乡村阅读志愿服务队等典型阅读组织,获评第四届江苏全民阅读十佳阅读推广项目、十佳阅读推广人和十佳阅读推广机构。

江苏全民阅读典型发展概况

2022年,随着全民阅读进一步融入江苏经济社会发展全局,又有一批特色鲜明、成效显著的全民阅读典型涌现,在全国范围内都具有先进示范作用;江苏省内通过评选书香城市、书香企业、书香家庭、最美书店、最美公共文化空间、全民阅读"五十佳"和省级公益推广阅读活动认证等一系列全民阅读典型培育机制,充分发挥了阅读典型的示范引领作用,营造出崇尚读书的良好浓厚的"书香江苏"社会氛围。

一、获得全国表彰的典型

2022年,江苏按照建设社会主义文化强国先行区的要求系统谋划和推进"书香江苏"建设,使"书香江苏"建设成果更多惠及全体人民,其中一批先进典型以其创新模式与扎实成效成功走出去,获评全国重要奖项,传递全民阅读深入开展的江苏经验,为全民阅读高质量发展提供典型案例。

2022年,按照《中华全国总工会办公厅关于开展2022年全国工会职工书屋建设工作的通知》要求,经各级工会遴选、推荐、申报,并经全国工会职工书屋建设领导小组办公室审核,全国工会职工书屋建设领导小组研究决定命名国家大剧院等800家单位为2022年新建全国工会职工书屋示范点,同时授予部分达到全国工会职工书屋示范点标准的自建职工书屋单位"全国工会职工书屋示范点"称号。其中,国家税务总局南京江宁经济技术开发区税务局等来自江苏省的44家单位获评2022年全国工会职工书屋示范点。(表1)

表1 2022年全国工会职工书屋示范点名单(江苏)

序号	单位
1	国家税务总局南京江宁经济技术开发区税务局
2	南京钟山风景区建设发展有限公司
3	南京市溧水区石湫街道石湫社区居民委员会
4	南京历史城区保护建设集团工会联合会

(续表)

序号	单位
5	江苏路通项目管理有限公司
6	无锡市惠山区职工服务中心
7	江阴市申港街道总工会
8	中铁一局集团城市轨道交通工程有限公司
9	国家税务总局睢宁县税务局
10	徐州徐工汽车制造有限公司
11	国网江苏电力有限公司沛县供电分公司
12	国网江苏省电力有限公司丰县供电分公司
13	光大环保(能源)常州有限公司
14	常州市武进区湖塘镇职工服务中心
15	常州市气象局
16	国家税务总局常州市金坛区税务局金坛经济开发区税务分局
17	中国移动通信集团江苏有限公司张家港分公司
18	江苏亨通光电股份有限公司
19	伟创力电脑(苏州)有限公司工会
20	博世汽车部件(苏州)有限公司
21	江苏图腾投资集团有限公司
22	江苏快达农化股份有限公司
23	江苏省南通市通州区人大常委会办公室
24	南通市海门区人民法院
25	连云港新苏港码头有限公司
26	江苏方洋集团有限公司
27	中国移动江苏公司赣榆分公司
28	国网江苏省电力有限公司盱眙县供电分公司
29	江苏淮安农村商业银行股份有限公司
30	淮安经济技术开发区经济发展集团有限公司
31	江苏阜宁农村商业银行股份有限公司
32	盐城市大丰区大中街道办事处

(续表)

序号	单位
33	国网江苏省电力有限公司盐城供电分公司
34	国家税务总局仪征市税务局第二税务分局
35	江苏龙腾坤鑫科技集团有限公司
36	扬州市广陵区东关街道个园社区
37	国家税务总局镇江市润州区税务局
38	镇江三新供电服务有限公司
39	江苏省镇江市扬中市人民医院
40	靖江市滨江新城投资开发有限公司
41	国家能源集团泰州发电有限公司
42	伽力森主食企业(江苏)有限公司
43	宿迁市宿豫区新庄镇总工会
44	天合光能(宿迁)科技有限公司

除全国工会职工书屋示范点外，2022年江苏各设区市还涌现出许多全国阅读典型(表2)。例如，南京市书香南京"朗读者"获评2021年度全国学雷锋志愿服务"四个100"先进典型，书香南京"朗读者"音像出版物CD专辑《古韵今风》获评2021年度中华民族音乐传承出版工程精品出版项目，纪录片《回望美丽——雨花女英烈的故事》获评第27届中国纪录片"十佳十优"暨"理想照耀中国"纪念中国共产党建党百年优秀作品奖。无锡市徐风的《做壶》入选"2022年度国家出版基金资助项目"，宜兴市入选中国图书馆学会评选的2022年"书香城市(县区级)"。常州市"传承红色基因，坚持品质发展：'秋白书苑'赋能书香城市建设"入选全国基层公共文化服务高质量发展典型案例。苏州市吴中区光影墅文化空间(蒋理)获评2022年"全国乡村阅读榜样"，张家港市少儿图书馆绘本馆获评《图书馆报》颁布的"2022年度影响力绘本馆"，范雪珂入选中国图书馆学会阅读推广委员会馆员书评(第九季)推荐书评名单，陈虹的《让乡村儿童享受阅读之美——常熟市百场配送阅读活动实践探索》入选2022年中国图书馆学会学术论文和征集活动。南通市海门区、通州区和启东市进入"新时代乡村阅读季"之"我爱阅读100天"活动全国百强。淮安市盱眙县总工会荣获全国"书香三八"读书活动优秀组织奖。盐城市言+买书汇获评"全国最美书店"，乐华泽获评全国"乡村振兴十大优秀阅读推广人"，大丰区图书馆荣获"全国双服务先进集体"称号。扬州市获选第三届全国城市书房合作共享机制轮值城市。

表2 2022年江苏主要获评全国阅读典型

城市	获奖对象	所获奖项
南京市	书香南京"朗读者"	2021年度全国学雷锋志愿服务"四个100"先进典型(2022年评选并公布)
	书香南京"朗读者"音像出版物CD专辑《古韵今风》	2021年度(2022年评选并公布)中华民族音乐传承出版工程精品出版项目(国家新闻出版署)
	纪录片《回望美丽——雨花女英烈的故事》	第27届中国纪录片"十佳十优"暨"理想照耀中国"纪念中国共产党建党百年优秀作品奖(中国电视艺术家协会、中国视协电视纪录片学术委员会)
无锡市	徐风《做壶》	2022年度国家出版基金资助项目
	宜兴市	2022年"书香城市(县区级)"(中国图书馆学会评选)
常州市	"传承红色基因,坚持品质发展:'秋白书苑'赋能书香城市建设"	全国基层公共文化服务高质量发展典型案例
苏州市	吴中区光影墅文化空间(蒋理)	2022年"全国乡村阅读榜样"
	张家港市少儿图书馆绘本馆	"2022年度影响力绘本馆"(《图书馆报》)
	范雪珂	中国图书馆学会阅读推广委员会馆员书评(第九季)推荐书评名单
	陈虹《让乡村儿童享受阅读之美——常熟市百场配送阅读活动实践探索》	入选2022年中国图书馆学会学术论文和征集活动
南通市	海门区、通州区和启东市	"新时代乡村阅读季"之"我爱阅读100天"活动全国百强
淮安市	盱眙县总工会	全国"书香三八"读书活动优秀组织奖
盐城市	言+买书汇	"全国最美书店"
	乐华泽	全国"乡村振兴十大优秀阅读推广人"
	大丰区图书馆	"全国双服务先进集体"
扬州市	扬州市	第三届全国城市书房合作共享机制轮值城市

二、获得省内表彰的典型

2022年,江苏深入贯彻落实习近平总书记致首届全民阅读大会贺信精神和党的二十大精神,在省内遴选了一批接地气、有活力、有影响力且带动力强的全民阅读先进典型,丰富了"书香江苏"品牌内涵,引领了全民阅读风尚。

1. 书香城市建设示范市(县、城区)

2022年6月至2023年3月,江苏省全民阅读活动领导小组在全省组织开展了第四批书香城市建设示范市(县、城区)测评选树活动。入选设区市为淮安市、宿迁市、泰州市、连云港市等共4个,入选县(市、区)为如东县、南京市玄武区、宿迁市宿豫区、徐州市泉山区、溧阳市、盱眙县、无锡市锡山区、盐城市盐都区、泗洪县、淮安市淮安区、邳州市、苏州市吴中区、靖江市、南京市浦口区、泰州市海陵区、无锡市新吴区、常州市天宁区、苏州市相城区等共18个。

2. 江苏省公益阅读推广活动

2022年4月,江苏省全民阅读活动领导小组办公室公示了2022年度省级公益阅读推广活动认证名单。其中,获评省级一类的共6个,分别为:经典浸润童年童声传唱乡间——苏北农村地区儿童推普系列活动(徐州幼儿师范高等专科学校)、"阅美四季"(金陵图书馆)、"亲子共成长"书香家庭支持行动(常州市幸福种子亲子阅读中心)、常州市"邻里读书节"(中国邮政集团有限公司常州市分公司)、淮安市阅读地图体验护照打卡活动(淮安市委宣传部)、宿迁市"全民阅读1计划"基层推广百场示范活动(宿迁市全民阅读办)。获评省级二类的有"家门口的童书馆"(常州市钟楼区乐童亲子阅读中心)等共13个。获评省级三类的有"品诵 演绎 传承——红色浸润乡土公益阅读诵经典"(三江学院)等共41个。

3. 江苏全民阅读"五十佳"

全民阅读"五十佳"推选活动是江苏推进"书香江苏"建设、引领全民阅读风尚的重要举措。2022年6月公示的第四届江苏全民阅读"五十佳",包括十佳阅读推广机构、十佳阅读推广人、十佳阅读推广活动、十佳阅读推广平台、十佳阅读志愿服务组织,具体名单如下:

(1) 十佳阅读推广机构

包括省广电总台未来科学家编辑部、南京金陵书苑图书发行有限公司、无锡百草园书店、邳州市咏盛阅读文化发展中心、常州钟楼区乐童亲子阅读中心、南通崇川区欣欣然亲子俱乐部、连云港格林书虫馆、盐城邮政会读文化休闲馆、扬州市妇女儿童活动中心、宿迁艾妮绘本馆。

(2) 十佳阅读推广人

包括史婕(江苏省广播电视总台)、梁雯雯(南京图书馆)、杨峥(金陵图书馆)、刘晓亚(江苏凤凰新华书店集团有限公司苏州分公司)、镇翔(南通赤子情华侨图书馆)、蒋洋桥(连云港市赣榆区彩虹岛阅读馆)、奚刘琴(淮阴师范学院)、陈永全(陈羌)(盐城市亭湖大洋湾读书社)、徐玲(镇江市外国语学校)、冯克品(宿迁学院图书馆)。

(3) 十佳阅读推广活动

包括"童心向党·百年辉煌"主题阅读暨教育实践活动(江苏凤凰少年儿童出版社)、童声讲述——连环画里的党史故事(中国江苏网)、南京大学出版社名家名作人文行(南京大学出版社)、"'声'入人心 红动溧水"阅读活动(中共南京市溧水区委宣传部)、凤凰文化早市(江苏凤凰新华书店集团有限公司南京分公司)、"阅百年历程 传精神力量"系列活动(无锡市图书馆)、我把《红色家书》读给你听(苏州市教育局、苏州市朗诵协会)、"梦想书架"乡村少儿公益阅读推广项目(中共连云港市委宣传部)、"把一切献给党"吴运铎精神接力阅读系列活动(淮安市总工会)、"做有根的中国人"经典诵读活动(邗江区文明办、邗江区朗诵协会、邗江区图书馆)。

(4) 十佳阅读推广平台

包括"学习强国"江苏学习平台、省广电总台荔枝读书会、江苏文艺广播全民阅读推广传播矩阵、新沂市融媒体中心、常州广播电视台、苏州市广电总台《月月书房》节目、"阅读海门"微信公众号、《书香淮安》广播读书节目、丹阳市融媒体中心《悦读生活》节目、泰州晚报"坡子街"大众读写平台。

(5) 十佳阅读志愿服务组织

包括江苏省肿瘤医院志愿服务队、高淳区图书馆文化志愿者服务队、徐州书润心菲读书志愿队、常州市图书馆志愿者团队、张家港"益空间"伙伴志愿服务团、盐城市图书馆(盐城市少儿图书馆)志愿服务队、扬州市全民阅读志愿服务总队、句容市融媒体中心公益阅读志愿服务工作室、泰州姜堰区"妇"阅人生巾帼志愿服务队、宿迁市图书馆文化志愿服务队。

4. 江苏省书香家庭

为贯彻落实习近平总书记关于家庭家教家风建设的重要论述,充分发挥家庭阅读在全民阅读中的积极作用,进一步推进全省书香家庭建设,引导广大家庭培育读书好家风,2022年2月,省妇联和省全民阅读办联合开展了江苏省第五届书香家庭推选活动,最终推选出100户家庭获评江苏省第五届书香家庭称号(表3)。

表 3 江苏省第五届书香家庭

城市	书香家庭
南京市	丁咏梅家庭,王洁家庭,王莹家庭,李锐家庭,张婕家庭,张为良家庭,林海玲家庭,聂济松家庭
无锡市	丁伟峰家庭,匡一松家庭,吕建国家庭,步潞荪家庭,陈燕华家庭,顾青家庭,蒋菊妹家庭,蔡文花家庭
徐州市	王春侠家庭,刘红莲家庭,杨莉萍家庭,张清梅家庭,赵建家庭,潘森家庭
常州市	万庆东家庭,王飞家庭,王瑛家庭,王兰兰家庭,孙立芸家庭,柳心家庭,章公台家庭,潘志刚家庭
苏州市	闫宏业家庭,李金珠家庭,沈佐明家庭,范嵘家庭,俞亮家庭,贺倩家庭,顾小煜家庭,黄芳家庭,曹春英家庭
南通市	丁年凤家庭,宁尚洁家庭,张国新家庭,陈皓家庭,周兵家庭,周健家庭,葛静家庭,谭松平家庭
连云港市	王婷家庭,孔雪薇家庭,张勇家庭,周怡家庭,莫延安家庭,钱兰华家庭,高翔家庭,董毛毛家庭,蔡骥鸣家庭
淮安市	刘大亮家庭,孙茜家庭,连芳芳家庭,吴玉山家庭,张秋寒家庭,郝宇铭家庭,满媛媛家庭
盐城市	江华家庭,杨莺家庭,周彭鹏家庭,施亚芳家庭,徐社文家庭,葛华娣家庭
扬州市	朱洪志家庭,乔家明家庭,芮名扬家庭,严磊家庭,陈科山家庭,魏宝芹家庭
镇江市	田飞家庭,张黎明家庭,陈洲同家庭,倪荣臻家庭,唐军家庭,葛树英家庭,蔡玉凤家庭
泰州市	于跃先家庭,叶国平家庭,仲一晴家庭,刘付刚家庭,张明乔家庭,周春山家庭,姜伟婧家庭,袁开勇家庭,黄金木家庭
宿迁市	王刚家庭,王利芹家庭,刘仲家庭,孙明明家庭,杨静家庭,周辉家庭,梁弘家庭
省直	书香家庭
	李舒家庭,贾冰一家庭

5.江苏"最美书店"

2022年,江苏"最美书店"推选活动已经进行到第9届。本届获评书店分别是:凤凰新华镇江分公司望山书局、苏州止间书店、南京奇点书集、东台海春书局、凤凰新华通州分公司通州书城、凤凰新华淮安区分公司东长街店、凤凰新华靖江分公司靖江书城、凤凰新华金湖分公司衡阳路店和大众书局南京新城市店。从具体的设计理念来看,这9家书店各具风骚,体现了江苏多元、包容、创新的文化特质。

望山书局以光影、山形的自然元素,从空间设计到装饰风格,结合了镇江独有的山水特色,意在打造"扬子江边的一座书山"。苏州止间书店以文化沙龙、新锐艺术展览、创意产品设计与定制、观影服务等多种文化业态及配套生活服务,成为富有影响力的新型独立复合人文书店。南京奇点书集通过匠心独具的设计为读者营造出现代诗意空间。东台海春书局精心打造了红色报纸展览、时光隧道、海春讲堂等十余处特色板块,其中"没有共产党就没有新中国"红色报纸展览馆,以报纸的形式讲述着从1919年至今中国共产党领导中国人民走向复兴的伟大历程。通州书城扎实做好党政重点读物的宣传和发行服务工作,在书城醒目位置进行宣传陈列。凤凰新华淮安区分公司东长街店以西游文化体验馆为舞台,创立西游记专架,开展"西游体验馆""一起读西游""表演西游情景剧"等活动,开辟运河文化图书专架、运河文化沙龙。靖江书城推出了线上交流的方式,形成"线上+线下,店内+店外"的销售立体模式。凤凰新华金湖分公司衡阳路店将"荷花"元素融入门店设计理念,通过融入荷花、荷画、荷语,处处见"荷"。大众书局南京新城市店打造"生活美学传播推广平台"与"文化交流体验平台",根据读者兴趣喜好排列的图书供读者轻松选取。

6. 江苏省"最美公共文化空间"

"十四五"期间,江苏省通过每年扶持培育约200个最美公共文化空间,积极推动公共文化服务,让居民和游客主客共享。入选2022年度省"最美公共文化空间"打造对象名单的机构涵盖了文化、阅读、社区服务等多个方面,如南京市"建邺书房·国青书苑",徐州市云龙区图书馆、书润心菲城市书房,宿迁市泗阳县图书馆,等等。它们既是富有文化艺术气息的共享空间,又是打造城市形象的窗口。以南京市"建邺书房·国青书苑"为例,作为建邺区公共文化示范点项目之一,它于2021年初开放,总面积近400平方米,由文化走廊、阅读空间和展厅三个部分组成,是集图书馆、南京历史文化展览、特色主题展、文创产品展示等多功能于一体的阅读空间,多方位展现了南京深厚悠久的历史文化底蕴与日新月异的城市发展变化,可开展文化沙龙、读者见面会、新书发布会、艺术展览等文化艺术交流活动。

7. 江苏省职工书屋建设和系列职工读书活动中的优秀单位与个人

2022年,江苏省各级工会紧扣迎接宣传贯彻党的二十大主线,结合"中国梦·劳动美——喜迎二十大 建功新时代"主题宣传教育,围绕"阅读新时代 建功新征程"主题,积极组织开展职工书屋建设和系列职工读书活动,活动期间涌现出了一批优秀的单位和个人。具体包括:

(1) 职工书屋示范点,包括南京农副产品物流配送中心有限公司、南京工艺美术有限责任公司新工·创艺硅巷园区、南京市栖霞区总工会职工服务中心等

64家。

（2）最美职工书屋，包括国网江苏省电力有限公司南京市溧水区供电分公司、无锡灵山文化旅游集团有限公司、国家税务总局丰县税务局等16家。

（3）服务大厅职工书屋，包括国家税务总局南京市六合区税务局、无锡市工人文化宫、江苏睢宁农村商业银行股份有限公司等13家。

（4）优秀职工读书组织，包括南京长安汽车有限公司书"适"、光大环保能源（江阴）有限公司读书俱乐部、徐州高新区税务局"星火税月"读书会等13家。

（5）优秀职工领读员，包括南京市许李琰、王奕，无锡市袁小琼、杨岑，徐州市常秀玲、董方，常州市李哲、邱奕娇，苏州市封伟铭、张斌，南通市顾莉、徐芹霞，连云港市朱必勇、庄忠明，淮安市胡红艳、纪毓，盐城市孙成栋、顾涛，扬州市汪小娟、汪泉，镇江市周昶、李燕敏，泰州市宫欣宇、杨爱平，宿迁市吴文玲、王家俊等共26名。

（6）优秀组织奖，包括南京市总工会、无锡市总工会、徐州市总工会、苏州市总工会、南通市总工会、连云港市总工会、淮安市总工会、镇江市总工会、泰州市总工会、宿迁市总工会共10家。

三、江苏全民阅读典型的示范作用

2022年，江苏省全民阅读典型培育全面开花，涌现出一大批价值高、有特色的全国阅读典型，省内各类阅读典型评选活动也持续稳步开展。此外，各设区市也在积极推进富有地方文化特色的阅读典型评选活动，如为建设"书香常州"，常州市也推选了首届全民阅读"五十佳"。在阅读典型的选树、培育上，江苏注重了以下方面：

1. 典型的大众性、可亲性

这些阅读典型来自身边的个人、家庭、组织，不仅可亲、可近、可信，也起到了带头、带动、带领的作用。例如，通过江苏省书香家庭的评选，进一步加大了对典型家庭的宣传推广，推动全民阅读活动广泛开展，传播了健康和谐的读书理念，营造了良好的书香家庭氛围，激发和带动了更多家庭自觉培树和弘扬好家庭、好家教、好家风。这些阅读典型引导和带动全社会力量在服务基层、服务群众、繁荣文化中当主角、唱大戏。

2. 乡村阅读典型为乡村振兴提供精神动力

乡村阅读推广典型的选树，均衡了城乡居民阅读资源分配，缩小了城乡居民阅读信息鸿沟，如仇素文等从事基层全民阅读推广的典型人物，不忘初心，务实创新，创建了"百阅千读进农家"等本地品牌阅读推广活动，满足了广大农民的文化生活需求,切实改善了乡村精神风貌,丰富了乡村精神文化生活。

3. 以全民阅读典型带动公共文化服务整体的高质高效发展

培树全民阅读典型,不仅为全民阅读推广树立标杆,更重要的是能够带动周围的公共文化服务在实践中整体性持续高质量发展。例如,无锡正在逐步打造"15分钟文化场馆覆盖圈",使市民"家门口的好去处"变得越来越多。其中有曾被评为"最美公共文化空间"的无锡市图书馆开原寺分馆,为市民提供咖啡与书香交融的阅读空间;街道乡镇的文体服务中心、文化站和图书馆焕然一新,各功能区域空间日趋合理,数字化、智能化设备的增添更使公共文化空间"如虎添翼"。遍布城乡的高质量公共文化空间、丰富多彩的阅读活动,切实满足了江苏人民日益增长的精神文化需求。

江苏全民阅读推广人发展概况

2022年,江苏紧紧围绕贯彻习近平总书记致首届全民阅读大会贺信精神和迎接宣传贯彻党的二十大这条工作主线,深入推进"书香江苏"建设,广泛开展全民阅读活动,坚持加强全民阅读推广骨干队伍建设。截至2022年底,全省共有6 756名阅读推广人,4 091名领读者。

一、第三批省级全民阅读推广人及其特点

江苏省全民阅读促进会基于核心价值观鲜明、阅读理念与实践先进、具有奉献精神等原则在全省范围内遴选,全民阅读推广人需要履行推广阅读理念、开展阅读活动、培育阅读组织和开展阅读研究四项基本义务。2022年,江苏省全民阅读促进会选聘江苏省全民阅读推广人工作圆满完成,根据《江苏省全民阅读促进会章程》和《江苏省全民阅读促进会阅读推广人选聘办法》,经各设区市全民阅读促进会和省全民阅读促进会常务理事单位推荐,省全民阅读促进会会长办公会议审核研究、常务理事会议同意,聘请来自13个设区市的17名人员为第三批江苏省全民阅读推广人(聘期3年)。

从第三批江苏省全民阅读推广人的选聘特征来看,男女性别比为4∶13;从职业分布情况来看,其中8人来自图书馆、全民阅读促进会,3人来自政府行政机关,3人来自学校及相关事业单位,2人来自基层阅读组织,1人来自广播电视媒体;从年龄分布与职业生涯经历来看,第三批江苏省全民阅读推广人年龄主要集中在40—50岁,至少具有5年及以上的阅读行业相关工作经历,工作内容围绕全民阅读品牌推广及建设、图书馆公共服务项目培育及落实、家校合作亲子阅读服务推进与实施、原创栏目及阅读沙龙专题分享、云端数字化阅读活动组织与统筹、社会公益阅读项目创新与合作等;从推广人自身综合素质来看,17名阅读推广人均具备过硬的专业素养,在社会阅读推广层面个人及团队成绩斐然,在全民阅读领域耕耘时间长,社会阅读活动资源丰富,相关活动经验储备充足,有较强的社会影响力和广泛的社会辐射面。综上,2022年江苏省全民阅读推广人的选聘工作体现出对推广人专业与素养的高标准、从事全民阅读推广工

作能力与经验的严要求、推广人自身使命感与责任感的实作风等特点。

17名江苏省全民阅读推广人潜心于全民阅读品牌建设,致力于全民阅读公益活动策划,在优秀传统文化弘扬传承、红色经典党史品读、家校协同亲子共读、青少年阅读习惯养成、数字阅读云享服务等板块积极开展特色鲜明、形式丰富的主题阅读活动,为全民阅读深入基层、走进群众营造了浓郁的书香氛围。

1. 切口鲜活,角度新颖,品牌形象建设引领阅读特色风潮

毛泓懿,泰州市姜堰区全民阅读促进会副会长兼秘书长,坚持以红色经典阅读宣讲为阵地,倾心打造"堰尚书香"全民阅读品牌。在推动全民阅读活动走深走实、助推"堰尚书香"品牌形象建设过程中,毛泓懿组织成员单位参与创办"堰尚书香诵读"活动并开展系列专题,策划了"堰尚书香"乐诵读、"堰尚书香·E起读"等节目,推荐本土作家、江苏省姜堰中学优秀学子的佳作例文,在全社会营造浓厚的书香氛围。依托"堰尚书香"阅读品牌,毛泓懿先后组织策划了姜堰区"王艮逝世440周年"纪念活动、"姜堰区王栋读书节"活动,协助区委宣传部举办"阅读红色经典 传承红色基因"主题诵读比赛。在推进全民阅读"七进活动"中参与策划了"泰州市农民读书节"直播活动,姜堰区罗塘街道"追忆峥嵘岁月,阅读红色经典"党史朗诵比赛,大伦镇"礼赞百年,悦享大伦"读书月启动仪式以及张甸镇"书香共圆百年梦,阅读开启新征程"暨"书香张甸"建设启动仪式,大力推动红色专题文化内涵与全民阅读活动深度融合,有效引导"堰尚书香"品牌建设迈上新台阶。

仇素文,宝应县图书馆馆长,宝应县全民阅读促进会秘书长。自2015年宝应县全民阅读办设立以来,他积极投身县域城乡全民阅读促进工作和县级公共图书馆全民阅读推广服务工作。在实地走访并深入调研读者群众的阅读文化需求的基础上,仇素文借鉴其他县市区的先进做法,不断丰富自身全民阅读推广的理论知识,2018年由她独立设计、策划、承担的"春天的邀请——为你朗读"书香宝应朗读海选活动,在全县城乡企事业单位、机关、学校得到了广泛响应,荣获2018年度宝应县宣传思想工作创新项目奖。自2019年8月,仇素文担任县图书馆馆长一职,以图书馆阅读活动项目品牌建设为工作重心,将县域城乡未成年人阅读推广服务工作置于战略位置,带领县图书馆团队创办了"馆校联盟红领巾读书征文演讲"、"宝图4.23读书节"、"书香新年"、"知行走读"研学游、少年科技说、小荷苗悦读+亲子绘本时光、"百阅千读进农家"和"书香领航志愿服务"等8个系列品牌阅读推广活动。"馆校联盟红领巾读书征文演讲"活动被纳入2019年度江苏省公益阅读扶持项目,连续三年荣获江苏省文旅厅颁发的红读组织奖和扬州市红读优秀组织奖,成为省内全民阅读的品牌项目。"百阅千读进农家"获得2021年度扬州市公益阅读扶持项目。仇素文通过阵地阅读

推广常态化、系列化、品牌化,打造出图书馆公共服务品牌项目的优秀范例,本人荣获2018年江苏省新闻出版系统劳动模范、2020年扬州市十佳全民阅读阅读推广人、2022年宝应县十佳全民阅读推广人等荣誉称号。

2. 热心公益,关注孩童,主题活动策划倡导社会阅读风尚

孙立芸,常州市钟楼区乐童亲子阅读中心负责人,致力于将阅读力量根植于青少年的成长旅途,始终为公益阅读项目推广奉献光和热。2016年辞去大学老师工作创办民非组织"常州市钟楼区乐童亲子阅读中心",专职从事阅读推广和家庭教育咨询工作,创办了乐想童年公益童书馆,为0—15岁儿童家庭提供优质的童书免费借阅,现有自营馆2家,社区合作馆9家,自营馆于2020年被评为首批江苏省家庭亲子阅读体验基地。2017年起,共策划执行与亲子阅读有关的公益项目22个,其中"阅·远"系列阅读推广人项目持续5年,培养了一支逾百人的能力过硬的阅读推广人队伍,服务于市、区图书馆及多个社区,至今共举办亲子公益故事会600余场,成人读书会155场,公益讲座50余场。该项目还被评为市党员创业示范项目和钟楼区优秀创投项目。同时,在公益活动方面,为营造良好的社区阅读环境,并实现居民共建、共治、共享的阅读生态圈,孙立芸积极推动"3公里"社区亲子阅读空间建设,该项目被江苏省开放大学、江苏省社会教育服务指导中心立项为优质项目化基地,目前已推动10个社区建立社区童书馆并不定期开展相关志愿服务活动。

吴赟,南京市鼓楼区全民阅读促进会会长,将走进孩童与助力公益紧密结合。2018年,吴赟在鼓楼区图书馆联合多家中小学、幼儿园共同推出了"蜗牛学堂"亲子读书会公益项目,紧紧围绕家庭教育问题,通过推荐阅读书目如《P.E.T 父母效能训练》《在远远的背后带领》《全脑教养法》《考试脑科学》等,每周邀请10组家庭,开展带有专业指导性质的亲子共读,以两个月为阅读周期,通过共读所建立的同频共振和良好亲子关系来提高家庭教育的质量。2019年,"蜗牛学堂"亲子读书会公益项目荣获2019"阅美"南京市公共图书馆优秀服务成果二等奖。2021年6月开展的"守护健康益动起来"12355青少年健康守护行动公益讲座走进南京市郊的几所村小,通过《青少年健康自护》一书的阅读指导,为乡村青少年的身心健康成长办实事解问题。2022年4—6月,应河南郑州西斯达教育集团邀请,作为主讲讲师,为其教育集团下的家长开展了"千家共读线上读书会",活动跨越三个月,有近千个家庭参与。

3. 技术接轨,形式创新,网络媒体宣传打破阅读陈旧模式

程艳,无锡广播电视台新媒体中心平台运营负责人,《程子读书》主理人,既是无锡市东林网络妇联、无锡市巾帼宣讲团的主要骨干,也是多项公益活动的带头人,还是优秀的媒体人、作家、心理咨询师。依托无锡广电新媒体中心平台

丰富的人力资源和技术支持,程艳在无锡广播电视台新媒体平台"无锡博报"上推出了《程子读书》专栏,每周四19:00播出,通过品读经典、品味古今,以文稿、直播、精华解读小视频的形式,运用无锡博报、抖音、视频号三大平台全程网络直播进行宣发,精选好书、深度提炼、精华解读。截至目前,栏目已直播34期,同步推出精句小视频30多期。《程子读书》充分运用新媒体特质,通过阅读分享引领圈层文化,策划开展了邀约书店等文化板块负责人和教师作为嘉宾,阅读分享《中国通史》《孩子的品格》等人文历史和成长教育类书籍阅读系列。《程子读书》栏目希望通过直播、全网视频宣推倡导阅读,为"书香无锡"营造更浓厚的阅读气息与氛围。

苏宇波,盐城市图书馆阅读推广部主任,盐城市全民阅读促进会监事。勇于开拓创新是她的工作风格,甘于拼搏奉献是她的工作信念,在变阅读为"悦"读的探索上,她因地制宜地让阅读推广工作在盐城生根发芽,开花结果。苏宇波主动探索数字化阅读新形势,积极搭建数字图书馆云服务平台,组织开展线上全民阅读活动,带领志愿服务队助力建成一批24小时自助图书馆、阅读新空间、城市书房等便民阅读设施,构建起市区"15分钟"全民阅读圈,打通阅读惠民服务"最后一公里"。疫情期间,她积极组织开展各类线上读书活动,真正发挥了图书馆"第二课堂"的教育职能。通过线上线下联动,密切图书馆与读者的联系,把图书馆本职工作和阅读推广工作有机结合,实现了1+1>2的效果;通过创新"图书馆+"服务模式,多渠道合作共赢,关注未成年人、特殊群体等重点人群的阅读需求,打造符合盐城地域特色、文化习俗的阅读推广服务。

4. 潜心科研,重视理论,专业素养提升阅读研究水平

孙莉玲,东南大学图书馆党总支书记,在唱响传播中华优秀传统文化的主旋律中,以丰富的科研成果和个人原创作品扎实推进全民阅读推广工作。申报的案例"百年党史·阅临其境——'党史+'阅读推广活动"获江苏省"高校图书馆红色经典阅读推广优秀案例";主编系列育人丛书《书架上的指南针》;主持江苏高校哲学社会科学研究重大项目"基于价值共创的高校图书馆阅读推广品牌构建研究";以第一作者发表的论文《百年奋进历程中进步期刊对年党史学习的借鉴意义》入选江苏省委宣传部、组织部等部门联合举办的庆祝中国共产党成立100周年理论研讨论文集。同时,孙莉玲在"喜马拉雅"开设了个人讲书专栏和微信公众号"读点书吧",让读书分享和原创作品进入大众视野,不断为开展阅读推广活动奉献创意与智慧。

曹卫,苏州图书馆借阅中心主任。从苏州图书馆总分馆模式探索实践的"铺路者",到担任借阅中心主任打造服务读者的最美窗口,37载的工作经历为他在阅读推广领域累积了丰富的理论和实践经验。多年来,曹卫始终践行公共

文化服务普惠均等的服务理念,主持过多项阅读推广活动:项目"我是你的眼"荣获包括2019年度全国宣传推选学雷锋志愿服务"四个100"先进典型最佳志愿服务项目、中国图书馆学会"2018年阅读推广优秀项目"等在内的国家及省市级多项荣誉;项目"'扶老上网'免费培训活动"荣获第六届江苏省公共图书馆优秀服务成果三等奖等荣誉;项目"E家人"被评为2020—2021年苏州市"积极应对人口老龄化"优秀实践案例、第16届苏州市全民阅读优秀活动;项目"'珍享学'苏州闲话"入选"2021年度省社科联社科普及资助基地项目"名单,获2020年度苏州市"优秀阅读创新项目"等荣誉;项目"'流动的江南'系列阅读活动"荣获2021年度苏州市"优秀阅读创新项目";项目"科普图书专柜建设"在第六届江苏省公共图书馆优秀服务成果评选中获三等奖;项目"'诺诺森林'暑期阅读总动员"荣获"出版界图书馆届全民阅读年会(2013)"阅读案例征集活动二等奖。此外,其专著论文围绕图书馆服务创新、视障阅读实践研究、地方志与地方文化交流等方面,为公共阅读文化服务等提供了思想和对策。

5. 矩阵联动,资源共享,社会力量助力书香社会建设

庄惠芬,常州市武进区星河实验小学党支部书记、校长,中国教育学会学校文化研究会常务理事,积极践行用阅读之灯照亮青春梦想,为无数家庭带来阅读宝藏与文化滋养。庄惠芬任城乡接合部随迁子女居多的学校校长时,在走访众多学生家庭了解当地教育情况后,她利用星河实验小学教育集团力量,开启了"橙风铃行动:100+家庭图书馆点亮一片星河"的阅读行动,希望通过阅读为更多家庭注入一些养分。通过"一校连着一校,一家对接一家",实现"两校孩子相互学习、两个家庭共同阅读";并成立星河家庭阅读工作室、星光家庭教育工作室,打造橙风铃行动的进阶形式。"家庭图书馆"行动在2022年被确定为常州市妇联重点推进项目,扩展至全市各个辖市区,为每个家庭点亮一盏阅读之灯。同时,庄惠芬还开启乡村振兴行动,利用市名校长基地资源在14所乡村学校建起了阅读培育站;先后奔赴西藏堆龙德庆区、新疆尼勒克、新疆克州等地义务支教,在各地建立流动图书馆70多个以及7个名师工作室,并成立了庄惠芬名校长培养基地。

刘全,新沂市教育局新教育办公室主任。自2018年12月从基层学校调任教育局新教育办公室便主要负责教育系统阅读推广专项工作,"为全市师生搭建阅读展示平台,营造书香校园,让全市居民培养阅读良好习惯、建设书香社会"是刘全甘当阅读敲钟人的使命与初心。除了成立新沂市萤火虫阅读推广服务中心,通过"唤醒"和"改变"在阅读推广领域深耕、播种、成长、收获之外,新沂市"凤凰杯"阅读节更让"爱上阅读"这一文明风尚在新沂市广泛传递。在中共新沂市委宣传部的大力支持下,刘全为保障阅读节收获最大的社会效益,每年

会向江苏凤凰新华书店集团新沂分公司争取10万元的资金赞助。阅读节上开展的"校长、教师读书沙龙""阅读心得征文""亲子剧展演""十佳书香校园"等一系列主题竞赛活动均会举行隆重的颁奖仪式,为获奖师生和先进单位颁奖以示鼓励。每届"凤凰杯"阅读节直接参与活动人数能够达三四万之多,已经成为新沂城市阅读推广活动的一道亮丽风景线。

6.重温历史,守护传统,优秀文化传承响应历史自信号召

蔡骥鸣,连云港市民族宗教局副局长,连云港花果山下读书会负责人。在10年市委宣传部文艺处长、6年文联副主席和5年作家协会主席任职期间,到机关、事业单位和学校开展党的方针政策、中国传统文化、连云港历史文化、文学艺术、文化产业等各类讲座500余场,出版文学专著及编撰连云港地方文化读物20余本。在传统文化研究领域,蔡骥鸣在《苍梧晚报》写作了专栏文章《茶客三味半》,此外,精心准备《化古开新——中国文化精神的继承与发展》《中国优秀传统文化与文化自信》等专题讲座内容,把中国传统文化最精彩的部分通过深入浅出的方式讲授出来,该课程已讲授30余场次。近10年来,蔡骥鸣在各种场合开展有关连云港内容的专题讲座《连云港,站在新时代的起跑线上》《寻找连云港的文化之根》《连云港历史中的文学精神》《寻找海州的文化魅力》等,截至目前,已经在全市各单位开讲100余场,他是当之无愧的港城文化精神的守护者、传承者、宣传者。

陈玲,淮阴师范学院第一附属小学学生发展部副主任,是全民阅读推广工作的优秀骨干,也是文言文阅读推广的明星。从全国第一届小古文课堂教学大赛的参与者,到淮安市"十三五"规划课题"基于学生视界的小古文教学实践研究"的主力军,再到全国小古文大赛的评委老师、公益夏令营的课程推广人,她在古文推广的道路上坚定步伐,用满腔热情和满腹才华从事古文教学工作,定期在图书馆、淮安书房、书店、农村学校推广文言文阅读公益课程。在学校她建立了公益推广社团,真正把"学古文从孩子抓起"的教育理念落地。2019年参加济南出版社《小古文100课》微课堂录音讲解课程录制;2020年参与济南出版社《口袋里的小古诗》录音工作。近两年,陈玲与市电视台合作录制公益课程《小古文大讲坛》系列节目,让文言文学习与推广工作更真切地接触群众、深入群众。奔跑在传统文化推广的赛道上,她的坚持与执着令人敬佩。

二、各市全民阅读推广人(领读者)发展

江苏各市、县(市、区)重视加强德才兼备的阅读推广人队伍建设,积极选树地方阅读推广先进典型,并重视发挥他们的示范带动作用。

南京市

2022年,在南京市全民阅读办的指导下,南京市全民阅读促进会正式组建"书香南京·朗读者"志愿服务特聘专家指导团,团队成员包括主持人吴晓平、南京市全民阅读促进会专家指导组组长董群、南京出版集团总经理卢海鸣、南京图书馆副馆长许建业等专家学者。同时,南京市大力开展阅读推广人培训,推动基层阅读推广人组织的建设。截至2022年底,"书香南京·朗读者"阅读志愿者人数总计将近15 000人,各文化志愿团队深入社会,为广大市民读者、弱势群体、文化单位提供阅读服务,并在市全民阅读促进会的统筹组织下,举办专题阅读活动,推广全民阅读。

无锡市

2022年,无锡市全民阅读促进会鼓励民间阅读组织力量广泛参与"阅读活动送基层"的实施与部署,市全民阅读办遴选文化、教育、卫生、科技、媒体领域致力于公益阅读推广的专家学者,组建导读员队伍,发动他们深入基层,走进群众。江阴市累计聘请和招募1 200余人加入公益阅读推广人和领读者队伍,并制定完善的考核激励和动态管理办法,7家企业加入"三味书咖"城市阅读联盟,52家公益阅读组织和企业加入市公益阅读联盟。宜兴市把全民阅读纳入文明志愿服务体系,定期组织优秀阅读推广人评选,目前,获得市级认定表彰的优秀阅读推广人166人、领读者34人。梁溪区聘请15位区全民阅读领读者,组建梁溪区"领读者"队伍。其中,宜兴市被中国图书馆学会评为2022年"书香城市(县区级)",是全国15个入选城市之一,是此次江苏省唯一入选城市。无锡市全民阅读促进会副会长张春梅、无锡广播电视台新媒体中心平台运营负责人程艳当选为2022年江苏省全民阅读推广人。

徐州市

2022年,徐州市主要从建立"领读者"队伍、扶持阅读志愿服务组织发展、培育志愿+专业服务队伍三方面开展阅读推广工作。全市策划主办"全民阅读千人领读者培养计划"项目,并于6月在新沂市组织召开阅读推广人暨领读者大会,会上6名领读者进行了经验交流分享,评选表彰了阅读推广人、读书先进个人及书香校园。通过领读者培训活动,全市共培养600名全民阅读领读者,开展公益阅读活动2 000余场,开展志愿阅读服务5 000余场。此外,全市成立近千支专业阅读志愿服务队伍,充分利用公共图书馆、阅读新空间、农家书屋等阵地,开展丰富多彩的主题阅读活动,进一步提升"书香徐州"志愿服务品牌形象。其中,汶河书香阅读志愿服务队、徐州书润心菲读书志愿队先后入选"江苏省十佳志愿服务队"。刘全当选为2022年江苏省全民阅读推广人,董方荣获2022

年江苏省优秀职工领读员称号。

常州市

2022年,常州市通过深化阅读品牌活动、以点带线名家领学、积极部署志愿服务等方式壮大阅读推广人队伍。溧阳市持续深化"春晖朗读"品牌活动,采用主持人领学、名家教学的方式对阅读爱好者进行现场培训;金坛区在评选产生史焕荣、尹信慧等一批最美阅读推广人的基础上,2022年又评选产生大雅读书会会长贺健、图书馆副馆长潘颖茹等8人为最美阅读推广人,全区阅读志愿者人数总计近3 000,为广大阅读爱好者、少年儿童、残障人士服务次数超5万次;新北区创立"全民阅读推广志愿者联盟",第一批吸纳了16家阅读类社会组织深入基层一线,精准开展阅读服务活动;天宁区开展的"青果书香·公益阅读领读行动"以及经开区启动的"阅美横林由我领读"2022领读计划,均聘请广播电视领域等一批热衷阅读的知名人士为区级公益阅读领读人。钟楼区乐童亲子阅读中心负责人孙立芸,常州市武进区星河实验小学党支部书记、校长,中国教育学会学校文化研究会常务理事庄慧芬当选为2022年江苏省全民阅读推广人。

苏州市

2022年,苏州市建立市级全民阅读领读者、阅读推广人队伍,推出"领读者"计划,广泛吸纳社会民众踊跃成为全民阅读的参与者和引领者。9月开展2022年"苏州市全民阅读推广人培训班",邀请中国图书馆学会阅读推广委员会副主任、南京大学教授徐雁,华东师范大学信息管理系教授范并思,中国图书馆学会阅读推广委员会副主任、河北大学管理学院教授赵俊玲等国内阅读推广领域的专家授课,300余名阅读推广人参加培训。2022年评选产生33个"优秀阅读推广人",51个"优秀阅读创新项目"。截至2022年底,苏州全市共有639个阅读推广人,306个领读者。在第四届江苏全民阅读"五十佳"名单中,刘晓亚获评"十佳阅读推广人",徐梦华、曹卫入选第三批江苏省全民阅读推广人名单。

南通市

2022年,南通市整合社会阅读组织的力量与政府的行政推动,紧密结合工作实际,创新阅读服务内容形式、活动组织方式和宣传推广样式,涌现出主题鲜明、内容健康、形式新颖、深受读者欢迎的公益阅读推广活动典型18个,先后发放扶持阅读组织活动经费20万元。目前,南通市全民阅读促进会有团体会员130个、个人会员50人,南通市所辖的海门区、通州区、如皋市、海安市、如东县、崇川区、启东市已成立全民阅读促进会,开发区、通州湾等地的阅读促进机构筹建也在积极推进中。南通市联合团市委广泛发动各界人士加入全民阅读志愿服务队伍,选拔优秀者为领读者和全民阅读推广人。至 2022 年底,南通市有各类阅读组织 650 个,各级阅读推广人 1 100 人,领读者 70 人。崇川区新城桥街道欣欣然亲子俱乐部周玉暄当选为 2022 年江苏省全民阅读推广人。

连云港市

2022 年,连云港市通过创新农家书屋活动模式、打造阅读阵地网格、促进阅读组织联通等途径积极培育和选树一批阅读示范品牌、活动和组织,同时开展连云港十大最美阅读推广人的选树认证工作。其中,"梦想书架"乡村少儿公益阅读推广项目、彩虹岛阅读馆馆长蒋洋桥、格林书虫馆分别荣获第四届江苏全民阅读十佳阅读推广项目、十佳阅读推广人和十佳阅读推广机构,市新华书店、大众书局万达店连续多年获评省优秀书展分展场;冯寿绕、金中宝、郝涛洁等当选为第二批十大最美阅读推广人。连云港市民族宗教局副局长、连云港花果山下读书会负责人蔡骥鸣当选为 2022 年江苏省全民阅读推广人。

淮安市

2022 年,淮安市深化打造"为中华之崛起而读书"书香城市品牌,开展大学生阅读种子志愿服务行动,开动农家书屋"直通车",形成了覆盖城乡、载体多元、样态丰富的阅读活动品牌。目前,全市共有登记注册阅读社会组织 21 家,其他阅读社会组织 143 家。市全民阅读促进会指导成立淮安知书鱼读书会等社会阅读组织,先后组织开展阅读推广管理培训班,邀请专家学者就阅读活动组织、书房管理运营、全民阅读工作理念、全民阅读工作核心指标、全民阅读活动推广方式方法等内容开展培训,进一步提升全市社会阅读组织、全民阅读推广人工作能力水平。淮阴师范学院第一附属小学教师陈玲当选为 2022 年江苏省全民阅读推广人。

盐城市

2022 年,在部署阅读推广工作进程中,盐城市健全党政推动、部门协同路径,动员阅读组织与社会力量将阅读推广工作持续落实。盐城市持续推进全民阅读"十百千万"工程,培树了一批优秀阅读品牌、优秀阅读空间、优秀阅读活动、优秀阅读组织和优秀阅读推广人,吸引各界人士加入各级阅读志愿服务队伍,建立各类专业性阅读推广组织,广泛调动社会资源、凝聚社会力量,共促全民阅读、共建书香盐城。2022 年共评选表彰优秀阅读品牌、优秀阅读空间、优秀阅读活动和优秀阅读推广人等全民阅读先进典型 50 个,乐华泽荣获全国"乡村振兴十大优秀阅读推广人"称号,书香盐城影响力进一步增强。盐城市图书馆阅读推广部主任、盐城市全民阅读促进会监事苏宇波当选为 2022 年江苏省全民阅读推广人。

扬州市

2022年，扬州市高度重视阅读推广工作中领读者培养和志愿服务模块，力图培育一支具有人文情怀的"领读者"队伍，并以"共建书香扬州"为主题，面向全社会招募扬州市全民阅读志愿者。截至目前，全市共成立各类注册阅读组织14个，阅读服务团体59个，招募阅读志愿者3 569人。市全民阅读促进会拥有团体会员30余家、个人会员140余名，每年招募阅读推广人300名，举办阅读推广人、阅读志愿者、农家书屋管理员等各类阅读培训班8期。吸纳社区工作者、教师、大学生等社会力量，在全市74个乡镇（街道）组建509支阅读指导员队伍。扬州市宝应县图书馆馆长、宝应县全民阅读促进会秘书长仇素文当选为2022年江苏省全民阅读推广人。

镇江市

2022年，镇江市持续稳步开展阅读推广团队的选拔与壮大工作，邀请社会阅读组织负责人、"百姓名嘴"、大学生、退休教师等群众身边的阅读爱好者加入阅读推广队伍。举办2022年镇江市阅读推广人培训班，提高全市阅读推广人队伍专业素质与能力水平。同时，组建志愿者队伍实现乡镇街道全覆盖，继续招募热衷于全民阅读公益事业的领读者，积极推动全民阅读工作，其他各成员单位也积极组织志愿者队伍深入农村校园、社区开展文化帮扶服务，不断推动全民阅读向基层深入、向群众靠拢。镇江市司法局公务员承江涌当选为2022年江苏省全民阅读推广人。

泰州市

2022年，泰州市积极促进阅读机构建设、大力支持阅读组织发展、不断加大阅读推广人的选拔和培育力度，目前泰州市所辖的靖江市、兴化市、海陵区、姜堰区、医药高新区（高港区）已成立全民阅读促进会，泰兴市正在积极筹建中，2023年确保成立到位。目前，泰州市有各类阅读组织376个，各级阅读推广人200人，领读者136人。泰州市招募全民阅读志愿者5 000人，组建泰州市全民阅读志愿服务总队，积极培训全民阅读志愿者，选拔优秀者为领读者和全民阅读推广人。泰州市姜堰区全民阅读促进会副会长兼秘书长毛泓懿当选为2022年江苏省全民阅读推广人。

宿迁市

2022年，宿迁市继续发扬各区在全民阅读推广工作中的优秀传统，通过名家结对、加强培训、专题辅导等特色活动进一步提高阅读推广队伍整体素质。宿城区评选出金牌阅读推广人20名和领读者10名，邀请本土名家为500余名阅读推广人培训；宿豫区实施"阅读推广人＋阅读空间"结对共建模式，聘请优秀教师、乡贤、地方文化名人300余名担任全民阅读推广人,致力为读者打造"点单式"全民阅读服务,推动全民阅读宣传推广由单向传播向互动式、场景式传播转变;沭阳县有247名全民阅读活动领读者及214名全民阅读活动推广人;泗阳县以农家书屋为活动阵地,形成"领读者+管理员"阅读服务模式,先后设立300余个全民阅读志愿服务站,扶持100余家公益阅读组织;泗洪县成立全民阅读志愿服务队300余支,县全民阅读办聘请89名同志担任全民阅读推广人;宿迁经济技术开发区选树领读者5人,阅读推广人7人,组建阅读志愿服务队52个,选聘阅读志愿者157人;湖滨新区选树领读者3人,金牌阅读项目推广人5人,阅读志愿者96人;洋河新区有金牌阅读项目推广人2人,阅读志愿者58人,定期参与到全民阅读宣传推广工作中,积极参与全民阅读计划培训。宿迁市经济开发区青海湖路小学校长、全国五一劳动奖章获得者杨海燕当选为2022年江苏省全民阅读推广人。

江苏全民阅读领读者(阅读推广人)培训概况

2022年,江苏深入贯彻落实党的十九大、十九届历次全会精神以及习近平总书记致首届全民阅读大会贺信精神和关于推进全民阅读、建设书香社会的系列重要指示精神,紧紧围绕迎接宣传贯彻党的二十大这条工作主线,深入推进"书香江苏"建设。在全民阅读领读者培训、阅读推广人队伍建设过程中,江苏坚持以人民为中心的发展思想,以阵地建设为基础,以阅读活动为引领,为全民阅读推广纵深发展培育了一批骨干力量。目前江苏已培养4 091名全民阅读领读者、6 756名全民阅读推广人。

2022年,江苏全民阅读领读者、阅读推广人培训工作呈现以下特点:

一、党委政府高度重视,积极构建专业队伍

"打造高质量领读品牌计划,选拔示范性领读骨干人才"是江苏全民阅读领读者培训工作的核心要义。领读者队伍的专业素养和服务能力直接影响到全民阅读推广工作与群众阅读需求的对接效率,直接关系到全民阅读活动阵地建设与阅读服务品牌打造的专业程度。2022年,省全民阅读办、省全民阅读促进会克服疫情影响,坚持举办江苏省全民阅读领读者(推广人)培训班,来自全省各地近100名领读者、推广人参加。

各地开展了如"领读者培养计划""公益领读行动""导读荐读沙龙"等种类纷繁、形式多样的培训活动。

2022年,无锡市大力支持导读员队伍组建,注重领读力量的志愿服务精神培养,发动领读者深入基层,为城乡提供优质阅读服务,梁溪区聘请15位区全民阅读领读者,组建梁溪区"领读者"队伍。苏州市建立市级全民阅读领读者、阅读推广人队伍,推出"领读者计划",邀请国内阅读推广领域知名专家学者授课。常州市充分重视公益阅读推广活动专家学者的遴选工作,在科、教、文、卫、媒领域组建专业素质过硬、服务能力出众的领读者队伍,积极扩大领读者队伍的辐射范围。扬州市、宿迁市充分重视领读者知识体系建构和实践能力培训,在朗读发音技巧、声音处理及表达方式等方面进行了领读者培训工作。

二、培训形式丰富多样,培训内容引人入胜

在领读者培训和阅读推广工作推进部署过程中,各市积极践行"用阅读厚植书香底蕴,用书香滋养江苏文脉"的全民阅读工作理念,在创新培训活动形式、彰显培训主题内涵、丰富培训内容体验等方面大力投入。

无锡市图书馆充分发挥社会教育职能和阅读推广阵地作用,举办少儿阅读推广工作总结和领读培训活动,对2022年度少儿阅读推广工作进行了总结回顾和成果展示,并邀请优秀阅读推广人代表分享活动体会和实践经验,与会成员积极探讨少儿阅读推广新理念新思路新方法。苏州张家港市凤凰镇文体服务中心开设"领读者"朗诵技巧培训公益课程,从朗诵基础技巧学习到实际文稿技巧训练再到独立完成作品朗读,实现了朗诵技巧全流程指导教学。淮安市先后组织开展淮安书房经营管理者培训班、书香淮安建设培训班,邀请专家学者就阅读活动组织、书房管理运营、全民阅读工作理念、全民阅读工作核心指标、全民阅读活动推广方法等模块开展培训,进一步提升全市社会阅读组织、全民阅读推广人工作能力水平。扬州高邮市全民阅读活动领导小组举办2022年全民阅读推广人及农家书屋管理员培训班,全市70余名全民阅读推广人、各乡镇园区图书分馆管理员、各学校图书室管理员均参加培训,培训内容围绕阅读推广的基本工作,从理论和实践层面深入阐述了新时代做好全民阅读工作的重要性,重点阐释了"阅读内容策划""阅读活动设计要点"等培训内容。

三、完善表彰激励机制,激发社会组织活动

以先进阅读典型带动全民阅读阵地建设,以优质领读团队促进全民阅读素养提升,江苏省将阅读优秀典型表彰和领读者激励机制建立等工作摆在重要位置。省全民阅读促进会定期推选"江苏全民阅读五十佳"并予以表彰,各市定期组织开展优秀阅读品牌、优秀阅读空间、优秀阅读活动、优秀阅读组织、优秀阅读创新项目和优秀阅读推广人等评选表彰活动,让更多基层阅读先进典型受到鼓励和激励。

2022年,盐城市评选表彰优秀阅读品牌、优秀阅读空间、优秀阅读活动和优秀阅读推广人等全民阅读先进典型50个,书香盐城影响力进一步增强。2022年,苏州市共评选产生33个"优秀阅读推广人",51个"优秀阅读创新项目",苏州市政府通过给予项目费补助等激励办法鼓励个人和社会团体积极自愿参与到全民阅读推广中来。

2022年，在南京市全民阅读促进会的邀请下，领读者专家库已经吸纳何建明、范小青、曹文轩、黄蓓佳、赵丽宏等著名作家，并得到了残联主席张海迪的授权；在南京市全民阅读办的指导下，南京市全民阅读促进会正式组建"书香南京·朗读者"志愿服务特聘专家指导团，指导团成员包括主持人吴晓平、南京市全民阅读促进会专家指导组组长董群、南京出版集团总经理卢海鸣、南京图书馆副馆长许建业等专家学者。

四、传承弘扬奉献精神，大力培训阅读志愿者

江苏各地在培训领读者、推广人的同时，通过设立阅读志愿服务工作空间、扶持阅读志愿服务组织发展、培训阅读志愿专业服务人员、表彰阅读志愿服务先进典型等，有效提升了江苏全民阅读志愿服务品牌形象，打造出一批高素质阅读志愿服务队伍。

2022年，南京市、苏州市、无锡市、常州市、徐州市、扬州市等在各市全民阅读促进会的统筹与部署下积极举办各类专题阅读活动，踊跃提供各类阅读志愿服务。南京市仅"书香南京·朗读者"阅读志愿者人数总计便将近15 000人，各类文化志愿团队深入基层，为广大市民读者、弱势群体、文化单位等提供优质阅读服务。无锡宜兴市把全民阅读纳入文明志愿服务体系，赋予文明志愿者全民阅读志愿责任，全市共有全民阅读志愿服务总站(队)1个、分站(队)307个，市级认定表彰的优秀阅读推广人166人、领读者34人。常州市金坛区阅读志愿者人数总计近3 000人，为广大阅读爱好者、少年儿童、残障人士服务次数超5万次。徐州在全市成立近千支专业阅读志愿服务队伍，充分利用公共图书馆、阅读新空间、农家书屋等阵地开展主题阅读活动，进一步提升"书香徐州"志愿服务品牌形象，其中，汶河书香阅读志愿服务队、徐州书润心菲读书志愿队先后入选"江苏省十佳志愿服务队"。

江苏全民阅读理论研究概况

2022年,江苏全民阅读理论研究工作坚持守正出新,新推出一批高质量的论文、专著以及书评类研究成果。

一、论文类成果

2022年江苏全民阅读理论研究的论文类成果颇丰,从宏观的理论构建、中观的运行机制以及微观的一线实践等层面对全民阅读进行了深度阐发,取得了一定突破。

1. 全民阅读的成就、价值与发展

宏观层面对全民阅读的理论研究主要从既有成就、价值阐释和"十四五"规划发展等维度展开。

(1) 全民阅读的成绩回顾。"书香江苏"形象大使聂震宁《党的十九大以来全民阅读八个新观点探究》对十九大以来我国新阶段全民阅读工作中提炼出的新观点进行了总结,包括多读书使中华民族的精神世界得以更加厚重深邃、建设书香社会、基本形成覆盖城乡的全民阅读推广服务体系、在全面推进乡村振兴中开启农民阅读服务新篇章、全民阅读要从青少年抓起、要有针对性地保障特殊群体基本阅读权益、全民阅读活动已经成为各级党委政府的工作等8项,具有重要指导意义。[1] 来自南京大学信息管理学院的陈菁从"江苏全民阅读日"的设立切入,系统回顾《江苏省人民代表大会常务委员会关于促进全民阅读的决定》及设立"江苏全民阅读日"对"书香江苏"建设的积极影响,强调了立法促进对全民阅读深入开展的重要性。[2]

(2) 全民阅读的价值阐释。相较前一阶段的研究,2022年出现了更多对阅读价值本质的探究,从源头进一步证明了全民阅读的重要性与必要性。南京大

---

[1] 聂震宁.党的十九大以来全民阅读八个新观点探究[J].编辑之友,2022,308(4):36-41.
[2] 陈菁.创设"江苏全民阅读日"促进全省民众阅读活动——全民阅读立法促进视野里的"书香江苏"建设(2015—2022)[J].新世纪图书馆,2022,308(4):11-16.

学信息管理学院、出版研究院的尹召凯、任同、张志强《中国居民阅读行为对社会治理绩效感知的影响研究——基于CGSS2015数据的实证分析》一文,创造性地以实证方法在阅读与社会治理间建立有机连接,证明阅读行为对整体的社会治理绩效感知具有促进作用。[1] 南京大学信息管理学院王鹏涛《社交媒体时代纸书阅读价值重建》指出,纸质经典阅读有助于读者涵养性情、增长学问,指导人生决策和信仰养成,使读者人生充实、家庭和谐,是社交媒体阅读不可替代的。[2] 南京师范大学新闻与传播学院的朱飞虎、张晓锋则将视野转向"纸书阅读+数字阅读"基本盘中开辟的新增长方式——有声阅读,指出发展有声阅读的核心价值在于提升公共文化服务水平、健全现代文化产业体系。[3]

(3) 全民阅读的未来发展。南京大学信息管理学院卢文辉认为,在消费文化的影响下,阅读主体趋于大众化、阅读方式趋于简单化、阅读目的趋于多样化,因此阅读推广的方式也需要顺势而变。[4] 许多学者就"十四五"期间如何高质量提升全民阅读这一问题进行了深入的阐述。南京大学出版研究院常务副院长张志强认为,从阅读调查数据来看,我国当前阅读状况仍不够理想,必须将全民阅读作为常规工作,进一步夯实全民阅读推广根基。[5] 来自南京大学信息管理学院的徐雁等学者研究指出,加强"馆社合作""馆校合作"是深耕、拓展和创新全民阅读推广的重要进路:一方面,创新"馆配图书"业务合作新机制,在馆配模式、信息平台、图书纸电同步上发力,在图书选题、阅读活动、数字服务、文旅融合上深入协作;[6]另一方面,公共图书馆要与当地大专院校加强"馆校合作",共建从基础教育到高等教育的各级"书香校园"。[7]

2. 全民阅读推广研究

(1) 阅读疗法研究。作为以阅读材料为媒介,通过在指导下学习、讨论和领悟阅读材料以促进身心健康发展或辅助治疗心理疾病的疗愈方法,阅读疗法已经日益成为阅读研究中的重要议题。南京大学信息管理学院张欢笑等学者的

---

[1] 尹召凯,任同,张志强. 中国居民阅读行为对社会治理绩效感知的影响研究——基于CGSS2015数据的实证分析[J]. 中国图书馆学报,2022,48(3):79-95.
[2] 王鹏涛. 社交媒体时代纸书阅读价值重建[J]. 中国编辑,2022,153(9):28-30.
[3] 朱飞虎,张晓锋. 全民阅读视域下的有声阅读:痛点问题、核心价值与未来进路[J]. 中国编辑,2022,152(8):92-96.
[4] 卢文辉. 消费主义文化语境下阅读的重构与发展[J]. 图书馆理论与实践,2022,255(1):131-136.
[5] 张志强. 进一步夯实全民阅读推广的根基[J]. 编辑学刊,2022,203(3):1.
[6] 徐雁,林英,何雨琪. 合力深耕公共文化服务全面促进全民阅读推广——"十四五"期间"馆社合作"新形态[J]. 出版广角,2022,405(3):21-26.
[7] 徐雁. 加强"馆校合作"共建"书香校园"——"十四五"期间深耕、拓展和高质量提升全民阅读的新路径[J]. 新世纪图书馆,2022,308(4):5-10.

研究基于"用户画像"概念提出"书目画像",试图通过对书目基本信息、内容信息、作者信息以及读者评价信息的统计和分析构建书目画像,以对阅读疗法图书进行有效推荐。[1] 南京大学信息管理学院杨玉涵则重点关注了毕淑敏及其有关作品的阅读疗愈价值,建议阅读疗愈书目将其有关作品列入推介。[2] 除书目推荐外,校园课程也是宣传普及阅读疗法的重要途径。南京航空航天大学图书馆开设的"阅读与心理健康"课程,初步探讨了面向理工科大学生阅读疗法课程的有效教学模式。[3] 来自东南大学的刘宇庆、袁曦临与南京农业大学信息管理学院付少雄构建了隐匿性抑郁症大学生群体阅读疗愈参与意愿影响因素模型,指出需要提升这部分学生群体对阅读疗愈实施的感知有用性,注重隐匿性抑郁症群体隐私保护,削弱惯性影响并提供同伴支持的友好阅读环境。[4]

(2)阅读推广研究。对于阅读推广的具体环节研究,存在一些焦点性议题,如推广方案的整体架构、阅读典型、阅读空间、数字技术、营销实践,显示出阅读推广研究日臻成熟。

① 阅读推广方案的整体架构,包括策略研究和效用评价。南京农业大学信息管理学院付少雄等人的研究梳理了"书香南京"背景下面向群体特征差异的南京全民阅读社会化推广活动,[5] 南京图书馆丁勇则以长三角"阅读马拉松"活动为例关注全媒体环境下阅读推广的发展策略,[6] 这些研究为城市全民阅读社会化推广的行动框架提供了借鉴。南京大学信息管理学院王丽培、陈雅《阅读推广方案设计效用评价分析》则关注阅读推广方案满意度问题,提出从启发主体意识、自我革新、自我升级、自我优化、自我审视5个方面提升阅读推广方案设计效用价值。[7] 这些研究均有为阅读推广方案设计提供理论指导的重要意义。

② 对阅读推广中典型个体的研究。这部分研究的视野贯通古今,充分体现了中国阅读文化的传承与创新。南京大学信息管理学院杨璐嘉以常熟翁氏家

---

[1] 张欢笑,沙莉莉,陈铭.阅读疗法书目画像的构建与应用——以抑郁情绪相关书目为例[J].国家图书馆学刊,2022,31(6):36-44.
[2] 杨玉涵.当代作家毕淑敏及其有关作品的阅读疗愈价值探析[J].图书馆杂志,2022,41(2):57-63.
[3] 吴丽春,单冠贤,赵晨洁,等.高校阅读疗法课程的教学探索——以南京航空航天大学"阅读与心理健康"课程为例[J].大学图书馆学报,2022,40(6):70-75,102.
[4] 刘宇庆,袁曦临,付少雄.隐匿性抑郁症大学生群体阅读疗愈参与意愿影响因素研究[J].国家图书馆学刊,2022,31(2):60-71.
[5] 付少雄,高一超,郭旖函.面向群体特征差异的全民阅读社会化推广研究——以"书香南京"为例[J].新世纪图书馆,2022,315(11):5-13.
[6] 丁勇.全媒体环境下阅读推广创新发展策略研究——以长三角"阅读马拉松"活动为例[J].图书馆理论与实践,2022,260(6):63-67.
[7] 王丽培,陈雅.阅读推广方案设计效用评价分析[J].新世纪图书馆,2022,314(10):92-97.

族为传统文化世家的缩影,以翁氏文化世家形成的人文因素与书香传统为当今书香社会建设提供启发。① 耕读遗风以外,我国近现代学者的阅读推广思想也日益受到重视。如对于汉文阅读学和实用文章学的开创者曹祥芹先生的学术思想研究正持续展开。② 对当代知名藏书家、南京大学教授徐雁的阅读观研究也在逐步深入,包括中外文学名著和人物传记阅读观、全民阅读"三位一体"方略及"六分法"理念等。③ 而这些知名学者也通过特聘等方式切身参与到具体的阅读推广活动中,如"靖江市图书馆全民阅读导读者"活动特聘徐雁等7位阅读推广人,为2022年靖江市图书馆开展全民阅读活动集聚了领读人才资源。④

③ 对城乡阅读空间建设的研究。近年来,随着对阅读氛围要求的提升,公共阅读空间的审美性与功能性愈发受到重视,来自南通市图书馆的张潇雨与来自南京大学信息管理学院的孙红蕾合作的论文,以上海公共文化空间创新大赛获奖案例为研究对象,对公共文化阅读空间的设计及运营提出建议。⑤ 党的十九大以来乡村文化振兴也日益受到重视,但是当前农村公共阅读空间设计仍存在较大不足,南京艺术学院金晶从在地性的角度提出农村公共阅读空间设计可从乡村社会生活在地性表达、乡村场域在地性营造、使用主体需求关怀上进行提升。⑥

④ 数字技术在阅读推广中的应用和展望。随着数字化加速融入社会发展各领域,元宇宙图书馆、智慧阅读等新兴概念成为阅读推广中的前沿议题。金陵图书馆、南京图书馆学会张磊的《元宇宙图书馆:理论研究、服务场景与发展思考》一文,描述了未来元宇宙图书馆虚拟建筑、阅读推广、教育学习等10种服务场景,为图书馆行业发展的数字新形态提供设想。⑦ 扬州市少年儿童图书馆谢光雷、南京晓庄学院图书馆陆康,与来自广州工商学院图书馆的于兴尚、赵永林合作的论文认为,应基于5G+多元智能技术打造智慧阅读空间、阅读游戏开发、智慧阅读营销、阅读资源导航、阅读素养教育服务,推广过程中注重深化阅

---

① 杨璐嘉.传统文化世家的书香传承及其当代启示——以常熟翁氏家族为例[J].图书馆,2022,334(7):58-64.
② 徐雁.倾力深耕阅读学 俯首甘为"拓荒牛"[J].河南师范大学学报(哲学社会科学版),2022,(2):1-4.
③ 任文香,何雨琪,范冰倩.腹笥有诗书,书香可致远——"全民阅读十佳推广人"徐雁的阅读文化学理论和实践[J].大学图书馆学报,2022,40(5):72-78.
④ 陈琦,杨玉涵.特聘全民阅读推广人深耕图书馆阅读推广——以靖江市图书馆"全民阅读导读者"为中心[J].新世纪图书馆,2022,308(4):23-27,70.
⑤ 张潇雨,孙红蕾.公共文化阅读空间设计及运营研究——基于公共文化空间创新大赛获奖案例[J].新世纪图书馆,2022,315(11):30-35.
⑥ 金晶.乡村振兴背景下农村公共阅读空间设计在地性研究[J].中国出版,2022,533(12):26-30.
⑦ 张磊.元宇宙图书馆:理论研究、服务场景与发展思考[J].图书馆学研究,2022,521(6):9-17.

读媒介、数据的规范和开发、情感注入等。①

⑤ 对阅读推广营销模式的创新研究。面向全民的阅读推广如何建立精准有效的营销方式？对于这一问题，不少学者尝试从地方图书馆的实践中总结经验，如南京大学信息管理学院范楠楠等人以铜陵市图书馆为研究对象、苏州市吴中区图书馆顾揖以苏州市吴中区图书馆为研究对象，借助"4V""4R"等营销理论，尝试构建出适用于公共图书馆全民阅读推广的营销理论模型。②、③无锡市图书馆曾媛的研究则以国际视野来看中国实践，以 IFLA 国际营销奖我国图书馆获奖项目为例，创新总结出融合发展下的公共图书馆阅读推广创新模式。④除了基于案例的经验总结，江苏大学科技信息研究所杨桦、卢章平还以问卷量表数据融合眼动追踪技术进行实证研究，探究青少年在被组织参与与自由接受信息两种情境下营销元素影响喜好度与吸引力规律，为低年龄青少年阅读推广营销元素提供借鉴。⑤

3. 对校园、分众、分类阅读的深入探讨

微观层面对全民阅读的具体实践的研究主要围绕校园阅读推广、公共图书馆阅读推广尤其是针对儿童的阅读推广，以及红色出版物的阅读推广展开。

（1）校园阅读推广。阅读推广有助于营造和提升学习型校园文化氛围，是校园文化建设的重要组成部分，校园阅读推广一直以来都是阅读推广中的重要议题，近年来研究日趋体系化。

在高校阅读推广的整体框架上，南京工业大学图书馆范新容提出，高校要聚焦大学生知识结构优化和阅读习惯的养成，构建和完善以大学生为主要对象的"大阅读推广体系"。⑥ 在高校阅读的影响因素问题上，南京医科大学图书馆张晓娜基于扎根理论明确了在高校图书馆推广经典阅读的影响因素主要有用

---

① 谢光雷,于兴尚,赵永林,等. 5G 时代图书馆智慧阅读推广服务研究[J]. 新世纪图书馆，2022，305(1)：12 - 17.
② 范楠楠,胡素敏,陈雅. 基于4V营销理论的图书馆阅读推广研究——以铜陵市图书馆为例[J]. 新世纪图书馆，2022，315(11)：36 - 42.
③ 顾揖. 基于"5W+4R"理论的公共图书馆全民阅读推广的探索与实践——以苏州市吴中区图书馆为例[J]. 新世纪图书馆，2022，312(8)：31 - 36.
④ 曾媛. 基于融合发展理念的图书馆阅读推广创新模式研究——以 IFLA 国际营销奖我国图书馆获奖项目为例[J]. 图书馆理论与实践，2022，258(4)：61 - 67.
⑤ 杨桦,卢章平. 融合用户眼动验证的青少年阅读推广若干营销元素探析[J]. 图书情报工作，2022，66(21)：39 - 48.
⑥ 范新容. 面向高校学生的"大阅读推广体系"建构：缘起、策略与启示[J]. 图书与情报，2022，206(4)：124 - 128.

户、图书馆、学校、家庭和社会5种。① 在高校阅读推广路径上，南京大学信息管理学院付勃达等人基于朱永新"新教育阅读"观提出组建高校阅读推广平台、提供多元化阅读资源、强化大学生阅读教育3方面的举措；② 落实到一些具体行动上，在新生推荐书目体系构建上需要有所改善；③ 借力高校读书会推动校园阅读推广也有较高的可行性，需要注重针对读书会"圈层受众"的阅读推广，④ 同时高校图书馆读书会的长效发展也需要策略支持⑤。

除以上理论研究以外，还有许多在江苏高校丰富的阅读推广实践所得到的宝贵经验上开展的研究。高校阅读推广首先可以引领校园文化建设，南京审计大学图书馆任蓓蓓、喻丽以南京审计大学"彼岸花开"校园阅读品牌建设实践为案例，为推动传统校园阅读活动的转型提供借鉴。⑥ 高校阅读推广还可以传承校风校史传统，南京大学信息管理学院姜晗以南京师范大学图书馆"校史阅读"系列主题推广为案例，指出高校阅读推广在立足需求的基础上，新媒体阵地、真人图书馆等也是校史阅读的可延展推广形式。⑦ 而高校图书馆阅读推广要实现可持续发展，从苏州大学图书馆马俊芬基于苏州大学"校友书架"的思考来看，建立校友与母校的情感连接和文化传承是一种行之有效的方法。⑧ 此外，高校阅读推广更需要建立及时反馈，南京航空航天大学图书馆汪晴以南京航空航天大学图书馆为案例研究了基于用户画像的高校图书馆阅读报告系统，为高校图书馆阅读报告系统建设提供参考。⑨

（2）公共图书馆阅读推广。图书馆承担着文化传播和社会教育的职能，这决定了它在全民阅读推广中扮演着重要角色。面对建设文化强国的社会大背

---

① 张晓娜. 基于扎根理论的高校图书馆推广经典阅读影响因素探究[J]. 图书馆理论与实践，2022，256(2)：116-122.
② 付勃达，徐雁，陈菁. 基于朱永新"新教育阅读"观的大学生阅读推广路径研究[J]. 图书馆理论与实践，2022，259(5)：131-136.
③ 杜昊，施晓莹. 高校图书馆新生推荐书目体系构建研究——基于我国"双一流"高校图书馆的调研[J]. 图书馆工作与研究，2022，321(11)：69-74.
④ 陈哲彦，徐雁. 分众阅读理论下借力读书会的高校图书馆阅读推广探析[J]. 图书馆理论与实践，2022，257(3)：92-97.
⑤ 姜晗. 高校图书馆读书会长效发展策略研究[J]. 图书馆，2022，339(12)：65-70.
⑥ 任蓓蓓，喻丽. 以读书节为核心的校园阅读引领和校园文化建设实践及检视——以南京审计大学"彼岸花开"读书节为例[J]. 新世纪图书馆，2022，316(12)：29-34.
⑦ 姜晗. 创意阅读推广选题传承校风校史传统——以南京师范大学图书馆"校史阅读"系列主题推广为例[J]. 新世纪图书馆，2022，308(4)：17-22.
⑧ 马俊芬. 高校图书馆阅读推广的可持续发展——基于苏州大学"校友书架"的思考[J]. 新世纪图书馆，2022，313(9)：17-22，38.
⑨ 汪晴. 基于用户画像的高校图书馆阅读报告系统的设计与实现——以南京航空航天大学图书馆为例[J]. 新世纪图书馆，2022，313(9)：44-49.

景,当前公共图书馆以经典阅读为文化传承主要手段已经略显单薄,南京市江宁区图书馆经莉等人认为需要优化创新经典阅读推广策略,将阅读推广与非物质文化遗产保护结合起来,重视小众文化的阅读推广活动,加强全民阅读"长尾市场"开发。[1] 随着数字技术的进步、文旅融合的深入,图书馆阅读推广策略的优化视角也在与时俱进。南京审计大学图书馆陈雪娟以"图书馆杯"主题图像创意成果为例,认为主题创意图像对培养阅读者的元素养、视觉素养与核心素养意义重大,是能促进阅读推广向纵深推进的新生长点。[2] 南京图书馆黄启诚根据《一路书香》和《跟着书本去旅行》两档户外文化体验节目将阅读、旅游和文化传播良好结合的成功经验指出,图书馆也可以尝试整合当地旅游文化资源,增加读者参与活动的感知与体验。[3]

儿童阅读推广和服务始终是公共图书馆工作的重点。南京图书馆刘振玲基于南京图书馆少儿馆工作实践,提出制定可操作性强的调查问卷、"妈妈型"专业馆员的"望闻问切"法、回归阅读的本质、打造良性"阅读循环圈"等少儿阅读推广的思考。[4] 国外的新兴阅读服务模式也给我国儿童阅读推广以启发。南京图书馆陈安琪的研究以欧美国家的代际阅读服务实践为基础,认为代际阅读服务突破了传统少儿阅读服务的边界,是一种融合与互利的代际双向活动,从欧美代际阅读服务的既有经验中提出了儿童阅读推广优化策略。[5]

(3) 红色文献阅读推广

红色文献凝聚了共产党人的百年初心,记录了中国共产党发展壮大的历程,推动红色文献阅读推广始终是全民阅读推广的重要内容。南通市图书馆张潇雨从整体上总结了公共图书馆在红色空间搭建、红色资源建设、红色活动格局打造方面的经验,并从全媒体赋能、深化文旅融合、加强馆际合作上提出了公共图书馆红色文献阅读推广提升路径。[6] 南京图书馆党委办公室王玫基于数字地图技术,对江苏馆藏红色文献资源进行有序化的数字揭示深度思考,认为利用数字地图制作红色文献数字专题展览、利用新媒体平台开展多种红色文献资

---

[1] 经莉,赵鹏,赵娟.基于文化传承视角的公共图书馆阅读推广策略探析[J].新世纪图书馆,2022,316(12):41-46.
[2] 陈雪娟.主题图像创意在阅读推广中的路径研究——以"图书馆杯"主题图像创意成果为例[J].新世纪图书馆,2022,307(3):17-22.
[3] 黄启诚.户外文化体验节目对图书馆文旅融合的启示[J].新世纪图书馆,2022,313(9):39-43.
[4] 刘振玲.关于公共图书馆未成年人阅读推荐服务的研究——以南京图书馆少儿馆工作实践为例[J].新世纪图书馆,2022,312(8):26-30,55.
[5] 陈安琪.基于欧美国家服务实践的代际阅读完善路径及启示[J].图书馆,2022,334(7):65-70.
[6] 张潇雨.公共图书馆红色文献阅读推广服务研究[J].图书馆工作与研究,2022,318(8):123-128.

源融合的传播路径,均将进一步拓展红色文献资源融合的广度和深度。① 南京大学信息管理学院姚小燕、李甜以太原市图书馆"马克思书房"为案例,从红色主题空间设计、阅读推广模式与文化品牌构建分析经验,以期对国内公共图书馆建设红色文化主题空间提供有益启示。②

二、专著类成果

2022年江苏全民阅读研究的专著类成果也较为丰硕,从江苏全民阅读的整体概括到公共图书馆、高校图书馆的具体发展都有论著出现。

最具总结性的著作有南京大学出版社出版,江苏省全民阅读促进会、江苏省书香全民阅读基金会编《江苏全民阅读年度报告(2021)》。该书是对2021年江苏全民阅读工作的全面总结。第一部分的总报告从概况、好书推荐情况等12个方面全面展现2021年度江苏全民阅读情况,第二部分对江苏2021年全民阅读的重大活动情况进行了综述,第三部分介绍了江苏13个市的全民阅读推广情况,书末收录江苏全民阅读推广重要文件资料、荣誉奖励等。③

河海大学出版社出版的卢立霞《图书情报工作与数字图书馆建设》、李宝徽《大数据环境下图书馆管理与信息服务》深入思考数字化浪潮下图书馆如何与时俱进。前者基于图书管理相关理论,结合现代信息技术与数字图书馆的发展趋势,全面分析了图书情报工作的重要性及可行性,将图书情报工作与数字图书馆建设加以融合。④ 后者则具体分析了大数据环境下的图书馆知识管理、人力资源管理、信息资源管理、信息服务及其类型、网络信息服务等。⑤

东南大学出版社出版的袁丽华《图书馆残疾人无障碍阅读服务研究》对残障群体这一特殊阅读服务对象给予了充分关注。该书对国内外图书馆残疾人无障碍阅读服务理论与实况进行了综述,具体研究了图书馆残疾人无障碍阅读服务的影响因素、管理体系建设、制度保障体系建设以及社会支持体系建设等。⑥

南京大学出版社出版的陈雅、谢紫悦《公共图书馆大众化服务研究》,南京

---

① 王玫.基于数字地图的馆藏红色文献资源展陈研究[J].新世纪图书馆,2022,311(7):35-38,44.
② 姚小燕,李甜.集聚经典文献建设主题空间——以太原市图书馆"马克思书房"为例[J].图书馆杂志,2022,41(9):72-77.
③ 江苏省全民阅读促进会,江苏省书香全民阅读基金会.江苏全民阅读年度报告(2021)[M].南京:南京大学出版社,2022.
④ 卢立霞.图书情报工作与数字图书馆建设[M].南京:河海大学出版社,2022.
⑤ 李宝徽.大数据环境下图书馆管理与信息服务[M].南京:河海大学出版社,2022.
⑥ 袁丽华.图书馆残疾人无障碍阅读服务研究[M].南京:东南大学出版社,2022.

出版社出版的张磊《文旅融合背景下公共图书馆的创新服务与发展》、戴丽《公共图书馆资源建设与服务创新》,从不同视角对公共图书馆如何提升服务进行了阐述。《公共图书馆大众化服务研究》基于公共文化服务对公共图书馆服务大众化进行了探索,包括大众化服务方式、用户研究、宏观/微观的战略思考。①《文旅融合背景下公共图书馆的创新服务与发展》归纳了国内外公共图书馆文旅融合理论与实践,总结了我国公共图书馆文旅融合的新模式并提出展望。②《公共图书馆资源建设与服务创新》从资源建设、评估体系、服务创新等方面为智慧图书馆建设和实现智慧化服务目标提出建议。③

在高校阅读推广研究上,管红星《2021年江苏省高等学校图书馆发展报告:基于"江苏省高校图书馆事业发展统计与决策服务系统"平台填报数据》从馆舍设施、经费保障、资源建设、读者服务、人力资源、学术研究等方面对2021年江苏省高等学校图书馆发展进行了全景展示。④ 苏州大学出版社出版的王燕、倪春虎、殷颖主编《经典导读》则是面向大学生群体的经典阅读解题式导读图书,包括《宋词三百首》《百年孤独》等中外经典名篇。⑤

三、书评类成果

2022年,还有若干具有理论深度的书评类成果。作为我国汉文阅读奠基人,曹祥芹先生的专业成就和学术思想在全民阅读研究中具有重要学理意义,南京大学信息管理学院付勃达、陈彦哲以《曾祥芹评传》为中心展开评论,解析了汉文阅读的概念和学科内涵,阐述汉文阅读学对于全民阅读深化发展的理论与实践意义,客观评述《曾祥芹评传》对于汉文阅读学的解读与研究价值。⑥

除理论解读外,由于阅读疗愈功能是开展阅读推广的重要依据,疗愈类图书也始终受到学者的关注与解读。南京大学信息管理学院杨玉涵在结合《疗愈,唤醒身体复原力》一书内容与疗愈读物网络书评的分析的基础上认为,将该

---

① 陈雅,谢紫悦.公共图书馆大众化服务研究[M].南京:南京大学出版社,2022.
② 张磊.文旅融合背景下公共图书馆的创新服务与发展[M].南京:南京出版社,2022.
③ 戴丽.公共图书馆资源建设与服务创新[M].南京:南京出版社,2022.
④ 管红星.2021年江苏省高等学校图书馆发展报告:基于"江苏省高校图书馆事业发展统计与决策服务系统"平台填报数据[M].南京:南京师范大学出版社,2022.
⑤ 王燕,倪春虎,殷颖.经典导读[M].苏州:苏州大学出版社,2022.
⑥ 付勃达,陈彦哲.全民阅读情境下汉文阅读的学科内涵及其学理价值——以《曾祥芹评传》为中心[J].图书馆杂志,2022,41(10):56-61.

书与自助式的阅读疗愈过程相结合将对普通读者的阅读与阅读疗法研究有所裨益。[1] 南京大学信息管理学院陈菁、徐雁则重点推荐和评介了《读书治疗》《儿童阅读治疗》等10种具有中国本土化理论和实践内涵的代表性著述。[2]

此外,还有书评就具体的高校阅读推广工作展开论述。如闽江学院图书馆唐曦与南京大学信息管理学院杜鑫燕融合通识教育理论,通过《书香满园:校园阅读推广》和《分校阅读:读物增益才华》的比较研究,提出高校图书馆提升通识教育的可行性路径。[3]

---

[1] 杨玉涵.以书为镜,洞见自我:基于《疗愈,唤醒身体复原力》的阅读疗愈启示[J].大学图书馆学报,2022,40(6):123-128.
[2] 陈菁,徐雁.我国当代"阅读疗愈"代表性著述解题及其阅读接受[J].图书馆杂志,2022,41(2):47-56.
[3] 唐曦,杜鑫燕."通识教育"与高校图书馆阅读推广工作——《书香满园》和《分校阅读》的个性与共性[J].图书馆杂志,2022,41(2):64-70.

江苏全民阅读宣传概况

2022年,中央媒体、江苏省级媒体和地方各级媒体紧紧围绕深入宣传贯彻党的二十大精神和习近平总书记致首届全民阅读大会贺信精神,从全民阅读品牌打造、阵地建设到活动开展,持续不断加大宣传力度,创新宣传方式,形成了浓厚的全民阅读社会氛围。

一、中央级媒体宣传

围绕世界读书日、江苏读书节、江苏书展等重大活动,中央媒体基于高站位、大格局、广角度充分发挥舆论引导和价值引领作用,让芬芳阅读之花盛开在江苏大地,让飘香阅读之果结满江苏土壤。

(一)及时追踪热点动态

2022年4月21日,人民网推出《2021年江苏人均每天阅读77.79分钟 居民文化获得感不断提升》,详细报道了2021年度江苏居民阅读状况调查结果,反映出江苏综合阅读率、阅读活动知晓率、参与率、满意率等均有上升的良好阅读态势。世界读书日当天,人民网发布《徐州第十八届读书节线上活动启动再掀全民阅读热潮》,体现了对江苏打造彰显地方特色、群众喜闻乐见的阅读活动品牌的大力支持与充分肯定,为构建现代公共阅读服务体系,营造书香徐州浓厚氛围,更好满足人民群众高质量阅读需求推波助澜。同时,人民网转载《吴政隆:扎实推进全民阅读 加快建设书香江苏》新闻报道,为更好地举旗帜、聚民心、育新人、兴文化、展形象发挥江苏力量,助力江苏大地书香四溢、全民阅读蔚然成风。新华网在4月24日转载《阅读新时代 逐梦新征程 第十八届江苏读书节启动》《第十八届江苏读书节推出222项重点活动》,体现了对江苏全民阅读工作的充分重视,以及对江苏全民阅读耕耘重点和未来展望的高度关注。第十二届江苏书展活动期间,中新网于7月2日开幕当天刊发报道《第十二届江苏书展开幕 千余场阅读推广活动共播书香》,全方位展现书展城市历史、展厅分布情况、领导专家寄语,为书展顺利开幕献上美好祝愿。7月3日,《光明日报》发布文章《"第十二届江苏书展"在苏州国际博览中心开幕》;中国青年报客户端发布《第十二届江苏书展在苏州开幕》;人民网发布《十二届江苏书展"共读长江与运河"新华书房读书论坛在苏州举行》,围绕长江运河这本读不尽的书,生动刻画了嘉宾与读者"共读"的阅读景象,为全民阅读活动广泛凝聚社会共识;新华网转载《共读长江与运河 第十二届江苏书展"新华书房"读书论坛成功举行》,清晰呈现当日论坛主旨内容、论坛交流形式以及论坛举办成果。7月6日,新华网转载《打卡第十二届江苏书展主展场 动动手指感受吴韵书香》,完美呼应江苏书展网络化、扩圈化的需求,为各地读者参加云端书展提供导览。在书展落幕之际,新华网于7月7日转载文章《第十二届江苏书展圆满落幕——这场"书香之约",交上漂亮答卷》,体现了江苏悠悠书香呼应时代脉搏、彰显主流价值。《光明日报》于7月8日对第十二届江苏书展做出总结,发布文章《金鸡湖畔溢书香 线上线下阅读忙——第12届江苏书展综述》,对跨越时空的"云书展"形式和沉浸式的阅读体验给予了高度评价;同日,光明网转载《江苏省居民综合阅读率去年达90.23%》,密切关注《江苏全民阅读年度报告(2021)》中江苏居民整体阅读情况。

(二)密切聚焦基层活动

中央媒体和中央重点新闻网站走进基层,对江苏省内全民阅读进展与先进典型予以重视并深入报道。央广网于1月14日和1月18日分别发布文章《无锡:全民阅读进基层 "书香社会"氛围浓》《江阴:扎实推进全民阅读》,为提升全民阅读基层公共服务能力、创新全民阅读项目推广路径等营造阅读氛围。4月19日,中国青年网转载《江苏省盐城市大丰区图书馆:一道美景一抹书香》,肯定了大丰区图书馆这一服务阵地在书香社会建设中的推动与助力。4月20日,第十二届江苏农民读书节暨2022淮安周恩来读书节启动仪式在淮安市盱眙县举行,人民网对活动进行了跟进报道。4月23日,以盐城市"盐·读"阅读活动品牌为统领,为"书香盐城"分享阅读之美,传递奋进力量,人民网发布《第十届"盐渎风"全民读书节启动 "书香盐城阅读地图"发布》,报道"喜迎二十大·阅读颂辉煌"主题阅读活动暨第十届"盐渎风"全民读书节启动仪式。6月7日,中国网发布文章《江苏涟水红窑镇开展"书香助力振兴 强国复兴有我"系列阅读活动》,凸显"深化文化惠民,助力乡村振兴"的重要地位。6月16日,光明网转载文章《中小城市亲子阅读现状、问题和对策》,以江苏省连云港市为例,对中小城市在提升儿童阅读素养中的角色与担当这一命题给出回应。7月7日,中国网发布《徐州举办第五届淮海书展 精心打造书香徐州品牌》,看书香阅读之浪在徐州掀起波涛。7月24日,中新网转载《书香萦绕在乡土中国》,从乡村振兴十大阅读推广人的角度听群众诉说乡土中国对读书的愿望。8月16日,中新网围绕居民综合阅读率、文化产业增加值、阵地建设新成就等指标成效,发布《江苏这十年：持续推动文化强省建设实现新跃升》。10月24日，央广网关切基层群众阅读需求，发布文章《徐州铜山：多举措推动全民阅读活动走深走实》助力开创乡村振兴新局面。

二、省级媒体宣传

省级媒体对江苏全民阅读的宣传推广以新华报业、江苏广电、《现代快报》、"书香江苏在线"网站、"书香江苏"公众号等为主要阵地，以载体联合、渠道联通、主题联动等途径，展现出全方位、立体化、多角度的全民阅读宣传效果。

（一）新华报业

新华报业传媒集团以《新华日报》《扬子晚报》、交汇点新闻客户端、中国江苏网、新江苏客户端、"学习强国"江苏学习平台为抓手，在新闻报道和热点宣传工作方面持续发力，积极塑造江苏省全民阅读品牌形象，为江苏全民阅读推广工作精心策划、刊发推送了系列内容精良、要点鲜明的新闻稿件。

2022年，《新华日报》《扬子晚报》积极关注江苏全民阅读重要时间节点和重大品牌活动，充分发挥传统纸媒与新媒体双线联动的宣发模式，为社会大众清晰地呈现江苏省全民阅读活动的精神风貌。《新华日报》依托"新华书房"这一高质量读书论坛的品牌影响力与社会关注度，延续"新华书房"载体优势，紧跟全民阅读前沿动态，努力生发品牌栏目创意亮点，以线上线下相结合的模式开展形式与内容并重、主题与特色鲜明的全民阅读活动，为熔铸"新华书房"全媒体阅读品牌持续注入活力源泉。2022年，"人文周刊·悦读版"每季度均以整版篇幅发布"新华书房"各季度10本好书，同时推出延伸书目，并通过作者访谈、新书推介等方式建立起与读者大众的阅读桥梁。4月23日世界读书日和"江苏读书节"前后，《新华日报》用大量版面和篇幅，以消息、通讯、评论等形式，深入报道世界读书日和江苏读书节系列活动，为人间四月天增添了醇美的书香，营造了浓郁的全民阅读氛围。在7月2日至6日为期5日的第十二届江苏书展上，《新华日报》、"交汇点"新闻客户端派出强大报道阵容，贯穿书展活动整体流程，敏锐捕捉书展亮点热点，对这一全民期待的阅读文化盛事进行了全方位深入报道，刊发报道100余篇。第十二届江苏书展上，"新华书房读书论坛"以"共读长江与运河"为主题成功举办了大型综合阅读活动。书展期间，由新华日报文化新闻部和视觉中心共同策划的《历史的脉动——百年江苏纪实影像艺术展巡展》让百年经典摄影作品代替书本，无声讲述江苏江河故事、大地巨变，呈现百年来波澜壮阔的时代变迁，让广大观众在宏阔的时代语境中理解长江运河的今昔巨变。世界读书日前后，《扬子晚报》推出了系列融媒体产品以擦亮南京

"世界文学之都"品牌,紫牛荐书栏目邀请到了科、教、文、卫、媒领域包括祁智、黄蓓佳、鲁敏、意千重、胡学文、徐风、罗伟章在内的众多专家学者,通过紫牛新闻、扬子晚报官方微博等新媒体渠道,以视频的方式为读者推荐好书,♯世界读书日紫牛荐书♯微博话题总览量达340多万,在读者中引发了热烈反响。2022年,"交汇点"新闻客户端开设了关于"第十八届江苏读书节""第十二届江苏书展"等和全民阅读相关的专题新闻,以图文、视频、音频、H5等新媒体形式推出了一系列深受好评的融媒体产品。

中国江苏网、新江苏客户端、"学习强国"江苏学习平台及江苏党务政务网群紧扣学习新思想重大主题,以栏目形式创新、高端活动策划、多元角度报道,积极推动全民阅读宣传报道深入开展。世界读书日之际,中国江苏网、新江苏客户端联合南京团市委、南京市档案馆共同举办2022年度"强国少年说"——南京红领巾诵读学传红色珍档融媒行动。围绕第十二届江苏书展各项主题,中国江苏网突出呈现特色书店变迁、阅读方式变化、出版行业发展路径、全民阅读讲堂亮点等,共发布24篇图文稿、6条视频和2组海报。中江网品牌栏目《习语常听》第一时间聚焦党的二十大、中国式现代化、生态文明、科技创新、国之大者等重大主题,共推出183期原创产品,其中特别策划100期图文音频融媒产品《声入人心·二十大报告"E起学"》,充分展现党的二十大报告的丰富内涵和精神实质,栏目精选内容在"江苏省数字农家书屋"平台集中展示。"学习强国"江苏学习平台策划推出的图文音频融合栏目《古韵新声》获"学习强国"全国平台思想频道《引经据典》栏目采用,平台联合凤凰出版传媒集团、中国江苏网、新江苏客户端共同推出的"爱悦读·云分享——强国荐书"专栏,目前已正式推出56期,栏目邀请嘉宾所涉领域范围广、社会知名度高,栏目累计阅读量超过500万。

(二)江苏广电

江苏广播电视总台在书香江苏、文化强省以及"强富美高"新江苏现代化建设中,着力创新办好重点栏目节目,努力做优全民阅读品牌,为掀起江苏全民阅读热潮积极贡献力量。

《江苏新时空》《江苏新闻联播》《新闻眼》《零距离》等新闻栏目,围绕党史经典主题出版、全民阅读文化盛况、书香江苏品牌建设推送出多篇优质报道。围绕迎接宣传贯彻党的二十大,《江苏新时空》《江苏新闻联播》栏目聚焦各地主题出版物展陈、经典图书展销、诵读名著名篇等活动,推出《书写新时代 我省发布40种主题出版重点出版物》《阅读新时代 喜迎二十大"9·28经典诵读活动"在我省五市六地接力举行》《党的二十大文件及学习辅导读物江苏首发式举行》等动态报道。4·23世界读书日、江苏全民阅读日前后,《江苏新时空》《江苏新闻联播》等栏目推出报道《吴政隆调研我省全民阅读工作时强调大力营造爱读书读好书善读书浓厚氛围 扎实推进全民阅读加快建设书香江苏》《全民阅读日："书虫"们的阅读新变化》等，被省委网信办广泛推送。江苏书展期间，江苏广电全平台聚焦书展主题，全方位、多角度呈现书展盛况，共发稿百余篇。《江苏新时空》《江苏新闻联播》围绕"红色读物"连续推出多篇重头报道，其中，《相约江苏书展：凸显价值坐标 红色读物备受追捧》《书香润心灵 阅读伴成长：科普图书趣味多 文化类读物涨知识》《阅读的盛会 读者的节日 第十二届江苏书展在苏州闭幕》等报道呈现了全省广大读者在阅读红色经典读物、参与红色主题活动中重温峥嵘岁月、汲取奋进力量的生动景象。此外，《2021年度江苏居民阅读状况出炉》《全民阅读新发展，从"沉浸式阅读""图书馆""家庭"提质增效》等新闻报道聚焦2021年度江苏居民阅读状况，揭示了江苏全民阅读的收效成果及发展走向。

2022年，江苏卫视策划开展并报道宣传的《我在岛屿读书》，受到各界广泛关注和好评。江苏卫视报道的"玄武湖读书汇"2022系列阅读推广活动，也受到各方肯定。

2022年，荔枝、我苏两网及"江苏新闻""江苏新闻联播"微博、微信，围绕世界读书日、江苏全民阅读日、江苏读书节、第十二届江苏书展等重大阅读活动，以网络直播、短视频、创意海报组图及图文专稿等形式推送宣传报道百余篇。4月23日，荔枝、我苏两网两端积极转载央媒和我省重要报道，并通过荔枝云平台向64家县级融媒体中心推发，把总书记致首届全民阅读大会贺信精神传达到省内各地；江苏书展期间，荔枝、我苏两网两端和"江苏新闻""江苏新闻广播"等社媒矩阵策划开设《第十二届江苏书展》专题，推出《〈江苏全民阅读年度报告（2021）〉正式发布 居民文化获得感不断提升》《12本必读好书 2022年江苏省全民阅读活动推荐》《如何让电子产品成为学习好伙伴 全民阅读推广人赵迪来支招》《江苏人每天阅读77.79分钟，你达标了吗？》等独家原创稿件，通过全方位、多角度、立体式传播，有效提升了书香江苏的社会影响力。

2022年，荔枝读书会延续传递阅读价值和时代精神的品牌理念，全新推出线上产品"荔枝读书，史婕推荐"特别策划，升级改版后IP强势输出，品牌效应不断增强。总台大蓝鲸App策划推出"大蓝鲸阅分享"融媒体全民阅读原创品牌，以好书+好声音为特色，推出"主播讲书""文学客厅""诗文品读""有声书摘"四大内容板块，并特别策划《苗怀明讲四大名著》和《莫砺锋讲南京与唐诗》两大名家专栏，在大力宣扬中华优秀传统文化的同时，探索以数字化引领全民阅读的新路径。

（三）《现代快报》

2022年，《现代快报》深耕文化领域，积极发挥主流媒体在促进全民阅读、建设书香社会中的重要作用，深入报道第十八届江苏读书节、第十二届江苏书展、"9·28经典诵读活动"等省级重大全民阅读活动，以《现代快报·读品周刊》为主要阵地，在引领深度阅读、聚焦文化传承方面多维度呈现推广江苏全民阅读的"快报力量"。

第十八届江苏读书节期间，《现代快报》积极活跃在宣传报道工作一线，并主动承担读书节启幕的布展及新媒体产品的制作工作。其间发布的《2021年度江苏居民阅读状况调查结果》呈现了江苏人均每天阅读77.79分钟的优秀阅读风貌以及江苏民众在阅读中不断提升文化获得感和满足感的美好阅读体验。4月22日至4月24日，从江苏全民阅读日活动预热到启动仪式，《现代快报》实现全媒体追踪报道，《读品周刊》于读书日当天重点报道了2021年度中国好书，2022年江苏省全民阅读活动领导小组向社会推荐的12本好书，以及中外阅读学研究会名誉会长、"书香江苏"形象大使、南京大学教授徐雁做客"书香中国·全民阅读大讲堂"以"'敬惜字纸'与'熟读深思'——中文阅读传统的继往与开来"为题开设讲座等重要内容，力求让书香社会建设的"江苏样本"以鲜活姿态走进社会大众。

第十二届江苏书展期间，《现代快报》第三年进行"5×8小时'我们云上见'"全媒体直播，并持续6天在重要版面刊发专题报道，ZAKER南京实时滚动发布当日新闻，全面、生动、立体展现江苏书展盛况，话题相关阅读量超1.5亿人次。7月2日至7月7日，从书展预热到开幕发布、名家导读、书香讲座再到活动回顾，《现代快报》以"致敬时间的河流"为题报道了中国当代原创文学分享会暨鲁敏新作发布会的活动信息；聚焦中华优秀传统文化命题报道了《来江苏书展，带一座运河博物馆回家》《作家薛冰细说南京千年文脉》、"书香中国·全民阅读大讲堂"专题讲座等活动信息以及第二届"江苏青少年阅读季"启动信息；专题刊发第十二届江苏书展总结稿件《书展落幕，书香不散》，并以"打造最动听的思政课"为题对书展重点活动"喜迎二十大 筑梦向未来"2022年度全省中小学生诵读大赛进行深度报道。

9月28日，"阅读新时代 喜迎二十大——9·28经典诵读活动"在江苏省内临江、沿河、濒海的五市六地接力举行，来自社会各界的诵读者在诵读名著名篇中向中华优秀传统文化致敬，系统展现了党的十八大以来全省各地经济社会发展取得的伟大成就。《现代快报》专题刊发活动报道《大江大河的文化自信》，全景式呈现了活动精彩内容，阐述了活动的重要意义，在现代快报＋·ZAKER南京主播的带领下，各地网友进行了一场总时长近8小时的沉浸式穿越之旅。

(四)"书香江苏在线"网站,"书香江苏""江苏阅读"公众号

作为江苏宣传推广全民阅读工作的重要平台,"书香江苏在线"网站、"书香江苏"公众号、"江苏阅读"公众号始终坚持以"书香江苏建设"为主题,充分发挥新媒体宣传优势,努力为打造优质江苏全民阅读信息交流平台辛勤耕耘。

2022年,"书香江苏在线"网站在做好平台维护的同时,圆满完成了江苏全民阅读各项重要活动的宣传发布。3月积极承办第四届江苏全民阅读"五十佳"推选活动以及2021年度省级公益阅读推广活动认证扶持网络推选;4月完成第十八届江苏读书节暨第27届南京读书节专题报道发布;7月对第十二届江苏书展文化盛况进行了综合性全方位报道发布;9月完成"大江大河"9·28经典诵读8小时不间断直播活动报道发布。"书香江苏在线"全年共策划专题、专栏报道3次,开发投票系统2次,发布全省各级全民阅读相关报道9 971篇次。其中,在为期5天的第十二届江苏书展期间,以"阅读新时代 喜迎二十大"为主题发布优秀出版物展示展销、重点阅读推广活动、行业交流论坛等重要资讯400余篇,有效呈现了江苏书展的阅读盛况。

2022年,"书香江苏"公众号坚持以服务读者为中心,加强内容建设,创新传播手段,全力服务书香江苏建设,已连续7年入选"大众喜爱的50个阅读新媒体号"。为深入贯彻习近平总书记致首届全民阅读大会贺信精神,认真落实省委、省政府关于加快推动书香江苏建设的部署要求,围绕学习宣传贯彻党的二十大精神主题主线,持续推进"书香江苏"阅读品牌建设,加强主题出版物阅读供给、传播力度,先后推出"12本好书""苏版好书""新华书房"等优秀出版物导读荐读。2022年重点围绕第十二届江苏书展、江苏第十二届农民读书节、第三届版博会、"9·28经典诵读"等活动做好宣传报道。将弘扬中华优秀文化与江苏地域特色相结合,以大运河文化、"世界文学之都"等省内优秀文化品牌为出发点,将全民阅读活动与本地传统文化、特色民俗、非物质文化遗产等相结合,通过挖掘区域资源、创建地区阅读品牌、加强区域联动等方式,开展具有本地特色的系列全民阅读活动,有效促进全民阅读品牌的差异化、特色化传播,以文化力量助推乡村振兴,提升本地群众参与度、辐射面和号召力,营造独具特色的城市、乡村阅读氛围。

2022年3月,省全民阅读促进会、省书香全民阅读基金会主办的官方微信公众号"江苏阅读"成功创办。"江苏阅读"在宣传全民阅读先进理念、造浓全民阅读书香氛围、推介全民阅读热点资讯、发布全民阅读优质资源、加大全民阅读推广力度等方面积极探索,重点报道"全民阅读春风行动"、江苏读书节、玄武湖读书汇、"9·28经典诵读活动"等全民阅读大事要事,同时关注省内13个设区市开展的全民阅读品牌活动,截至目前已发布126篇新闻稿件。

三、地方媒体宣传

近年来地方媒体持续发力,不断创新方式方法,线上线下相融合,传统和新兴媒介互为补充,不断提高全民阅读活动的影响力。

(一)宣传力度不断加大,宣传质效持续提升

江苏省各设区市不断加大宣传力度,对各类阅读活动宣传的数量与质量稳步提升,宣传辐射范围不断扩大,相关宣传指标屡创新高。无锡市百草园书店微信公众号粉丝突破600万,每天一发文点击量即10万+。第十五届太湖读书月系列活动中,全民阅读系列典型网络宣传推介累计210多万浏览量,网易、新浪、今日头条、人民日报客户端、学习强国等网络平台和线下宣传,累计浏览量近250万。徐州市制作全民阅读宣传广播,累计刊发报道560多篇(条)。南通拍摄《我为书香启东代言》短视频,以线上短视频为主要载体,依托大流量池抖音平台,主播、作家、学生、网络大咖等化身为书香启东的"阅读代言人",向市民推介"美丽海湾书香岸线",获属地30余家微信公众号和抖音大v账号转发,累计阅读量300多万;创作短视频8个,全民阅读宣传动漫短视频在启东融媒发布后,阅读量达17.7万,抖音达人创作的阅读方式短视频发布后,视频号阅读量6.1万,抖音账号阅读量6.3万;同步开展线下实体宣传活动,制作完成全民阅读宣传海报11幅。镇江市仅"4·23全民阅读日"前后一周,市各媒体就推出报道超150篇,全年累计刊播公益广告3 000余条。泰州市刊播全民阅读公益广告50条以上,不断扩大主题阅读活动的影响力、辐射力。淮安市联同移动、电信、联通三大运营商共向市民发送全民阅读公益宣传短信1 650余万条,宣传推广普及全民阅读活动。盐城市推出"寻找盐城最美读书者"短视频200余条,累计全网浏览量超170万,全民阅读工作在盐阜大地的辐射力和影响力持续增强。宿迁市宿豫区制作原创视频《书香派对》在微信朋友圈投放,编发全民阅读公益短信120万条,累计覆盖人群120万余人次。

(二)线上线下融合开展,形成媒体宣传矩阵

各地媒体宣传依托本地优势,线上线下融合开展宣传活动,利用多形式多载体的媒体渠道组合开展阅读宣传活动,建立全媒体矩阵,立体化开展宣传,提升宣传效果,营造社会阅读氛围。南京市充分利用报刊、广播、电视、网络、微信公众号等各类新闻媒体进行宣传,通过《南京日报》、"书香南京"微信公众号、紫金山新闻客户端"书香南京"频道、南京广电、南京发布,在南京广电新媒体"在南京"App上开设"书香南京"数字阅读集合平台,在喜马拉雅设立《书香南京》听书栏目等形式手段,以全媒体矩阵开展阅读宣传,通过在市级主要媒体和南京主要商业街、影院、公交、地铁和各区图书馆、书店、街道文化站等场所投放全民阅读公益广告等方式,线上线下融合开展阅读宣传。徐州市组织各地宣传部通过大型宣传展板、宣传海报、宣传横幅、LED 屏幕、电视循环播放等形式,打造阅读氛围,组织市属媒体,打造微信号、视频号、抖音号等新媒体产品,在宣传广度、深度和精准度方面持续发力。常州市通过报刊、广播、电视、网站、新媒体等各类媒体开展内容导读和全民阅读工作宣传。淮安市于人流密集处全面做好全市各交通道口、商业街区、旅游景区、居民小区、学校等重点场所全民阅读宣传,通过张贴全民阅读公益宣传广告、刊播全民阅读与书香城市宣传标语等方式提升宣传覆盖面,利用有线电视开机页面刊播全民阅读公益宣传标语,让全民阅读理念深入人心。扬州市组织全市各级各类媒体进行广泛宣传报道。通过报纸、电视、广播频率、微信公众号、App 客户端、官网、简报等各类媒体和宣传海报(折页)、手机短信等各类媒介,宣传报道"书香扬州"建设重点活动;线下充分运用户外大屏、影院大屏、电视开机画面、出租车顶灯等,循环播放全民阅读公益宣传广告和阅读活动视频,提高全民阅读宣传强度与曝光力度,不断提升广大居民对于全民阅读工作的知晓率、参与率和满意率。镇江市多渠道、多形式、多角度加强阅读宣传,引导全社会形成"爱读书、读好书、善读书"的浓厚氛围,设计制作视频、海报,创新性研发阅读地图、笔、文件袋等宣传文创产品,在城乡公共场所的电子大屏、宣传栏、淘屏等社会宣传媒介,常态化播放全民阅读宣传产品,以全媒体矩阵推动相关活动的曝光。泰州市利用宣传海报、公益广告、音频视频、手机短信等方式进行全覆盖宣传。宿迁市继续打造全民阅读全媒体推广矩阵,通过报纸、影视、广播、短视频、微信微博、抖音、室内外电子屏等媒体开展好书荐读、阅读公益广告、阅读栏目、活动报道等全方位阅读推广宣传工作。

(三)设立特色常态专栏,持续宣传阅读典型

江苏省各设区市深挖阅读故事,打造阅读典型,树立阅读榜样,结合各地特色打造具有地方特色的阅读化专栏,常态化推送阅读活动信息,让阅读风气深入人心。南京市办好《南京日报》"风雅秦淮·书香"专版、《金陵晚报》"读书时间"专版、"书香南京"微信公众号、紫金山新闻客户端"书香南京"频道、南京广电《为您读美文》、南京发布《夜读》等常态化阅读专栏专题节目,营造"世界文学之都"爱读书、读好书、善读书的浓厚氛围。常州新闻综合广播每周一至周六 11 点到 12 点,推出《1034 朗读者》及周播栏目《劳模领读会》,常州经济广播双休日 9 点到 21 点,逢整点推出《60 秒微阅读》,同时发力;传统报刊媒体《常州晚报》开设常态化阅读专栏《新书过眼》《精彩书摘》,全年开设 80 期,形成长期化品牌项目;常州电视台都市频道《都市新闻坊》开设全民阅读电视专栏《悦读中吴》,

采用"线下活动＋报道"的模式，以短小高价值的视频为形式，每两周一期，每期5到6分钟。连云港市积极推广在全民阅读活动中涌现的新鲜经验和先进事迹，开展集中宣传报道，加大典型示范引领，持续办好《经典，今晚大家读》《夜读》《悦读》等栏目，同时打造一批阅读栏目典型，连云港发布《今晚，经典大家读》、连云港手机台《夜读》栏目以精品质量，分别荣获省十佳阅读推广平台和省优秀新媒体栏目。南通市着力营造"以宣传推广促活动开展，以典型选树促质效提升"的工作氛围。"书香苏州"在第十二届江苏书展期间，推出相关推文34篇，采编《想要读懂苏州，今天，一定要来这里！》等一系列文章，全年推出《探店》《领读者》《委员读书》《江南文献》《苏城书事》等多个栏目，给市民们带来一个个书香故事。扬州市利用传统媒体与新兴媒体开辟多个全民阅读相关专栏，《扬州晚报》常年开设《朗读者》和《书评》读书栏目，扬州网开设《全民阅读书香扬州》阅读专栏，扬州交通广播开办《阅读时间》板块，扬州新闻广播开设晚间《微阅读》专栏，扬州发布、扬帆App客户端开设"书香扬州"专题，定期开展经典作品荐读和阅读活动宣传。镇江市市级媒体开设《芙蓉楼》《春江潮》《养正学堂》等阅读类专栏（题）20多个，推出近20个报纸整版报道，依托电台、新媒体等打造《翡翠红茶馆》《一起读课文》《少儿古风诗歌朗诵》等多个阅读节目。泰州市在本地主流媒体开辟专刊、专栏、专题，深挖阅读故事，打造阅读典型，营造全市全民阅读氛围。宿迁市开设《沭水流长 悦读花乡》可视化广播阅读栏目，"我的泗阳""文明泗阳"等媒体均设置阅读专栏，充分利用新区微信公众号、醉美在洋河等新媒体，开设了《好书荐读》《书香洋河 一起阅读》等6个专栏，不断推出阅读典型，优秀农家书屋管理员戎宏宽的事迹以《办好农家书屋 共享阅读乐趣——一名农村党员的选择》为题在《人民日报》刊发。

江苏省书香全民阅读基金会发展概况

2022年是喜迎党的二十大和学习贯彻二十大精神的一年。为贯彻习近平总书记关于推动全民阅读、建设书香社会的重要指示精神，落实省委省政府和省全民阅读活动领导小组有关决策部署，在省委宣传部、省全民阅读活动领导小组的指导下，省书香全民阅读基金会本着建设书香江苏、服务全民阅读的宗旨，积极参与全民阅读重要活动，参与全民阅读品牌项目建设，积极拓展渠道，努力募集善款，资助省内全民阅读重点活动，为书香江苏建设作出了应有贡献。

一、参与第十二届江苏书展相关工作

省书香全民阅读基金会作为执行单位之一，在书展期间，参与举办第四届江苏全民阅读"五十佳"授牌仪式；参与主办"时间的河流，中国原创文学分享会"凤凰读书会主题阅读活动、"喜迎二十大 筑梦向未来"全省中小学生朗诵大赛决赛活动；参与举办2022年江苏省全民阅读领读者培训班，参与组织全民阅读"五十佳"经验交流会；参与江苏书展分展场的指导与督查工作。

二、参与全民阅读春风行动

在全省"全民阅读春风行动"中，省书香全民阅读基金会会同省全民阅读促进会，联合全省各设区市全民阅读促进会，面向留守儿童、农民工子弟学校学生和残障人员开展"携手共读，阅读关爱"公益阅读项目，分别资助1 000个阅读礼包和43万元图书，惠及5万多人。

三、参与第二届"江苏青少年阅读季"，并实施"万名青少年助读计划"

根据《2022年江苏省全民阅读工作要点》和《第十八届江苏读书节总体方案》安排，经省全民阅读活动领导小组同意，由省全民阅读促进会牵头协调，省8个部门单位共同参与，第二届"江苏青少年阅读季"系列活动于7月至10月在全省开展，并于 7 月 5 日在苏州书展期间举行了启动仪式。省书香全民阅读基金会参与承办了"万名青少年助读计划"。2022 年"万名青少年助读计划"继续面向全省，重点针对苏北五市建档立卡的低保、孤儿、残疾等特殊困难的小学、初中、高中、职业学校学生，选取 10 000 名学生，向每人赠送 300 元助读卡，受助人在网上专店自主选购图书。"万名青少年助读计划"自 2021 年起实施两年来，已有 22 000 名家庭经济困难的青少年获赠购书助读卡，该助读计划受到受助学生及其家长、老师由衷的欢迎和好评。

四、持续打造"玄武湖读书汇"阅读品牌

作为资金支持单位，2022 年，省书香全民阅读基金会和江苏省全民阅读促进会、江苏省广播电视总台、南京市文学之都促进会等单位共同打造"玄武湖读书汇"阅读品牌。2022 年"玄武湖读书汇"活动围绕文学阅读开展"四季颂"，以诗歌、散文、小说、科普读物为专题开展了四场阅读推广示范活动。该年度的"玄武湖读书汇"增加了活动前的预热和与读者互动的环节，提升了读者的参与热情，扩大了活动的社会影响和受众面，超过 55 万阅读爱好者在线上线下参与活动。

五、共同创建"凤凰校园文学基地"

2022 年，省书香全民阅读基金会与省全民阅读促进会、江苏凤凰文艺出版社有限公司、江苏凤凰新华书店集团有限公司共同创建"凤凰校园文学基地"，并于 4 月举行"凤凰校园文学基地"揭牌仪式，向授牌学校赠送图书，在凤凰校园文学基地开展百名作家进校园、培养百名文学少年活动，搭建创新型校园文化阅读平台，助推书香校园建设。

六、资助开展全民阅读理论研究

2022 年，省书香全民阅读基金会支持并资助省全民阅读促进会，组织有关部门、单位和专家学者，全面梳理汇总江苏全民阅读年度进展，研究总结深化全民阅读、建设书香社会的经验，编撰推出《江苏全民阅读年度报告（2022）》，为党委政府提供决策咨询。

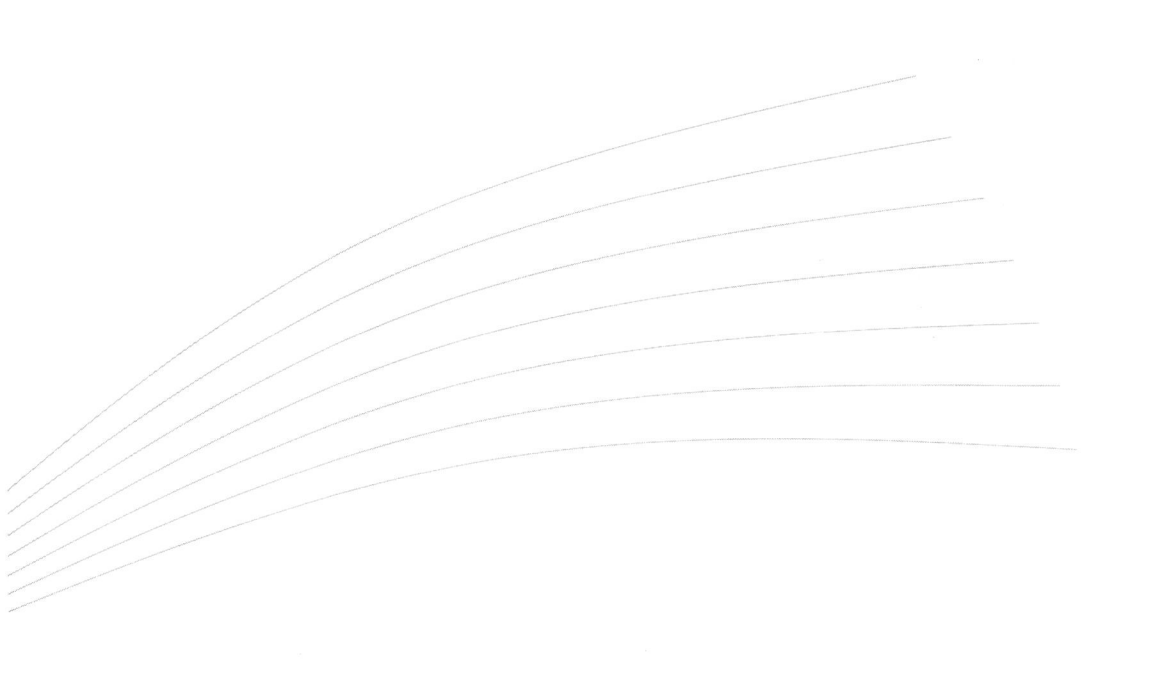

第二部分
重大活动报告

第十八届江苏读书节综述

2022年4月23日,第十八届江苏读书节暨第二十七届南京读书节启动活动在南京市党史综合设施序厅举行。活动以"阅读新时代 逐梦新征程"为主题,围绕学习宣传贯彻习近平新时代中国特色社会主义思想这个首要任务,突出迎接宣传贯彻党的二十大这条工作主线,组织开展了主题阅读引领、品牌阅读示范、重点群体阅读、宣传推广普及4个方面、14类重点阅读活动,更好地满足了人民群众高质量阅读需求,扎实推进书香江苏、书香南京建设。

一、强化主题阅读引领,奏响文化强国主旋律

第十八届江苏读书节打造主题阅读阵地,强化主题阅读对广大读者的思想引领,在全社会弘扬主流文化价值,奏响社会主义文化强国建设主旋律。

(一)推广主题出版物,弘扬正确价值观

围绕迎接党的二十大胜利召开,聚焦歌颂新时代、弘扬伟大建党精神、推进"强富美高"新江苏现代化建设,精心策划重点选题,努力打造一批既精准对接党和国家需要,又有效满足人民群众阅读需求,且富有江苏特色的优秀主题出版物,通过系列推广活动,让优秀主题出版物走进读者视野,弘扬主流价值观。

评选公布2022年省主题出版重点选题,举办"书写新时代、献礼二十大"重点出版物发布会。发布活动上,集中推出内容丰富、领域多元的重点主题出版物40种。举办"喜迎二十大、书香谱新章"主题图书系列展陈活动,在全省线下阅读阵地开设专柜、在线上平台开设专栏,展示推介《习近平谈治国理政》第四卷和反映总书记在正定、福建、浙江、上海工作经历的四部重要纪实作品《总书记足迹》,为广大党员干部和人民群众学习新思想搭建平台、提供方便。

(二)开展主题阅读活动,筑牢思想信念高地

紧扣迎接宣传贯彻党的二十大这条工作主线,组织开展"新思想e起学""马克思主义·青年说""时代先锋讲坛"等活动,切实提高党员干部理论素养、政治能力和业务本领。围绕弘扬中华优秀语言文化和江苏地域优秀语言文化,在广大青少年中开展"逐梦向未来"中华经典诵读活动。以"老少心向党、喜迎

二十大"为主题,开展老少同台节目展演、千站万人寻访体验和主题征稿等活动。围绕"庆祝建团100周年",全省各级团组织开展系列"诵读学传"活动。以"中国梦·劳动美——喜迎二十大 建功新时代"为主题,举办第十三届江苏职工读书月活动。举办"党的光辉照我心,童心喜迎二十大"主题征稿活动,激发青少年读书学史热情。

二、深化开展品牌活动,打造全民阅读新品牌

2022年江苏读书节期间,全省着力深化原有品牌阅读活动,各地还推出了一批阅读新品牌。

(一)江苏全民阅读日

4月23日,在南京举办第十八届江苏读书节暨第二十七届南京读书节启动活动和2022江苏全民阅读日活动,发布2022年省全民阅读活动领导小组向社会推荐的12本好书,公布2021年度省级公益阅读推广活动(项目),举办"书香中国·全民阅读大讲堂"等阅读活动。发布第十八届江苏读书节重点活动安排,省全民阅读活动领导小组及有关成员单位、各市县全民阅读活动领导小组、各级各类企事业单位和社会阅读组织等多级联动,覆盖全年举办阅读活动。

(二)第十二届江苏书展

第十二届江苏书展作为第十八届江苏读书节对外展示的重要窗口,吸引大量受众参与,以多会场、强辐射、精内容等特点,逐步发展成为江苏读书节的重要品牌活动。

第十二届江苏书展以"阅读新时代、喜迎二十大"为主题,举办多类型阅读活动,包括"书写新时代、献礼二十大"重点出版物集中展示及相关主题阅读推广活动、"喜迎二十大 筑梦向未来"中小学生诵读大赛、"强国复兴有我"百场阅读推广活动等。充分利用数字网络举办"我们云上见"全媒体直播和"云逛展、云阅读、云购书、云互动"活动,以数字新兴媒体提高活动辐射的广度与深度。举办第四届江苏全民阅读"五十佳"发布、《江苏全民阅读年度报告(2021)》发布、全省领读者培训等活动。

(三)全民阅读春风行动

全民阅读春风行动是第十八届江苏读书节促进全民参与的一项重要举措,以农村留守儿童、贫困家庭儿童和孤残儿童为重点活动对象。2023年1月至2月,全省各地从优质阅读物资捐赠、阅读阵地效能提升、阅读推广活动组织、开展结对帮扶和志愿服务等四个方面,结合科技文化卫生"三下乡"等活动,开展

为农村留守儿童赠送新春阅读礼包、"带一本好书回家过年"等活动,并动员社会各界与农村中小学、幼儿园、农家书屋(社区和职工书屋)、老年活动中心、"残疾人之家"精准开展结对帮扶,组织公务员、教师、科技工作者、新闻出版工作者、大学生、"百姓名嘴"、"五老志愿者"等深入乡镇(街道)和村(社区),为弱势群体提供全民阅读志愿服务。

(四)地方读书节

各地开展的地方读书节(月、季)是第十八届江苏读书节的有机组成部分,也是第十八届江苏读书节深入基层的重要表现,各地方读书节协同发力,推动江苏读书节在各地多样化开展,打响江苏读书节品牌。各地围绕普惠性、共享性、全民性等核心特征,积极探索全民阅读新路径,开辟全民阅读新阵地,持续提升全民阅读服务效能。南京读书节、无锡太湖读书月、徐州读书节、常州秋白读书节、苏州"阅读节"、南通韬奋读书节、连云港读书节、淮安周恩来读书节、盐城"盐渎风"读书节、扬州朱自清读书节、镇江文心阅读节、泰州胡瑗读书节、宿迁读书节,以及县(市、区)、乡镇的读书节(月、季),都有群众喜闻乐见、彰显各自特色的阅读活动品牌,使江苏大地书香氤氲。

三、关注重点群体阅读,提升阅读服务精准性

本届江苏读书节关注重点群体阅读,切实了解青少年儿童、职工、农民、残障人士的差异化阅读需求,广泛开展分众阅读活动,不断提升阅读服务精准性,提高阅读活动质效性。

(一)关注儿童和青少年阅读

儿童和青少年阶段是人生阅读习惯、阅读能力培养的重要阶段,儿童和青少年的发展与成长也关系着社会未来发展。江苏读书节聚焦儿童、青少年,举办了一系列符合儿童、青少年阅读习惯、阅读能力、阅读兴趣的针对性活动,引导广大青少年儿童加入阅读,培养阅读意识,养成阅读习惯。举办第二届"江苏青少年阅读季",组织全省红领巾读书征文评奖和"水韵江苏 经典诵读"品牌活动。推选省第五届"书香家庭",举办"书香飘万家"家庭亲子阅读活动,开展家庭亲子阅读指导,开设家庭亲子阅读线上线下课堂,提升家长科学阅读水平,帮助孩子养成阅读习惯。组织大中专学生志愿者走进农家书屋,开展"千镇万村"全民阅读志愿服务活动。举办第二届东方娃娃原创绘本奖颁奖仪式,邀请知名作家和儿童阅读推广人开展专题讲座,推出一批优秀儿童原创绘本。举办"绿色阅读,健康成长"护苗绿书签活动。

（二）开展职工阅读活动

以"中国梦·劳动美——喜迎二十大 建功新时代"为主题，举办第十三届江苏职工读书月活动，开展读书征文、演讲比赛、微电影拍摄评选等阅读推广活动。承办全国工会职工书屋建设成果展示交流活动，以视频、现场参观、文艺展演等方式，全面展示近年来全省职工阅读组织、职工书屋建设等成果。继续开展江苏工会职工书屋示范点、"最美职工书屋"网上推选展示活动，提升全省职工书屋品牌影响力。

（三）重视农民阅读引导

江苏读书节重视农民阅读活动的开展，推动全民阅读城乡协同，打造一批符合农民群众阅读特点的阅读活动，为广大农民群体提供丰富的阅读资源，提供特色化阅读服务，培养农民群体阅读习惯，提升乡村文明水平。以"弘扬耕读文化，助力乡风文明"为主题，举办第十二届江苏农民读书节暨农家书屋万场主题阅读活动。实施"点亮满天星，书送新希望"网络阅读公益项目，开展"经典润乡土"行动及农家书屋"巡展巡讲巡演"阅读推广活动。举办农民读书网络学习竞赛，引导基层农技人员和农村居民运用农业科技网络书屋参与纸质阅读、知农云课堂等线上学习活动。以"书香乡村 畅晓农禾"为主题，举办农民读书月知识答题活动。

（四）关怀残障人士阅读

江苏读书节通过结对帮扶、志愿服务等形式，开展形式多样的阅读活动，助力残障人士参与全民阅读、享受阅读乐趣。以基层"残疾人之家"为阵地，开展"家里的读书会"残疾人读书活动，推动"书香残疾人之家"建设，推选100个省级"书香残疾人之家"。举办残疾人读书分享会，讲述通过读书改变人生的励志故事。继续开展残疾人文化周活动和文化进残疾人家庭"五个一"项目。

四、加强阅读宣传推广，营造书香浓厚氛围

江苏读书节采取全媒体矩阵推广宣传方式，扩大阅读活动的覆盖面，让更多读者能够通过多种渠道参与读书节，享受阅读乐趣。

（一）推广文学阅读活动

依托南京"世界文学之都"的美誉，南京打造世界文学客厅，实现文学城市客厅、文学空间枢纽、文学数据中心、文学梦想殿堂的目标定位，上线南京"文都云"平台，南京文学季正式启幕。省市联手，连续举办"玄武湖读书汇"，推出"春之颂，我们一起读诗""夏之颂，我们一起读散文""秋之颂，我们一起读小说""冬

之颂,我们一起读科普"系列阅读示范活动。实施"双百校园文学基地"项目计划,组织江苏作家走进中小学校开展文学阅读推广活动。开展"到人民中去"文学惠民志愿服务活动,组织著名作家走进中小学校和其他阅读阵地,开展文学图书捐赠、经典导读、文学讲座、交流研讨等活动。

(二)开展多样化科普活动

开展多样化科普活动,内容涵盖科技、法律、社科等多学科领域,向全社会普及科学技术、法律知识、科学方法、科学思想,弘扬科学精神。举办科普阅读校园行活动,组织院士专家和科普名家走进校园,开展科普阅读讲座、阅读写作培训等,指导青少年阅读优秀科普读物、参与科普科幻创作,培养科技创新精神。开展第三届"诗词里的科学"挑战赛活动,引导青少年从诵读诗词经典中发掘优秀传统文化中的科学内涵。以"法润江苏"品牌活动为引领,常态化开展法治宣传教育进机关、进校园、进社区、进企业、进单位等活动。开展全省第十九届社科普及宣传周活动,建设全省性社科普及网络云平台,组织编撰社科普及年度主题读物,推进"江苏社会科学普及系列丛书"出版资助项目。

(三)打造媒体宣传矩阵

打造传统媒体与新兴媒体相结合的全媒体宣传矩阵,"线上线下"相融合的宣传推广活动,营造社会读书氛围。组织书香江苏媒体联盟走进2022江苏全民阅读日、第十八届江苏读书节、第十二届江苏书展,走进书香城市、书香校园、书香机关、书香企业和书香家庭,深入挖掘、及时总结、积极推广在全民阅读活动中涌现的新鲜经验和先进事迹,开展集中宣传报道,加大典型示范引领。继续办好"书香江苏在线"网站、微博和"书香江苏"、"江苏阅读"微信公众号,以及各市县全民阅读微博、微信公众号,全面报道江苏读书节活动信息。

第十二届江苏书展综述

作为江苏乃至中国出版业一年一度的文化盛事,走过十二年的江苏书展,又一次与读者相逢在苏州金鸡湖畔。2022年,是庆祝香港回归25周年、中国共产党成立101周年、党的二十大胜利召开的喜庆之年,围绕时代主题,第十二届江苏书展依旧备受读者瞩目,成为炎炎夏日里一抹动人的"中国红",在热烈纷呈的展会氛围中展现江苏精神、时代气象。江苏书展持续以文化精品讴歌新时代,激发全省文化交流活力,在引导全省形成阅读风尚、助力江苏文化强省建设中发挥着积极作用,推动书香江苏建设迈向更高水平。

为期5天的书展,见证着阅读的澎湃力量。在苏州国际博览中心主展场和全省152个实体书店分展场,江苏书展App、凤凰新华官网两个线上分展场同步开展,合力推动书展扩圈。超过400家出版发行单位、20万余种优秀出版物、超千场阅读活动吸引着全省书迷在书展现场久久流连。本届书展主分展场总销售15 536万元,同比增加6 273万元,增幅67.7%。

一、主分联动,云端办展,展会持续扩圈

本届书展以"阅读新时代 喜迎二十大"为主题,以"阅读的盛会,读者的节日"为总定位,组织邀请超400家出版发行单位参与展示展销,"线上线下"参展出版物品种达20万余种。

本届书展采用主分会场联动、"线上线下"相结合的方式,唱响时代主题,为喜迎党的二十大营造浓厚的文化氛围;持续优化线上观展体验,发动更广泛的读者参与;更加注重展会细节,以特色展览丰富书展文化体验;切实落实惠民举措,激活文化消费新需求。江苏书展不断推陈出新,在浓浓书香中为爱书读者打造一场印象深刻的文化"嘉年华"。

1. 展馆陈列特色鲜明,指引新时代阅读风向标

苏州主展场总面积1.7万平方米,设置了"阅读新时代 喜迎二十大"主题馆、江苏精品馆、四川文轩主宾馆、中版集团馆、全国优秀出版单位展区、全国优秀高校出版社精品展区、青少年阅读馆、亲子绘本馆、港台海外馆、数字阅读馆、

特色书店展区、书香苏州馆、方志江苏馆、书香邮政馆、团购馆配馆等特色展馆。

其中,"阅读新时代 喜迎二十大"主题馆备受瞩目,馆内精选500多种1.6万余册主题图书。馆内分为两大块陈列:"新时代 新经典",集中展示学习近平新时代中国特色社会主义思想重点图书;"奋进新征程 建功新时代",集中展示近年来中宣部出版局"奋进新征程 建功新时代"好书荐读活动推荐图书,江苏省委宣传部组织推出的"书写新时代 献礼二十大"苏版主题重点出版物,以及反映现代科学技术、生态文明、文化建设、乡村振兴、"一带一路"等开启全面建设社会主义现代化国家新征程方面的优秀图书等。

2. 联动办展持续创新,打造全民共享书香盛会

南京"世界文学之都"主题书展、徐州淮海书展等全省各地分展场和线上分展场同步启动,凤凰新华旗下有86家门店作为江苏书展线下分展场向读者开放,各门店通过统一宣传标识、宣传标语、销售折扣、开展时间等,有效扩展了江苏书展的办展边界,为全省各地读者切身感受江苏书展浓郁阅读氛围提供了参与途径。

在全省首次尝试开展电视屏矩阵联展,也得到了许多读者的认可。全省86家门店通过约120块电子屏幕,同步对第十二届江苏书展主分展场活动进行播送,并滚动播放了百家名社社长、编辑荐书视频。屏联展的设立,将苏州主展馆的优秀阅读活动和热烈的展会氛围传递到全省各地,吸引了各地到店读者驻足观看,阅读的魅力透过一块块电子屏幕深深打动了读者心灵。

3. 线上分展场持续破圈扩容

针对疫情防控常态化新形势,本届江苏书展进一步深耕线上分展场,基于"江苏书展""凤凰新华官网"小程序及App线上活动的开展,兼顾了"内容"与"转化"、"优惠"与"服务",不仅通过首页直播入口全方位呈现书展精彩活动,更推出多重线上购书优惠让利读者,将书香邮递到家,打造了"云逛展、云阅读、云购书、云互动、云传播"一体化线上数字服务平台。

凤凰新华在主展场青少年阅读馆旁设立了直播间,共带来了10场线上阅读直播活动,薛冰、庞余亮、黄健、郑子宁、徐玲、张新科、张剑彬、荆歌等十余位知名作家做客书展"作家访谈"直播间,畅谈新书背后的创作故事和趣事,线上分展场的人气不断攀升。

二、推陈出新,打造更具文化内涵的品质书展

江苏书展持续聚焦阅读盛会,突出名家参展。一如既往地邀请了国内知名的专家学者举办多场线下和线上阅读推广活动,提升书展的人气和品质。在丰

富的图书展陈和一众学者的加持下,江苏书展加快办展形式的持续创新,强调更加立体多元的阅读资源供给。

1."书展+"模式成型,书香文化多载体呈现

本届江苏书展给读者的共同感受是,阅读资源供给更多元化了,"书香"的涵义更丰富了。本届书展不仅做图书展会和阅读推广,更注重以美学和艺术化的呈现不断丰富"书展+"的寓意内涵,书展作为精神生活综合体的新模式已然成型。

在江苏书展主展馆,由凤凰集团带来的4场文学艺术展览给现场的读者耳目一新的逛展体验,成为本次书展的新记忆点。"为人民画像展",以一条红色长廊搭建起一段时空隧道,再现激荡如磐初心;"最美图书展"展示江苏出版单位入选"世界最美的书"和"中国最美的书"的图书,以及现代特装图书等100个左右品种图书,带领读者感受图书装帧之美;凤凰藏书票展选取了凤凰出版传媒集团金凤凰奖获奖作品、知名画家作品为主的上百幅作品,深刻展示"书与人"的故事;"自然而生——《嘉卉》植物科学画艺术展"好似把花园搬进了书展,让植物科学画走入更多的读者视野。

2. 引领行业风向,搭建行业交流平台

办好江苏书展,为行业搭建交流平台,是不断巩固江苏书展专业口碑的重要手段,也是江苏建设社会主义文化强国先行区的行动自觉。围绕图书出版发行行业的热点、痛点问题,从文化研究、技术升级、创新转型等领域,凤凰集团积极主动地参与文化新发展格局的构建,推动省内高水平文化建设,在绵延江苏文脉的基础上,传递出建设社会主义文化强国的江苏强音。

书展上"社会主义出版强国建设的目标与路径:宏观与微观"主题论坛邀请了行业嘉宾齐聚一堂,共同探讨出版业、出版人推进实现社会主义出版强国的路径。第三届江苏青年出版编辑人才论坛等交流活动以"编辑与出版业高质量发展"为主题,来自省内各出版单位的6位青年出版编辑人才代表分别发表了精彩的演讲,展现了出版编辑人才奋进新征程、实现新作为的动力和热情。全国图书馆文献资源建设研讨会以"打造优质馆藏 涵育阅读风尚"为主题,加强馆社店资源共建共享,共同构建图书馆、出版社、馆配商之间高质量交流平台,进一步优化图书馆馆藏资源,提升阅读推广服务效能。

3. 强化书香文化传播,持续打造阅读盛会

在苏州国际博览中心主展场,140余场阅读推广活动主要围绕"喜迎二十大"和云端办展、名家参展、江苏特色等角度开展。书展现场邀请了邬书林、聂震宁、孙晓云、温铁军、何建明、毕飞宇、范小青、许钧、贾梦玮、王尧、王一梅、薛

冰等名人名家,在展会现场或"云端"与大家分享党史经典、阅读体验、科普知识、创作历程,在深度交流中让读者充分感受阅读的力量。

在书展"强国复兴有我"百场阅读推广活动中,来自江苏13个设区市的共16名优秀阅读推广人,结合优质主题出版物,深情讲述党和国家奋斗、发展史中的动人故事,讲好基层党员和群众报效祖国、奉献追梦的精彩故事,博得现场观众的阵阵掌声。2022年度全省中小学生诵读大赛以"喜迎二十大 筑梦向未来"为主题,于"4·23世界读书日"开启,经过全省5万多人、8000多个作品、超180万人次的网络投票的激烈角逐后,最终选取了43组中小学选手来到江苏书展现场进行总决赛,充分展现了江苏青少年读者对党的真切情感和对阅读的热爱。

三、分展场美美与共,展会活动聚焦地方特色

按照对各分展场的统一部署,全省各分展场推出全场图书8折的购书优惠,并精心准备了一系列的优秀读物和名人名家讲座、新书分享会、作者签售、阅读分享等活动,为全省读者带来精彩纷呈的文化服务,激发了全省读者广泛参与的热情。

各分展场还与苏州主展场同步开展"凤凰姐姐共读一本书"的活动,每天精选一个绘本故事,通过提问互动、趣味游戏,带领小读者感受故事的魅力,培养阅读习惯。"丝网印刷"、"活字印刷"研学活动、茶文化讲座、非遗剪刻纸活动、"绿书签 伴成长"主题阅读等多样的文化活动在全省分展场成功举办,丰富和拓展了当地读者的文化生活。

第十二届农民读书节综述

2022年,第十二届农民读书节以迎接学习宣传贯彻党的二十大为主线,认真贯彻中央和省委省政府关于全面推进乡村振兴的部署要求,深入实施省12部门《推进农家书屋深化改革创新 提升服务效能的工作方案》,积极推动农家书屋提质增效。江苏2021年农村居民综合阅读率为78.98%,比上年提高0.94个百分点。我省连续第四年荣获全国"新时代乡村阅读季"优秀组织奖,一批单位和个人获评全国"双服务"先进集体、全国乡村阅读榜样。江苏农家书屋管理员中还走出了一位省第十四次党代会代表、"全国乡村十大阅读"推广人。

一、周密部署安排

省委宣传部等6部门及时出台专门方案,以农家书屋为主阵地,以新时代文明实践志愿服务为主要力量,开展第十二届江苏农民读书节暨农家书屋万场主题阅读活动,部署"'迎接学习宣传贯彻党的二十大'主题阅读"等十大类系列重点阅读活动,着力在推动新思想落地生根、助力农民群众持续增收、焕发乡村文明新风貌、促进农村青少年健康成长上展现新作为。与此同时,要求各地加强组织领导、深化志愿服务、落实经费保障、营造浓厚氛围,并于4月20日在盱眙县天泉湖镇陡山村举办启动活动,发布第十二届江苏农民读书节100种阅读参考书目、"江苏数字农家书屋"2021年度阅读数据,发出"服务农家书屋主题阅读倡议"。中宣部印刷发行局一级巡视员、副局长董伊薇,省委宣传部常务副部长、省新闻出版局(省版权局)局长梁勇视频致辞。启动活动通过"江苏数字农家书屋"向全省农民群众直播,吸引30.8万人次收看、70余万人次回看。各地普遍把农家书屋工作和农民读书节作为意识形态工作责任制监督检查和高质量发展绩效评价的重要内容,及时动员部署、精心组织实施,确保活动任务明确、责任明确、人员明确。南京、徐州、南通、泰州、淮安、宿迁等地纷纷举办本地农民读书节和千场主题阅读活动,着力推动新思想"飞入寻常百姓家"。为进一步规范农家书屋专项资金的管理使用,我省及时下达农家书屋年度专项资金2 800万元,重点用于补充更新出版物、常态化开展阅读活动、提升建设数字农家书屋等,并向市、县(市)财政综合保障能力3—6档地区的行政村(巩固拓展脱贫致富奔小康成果、"十四五"时期省级层面重点带促地区的优先)倾斜。

二、突出主题主线

以迎接学习宣传贯彻党的二十大为主线,围绕"弘扬耕读文化 助力乡风文明"主题,广泛深入开展阅读活动和服务。省新闻出版局在宜兴举行2022"新时代乡村阅读季"主题阅读示范活动暨"党的二十大精神共学共读"启动活动,推出驻村(社区)第一书记"头雁领学",并向全省农家书屋统一配送《习近平谈治国理政》第四卷、《党的二十大报告》单行本等计6.5万册。各地农家书屋普遍设置主题阅读专区或红色图书角,统筹用好"学习强国"江苏学习平台、党员服务站、乡村复兴少年宫和各地红色资源,以"读、讲、听、演、映、赛、展"等多种形式,用群众的语言、朴实的道理让农家书屋里飘出党的好声音。南通大力开展"理论宣讲直通书屋工程",把党的创新理论送到"指尖"、传到"耳边"、融入"心间"。徐州举办"书香徐来·香飘四季"暨"全民阅读春风行动",开展"回望百年初心 朗读红色经典"等阅读推广活动5 500余场次。苏州高新区通安镇举办"学习新知识 强国正当时"主题阅读活动,并制定"学习强国"积分兑换制度,有效激发党员群众学习阅读的积极性、主动性。阜宁县由红色宣讲志愿者、教师和学生组成20支红色阅读分享志愿队,到全县340个村开展阅读推广,实现所有村居全覆盖。常熟市"强国复兴有我 阅读在行动"百场阅读配送活动,则引入10余家优秀阅读推广组织,通过"互动+体会+手工"多维度阅读方式,吸引8 000多名基层读者参与。2022年,全省共开展主题阅读活动7.8万余场次、市级阅读推广示范活动超过55场。"新时代乡村阅读季"、"我的书屋我的梦"农村青少年阅读实践等省级活动和"'阅'见美好乡村 盐城市全民阅读镇村行暨农家书屋阅读推广活动"、"宿迁'书香微光点亮乡村阅读'百村示范活动"等地方品牌深受农民群众欢迎。

三、创新工作手段

一是将农家书屋作为新时代文明实践中心的重要组成部分统一推进。无锡锡山区"三善"(Sunshine)妈妈社、邳州"小白果"公益读书会、张家港"徐玲公益书屋"、连云港"梦想书架"、镇江"农家书屋·助你悦读"、扬州邗江区"'悦读杨庙'农技下乡"、金湖县"三驾马车"、宿迁市"全民阅读1计划 每天阅读1小时"、南京江宁区"吉灯国学堂"、南通通州区"农家书屋里飘出党的理论宣讲声"、盐城市南吉村"七彩节日 乐享阅读"、海安市"车篓书屋"、南京艺术学院"艺术点亮童心"等阅读公益服务,既有效推动了乡村阅读,也不断丰富了新时代文明实践内涵。

  二是以活动带"活"书屋。全省每个农家书屋开展阅读活动不少于一场,同时会同有关部门开展普法阅读、亲子阅读、科普阅读、助残阅读等个性化、分众化阅读推广活动。在此基础上,各设区市组织开展了不少于4场的市级阅读推广示范活动。宿迁市在三县六区举办全民阅读示范推广30场,现场做到"五个一",即举办一场演出、推荐一批好书、讲述一个故事、开展一次竞答、推广一项活动,每场观众均超过400人次;同步推动各县(区)开展全民阅读基层示范推广,直接参与群众超过5.6万人次。

  三是优化供需对接,补充更新出版物。省局及时做好推荐全国书目、制订本省农家书屋重点出版物目录,提供新出版的出版物近4 000种,并采取"制订重点推荐目录—公开招标供货商—下达采购指标—以县为单位选书、书展现场采购—图书质量检测—中标单位统一配送加工"的"你选书、我买单"选书配书模式。2022年省财政共为4 650个农家书屋补充更新图书55万册、期刊23万本;各级财政共投入6 180万元,补充更新图书283万册、期刊42.8万本。

  四是着力发挥好各级各类媒体作用。我省农家书屋信息被中央电视台、人民网、央视网、新闻出版广电报和省内各类媒体广为转发,农家书屋知晓率和关注度进一步提升。"学习强国"江苏学习平台线上开辟"农家书屋"专栏集纳发布基层典型案例500余篇,省新闻出版局编撰并通过数字农家书屋平台播发农家书屋创新示范案例,推动各地互学互鉴、共同提高。

四、提升数字化建设

  "江苏省数字农家书屋"平台两微一端(微信、手机App、电脑)2020年4月上线,具备在线阅读、数据管理、智能推送、直播培训、信息发布等功能,"江苏省数字农家书屋"平台目前注册612万人、使用6 810余万次人次、微信关注42万人。2022年,开展"江苏省数字农家书屋"提升建设。一方面,优化传统出版物数字化资源、增加音视频内容供给,提供政治经济、历史人文、社会科学、文学艺术、科普新知、少儿读物等优质数字资源,包括超8 000册电子书、报纸70种、期刊300种、有声读物资源约1 000小时、各类视频资源约1 500小时,及时更新"总书记论三农和乡村振兴"专题内容,推出红色经典、好书快听、少儿专区、直播培训、书屋动态、活动发布、短视频荐书等栏目,进一步丰富党建、科技、健康、文化等阅读资源,即时发布各地农家书屋信息资讯700余篇。另一方面,线上线下开展丰富多样的阅读推广活动,着力把传承文化、诵读经典、生态科普、倡导节俭等活动服务送到基层、送到农民朋友身边。线上推出"学史爱党 知史爱国"绘画摄影朗读作品征集、"发现最美农家书屋"线上摄影短视频作品评选等优质服务,在线下开展"小书屋·大梦想"红色阅读夏令营、农家书屋"巡展巡讲巡演"系列等70场阅读推广活动,累计吸引300余万人次互动参与。其中,"我的书屋我的梦"农村青少年阅读实践优秀作品征集评选吸引读者40万人次,收到参赛作品11万余件。

2022年,全省各地各有关部门大力推动农家书屋深化改革创新、提升服务效能,重在坚持"三个融合"。一是与新时代文明实践相融合。全省已有85%的农家书屋纳入新时代文明实践中心建设,"群众点单、书屋派单、志愿者接单、圆梦销单、群众评单"的"五单"阅读服务模式逐步形成,涌现出一批深受农民朋友欢迎的乡村阅读志愿队伍、活动品牌和项目。二是与图书馆资源相融合。全省已有93%以上的农家书屋与县级图书馆及分馆实现通借通还、资源共享,2022年农家书屋借阅总量达2 244余万册次,不少图书馆还通过开展农家书屋管理员培训、提升农家书屋阅读空间、为农家书屋提供"流动图书车"服务等方式,支持农家书屋建设管理使用。三是传统纸质阅读与数字阅读相融合。"江苏省数字农家书屋"平台上线以来,平均日活度目前达7.9万人次。各地广泛开展"扫码听书"、"码"上阅读、云直播、云讲座等活动,打通乡村阅读"最后一米",努力让群众随时随地可以阅读。这"三个融合"的做法,值得继续坚持、不断深化。

第十三届"江苏职工读书月"活动综述

"江苏职工读书月"活动是由江苏省总工会、江苏省全民阅读办领导,江苏省各设区市总工会、全民阅读办、江苏省各产业工会协同开展,面向江苏省广大职工的为期数月的阅读促进活动,每年选定一个活动主题,开展系列示范活动。

一、第十三届"江苏职工读书月"活动主题

2022年5月,江苏省总工会、江苏省全民阅读办联合下发《关于开展第十三届"江苏职工读书月"活动的通知》,突出迎接宣传贯彻党的二十大主题主线。开展以"阅读新时代 建功新征程"主题阅读活动、《习近平讲党史故事》专题阅读活动、江苏"红色工运VR展馆"线上打卡活动、"职工喜爱的优秀读物"书目推荐、选树打造新型职工书屋、开展书香企业结对共建、培树职工阅读组织等为内容的职工读书月。各设区市总工会、省产业工会根据通知精神并结合自身实际情况分别制订读书月活动计划。各级工会读书活动形式多样,有知识竞赛、演讲、征文、读书分享等,辐射全省各行业职工群众。

二、第十三届"江苏职工读书月"主要活动

1. 开展"阅读新时代 建功新征程"主题阅读活动

全省工会紧扣迎接宣传贯彻党的二十大这条主线,结合"中国梦·劳动美——喜迎二十大 建功新时代"主题宣传教育,开展"阅读新时代 建功新征程"主题阅读活动。无锡市总工会全面落实意识形态工作责任制要求,加强阵地建设管理,健全完善"必选书单"工作机制,将政治理论类书籍占比列入职工书屋示范点创建的刚性指标;徐州市总工会开展"强国复兴有我·汲取奋进力量"主题征文读书活动,引导职工结合自身岗位,诠释"爱岗敬业、争创一流,艰苦奋斗、勇于创新,淡泊名利、甘于奉献"的劳模精神;淮安市总工会广泛开展"悦读新思想 喜迎二十大"职工经典诵读微视频征集、"喜迎二十大 讴歌新时代"淮安市职工书法精品巡回展等活动,推动党的创新理论在职工中入脑入心。

2. 开展党史专题阅读活动

以推动党史学习教育常态化、长效化为重要契机,深入学习习近平总书记关于党的历史的重要论述,广泛开展《习近平讲党史故事》专题阅读活动。镇江市总工会成立由劳模先进、职工诵读爱好者、工会干部等群体组成的"镇工惠主播团",开通"工会微电台"栏目,选取《习近平讲党史故事》一书,每周五在"镇江职工之家"和"镇工惠"平台,通过"工会微电台"栏目准时发布,带领职工沉浸式学习党史故事,坚定奋斗信心。《谱写新时代青春之歌的黄文秀》《陈树湘断肠明志》《献身教育扶贫、点燃大山女孩希望的张桂梅》等13个有声党史故事播放量已接近4万,通过网络让党史故事随听随学,更加便捷,引导职工群众从红色基因里汲取信仰的力量,从党史故事中重温初心与使命。

3. 江苏"红色工运VR展馆"线上打卡活动

省总工会整合省内红色工运史馆及爱国主义教育基地资源,打造了江苏"红色工运VR展馆"线上平台,开展"线上线下"同步寻访打卡和健步活动。平台利用VR虚拟现实技术,使广大职工沉浸式参观游览革命纪念馆、工运纪念馆、烈士陵园等红色展馆景点,让革命精神和厚重的历史文化内涵借助新兴的多媒体技术,走入广大职工的眼中、心中,增强广大职工群众的爱党爱国情怀。11月正式上线,打卡平台录入全省爱国主义教育基地204家,工运展馆3家,任务中心设置了个人、团体和走路线任务,通过签到、答题、健步走等任务进行积分获取,通过积分进行抽奖,奖品包括10万元普惠商城消费券、手机券和10万元红包。上线一个月,参与人数达5万余人,累计答题次数达5万次,截至目前有241 269人次登录平台。

4. 开展"职工喜爱的优秀读物"书目推荐活动

组织开展"职工喜爱的优秀读物"书目推荐活动,推荐13本优秀书籍,在江苏工人报、江苏工会服务网、"江苏工会"App等媒体公布。

三、第十三届"江苏职工读书月"评选结果

根据《关于开展第十三届"江苏职工读书月"活动的通知》要求,经推选评审,2022年11月下发《关于命名2022年江苏省工会"职工书屋示范点""最美职工书屋""服务大厅职工书屋"暨第十三届"江苏职工读书月"活动获奖名单的通报》(苏工办〔2022〕69号),共评选出江苏省"职工书屋示范点"64家、"最美职工书屋"16家、"服务大厅职工书屋"13家、优秀领读员26人。

全民阅读春风行动活动综述

为深化全民阅读活动,高质量推进新时代书香江苏建设,更好地满足广大人民群众特别是儿童和青少年阅读需求,由省全民阅读活动领导小组领导、各单位部门协办,于2023年元旦和春节期间在全省广泛开展"全民阅读春风行动"。

一、主要活动内容

(一)捐赠优质阅读资源

省全民阅读办会同省全民阅读促进会和省书香全民阅读基金会,发动机关、企事业单位、群团组织、社会阅读组织和个人等社会力量,面向农村幼儿园和中小学校图书室(馆)捐赠少儿书报刊、数字阅读产品和视听终端,面向农村留守儿童、城市流动儿童和贫困家庭儿童捐赠优质图书和学习用品;开展"带一本好书回家过年"活动,动员社会力量向进城务工人员、农民工子弟学校学生等群体捐赠图书;定制2 000套"书香江苏"阅读礼包,支持徐州市、连云港市、淮安市、盐城市和宿迁市对农村留守儿童、城市流动儿童和贫困家庭儿童开展阅读关爱活动。

(二)提升阅读阵地效能

推动公共图书馆利用馆藏和活动等资源优势与幼儿园和中小学校图书馆(室)合作,共同为学生提供优质的阅读指导服务。动员社会阅读组织、阅读推广人深入乡镇(街道)图书馆分馆、中小学图书馆和基层书屋,开展阅读活动,服务广大读者群众。引导出版社、实体书店、电商平台、数据库运营商、科研院校、企业等社会力量,在交通便利、人流密集场所广泛参与建设和运营一批便民化阅读阵地,打通公共阅读服务"最后一公里"。

(三)组织阅读推广活动

组织作家、专家和科普名家、法律工作者,走进中小学校,分类开展文学阅读、科普阅读和法治宣传教育等活动,提升中小学生的文学素养、科学素养和法治素养。依托新时代文明实践中心(所、站),组织"农家书屋万场主题阅读活动"、"巡展巡讲巡演"活动和"经典润乡土"行动,实施"点亮满天星,书送新希望"网络阅读公益项目。依托江苏省家庭亲子阅读体验基地,面向社区和家庭开展阅读讲座、家庭故事会、好书分享会等活动,重视家庭作为基础单位在书香社会建设过程中所发挥的作用,通过阅读推广活动培养书香家庭。依托基层"残疾人之家"等阵地,举办全省残疾人读书分享会,满足重点群体的阅读需求。

（四）开展结对帮扶和志愿服务

动员社会各界与农村中小学、幼儿园、农家书屋(社区和职工书屋)、老年活动中心、"残疾人之家"精准开展结对帮扶。建设含有公务员、教师、科技工作者、新闻出版工作者、"百姓名嘴"、"'五老'志愿者"等的多样的志愿服务阅读队伍,深入乡镇(街道)和村(社区)开展阅读志愿服务。组织大中专学生志愿者走进农家书屋,开展"千镇万村"全民阅读志愿服务活动。组织作家、文学评论家、期刊编辑等,开展"到人民中去"文学惠民志愿服务活动。组织省全民阅读"五十佳"、"全民阅读领读者"等先进典型,深入中小学校、公共图书馆、基层书屋等阅读阵地开展志愿服务。

二、各地开展情况

在江苏省全民阅读办的组织和指导下,各市、县(市、区)积极开展丰富多彩的"全民阅读春风行动"。

地 区		开幕时间	活动内容
南 京	鼓楼区	2022年1月	"书香礼包"活动、年俗活动、"书香鼓楼·春风行动"
	玄武区	2022年1月	"护苗2023"专项行动,赠送阅读书籍和"福"字贴,打造"书香玄武"读书角,体验"新年新春新街口"主题文化活动及"迎新春、写对联、剪窗花"民俗活动
	建邺区	2022年1月	"全民阅读春风行动·书春日"活动,写春联、送"福"字活动,"带一本好书回家过年"活动、"书香南京"阅读大礼包赠送活动、红色观影活动、"全民阅读春风行动"进校园活动
	秦淮区	2022年1月	"状元大讲堂""名家面对面"读书分享会,"游见秦淮""寻访状元、进士后人"系列活动,"转角·遇见"新型阅读空间构建,"春风护苗读书知礼","红色文化"研学旅行,"星火传承"家庭阅读,"诵红诗·忆童年"亲子阅读,"百姓名嘴宣讲团"进机关、社区、园区,"青春益同行"漂流书屋赠书会,"盲人学法"活动

(续表)

地区		开幕时间	活动内容
南京	江宁区	2022年1月	道德模范、困难户、空巢老人、种养殖大户、留守儿童走访慰问活动,科技、文化、卫生"三下乡"大礼包和阅读大礼包赠送活动,面对面咨询服务,非遗技艺"刻门阙"学习活动
	六合区	2022年1月	科技、文化、卫生"三下乡"集中服务活动,"阅读关爱,情暖童心"爱心捐助活动,"传承红色经典,共筑中国梦"诵读经典名著,"诵读红色家书传承红色文化"红色主题活动,跟着图书馆员读"红色之城"红色主题活动,"我们的节日"年俗主题活动,"带一本好书回家"活动
	栖霞区	2022年1月	"全民阅读春风行动"暨"带一本好书回家过年"捐赠活动、建设"同心书屋"、建设"残疾人之家书屋"
	高淳区	2022年1月	建设"一字村少儿书屋"、"我们的节日·淳味迎春"主题活动、扫黄打非"护苗2022"活动
	溧水区	2022年1月	"全民阅读春风行动"科普图书捐赠活动、主题阅读活动、基层"扫黄打非"站点活动
	浦口区	2022年1月	"浸润书香 伴我成长"活动、图书捐赠活动、残疾人志愿服务活动
无锡		2022年1月	"读一本好书留锡过年"全民阅读活动、"他乡亦故乡 留锡过大年"阅读活动、"全民阅读春风行动——书香送暖 诵读迎春"活动、"阅读关爱书包"捐赠活动、"全民阅读春风行动——小手牵大手,红色绘本润心田"活动、"全民阅读春风行动——传统文化迎新春"活动
徐州		2022年2月12日	"全民阅读之悦赠"活动、打造"铜山妈妈一平方米家庭读书角"、"全民阅读之亲子悦读"活动、"全民阅读之图书漂流"好书分享活动、"阅读·悦享"活动
常州		2022年1月15日	阅读大礼包赠送活动,写春联志愿服务活动,"乐学金沙""金沙朗读者""留坛过年 情暖金沙"新春送祝福活动,"把爱带回家,让孩子健康成长"——2022年寒假儿童关爱活动
苏州		2022年1月25日	"15分钟阅读圈"、"同源同享·流动儿童关爱行动"、"流动图书大篷车进社区"、"我的书屋我的梦"农村少年儿童阅读实践、经典诵读、亲子阅读、赠送阅读礼包、吴中公益阅读项目签约

(续表)

地区	开幕时间	活动内容
南通	2022年1月11日	"全民阅读春风大礼包"和购书券赠送活动、"带一本好书回家过年"活动、"护苗"体系活动、"生态阅读"项目
连云港	2022年1月11日	书香阅读礼包捐赠、书香阅读礼包、"虎年福字"的剪纸教学
淮安	2022年1月18日	阅读关爱志愿服务、阅读专题讲座、非遗剪纸、理论宣讲、文艺演出、书香阅读礼包捐赠、图书捐赠
盐城	2022年1月9日	科技咨询服务、写春联、送福字、赠图书、送演出、乡村阅读榜样代表颁奖、书香礼包赠送活动
扬州	2022年1月12日	写春联送"福"字活动、走访慰问活动、"公益赠与,书香漂流"活动、"带一本好书回家过年"活动、"小手牵大手"亲子阅读
镇江	2022年1月	"带一本好书回家过年"活动、图书捐赠、阅读志愿服务、"书香八进"活动、"春联迎新年 万福进万家"主题活动、"村风 家风 学风 蔚成时代新风"道德讲堂传统教育课
泰州	2022年1月7日	科技、文化、卫生"三下乡"集中服务活动,阅读关爱礼包捐赠活动,"主播悦读"进农家书屋,作家进校园,小手拉大手,"书香里的致富经"融媒体行动,"书香里的年味"主题阅读活动
宿迁	2022年元旦前后	"我阅读 我快乐"活动、沭阳县"全民阅读春风行动"专场文艺汇演活动、泗洪县"全民阅读春风行动"庆元旦经典诵读会、"关爱留守儿童 情暖阅读点燃未来"读书活动

各地"全民阅读春风行动"呈现以下明显特征:其一,注重红色阅读,奏响社会主旋律。各地活动开展过程中,都注重红色文本对全民的思想信念塑造作用,通过开展各类红色主题阅读活动,助力广大读者坚定中国特色社会主义道路自信、理论自信、制度自信、文化自信。其二,注重传统文化传承。立足春节这一特殊节点,传播传统民俗,推动传统文化传承,利用阅读活动营造浓浓年味。其三,公益性突出。活动多采用志愿服务、结对帮扶等形式,动员社会力量参与其中,关注青少年儿童、残障人士群体。其四,地方特色突出。活动立足地方特色文化,打造了一大批具有鲜明特色、符合当地居民需求的本地化活动。

三、活动影响

"全民阅读春风行动"至2022年已连续开展九届,成为江苏全民阅读品牌活动。活动参与主体众多,多部门协调、多层级协同推动,不断增强人民群众的文化获得感与幸福感,社会影响广泛。

(一)多层级主体协同发力

由江苏省全民阅读活动领导小组统一组织领导,各地各有关部门单位积极响应,充分调动整合资源、周密部署实施,各地多层级协同发力,组织开展富有地方特色和行业特点的"全民阅读春风行动"。广泛吸纳社会力量参与到全民阅读春风行动之中,互为补充、相辅相成,高质量推进新时代书香江苏建设。

(二)聚焦阅读关爱重点群体

"全民阅读春风行动"充分关注残障群体、农村留守儿童、贫困家庭儿童、城市流动儿童等阅读关爱重点群体,通过"书香大礼包"等图书捐赠活动为阅读重点群体提供阅读物质保障,通过结对帮扶等形式为阅读重点群体提供阅读志愿服务,通过"带一本好书回家过年"等活动,在营造浓浓年味的同时营造全社会阅读氛围,通过多项举措,推动阅读全社会参与。

(三)形成浓厚社会氛围

畅通媒体宣传,从"书香江苏"到各地官方微信公众号,均对"全民阅读春风行动"开展跟踪报道。新华日报、省广电总台、央广网、书香江苏网站等多媒体深度报道,形成了浓厚的全民阅读氛围。

"书香中国·全民阅读大讲堂"活动综述

"书香中国·全民阅读大讲堂"是中宣部出版局批准,中共江苏省委宣传部指导、江苏省全民阅读办承办的一项全民阅读品牌活动。自2015年4月23日开展以来,逐步发展成为一个内容丰富、形式多样、覆盖面广、影响力强、群众满意度高的全民阅读特色品牌。

一、基本活动内容

2022年4月23日,本年度"书香中国·全民阅读大讲堂"于第十八届江苏读书节暨第二十七届南京读书节启幕后首次开讲,4月至7月期间,邀请9名专家、学者,共开展全民阅读大讲堂6场,受到广大读者的关注与喜爱。

表1 2022年"书香中国·全民阅读大讲堂"基本内容一览表

开讲时间	讲堂主题	主讲人
2022年4月23日	"敬惜字纸"与"熟读深思"——中外阅读传统的继往与开来	徐雁:中外阅读学研究会名誉会长、"书香江苏"形象大使、南京大学教授
2022年7月3日	阅读是终身之事	朱永新:全国政协常委、副秘书长、民进中央副主席
2022年7月4日	解读共同富裕:如何走通"先富共富"之路	贾康:华夏新供给经济学研究院院长、财政部财政科学研究所原所长
2022年7月4日	记住乡愁,记住童年	王一梅:中国作家协会会员、江苏省签约作家、苏州市作家协会副主席
2022年7月5日	农业4.0与乡村振兴	温铁军:"三农"问题专家,中国人民大学二级岗位教授,中国人民大学农业与农村发展学院院长,乡村建设中心、可持续发展高等研究院、农村金融研究所等校属科研机构负责人

（续表）

开讲时间	讲堂主题	主讲人
2022年7月5日	阅读·厚重·深邃	毕飞宇：中国作协副主席、江苏省作协主席 许钧：翻译家、浙江大学文科资深教授 王尧：批评家、江苏省作协副主席 贾梦玮：编辑家、江苏省作协副主席

（一）徐雁："敬惜字纸"与"熟读深思"——中外阅读传统的继往与开来

2022年4月23日上午,第十八届江苏读书节暨第二十七届南京读书节启幕后,本年度首场"书香中国·全民阅读大讲堂"在金陵图书馆举办,中外阅读学研究会名誉会长、"书香江苏"形象大使、南京大学教授徐雁以《"敬惜字纸"与"熟读深思"——中外阅读传统的继往与开来》为题云上开讲。徐雁教授从"书香"的含义出发,强调书香的熏陶对于个人成长成才的重大作用,指出书香家庭的建设是建设书香中国最基本的环节,"书香"是"学习型家庭"的基础,父母是"学习型家庭"建设的重要榜样,"书香校园"是构建"书香社会"的文化细胞,在推广全民阅读的工作中要重视家庭阅读指导和优良读物推广。呼吁用"六分法"推广全民阅读实践,即"分级""分校""分众""分时""分类""分地",针对不同群体阅读需求给出不同的"阅读菜单"。同时徐雁教授也提醒读者关注阅读的疗愈功用,人们在面对疫情和人生重大挑战之时,可以从阅读中汲取精神能量,强调全民阅读推广应结合时代特点和社会需求,将"阅读疗愈"进校园、进家庭、面向社会,作为全民阅读的一个新抓手。

（二）朱永新：阅读是终身之事

2022年7月3日,江苏书展的重点活动"书香中国·全民阅读大讲堂"第二场线上开讲。全国政协常委、副秘书长,民进中央副主席朱永新围绕"阅读是终身之事",阐释了儿童的早期阅读、中小学阶段、大学阶段、职场阶段和老年阶段五个不同阶段的阅读目的和阅读重点。儿童时期是人类阅读发展的重要时期,儿童阅读书籍的选择是关键。中小学阶段教育与阅读是相辅相成的两方面,需将教育与阅读作为一个问题的一体两面,融合推动开展。本科教育阶段是一个人成长的关键时期,是一个人的想象力、创造力蓬勃发展的关键时期,要在大学阶段开展大量阅读,培养个人能力。"读书人"应该是职场人的共同身份,首先要通过阅读懂得和职业相关的基本知识、基本原理、基本技能。老年阶段的阅读对于人的身心都将产生极大的影响,生理上进一步延缓衰老,心理上促进心态的开阔与转变。

（三）贾康：解读共同富裕：如何走通"先富共富"之路

2022年7月4日，"书香中国·全民阅读大讲堂"第三场线上开讲。华夏新供给经济学研究院院长、财政部财政科学研究所原所长贾康围绕如何认识和如何促进共同富裕展开话题。强调深刻理解共同富裕的内涵，一方面，梳理这一理念提出的历史背景与历史起源，从"天下为公"到"空想社会主义"再到马克思提出的"自由人联合体"的初心，共同富裕在历史发展过程中持续闪烁着理想之光。另一方面，需探讨以实际为基础的实现路径，形成"发展是硬道理"是实现共同富裕目标的重要路径的理念，深刻理解为促进共同富裕所关联的制度机制建设以及对"公平与效率关系问题"进行正本清源，均是走通"先富共富"之路的题中应有之义，而其中的关键是改革分配制度，通过分配改革建设"橄榄型社会"，不断扩大中等收入群体，推动中国社会不断趋近共同富裕。

（四）王一梅：记住乡愁，记住童年

2022年7月4日下午，儿童文学作家、苏州市作家协会副主席王一梅做客"书香中国·全民阅读大讲堂"，以"记住乡愁，记住童年"为题，分享自身创作心得，将自己的创作过程总结为记住景物、记住人物、开拓思维和形成主题四个步骤，为大家上了一节生动形象、有血有肉的写作课。在思维构建上，她分享了自己画地图的独特写作方法，通过画地图的形式记住景物、记住人物，让记忆中、乡愁中的童年变为三维立体空间，最终她把"家、乡愁、成长、温暖和爱、梦想"付诸笔端。强调写作过程中要不断打破思维定势，要有顺应的思维，有逆向的思维，有求异的思维，还有追问的思维。她指出主题形成需要从观察生活、描写生活、回忆生活出发，基于构思再加一些观点，用自身语言表达，打磨抒发个人情感。

（五）温铁军：农业4.0与乡村振兴

2022年7月5日，"书香中国·全民阅读大讲堂"第五场线上开讲。知名"三农"问题专家温铁军以"农业4.0与乡村振兴"为演讲主题，阐述了农业如何从1.0阶段发展至4.0阶段，实现农业质量效益型增长，并最终实现乡村振兴。他认为，我国农业发展还有很大的空间，并为此提出了推进城乡融合、做好消费行为研究、利用数字化和网络延长产业链、做好供给侧改革的建设性意见。

（六）毕飞宇、许钧、王尧、贾梦玮：阅读·厚重·深邃

2022年7月5日下午，"书香中国·全民阅读大讲堂"第六场活动在第十二届江苏书展苏州主展场开讲，中国作协副主席、江苏省作协主席毕飞宇，翻译家、浙江大学文科资深教授许钧，批评家、江苏省作协副主席王尧，编辑家、江苏

省作协副主席贾梦玮,以"阅读·厚重·深邃"为主题,围绕读书的个人经验、读书之于个体和社会的意义,以及如何阅读才能使人的思想深邃起来、精神厚重起来等话题,与读者和观众分享他们的阅读"秘密"。许钧指出,社会的发展和个体的发展紧密相连,而阅读对于个体和社会发展至关重要,在当下百年未有之大变局的时刻,每一个人更应该思考自己的独立存在,让阅读符合自己的兴趣、气质、追求,让阅读变成找朋友的过程。毕飞宇阐释道,阅读让人有了选择的权利,向他人倾诉、理解和表达是人之为人的重要特点,是阅读的有用之用,任何一本经典都可以帮助我们的人生、我们的写作,阅读要像"逛街"那样,用心寻找自己真正的心爱之物。王尧将读书和个人命运的关系总结为:阅读塑造了个人,读什么样的书就会成为什么样的人。王尧指出科技导致了人的异化,而文学塑造人的心灵和想象,防止了人的异化,阅读不能功利。

二、活动特色与经验

"书香中国·全民阅读大讲堂"经多年发展,从活动设计、活动形式、活动主题、活动主讲、活动宣传等多维度不断创新,形成了高品质品牌效应。

(一)内容丰富,维度多元

活动从不同维度阐释了全民阅读对于个人和社会发展的重要意义,通过阅读、交流、分享的形式,从写作、疗愈、经济、哲思等不同维度进行阅读普及。以丰富的内容安排、充实的交流思考、多重的维度叠加,吸引广大受众参与到全民阅读中,主动阅读、独立思考、交流分享、沉淀所得、启发民智。

(二)权威主讲,受众广泛

主讲人多为行业、学界知名人物,覆盖广泛的阅读受众,让不同受众都能在"书香中国·全民阅读大讲堂"中学有所得。

(三)形式多样,融合开展

活动整体采用"线上线下"相结合的方式,采用对谈、个人分享、思考交流、现场问答、学术报告等多种形式,增加活动趣味性、互动性,引导广大读者真正沉浸式参与到阅读思考之中,让全民阅读讲堂真正走到广大读者的身边,增强广大读者的参与感。

(四)深度宣传,影响广泛

"书香中国·全民阅读大讲堂"通过图文、视频、音频等多种载体,打通传统、新兴多类型宣传渠道,不断提高系列活动的传播影响力。采取深度专题化报道,通过《现代快报》《新华日报》等传统媒体以及微信、微博、新华云、今日头条、牛咔视频、书香江苏网站、"现代快报＋·ZAKER"南京客户端等新兴媒体,从预热到活动直播,再到活动总结全链条开展宣传报道,持续扩大活动的社会关注度和影响力。

"书香政协"读书活动综述

2022年4月22日,全国政协在京召开"学习贯彻习近平总书记重要指示 深入开展政协委员读书活动"座谈会,传达习近平总书记在2020年4月全国政协委员读书活动启动时作出的重要指示,部署持续推动委员读书活动深入开展。2022年是党和国家发展历史上极为重要的一年,省政协党组认真学习贯彻习近平总书记重要指示精神,把委员读书活动作为加强和改进人民政协工作的重要举措,把迎接中共二十大、学习宣传贯彻中共二十大精神作为贯穿全年读书活动的主线,深入开展"书香政协·同心筑梦"委员读书活动,让书香充盈政协履职的全过程,用读书聚共识筑同心促履职,以书香政协助推书香社会建设。

一、活动主题

习近平总书记在指示中强调,希望运用好读书活动这个载体,组织广大政协委员多读书、读好书、善读书,努力提高思想水平和能力素质,并努力带动和影响界别群众开展读书活动。2022年,中共二十大胜利召开。省政协以习近平总书记重要指示精神为强大动力,认真贯彻落实全国政协部署和全省政协深化委员读书活动工作座谈会要求,进一步提升对委员读书活动重大意义的认识,以迎接中共二十大、全面学习把握落实中共二十大精神为主轴,以更大力度推进委员读书活动,引导广大委员和机关干部增长知识、增加智慧、增强本领,深刻领会"两个确立"的决定性意义,进一步增强"四个意识",坚定"四个自信",做到"两个维护",从"开卷有益"走向"书香四溢",努力实现读书交流与协商议政相结合、提升本领与凝聚共识相统一。

二、做法成效

1.强化组织领导,健全制度机制。一是加强组织领导。构建党组统一领导、学习委员会牵头协调、各专门委员会和各部门分工负责的工作格局,成立委员读书活动指导组,省政协主席张义珍担任组长,两位副主席担任副组长,办公厅、研究室、各专委会主要负责同志为成员,进行统筹协调指导。抽调精干力量组建工作专班,负责读书活动的组织策划、工作推进、对外宣传、督促检查等。二是加强谋划实施。以省政协党组名义印发《关于深入学习贯彻习近平总书记重要指示深化委员读书活动的若干措施》,明确深化委员读书活动的"十个一"措施,建立了成果转化、学习推广等制度体系。向全体省政协委员发出《共赴读书之约 共建书香政协》倡议书,鼓励委员勤读书、多读书、勇担当、善履职,共建书香政协。三是加强交流引导。召开全省政协深化委员读书活动工作座谈会,举办全省市县政协主席培训班,安排市县政协作交流发言,以典型案例和成功经验示范推动基层读书实践。在省政协引领和指导下,各市政协结合实际积极探索,打造了一些特色鲜明、成效明显的读书活动品牌。

2. "线上线下"结合,丰富读书平台。通过集中学习、专题研讨、网上读书群、学习讲座、读书分享会等形式,构建共读共学、互鉴互进的立体式读书学习格局,形成"线上线下"相配套、读书履职相促进、集中辅导与个人自学相结合的良好局面。一是组织委员线上读书活动。在智慧政协掌上履职App开设委员读书专栏,不断优化栏目设置,创新开设"委员讲堂""你问我答""读书心得"等栏目。二十大召开后及时开设"学习贯彻中共二十大精神"委员主题读书群,分五个专题集中深入学习二十大精神。围绕贯彻落实习近平总书记关于加强和改进人民政协工作的重要思想,开设"《中国共产党政治协商工作条例》读书群"。按照"一委一群、自主选学、专题交流"方式,开设"坚定历史自信,走好'必由之路'"等10个委员主题读书群。12个委员读书群全年共上传专题学习材料70篇、导读材料80篇,1 134人次发表学习体会12 237条。二是推动机关干部读书学习。首次建立机关干部读书群,通过领读、导读,组织交流发言、集中研讨等,推动机关干部与政协委员共同读书交流。举办全省政协机关干部"喜迎二十大 同心跟党走"读书分享会,促进全省政协系统机关干部互学互鉴,共同提高。三是开展线下读书分享交流。把委员读书与习近平新时代中国特色社会主义思想季度学习座谈会相结合,与委员课堂、委员讲堂、界别活动相结合,邀请专家进行专题辅导,共举办16次线下委员读书分享会。四是推进江苏政协书院建设。在省政协主席张义珍倡导和省政协党组支持下,正式启动江苏书院建设,以深化委员读书活动。积极推进建设集政协书房、委员文库、文化沙龙和分享书吧四大功能区于一体的线下政协书院,以掌上履职App为依托,包括荐书、读书、讲书、评书等线上读书活动在内的网上书院。

3. 促进成果转化,实现相互赋能。把读书与履职相结合,坚持为资政建言读书、在资政建言中读书,鼓励和支持委员将读书学习所得转化为参政议政成果、做好政协工作的过硬本领、履职尽责的实际行动。一是以读书促履职能力提升。在掌上履职 App 开设"《中国共产党政治协商工作条例》"等与政协工作密切相关的读书群，引导委员在读书交流中更好"懂政协、会协商、善议政"，提升协商议政能力。二是推动读书成果转化。把读书活动成果作为高质量调研报告、提案、大会发言、社情民意信息的重要来源，推动转化为一批"含金量高"的建言成果。共形成"关于推动江苏种业发展的建议"等提案 11 件、"进一步提升我省农村生活污水处理能力"等社情民意信息 9 篇、"推动数字化转型 赋能产业高质量发展"等调研报告 14 篇、"聚焦数字转型 建设制造强省"等大会发言 11 篇，许多成果报送后得到省领导批示和相关部门的重视及办理。三是扩大读书活动外溢效应。通过遴选、约稿等方式，精选优秀读书心得在主流媒体刊发，扩大委员读书活动影响力。配合"学习贯彻中共二十大精神"读书群开展委员学习二十大精神征文活动，共征文 68 篇，精选其中 20 篇在《新华日报》"团结与民主"专版刊发。全年在《群众》《江苏政协》和《新华日报》"团结与民主"专版累计刊发委员读书心得及发言 61 篇。将省政协委员学习贯彻中共二十大精神心得体会、2022 年江苏政协委员读书活动成果、"书香政协·同心筑梦"委员读书活动导读材料分别汇编成册，充分展现委员通过读书学出政治坚定、学出历史自信、学出使命担当、学出能力水平的成果。

三、几点体会

通过开展委员读书活动，政协读书的"书香味"越来越浓郁、"政协味"越来越厚重。委员读书活动是一项打基础、利长远、助发展的系统工程，需要把握规律、久久为功、务求实效。在工作中，我们体会到，必须认真对标对表习近平总书记重要指示，保持政治定力，强化责任担当，积极开拓创新，巩固提升成果，推动委员读书活动不断取得新成效，为全面推进中国式现代化江苏新实践、更好"扛起新使命、谱写新篇章"贡献更多智慧和力量。

一是坚持强化政治引领，筑牢共同思想政治基础。把深学笃行习近平新时代中国特色社会主义思想作为首要政治任务，把学习宣传贯彻二十大精神作为读书活动的重中之重，通过多种形式的学习交流，使委员读书活动成为及时跟进学习习近平总书记最新重要讲话指示精神和全面学习宣传贯彻二十大精神的重要平台、重要载体、重要途径，促进委员提高政治素养和履职能力，把读书学习成果转化为坚定拥护"两个确立"、坚决做到"两个维护"的高度自觉，做到坚持党的领导、统一战线、协商民主有机结合。

二是坚持服务中心大局，推进读书履职深度融合。胸怀"两个大局"，心系

"国之大者"和"民之所盼",把委员读书活动放在服务扛起"争当表率、争做示范、走在前列"光荣使命、谱写"强富美高"新江苏现代化建设新篇章的大格局中进行谋划。注重目标导向、问题导向、效果导向,围绕重大课题、社会热点、民生实事精选议题,开设专题、开展讨论,努力把读书收获转化为履行委员职责的有效成果。采取委员宣讲、网络直播、送书进基层等方式,推动"书香政协"与"全民阅读"有机衔接、相得益彰。

  三是坚持完善制度机制,推动读书活动常态长效。认真抓好各项读书制度的落实,建立完善读书文化培育机制,大力弘扬平等包容精神,把握正确舆论导向,推动政协读书文化的形成,使具有政协味的"书香气"香远益清,以"书香政协"促进"书香江苏"建设。建立完善评价激励机制,对表现突出的委员适时予以表扬,在安排大会发言时优先考虑,做到激励在精神上、见效在行动中。建立完善上下联动机制,贯通省市县三级政协,形成读书活动同步开展、共同组织、资源共享、协同联动的生动局面。

机关干部读书活动综述

2022年，省委省级机关工委坚持以习近平新时代中国特色社会主义思想为指导，认真学习贯彻习近平总书记致首届全民阅读大会贺信精神，切实落实"广大党员、干部带头读书学习，修身养志，增长才干"要求，突出学习宣传贯彻党的二十大精神阅读主题，注重思想引领，优化阅读服务，推动省级机关读书学习活动取得新成效。

一、突出学习主题，推动党的二十大精神学习贯彻落地落实

工委将学习宣传贯彻党的二十大精神作为推动机关干部读书学习的首要政治任务，及早谋划省级机关学习宣传贯彻的工作方案，组织省级机关党员干部集中收听收看党的二十大开幕会，上好党的二十大学习"第一课"。党的二十大召开后，及时印发通知，将中央部署和省委要求细化为11项具体任务，推动省级机关党组织在全面学习、全面把握、全面落实上下功夫，持续抓好学习深化、理解消化、运用转化工作。同时，全力做好党的二十大精神主题读物在省级机关的发行，组织省级机关党组织代表参加党的二十大文件及学习辅导读物江苏首发式，现场接受赠书。积极为省级机关7 237个基层党组织和1 284名党组（党委）中心组成员集中征订发放《党的二十大文件汇编》《党的二十大报告学习辅导百问》《二十大党章修正案学习问答》等学习辅导用书，引导机关党员干部原原本本、逐字逐句学习党的二十大报告和党章，学习习近平总书记在党的二十届一中全会上的重要讲话精神，在学深悟透上下功夫、做到入脑入心，在融会贯通上下功夫、做到活学活用，在深信笃行上下功夫、做到落地落实。在此基础上，着力抓好宣讲培训，召开省级机关学习宣传贯彻党的二十大精神座谈会，举办省级机关专题宣讲报告会、机关党委副书记专题学习班、青年学堂联学交流会，开展征文活动、网络知识竞赛等，推动学习"深下去、活起来"，助力省级机关党员干部学懂弄通做实党的二十大精神。省级机关一些部门单位领导干部带头深入基层群众，走进机关、社区、田间地头、生产一线，宣讲党的二十大精神，让党的创新理论"飞入寻常百姓家"。

二、强化新思想引领，推动机关阅读活动走深走实

工委高度重视全民阅读活动，通过召开委员会会议、中心组学习会、党支部学习会等，利用"时代先锋讲坛""学习强国""开讲10分钟"等平台，抓好工委机关党员干部对新思想的学习。同时，采取多种形式，持续推动省级机关广大党员干部学习贯彻新思想走深走实。

一是积极做好重点出版物阅读推广工作。专门部署《习近平谈治国理政》第四卷、《中国共产党宣传工作简史》、《习近平经济思想学习纲要》、《习近平生态文明思想学习纲要》等重点出版物征订工作，推动各级党组织切实保障党员干部学习用书，最大限度地满足广大党员、干部和群众学习需求，实现党员领导干部、党支部全覆盖，尤其是把《习近平谈治国理政》第四卷作为重中之重，推动党组（党委）理论学习中心组制订专题学习计划，发挥领学促学作用，示范带动广大机关党员干部读原著学原文、悟原理知原义，持续兴起学习宣传贯彻热潮。

二是精心打造新思想学习品牌。在省级机关深入开展"新思想e起学"活动，围绕习近平新时代中国特色社会主义思想的学习与运用，采取线上学习为主、"线上线下"相结合的方式，每个工作日推出1条学习内容，每半月推出1批学习成果，每月组织1次有奖答题，通过全覆盖、互动式学习，推动学习贯彻新思想深入开展。全年在各类媒体平台推出学习内容188条，刊发102个部门单位的学习成果361篇，吸引32.7万人次党员干部群众参加。《新华日报》先后3次报道省级机关"新思想e起学"活动情况。

三是注重拓展提升学习质效。充分发挥"关键少数"头雁效应，组织省级机关处级以上领导干部开展"坚决扛起新征程新的光荣使命，奋力开创江苏现代化建设新局面"专题读书调研活动，收到高质量读书调研报告104篇，为省委省政府科学决策提供参考。组织部分机关党委专职副书记开展学习贯彻党的十九届六中全会精神专题研讨交流，深刻领悟"两个确立"的决定性意义，进一步统一思想、统一意志、统一行动。邀请专家学者和领导干部围绕学习贯彻习近平法治思想、新发展理念、保障国家粮食安全等主题，组织"时代先锋讲坛"报告会，引导机关党员干部牢记"国之大者"，带头完整、准确、全面贯彻新发展理念，努力提升服务发展的能力水平。积极协调168党建联盟、省审计厅、省司法厅承办"马克思主义·青年说"活动，引导机关青年立足单位职能和岗位特点，通过宣讲、情景剧、微访谈、诗朗诵、音诗画等方式，在舞台艺术中感悟新思想的理论创新和实践伟力。深化"青年学堂"建设，省检察院等部门单位成立青年理论学习小组，建立学习制度，完善组织保障，有效激发青年自觉学用新思想的内生

动力。

三、优化阅读供给，丰富机关干部阅读资源

牢固树立服务意识，以优化服务为保障，推动机关党员干部学习氛围愈加浓厚。

一是增加优质阅读资源。聚焦机关党员干部日常阅读需求，不断完善"江苏省省级机关党员干部职工电子图书馆"，加强数字阅读服务，全年推送 25 期主题书单，5 万余册畅销图书、10 万小时 60 万集有声图书和有声期刊、200 余种行业报纸、4 000 多种 20 余万期期刊的学习资料。做到图书适时更新、刊物与纸质版同步面市，可使用电脑、手机在线阅读，可看、可听，极大地方便了机关党员干部职工阅读学习，实现了"随时随地都能阅读"的目标。

二是拓展载体助力学习。充分运用"江苏机关党建"网平台，发布各类阅读信息 3 054 篇，点击浏览量 313 万，微信公众号粉丝近 29 万，阅读次数达 133 万。运用"江苏机关党建云"搭建历史、人文、经济等知识学习平台，省级机关 117 家单位、2 400 多个党支部、5.7 万余名党员使用"党建云"开展"三会一课"等活动 5.57 万次，1 600 多个党支部发布各类学习信息 11.97 万条。发挥"学习强国"数字化主题阅读平台作用，各部门单位采取严格落实管理员职责、定期通报学习情况、纳入党员干部年度述学内容等方式，引导党员干部持续用好"学习强国"学习平台，推动形成有组织、有管理、有指导、有服务的学习格局。

三是持续深化优秀图书进机关。紧扣迎接和宣传贯彻党的二十大这条主线，围绕"阅读新时代，逐梦新征程"主题，向机关党员干部推荐《习近平讲党史故事》《一切为了人民：中国共产党为什么成功》《奋力迈上共同富裕之路》等 12 本好书。坚持以机关党员干部需求为导向，协调南京凤凰国际书城常态化在省级机关组织流动书市，为各部门单位上门售书、提供打折购书等，同时为党员干部阅读学习提供按需定单、随时点单等预约精准服务，做到阅读服务与读者需求有效对接，受到党员干部的普遍赞誉。省委研究室、省司法厅等省级机关有条件的单位，在办公楼大厅等场所，建立流动图书站、书角，定期流转图书内容，为党员干部随时阅读提供便利。

高校阅读活动综述

2022年,全省各高校深入学习贯彻习近平总书记致首届全民阅读大会贺信精神,深刻领会新时代全民阅读工作的重大意义、时代使命和根本任务,积极开展阅读活动。

一、开展形式多样的阅读活动,营造良好的高校阅读氛围

各高校积极把阅读纳入学校教育活动中,通过开展各类阅读活动,营造浓厚"书香校园"氛围。5月20日,"百廿书香启智润心——庆祝南京大学建校120周年图书系列展"在南京大学仙林校区杜厦图书馆开幕。此次为庆祝南京大学建校120周年,南京大学图书馆联合江苏凤凰传媒集团、大众书局、南京大学出版社三家单位精心组织了这场丰富多彩的图书展览。习近平总书记5月18日给南京大学的留学归国青年学者回信,寄予殷切期望。备受鼓舞的全体南大人牢记习近平总书记的期望,把学习作为首要任务,自觉养成"爱读书、读好书、善读书"的良好习惯,把"励学"与"敦行"、"至乐"与"成学"、"读万卷书"与"行万里路"结合起来,为建设"第一个南大"不懈努力,用实际行动迎接党的二十大胜利召开。10月25日,南京大学第十七届读书节在鼓楼校区举行开幕仪式,本届读书节由南京大学图书馆、党委宣传部和南京大学出版社联合主办,主题为"百廿书香助梦启航",整体安排包括举办特色展览、成果发布、在馆体验、精品书展等一系列主题活动。

东南大学成立阅读推广专项工作组,实施阅读推广计划,将阅读纳入"三全育人"专项工程,列入学院和学生工作考核,设立文化素质教育学分、经典阅读选修学分。江南大学结合图书馆开放阅读区建设,在馆内打造一个开放自助的读书活动阵地,同步围绕青年学习社、工会之家、校园读书角、党建活动室等校园建设,在机关、部门、学院、教学楼、党团阵地等建设各类读书区,满足师生个性化阅读需求,营造浓厚的书香校园氛围。江苏师范大学建立"共享读书室""阅读沙龙交流地",开展"共读一本著作""共谈一个话题"等活动,阅读研讨《论党的青年工作》《习近平与大学生朋友们》等经典著作。无锡开放大学充分发挥

班主任、语文教师的模范带头作用,建立学生读书活动指导队伍,定期为师生开展好书推荐、讲评工作,不断把读书活动引向深入。江阴职业技术学院充分调研学生需求,发掘"靠窗、独处、斜对面"空间再造的三个关键词,建设"华芬缘悦读空间""青年书社"和"香樟书苑"三个校园阅读打卡点,以点带面,在全校范围内营造良好的学习阅读氛围。南京森林警察学院坚持以"第二课堂"为依托,在人才培养方案中的素质学分体系中加入对阅读的相关要求,在校生在毕业前需按照学校人才培养方案推荐书目名录,阅读相关书籍并撰写读后感上传PU平台,经审核后获得不少于2分的素质学分方可毕业。南京中医药大学将"读书分享"活动作为"青马工程"培训班的必修课程,每月一主题研讨《共产党宣言》《论党的青年工作》,在分享中坚定理想信念。盐城师范学院发挥学生读者咨询委员会作用,及时收集师生建议意见,强化师生参与图书采购环节,营造"一切为了读者"的良好氛围。

二、多举措打造阅读活动品牌,推进阅读活动深入开展

各高校充分利用世界读书日、江苏读书节、校园文化节等时间节点,结合社团、协会等学生组织推广阅读活动,通过读书征文、经典诵读、知识竞赛等学生喜闻乐见的形式开展系列主题活动,进一步提升高校学生参与阅读的积极性。

苏州大学组织开展非遗进校园系列活动,结合经典阅读,举办"弘扬民族艺术、延续中华文脉"主题辩论表演赛、古琴文化讲座等,引导师生读者共同探讨如何弘扬民族艺术、延续中华文脉。南京财经大学"源来读书会""扬子文学社"等学生社团开展了"开卷会友、以书传香"微书评大赛、"读百部经典、品千年文化"经典校园行、"悦读经典"图书上架志愿活动、"源来有你"一对一书友共读活动等多元化阅读活动,累计参与5 000余人次,伏案阅读的身影成为校园内一道靓丽的风景线。南京审计大学举办先锋阅读月活动、"读书 行走 实践"经典阅读计划、"品读荟"阅读活动等,以"书香南审,'阅'动校园"为主题,举办读书节活动,积极营造校园读书氛围。南通大学连续17年举办文化读书月,助力通大学子综合阅读率连年上升,文化读书月中包含了诗歌朗诵比赛、阅读打卡活动、阅读随记征集、读书分享会、文化成果展、图书漂流、百科竞赛等种类丰富的阅读活动,通过"线上线下"的读书活动,不断挖掘校园原创力量,提升青年学生的人文素养。江苏海洋大学以阅读优秀书籍为主线,以座谈会的形式周期性开展书会,每次活动邀请20名书会会员及一名团委老师参加,开展了5期撷华书会,阅读分享了《习近平与大学生朋友们》《习近平的七年知青岁月》等书籍。南京林业大学在120周年校庆之际,开展以"林钟声声传百甘,书荫朗朗水杉翠"

为主题的书籍展览,展出了百余本林业相关的书籍,让同学们在展览中更深入地了解了林业相关知识,感悟学校厚重多元的历史文化,增强南林青年的使命感、责任感。南京体育学院以"阅读＋体育"强化冠军精神,举办"一起向未来"文学之都与冬奥会、冬残奥会主题活动,共读江苏体育史活动等,以冠军精神激励广大师生和运动员建功新时代。南京艺术学院成立逸品阅读协会学生社团,持续开展"逸品阅享"阅读分享活动,通过组织读书分享、晒书交流、创作展示等,调动学生的阅读积极性。江苏建筑职业技术学院成立"成园读书社",以"线上线下"相结合的方式开展成园读书会,活动共读书籍百余本,其中《为什么是中国》《历史的温度》等书籍反响热烈。盐城工业职业技术学院大学生读者协会发扬社团特色,开展了"盲盒读书会""书影相随""女神节"等品牌读书活动,提高了广大同学的科学人文素养。南京铁道职业技术学院举办了"'换'醒'沉睡'书籍,书香循环流淌"后备箱集市换书会活动,鼓励青年学子用旧书交换新书,一起分享阅读的乐趣。

2022年,省语委办在第十八届江苏读书节重点活动安排的统筹下,组织开展诵读红色经典和中华传统经典活动,以文化传承彰显党的百年风华、激发爱党爱国情怀。开展"经典润乡土"行动,组织高校与乡镇社区教育中心、农家书屋结对,围绕当地乡本文化和红色资源,开展经典导读、诵读展示、普通话培训等语言文化推广活动。其中,苏州农业职业技术学院举办了"读传统农耕诗,做自豪苏农人"系列诗词诵读大赛,在诵读农耕诗词的基础上,学习中国农业文化遗产。农耕文化阅读节开幕式上,学生身着汉服,朗诵历代农耕诗词,沉浸式地走进乡村田园。活动中不仅有"迎丰收 结农趣"的传统文化展示,有中外学生的诵读表演,还有阅读经典作品的舞台剧展演。阅读节系列活动形式新颖、内容创新,切实发挥语言文字在助力乡村振兴、农业农村现代化建设中的重要作用。

三、阅读活动与实践活动相结合,提高阅读影响力

南京财经大学将书香中国建设融入志愿服务工作,让书籍成为"传递爱、连接爱"的纽带,举办爱心书库义卖活动,并将所得金额全部捐赠给安徽省池州市龙泉大阪小学,组织志愿者赴当地小学支教并带去书本读物,开展读书活动,让阅读成为孩子们的习惯,让书香伴随孩子们成长。无锡商业职业技术学院将阅读教育与社会实践相结合,组织学生走进企业、社区、乡村开展经典传诵等实践活动,让学生在实践中加深对书的理解和感悟,做经典的推广者和传播者。

"推普助力乡村振兴"暑期社会实践志愿服务活动,青年大学生成为全民阅

读志愿者队伍的重要组成力量。东南大学、中国矿业大学、河海大学、江南大学、南京农业大学、南京邮电大学、江苏师范大学、南通大学、南京信息工程大学、徐州幼儿师范高等专科学校、淮阴师范学院等20所高校组建的39支团队入选2022年教育部语言文字应用管理司和共青团中央青年发展部开展的"推普助力乡村振兴"全国大中专学生暑期社会实践志愿服务活动。开展"喜迎二十大 永远跟党走 奋进新征程"相关宣传教育活动。结合党史学习教育,开展迎接、学习、宣传党的二十大群众性主题教育活动等,在实践地积极开展红色诗文诵读、红色歌曲传唱、党史故事大家讲等相关语言文化活动,广泛宣传党的十八大以来党和国家事业取得的历史性成就、发生的历史性变革,引导当地群众感党恩、听党话、跟党走。开展国家通用语言文字调研活动。通过发放问卷、访谈、座谈等形式开展调研调查,摸清当地普通话普及情况,重点人群国家通用语言文字的使用状况、学习状况和学习需求,为推普助力乡村振兴提供相关参考数据。加强国家通用语言文字教育,与乡村中小学校、幼儿园结对子,结合实践地实际情况,开设诵读、书法、篆刻等语言文化"第二课堂",面向青少年和学前儿童开展国家通用语言文字教育、宣传活动,服务民族地区、农村地区,提高教育质量。开展"职业技能+普通话"培训,将普通话培训与生产生活技能提升相结合,面向青壮年农牧民、农村电商人员、旅游从业人员、基层干部等开展普通话培训,帮助其提高就业致富、建设乡村所需的普通话应用能力。开展国家通用语言文字和中华经典文化乡村行活动,组织开展语言文化群众性展演活动;挖掘整理乡规民约、地方戏曲、俗语民谣等,服务乡村语言文化资源建设;结合乡村生态文明建设和人居环境整治,帮助提升乡村文化品位及乡村人文素养。

四、阅读推广线上与线下相结合,丰富阅读活动形式

疫情期间,部分高校将阅读活动从线下搬到了线上,创新阅读活动形式,充分利用数字资源优势,让新媒体时代下的数字阅读与纸质文献阅读形成互补。

中国药科大学大力推广"纸质+"新型阅读方式,加强数字阅读平台建设,发布中外优质图书推荐书目,以书会友,推出多个优秀阅读推广案例,形成百篇优秀读书报告,产生百名读书标兵,在学校营造"爱读书、读好书、善读书"的浓厚氛围。徐州医科大学开展掌上读书活动,举办"惜春时·阅典籍"活动,结合手机方便快捷、覆盖面广的特点,通过线上扫码阅读后,参加中华传统文化经典书目推荐等活动,以扫码检测阅读成果,极大地提升了师生阅读的参与度和积极性。三江学院使用新媒体载体,发布"屏阅读、屏悦听"等推文,开展经典阅读分享会等活动,为高校学生线上分享优质阅读资源,推广电子化图书资源,推荐

名师讲座,畅谈读书收获,鼓励学生积极参与阅读,不断提升自身的综合素质。

江苏科技大学苏州理工学院组织参与"一起云支教,阅读向未来"实践,200余名志愿者与贫困地区的小朋友共同"云读"书籍,并制订阅读打卡计划,定期交流阅读心得体会,最终形成一份读书心得。盐城工学院读者协会组织开展"致冬日小确幸,美在瞬间"线上打卡活动,同学们通过分享阅读笔记、日常阅读等完成线上打卡,该活动帮助同学们在寒假期间保持了良好的阅读习惯。徐州工程学院与南京超星数图信息技术有限公司联合举办2022年"'超星杯'60天阅读习惯养成"活动,参赛者在手机端阅读图书打卡获取积分,积累阅读时长,根据时长来确定获奖人员,提升了经典阅读的影响力。

第二届"江苏青少年阅读季"活动综述

2022年4月23日,习近平总书记在致首届全民阅读大会的贺信中,特别强调"希望孩子们养成阅读习惯,快乐阅读,健康成长"。第二届"江苏青少年阅读季"切实贯彻落实了习总书记的指示精神。

第二届"江苏青少年阅读季"于2022年7月至10月举办。活动以"喜迎二十大 逐梦向未来"为主题,以习近平新时代中国特色社会主义思想和社会主义核心价值观为引领;在目标上,突出培育文化自信、提升文化文明素养;在内容上,突出红色经典、优秀传统文化、现代科学文化和法律等优秀书籍;在方法上,突出自主阅读和领读、助读、荐读以及分类阅读;在追求上,突出良好阅读习惯的养成,以期让读书成为青少年一生成长的持久生活方式。

一、开展万场青少年主题阅读引领活动,推荐青少年分级阅读参考书目

青少年主题阅读引领活动以"喜迎二十大 逐梦向未来"为主题,由省全民阅读办、省文明办、省教育厅、省全民阅读促进会负责组织,各市全民阅读办、文明办、教育局、全民阅读促进会承办,在全省青少年中开展万场阅读活动,引领青少年树立远大理想,担当民族复兴重任。第二届"江苏青少年阅读季"组委会以小学阶段、初中阶段、高中及职业技术学校阶段分类,根据不同学段学生的身心发展规律,以导向性、人文性、科学性、艺术性、思辨性、审美性等为评价维度,从经典图书和现代好书中推荐了200种图书供青少年阅读参考。

二、开展分类阅读推广活动

由江苏省语言文字工作委员会办公室、江苏省教育厅、江苏省新闻出版局、江苏省全民阅读活动领导小组办公室、江苏省文化和旅游厅、江苏省精神文明建设指导委员会办公室、江苏凤凰出版传媒集团主办,江苏省全民阅读促进会、江苏凤凰新华书店集团有限公司、南京图书馆、江苏省书香全民阅读基金会联

办,2022年全省中小学生诵读大赛以"喜迎二十大 筑梦向未来"为主题,以中华优秀传统文化经典诗文和作品为主要诵读内容,全省5万多名中小学生参赛,参赛作品达8 000余件。

由江苏省全民阅读促进会指导,江苏凤凰出版传媒集团负责组织,《七彩语文》杂志社承办,面向全国小学生开展的第四届"讲·读·演"大赛,历时4个月。2022年8月23日,《七彩语文》2022年度盛典暨第四届青少年"讲·读·演"大赛汇报演出在南京保利大剧院隆重举办,近两千名家长、老师、学生来到现场。

由团省委负责组织,省少工委等承办开展的青少年"诵读学传"活动,自8月启动以来,共吸引全省5万多名中小学生参与报名并网络报送视频,复活赛阶段在"天翼高清"iTV电视端活动投票专区吸引300万人参与投票,最终选拔出全省135名各年龄段优秀选手进入总决赛。

由省文明办、省科协主办,省科学传播中心承办开展的"诗词里的科学"青少年网络挑战赛成功举行。活动以网络为载体,"线上线下"相结合,通过知识竞赛、诗词创作、作品展示、文艺汇演等形式,引导广大青少年诵读诗词经典,传承文化精髓,提升科学素养。大赛累计注册参赛选手超过11.52万人,诗词创作赛累计收到6 312篇投稿。活动开展以来,江苏省各设区市文明办、科协统筹安排,大力宣传组织,营造浓厚氛围,使活动取得实实在在的成效。活动承办单位江苏省科学传播中心组织各类专家对古诗词进行详细的梳理研究,开发了1 000多道赛题,并制作研发了网络和手机端答题软件系统。"科学少年社"微信公众号连续推出诗词里的科学活动专题文章69篇,深入解读古典诗词中的科学知识,转发量超过10万次。

由省文明办、团省委、省广播电视总台联合主办,省教育厅支持的《我爱古诗词》登陆江苏卫视。在节目前两季收获社会各界热烈反响之后,《我爱古诗词》第三季以积极推动中华优秀传统文化创造性转化、创新型发展为主题和使命,不断突破创新、多维升级,沿着长江、运河两条文化脉络,走进沿线300所中小学校,覆盖800万诗词爱好者,影响力辐射全国。

由江苏凤凰新华书店集团有限公司、《现代快报》、"凤凰大语文"编辑部共同主办的"凤凰新华"杯第二届"夏天的语文"优秀作品征集活动,倡导多读书、好读书、读好书、读整本书,在阅读中感受语言之美、文化之美、生活之美;倡导创造性使用媒介记录在阅读过程中的所思、所感,呈现五彩斑斓的语文世界。

三、实施"万名青少年助读计划"

在城市、在学校、在乡村，仍然存在着困难家庭和正在发生困难的家庭，有的孩子除了教材和课本，仍然难以有相应的余额购买、阅读课外书籍。在首届青少年阅读季活动中，特别推出了"万名青少年助读计划"，从全省，特别是苏北五市的低保、孤儿、残疾、特困供养的学生中，选取 12 000 名，每人资助 300 元，由他们在实体书店和网上专店自主选购图书，受到受助学生和家长及学校的热烈欢迎，引起社会广泛关注。

第二届"江苏青少年阅读季"，在省全民阅读促进会、省书香全民阅读基金会的努力下，继续实施"万名青少年助读计划"。此次万名青少年阅读助读卡由省全民阅读促进会、省书香全民阅读基金会提供，省学生资助管理中心负责发放。面向全省基础教育、中等职业教育阶段 1 万名家庭经济困难学生，每人赠送 300 元助读卡，受赠学生凭卡在江苏各地新华书店网上专店自主选购图书。"万名青少年助读计划"的继续实施，向特殊困难学生传递着党和政府及社会的温暖，为培育"书香少年"发挥着积极作用。

"书香飘万家"阅读活动综述

2022年,省妇联按照省全民阅读活动领导小组工作部署,把握时间节点,依托线上平台,拓展线下阵地,通过举办示范活动、推荐优秀书目、开发服务产品,联动各地妇联,积极开展丰富多彩的"书香飘万家"家庭亲子阅读活动,持续推动社会主义核心价值观在家庭落地生根。

一、加强宣传引领,强化示范作用

省妇联联合省全民阅读办开展江苏省第五届"书香家庭"评选活动,于"4·23"全民阅读日揭晓100户江苏省书香家庭,示范带动更多家庭践行弘扬"爱读书、读好书、善读书"的社会主义文化新风尚。联合省文明办、省教育厅、新华报业传媒集团开展江苏省"共话成长 共育新人"家校社协同行动,征集汇编家庭共享亲子阅读、共同成长进步的优秀案例集。依托江苏女性"最美家力量"专栏和省网上家长学校"榜样家教"专栏,广泛宣传书香家庭典型事迹,邀请优秀家庭录制视频,分享家庭亲子阅读的好经验、好做法,在紫牛新闻客户端、扬子晚报网、少年志平台共推送稿件120余篇,在扬子晚报紫牛新闻专题建立案例库,展示家庭亲子阅读优秀典型案例,广泛激发家长和儿童的参与热情,不断增强亲子阅读活动的吸引力和影响力。盐城市妇联举办"盐城春意暖·书香飘万家"主题诵读暨盐城市第四届"百佳书香家庭"表扬活动,线上线下开展"我家的创意阅读分享""我的家风家教故事"等活动,充分发挥家庭阅读推广人和百佳书香家庭的示范引领作用,引导广大家庭争当全民阅读的推广者、亲子阅读的实践者、和谐文明的传播者。

二、突出主题主线,强化思想引领

全省各级妇联组织以"喜迎党的二十大"为主线,以"少年儿童心向党"为主题,抓住世界读书日、国际家庭日、六一儿童节、寒暑假等重要时间节点,因地制宜地开展亲子共读红色经典书籍、共赏革命题材影片、举办亲子故事会等形式新颖、内容丰富、家长儿童喜闻乐见的家庭亲子阅读实践活动。省妇联联合省文明办、省教育厅、省公安厅、省广播电视总台共同开展《少年儿童心向党——学党史 传家风 亲子研学共成长》系列网络直播活动,带领亲子家庭代表,分别打卡新四军纪念馆、中国人民海军纪念馆,通过讲述陈列物品、照片、资料等背后的党史故事,带领孩子和家长重温革命历程,传承红色基因;联合省教育厅开展江苏省"少年儿童心向党"小红星红色故事讲演比赛暨展演活动,以"党的故事我来讲"为主题,引导少年儿童在充分挖掘江苏红色历史故事、英模人物的基础上,通过模拟解说、采访对话、情景剧等方式,从党史学习教育中的"听者"变为"说者",激励少年儿童树立远大理想,真正成为红色基因的传承者。

三、依托线上平台,助力亲子共读

省妇联依托省网上家长学校,开设家庭亲子绘本阅读线上课堂,邀请专家每月围绕一个主题推荐 4 本绘本,全年共播出原创主题式家庭教育绘本分享 112 期;开发适合不同年龄段儿童的音频导读指导课程,邀请优秀教师团队制作"绘本可以这样读"课程 7 期,着力为广大家庭提供亲子共读技巧及家庭教育指导建议,帮助孩子养成良好的阅读习惯。依托《莫愁》杂志面向全省开展征集"我家的故事"短视频活动,鼓励家庭分享读书故事、阅读感悟,在微信平台展播作品 31 期,在《莫愁·家庭教育》开设"书香飘万家,大家读莫愁"专题,并将优秀的原创文章以有声阅读的方式广泛传播。

四、拓展线下阵地,深化活动开展

全省各级妇联依托各级亲子阅读基地和 1 105 个"三全"家庭教育指导服务示范社区,面向社区和家庭广泛开展"书香飘万家"家庭亲子阅读活动。

一是着力培养社区亲子阅读带头人。打造亲子阅读工作品牌,"大卫叔叔讲故事"、"彩虹妈妈"故事会、"好妈暖爸读书会"等一大批社区亲子阅读品牌应运而生,通过开展亲子阅读讲座、巾帼领读者阅读沙龙、绘本小剧场、家庭故事会、好书分享会等丰富多彩的阅读指导活动,以演、讲、说的形式,传播科学亲子阅读理念和亲子阅读方法。

二是积极探索"亲子阅读+"新模式。开展亲子手工制作、绘本表演、文化体验、红色记忆寻访等实践活动,推动广大家长儿童将社会主义核心价值观内化于心、外化于行。

三是关注特殊群体。积极动员从事儿童阅读、文化出版的机构、企业和社会组织,向农村地区捐赠图书,在农家书屋、儿童之家建立亲子阅读图书角,招募志愿者定期开展农村家长儿童乐于参与、便于参与的培训讲座、阅读辅导等亲子阅读志愿服务活动,满足农村留守儿童、流动儿童和困境儿童的阅读需求。常州市妇联通过招募城乡家庭结对共建500个家庭图书馆,联合相关单位共同开展"童心筑梦向未来"——第十二届常州市"小书虫的幸福剧场"亲子绘本剧大赛,得到全市家庭的广泛关注和热烈响应,共有150多个节目、2 000多个家庭参与到活动中。如皋市城南街道依托辖区内17个村(社区)农家书屋设立公益暑期"托管班",以乡村中小学生为主要服务对象,设置红色教育、科普知识、手工制作等"课程菜单",缓解未成年人暑期"看护难"问题。淮安市妇联启动"书香润童年 阅读伴成长"留守、困境儿童阅读关爱行动,借助"阳光下共成长"社区家庭教育项目促进亲子阅读,将家庭阅读活动与家庭家教家风建设、"三全"社区家庭教育指导服务示范社区建设有机融合,全年在65个试点社区开展亲子阅读活动135场,家庭阅读讲座57场。

"喜迎二十大 筑梦向未来"
全省中小学生诵读大赛综述

2022年度全省中小学生诵读大赛以"喜迎二十大 筑梦向未来"为主题。本次大赛作为第四届"中华经典诵写讲大赛"中小学生诵读组江苏区的预赛，同时也被列为第二届"江苏青少年阅读季"的主要活动。

今年诵读大赛于"4·23世界读书日"正式开启，比赛影响力相比往年进一步扩大。比赛共吸引了全省小学、中学阶段5万多名选手参与，征集到了8 000多个精彩作品，同期进行的网络投票也超过180万人次，取得了较大的社会影响力。

一、突出主题

全省中小学生诵读大赛作为省级一类阅读公益推广项目，本年度不仅继续由江苏省语言文字工作委员会办公室、江苏省教育厅、江苏省新闻出版局、江苏省全民阅读活动领导小组办公室作为主办单位，还新增了江苏省文化和旅游厅、江苏省精神文明建设指导委员会办公室两家主办单位。江苏省全民阅读促进会、江苏凤凰新华书店集团有限公司、江苏省书香全民阅读基金会、南京图书馆作为联办单位，提供了优质资源，携手凤凰读书会、《现代快报》、《时代学习报》、《全国优秀作文选》等支持单位，共同打造全省中小学生阅读与交流的平台。

本届诵读大赛是连续六年在全省范围内开展的重大文化阅读推广活动。为了紧扣迎接党的二十大的宣传主线，大力营造奋进新征程、筑梦新时代的宣传特点，根据江苏书展执委会相关工作要求，2022年全省中小学生诵读大赛的主题确定为"喜迎二十大 筑梦向未来"，要求以我国古代、近现代和当代有社会影响力的、体现中华优秀传统文化的经典诗文和作品为主要诵读对象。鼓励选手从中华优秀文化、革命文化和社会主义先进文化中提炼内容，结合赛事主题呈现作品。

大赛希望通过诵读的形式培养广大中小学生的情感，丰富学生的精神世界,促进广大中小学生对"喜迎二十大 筑梦向未来"的主题进行深入解读、真情体验、真情表达,把读书作为生活中的一种需要和自觉,营造爱读书爱学习的良好氛围,激发学生爱祖国、爱家乡的热情,同时培养孩子成为一个个性健全的人,拥有快乐幸福的人生。

二、精心组织

大赛通过"线下海选、线上评审"的方式面向全省中小学生进行选拔,以13个设区市为赛区,以个人或团体的形式参加比赛,分为小学组和中学组展开角逐。经过学校、区县、市级层层选拔,共有43组中小学选手站在了第二十届江苏书展比赛总决赛的舞台上。决赛阶段分为半决赛和总决赛,选手们用精彩的表演打动了台下的评委和观众,让人感受到"筑梦向未来"和"强国复兴有我"的时代精神。

为保障本次大赛的顺利进行,活动具体执行单位凤凰新华发行集团总部成立了专项工作小组,全面负责该项活动相关工作的落地和执行,安排具体人员跟进全省分公司的落实情况,筹划具体实施方案,为诵读大赛的各项活动有序落实提供了开展依据。13个设区市分公司积极响应活动,指定具体牵头负责人,全面落实各地区的牵头、组织和协调工作。

三、成果丰硕

本次大赛经基层推荐、网络投票及省级评审,共评选出省级特等奖47个、一等奖113个、二等奖395个、三等奖437个、优秀奖562个。遴选优秀作品报送全国第四届"中华经典诵写讲大赛",最终江苏省共获得全国大赛小学组一等奖3件、二等奖1件、三等奖6件、优秀奖5件;中学组一等奖1件、二等奖3件、三等奖4件、优秀奖8件。江苏青少年选手们通过对经典文化的独特理解,展现了江苏深入开展青少年经典文化教育和传播的丰富成果。

"9·28 经典诵读"活动综述

长江奔腾，运河秀美，黄海浩瀚，大江大河大海养育了江苏儿女，带给这片土地以勃勃生机。为迎接党的二十大，2022 年 9 月 28 日，"阅读新时代 喜迎二十大——9·28 经典诵读活动"在江苏省内临江、沿河、濒海的南京、常州、新沂、靖江、如东五座城市的六处地标接力举行，多个平台同步直播 8 小时，全网观看量超 789 万人次。本次活动由江苏省全民阅读办指导，江苏省全民阅读促进会、凤凰出版传媒集团主办，江苏省书香全民阅读基金会、《现代快报》、凤凰读书会、书香江苏在线网站、江苏新华发行集团承办。

活动当天，从扬子江畔的古都南京，到襟江临河的美丽常州，从大运河畔的北国水乡新沂窑湾，到长江滋养的港口城市靖江，再到黄海之滨的海港城市如东，来自各行各业的诵读者以诵读名著名篇的形式，致敬中华优秀传统文化，集中展示了党的十八大以来全省各地经济社会发展取得的伟大成就，讴歌伟大的党、伟大的人民、伟大的民族与伟大的时代。

启动仪式暨首场活动在南京凤凰国际书城举办，江苏省全民阅读促进会会长韩松林、凤凰出版传媒集团总经理胡建斌、凤凰传媒总编辑徐海等领导出席启动仪式。在徐海的主持下，南京大学历史学院教授、六朝博物馆馆长胡阿祥，著名作家、江苏省作家协会副主席朱辉，南京大学新闻传播学院副院长李晓愚一起"走读大江大河"，展开精彩对谈。

第一站　南京·凤凰国际书城
每个中国人都拥有自己的一段长江

此次对谈的三位嘉宾，恰巧都在江边长大，胡阿祥是桐城人、朱辉是兴化人、李晓愚是南京人，长江留给他们各自的是怎样的印象？这样一条大河，对他们来说意味着什么？

长江支流众多，从"天门中断楚江开"的"楚江"到"浔阳江头夜送客"的"浔阳江"都属于长江的支流，蜿蜒于不同地区的长江在留下地理印记的同时也滋养了当地的一方人，从这个角度来说，"作为中国人，我们拥有同一条长江，但不同地方的中国人,每个人都拥有自己的一段长江,而我的那一段就是扬子江"。李晓愚说,扬子江因扬子津渡口而得名,后来,扬子江慢慢成为从扬州到镇江这段长江的名称。到了晚明,有传教士到南京,听到"扬子江",就发挥想象力,理解为"海洋之子",英文里就把长江称为 the Yangtze River。"这可能是一个传说,但我本人非常喜欢,因为'海洋之子'这个称呼和扬子江、和南京大气磅礴的气质特别匹配。"

对出生于里下河地区的朱辉而言,长江于他也有别样的记忆和情感。里下河地区地势低洼,地下水位高,湖荡相连,"只要你用锹在地下挖不到一米,就能看到水流;挖一个两平方米的水坑,过一段时间,甚至能看到鱼"。很长一段时间,朱辉甚至都无法理解,没有河流的村庄如何能够称之为村庄,"水乡的路,水云铺,进庄出庄,一把橹"。这句诗就是对朱辉童年记忆中水乡的真实描写。大学时期,朱辉就读于河海大学水利专业,他对长江又有了更深的了解。长江与黄河共同作为中华民族的母亲河,为什么"长江"称为"江",而"黄河"称为"河"?朱辉解释道,根据普遍的说法,是因为长江通向外海而黄河通向内海渤海,只有流向真正的大海的河流才能够称之为"江",从称呼中就能够看出自古以来中华民族对于长江这条母亲河的认识与感情。

从历史地理文化的角度看长江

作为中国历史地理文化的资深研究者,胡阿祥则从自然与人文相互交融影响的角度分析了长江如何影响了中国文化。这种影响表现在政治体制方面,据胡阿祥介绍,在学界有一种说法,中国古代的政治体制的形成与发展是与水密切相关的,因为中国农业的文化底色是农耕文化,农耕文化是靠水的文化,而只有强有力的行政体制才能对水进行有效的治理,先秦时期的郑国渠与都江堰就是典型的代表;这种影响也表现在文化气质方面,对于中华文化的形成,长江与黄河有着相辅相成的作用,"长江的道家、黄河的儒家,长江的凤、黄河的龙,长江的《离骚》、黄河的《诗经》……长江文明和黄河文明的互补互动互助,继承创新接力,成就了中华文化的丰富多彩、坚韧伟大"。与此同时,长江孕育出了从上游到下游沿江丰富多彩的文化,上游神秘如三星堆、中游浪漫如楚文化、下游奋进如吴越争霸,也凸显了长江的特点和地位所在。

长江之于南京城市气质的升华有着非比寻常的意义,从历史地理的角度看,长江又是如何滋养南京的?

"长江之于南京,犹如长城之于中原",在胡阿祥看来,南京是由长江哺育的城市,并因长江而拥有了其他城市无可比拟的历史地位。胡教授指出,南北分裂时期，天堑南北的滔滔长江与地理形胜的龙盘虎踞，成就了南京非同凡响的政治地位，决定了南京传承华夏文明的民族意义；而在国家统一时代，南京是当之无愧的经济与文化美善之地区，并成为走向海洋之窗口的地带。当时间的齿轮来到近代，"下关开埠，城市从鼓楼发展到下关。南有夫子庙，北有大马路。1968年通车的南京长江大桥，提升了南京的南北交通地位，连接津浦铁路与沪宁铁路干线。今日南京，从秦淮河时代走向长江时代，拥江发展，以江为轴，成为名副其实的江城"。

中国文学中的长江

在古代，诗人们经常登高远眺、游目骋怀，远处的长江于是成了他们直抒胸臆的触动。又有哪些与长江有关的诗词曾打动李晓愚？

李晓愚深入浅出地分析了三首古典诗词，解码中国人的性格以及中国古典文化的特点。其一是北宋词人李之仪的《卜算子》，在李晓愚看来，上阕的"我住长江头，君住长江尾"真切地书写了中国人的深情，而下阕的"只愿君心似我心，定不负相思意"则表达了中国人性格中通达的一面，"只要你我情义相通，就可以克服这种距离"。其二是唐代诗人李白的《黄鹤楼送孟浩然之广陵》，李晓愚解释道，李白在诗中化用了南朝梁人殷芸小说中的"腰缠十万贯，骑鹤上扬州"的故事以及"吕洞宾跨鹤飞升"的传说，渲染了一次浪漫的别离，"从这首诗，能够看出中国古代文化是一个意义的储蓄罐，历代的文人墨客都可以从这个储蓄罐中抓取意象，并通过再创造增添新的东西"。其三是明代杨慎的《临江仙·滚滚长江东逝水》，"诗人在诗中勾勒了两个世界，一个是现实的世界，人们在其中争名逐利、纵横驰骋，但中国人能够清楚地认识到其中的'是非成败转头空'，这种'空'不是虚无而是一种超越，因为我们还不能忘记另一个'惯看秋月春风'的世界"。李晓愚提醒读者，在每天踏实做好自己的事情的同时，不要忘记去江边走走，看看山，看看水，"在纵横捭阖的青史之外还有永恒的青山"。

水汽氤氲滋养的江苏文学有着鲜明独特的气质，江苏现当代文学中有哪些关于长江的经典书写？

朱辉首先推荐了夏坚勇的《大运河传》，因为这本书从历史和空间两个维度，将大运河从春秋到当下两千多年的发展沿革，以及对社会、历史、经济、军事做出的巨大贡献进行了梳理。在关于长江的文学作品中，朱辉最喜欢汪曾祺的《大淖记事》和高晓声的《鱼钓》。此外，他还分享了作为一个写作者一直在思考的问题："我们都觉得用诗词才能更好地写长江，以往小说里写长江的并不多见，进入小说的多是长江的毛细血管，一些运河或者支流。巨大浩瀚的江河是否难以用小作品表现?"

在意犹未尽的对谈之后,在场嘉宾分别朗诵了自己心中关于长江的经典名篇。胡阿祥诵读了宋濂的《阅江楼记》,朱辉诵读了自己创作的长篇小说《万川归》片段,徐海诵读了辛弃疾的《南乡子·登京口北固亭有怀》和李白的《登金陵凤凰台》,李晓愚激情演绎了她阐释的三首古诗词。

活动现场,八名青少年还带来精彩的集体朗诵《江恋》,展示了历代经典诗词中的长江之美。著名诗人、图书策划人马铃薯兄弟朗诵了沙白的《大江东去》,本场活动的主持人傅国诵读了气势磅礴的《长江吟》。

第二站 常州 新北区
唱响新时代"长江之歌"

活动第二站在常州市新北区长江大保护展示馆成功举办,这里北邻长江,拥有常州境内的整个长江岸线。"我们现在所在的长江大保护展示馆,就是常州长江大保护转型蝶变的历史记录者,是新北区弘扬长江文化的主窗口。"新北区委常委、宣传统战部部长路琦在致辞中介绍,新北区遵循"生态优先、绿色发展"理念,奋力打造长江经济带绿色发展和长三角生态中轴,从几年前的"化工围江"发展到现在的"一江清水,两岸葱绿"。

路琦介绍,近年来,新北区深入研究长江文化内涵,挖掘长江文化蕴含的时代价值,致力于研究好、解读好、阐释好长江文化。以长江新北段所蕴含的优秀传统文化、革命文化以及社会主义先进文化等为重点,转化创新,赋予长江文化新的时代含义和精神特质。书香筑梦,长江传书。作为此次活动的分会场,新北区将全民阅读作为传承和弘扬长江文化的重要形式,讲好长江故事,唱响长江之歌。活动现场,滨江经济开发区红苗讲解队朗诵的《长江之歌》、小江工作室经典诵读的《长江》以民众喜闻乐见的方式回顾了几千年来的长江文化、长江经济带发展取得的瞩目成就,以及人民生活翻天覆地的变化。

此外,据介绍,新北区一直高度重视、高位统筹全民阅读工作,不断完善全民阅读公共服务体系,扎实推进书香新北建设。通过阵地建设、举办活动以及队伍建设,让阅读理念深入人心,书香氛围日益浓厚,全民阅读蔚然成风,致力于打造"15分钟阅读生活圈"。目前,全区共建阅读阵地300余个,其中秋白书苑7家、社区图书室34家、农家书屋103家,还有实体书店、流动书屋、职工书屋等,全方位有效地满足了辖区居民的阅读需求。其中新北区东海社区、长江社区均为"省级五星级农家书屋",常年为当地居民群众提供丰富的阅读资源和广阔的交流平台。同时,他们也是带动全民阅读与长江文化有机融合,让长江文化在基层生根发芽、茁壮成长的"领头羊"。活动现场，主办方向这两家省级五星级农家书屋赠送长江文化类优质书籍。

当天还举行了"凤凰读书会——全民阅读星空间"授牌仪式，江苏省全民阅读促进会副会长汪维宏为春江书院授牌。南京师范大学文学院院长高峰现场为新北居民讲述《长江名城常州的文学印迹》。

第三站　徐州新沂　窑湾
浓郁书香飘满钟吾大地

第三站的活动在新沂大运河国家文化公园窑湾核心展示园举行。

"半亩方塘一鉴开，天光云影共徘徊。问渠那得清如许？为有源头活水来。"由新沂融媒之星艺术团的萌娃们带来的《观书有感》，让现场观众耳目一新。孩子们身着古装、手捧书卷，稚嫩可爱的诵读声配上不同的队形表演，呈现了一场经典诵读盛宴。

一河通南北，一脉传千年。大运河衍生出独特的地域文化、风土人情，也滋养和塑造了一方百姓的人文品性和精神家园。四名表演者带来的《在大运河边看见生生不息》情景朗诵，用音诗画的表演形式，从大运河的形成、日新月异的轮回更替景象，赞美了大运河不断繁衍生长的勃勃生机，体现了中华民族非遗文化的魅力和生命力。

翻开大运河厚重的文化诗篇，沿线各地都留下了独具特色的符号。活动现场，江苏师范大学地理测绘与城乡规划学院教授孟召宜分享了大运河的内涵及外延，介绍了大运河新沂段的基本概况与文化故事。

"大运河窑湾段的特色非常显著，通俗点来说，窑湾段的水、窑湾段的河、窑湾镇、窑湾人这四个方面，分别有四个特色。"孟召宜总结这四个特色为：河湖相连、河阔水深；堤防广布、沟壑并列；城河共生、中转枢纽；开放包容、抗争进取。

大运河文化带建设的新沂实践该如何做？孟召宜分析，要以运河文化为引领，从经济、文化、生态三大维度，构筑"一河一心一轴两带"的空间格局。加强运河生态保护修复，打造高颜值生态廊道；加强运河遗产保护，打造高品位文化廊道；传承利用运河文化，打造高效益经济廊道。

主持人与嘉宾的访谈，让观众感受到了大运河非遗的文化魅力。情景朗诵《红色家书》，仿佛带大家穿越时空，回到了那段峥嵘的革命岁月，感受到无数共产党人无私无畏、用生命浇灌信念之花的坚定信仰。

"近悦远来的美丽新沂，群众乐享的幸福新沂，提供风雅颂的文心，引动枝繁叶茂……"四名新沂融媒艺术团成员带来的《放歌新新沂》朗诵，通过百姓看到的、感受到的城市变化,展示广大干群同心同力、踔厉奋发、笃行不怠的干事创业火热场景,展现时代大潮里新沂经济社会高质量发展的强劲实力,以及新沂人向上向善向美的良好精神面貌。

第四站　泰州　靖江
传承红色基因,描绘绿色江岸

活动第四站在省靖江高级中学大礼堂举行,现场书香浓郁,节目精彩纷呈,诵读名篇经典,讴歌美好新时代。

现场活动分为《传承红色基因》《描绘绿色江岸》和《筑梦金色未来》三个篇章进行。几位诵读者以朗诵毛泽东经典诗词开场,《长征》《卜算子·咏梅》《忆秦娥·娄山关》《到韶山》描绘了波澜壮阔的抗争与搏击。群诵《东线第一帆》声情并茂,让观众仿佛身临那个硝烟弥漫的岁月。

靖江因江而生、依江而居、以港而兴。近年来,靖江市通过长江禁渔、沿江码头治理、长江国家文化公园建设等措施,让百里长江岸线舒展美丽画卷。故事讲述《老谢的江湖人生》,让大家了解到退捕渔民这一群体。他们从过去"靠江吃江",到现在"守江护江",从曾经的捕鱼高手到如今的"护渔员"。他们人生的转变,也是长江大保护工作的一个生动缩影。

活动现场,鲁迅文学奖获得者、靖江市政协副主席庞余亮,全国书香家庭、江苏省最美家庭代表周竹青,江苏省最美书店——牧城书驿"字里行间站"负责人宋琴作为阅读推广人,向观众和网友分享了他们的阅读体验。

谈到阅读经历,庞余亮说自己的父母都是文盲,但从小他就喜欢读书,工作后更是将工资的大部分都用来购买各种书籍,"年少时我们可以通过读书增加自己的见识,最终和未来的自己相遇"。庞余亮表示,自己很喜欢知名阅读推广人朱永新的一句话,也送给各位朋友:"把最好的书籍送给最美的童年。"

宋琴表示,开展全民阅读推广以来,靖江已经形成了良好的阅读氛围,爱读书的人越来越多了。闲暇之余,大家分享阅读、探讨阅读的话题也丰富了。每到周末,靖江牧城书驿"字里行间站"成了很多市民享受书香的好去处。

周竹青的家庭是全国"书香之家",早在2017年,他便将自家的书房打造成不挂牌的"农家书屋",面向村民免费开放,与大家共享阅读之乐。在现场,周竹青分享了自己作为一名乡村阅读志愿者,努力让更多村民喜欢上阅读的故事。

第五站　南通　如东
黄海之滨如东港城诵名篇

金秋满诗意,正是读书时。活动第五站来到南通如东,掀起了一场全民阅读的热潮。

"海水泡大的汉子,风浪铸就的刚强,看那潮起潮落,南黄海是他美丽的故乡。苦涩的海水,是他的乳汁,祖辈的海谣,是他的力量……"活动现场,歌曲《海水泡大的汉子》激昂地唱响。这首歌描写了南黄海渔民闯滩踏浪、不屈不挠的壮志豪情,展示了渔家儿女传承古老文明、面向大洋彼岸的时代风采。

9月28日是孔子诞辰日,孔子后人孔会来到了活动现场,并与如东籍的丈夫共同诵读了《孔子赞歌》。记者了解到,孔会的老家在山东曲阜,她出身于教师世家,自小耳濡目染,上小学就开始熟读16 000多字的《论语》。大学毕业后,她随爱人来到如东定居。如今,孔会是一名小学教师,爱人是一名中学教师,二人共同延续了孔子教书育人的精神。《现代快报》记者了解到,除了位于如东县非遗展示馆小剧场的活动现场,城中街道翰林书苑、私人书馆安之书馆、新华书店、洋口书苑等多个城乡阅读设施也同步开展了阅读活动。

书香城市建设水平,是一个城市公民素质和社会文明程度的集中体现,也是创建文明城市的显著标志。近年来,如东县以创建书香城市为引领,坚持高点定位,注重顶层设计、融合推进,强化经费保障、品牌打造,在全社会形成了"爱读书、读好书、善读书"的良好风尚。

第六站　常州　钟楼区
筑梦运河,书香钟楼

活动第六站在常州市钟楼区运河五号创意街区,活动以"筑梦运河,书香钟楼"为主题,通过经典诵读、情景剧表演、授旗仪式、大咖分享等环节,共同阅读运河、品味书香。

建运河文创名区,游美丽幸福钟楼。世界遗产大运河钟楼段一路向东,穿城而过,留下一路繁华。在钟楼区内,不仅有常州最古老的运河——南市河,还分布着集镇老街、工业遗存、生态景观、特色村庄等一批地方主题特色景观资源,它们如一颗颗珍珠,散落在运河沿线。

为了保护好母亲河,无数钟楼儿女在行动。2003年,钟楼区五星街道三堡街社区党委成立了保护母亲河协会,沿岸居民纷纷响应。地处运河边的西仓桥小学师生也踊跃参加，他们虽然来自祖国的四面八方，但对常州这座"第二故乡"钟情钟爱，很快成立了"红领巾保护母亲河中队"。自此，鲜艳的红领巾在母亲河沿岸跳跃飞扬。十九年来，每逢周末和节假日，运河岸边都能看到红领巾与保护母亲河志愿者忙碌的身影。

"我是江南第一燕，为衔春色上云梢。"百年前，运河边，"常州三杰"之一的瞿秋白写下这样的诗句，他自喻为"江南第一燕"，立志要为黑暗的中国衔来春色，带来光明。瞿秋白是中国共产党早期的主要领导人之一，他是从钟楼这片热土走出的红色领袖。

"我们要学习你'扣好人生第一颗纽扣'的自觉，我们要学习你'为大家辟一条光明的路'的担当，永远听党话、跟党走，做一名肩负起民族伟大复兴的好少年……"现场，由瞿秋白母校——常州市钟楼区觅渡桥小学师生及钟楼区关工委"五老"志愿者带来的表演《瞿秋白与一粒纽扣》，再现了瞿秋白的成长故事。沉浸式情景剧加上慷慨激昂的朗诵，令现场观众和网友动容。

当天，还举行了"凤凰读书会——全民阅读星空间"授牌仪式，江苏省全民阅读促进会副会长汪维宏为半山书局授牌。大运河文化带建设研究院研究员，常州市大运河文化带建设研究院顾问王健带来了主题分享《大运河与常州运河文化的贡献》。

"玄武湖读书汇"活动综述

创办于2020年的"玄武湖读书汇",是江苏省全民阅读促进会联合江苏省广播电视总台、南京市文学之都促进会、江苏省书香阅读基金会、南京市全民阅读促进会等单位共同主办的全民阅读推广活动,旨在通过"玄武湖读书汇"这个品牌活动,进一步深入推广全民阅读理念,引领全民阅读的良好风尚,营造全民阅读的浓厚氛围,进一步放大南京"世界文学之都"效应,助力"书香江苏""书香中国"建设。

2022年,"玄武湖读书汇"深入贯彻落实习近平总书记致首届全民阅读大会贺信精神和党的二十大报告关于"深化全民阅读活动"的部署,对照省委省政府关于奋力推动文化强省实现新的跃升目标,以"我们一起来阅读"为核心理念,以"春之颂""夏之颂""秋之颂""冬之颂"为篇章,推出了4场定位鲜明、主题聚焦的以"诗歌""散文""小说""科普"为专题的大型阅读推广活动。活动邀请全国范围内的知名作家、学者共聚南京,对文学话题进行深入探讨、专题解读,与读者朋友分享读书经验、推荐好书。全年活动于"4·23世界读书日"正式启动,历时8个月,4场延伸预热活动与4场主题活动通过直播、新闻报道、海报、推文、短视频等方式全时、实时宣传,取得了良好的社会关注和反响。

一、凝心聚力,锐意创新,彰显品牌特色

(一)汇聚智慧力量,高效推进资源整合

2022年"玄武湖读书汇"活动自启动以来,各主承办方深度整合资源,建立了高效的联动机制。在活动组织过程中,主承办方充分运用各方资源,高效推进资源整合,吸收来自不同界别、领域、学科的意见与建议,汇聚各方智慧力量,与优质阅读资源合作,广泛吸纳具有创新性、专业性、认知度和充满活力的社会力量加入,互补相长,探索新思路,为活动注入了创新活力。

全年活动得到了来自省作协、省科协、出版社、杂志社、媒体、学校、读书组织、对外交流机构等多家单位的大力支持,其中,与江苏省作家协会诗歌委员会、《扬子江诗刊》联合主办了"春之颂,我们一起来读诗"诗歌专题阅读活动,与

江苏省科学技术协会、江苏省科学传播中心、江苏省科普作家协会联合主办了"冬之颂,我们一起读科普"科普作品专题阅读活动,活动充分利用了联办单位的系统资源,发挥了各单位的平台优势,各部门深度联动、资源共享、高效运作,提升了活动的专业度,夯实了活动内容,扩大了活动社会影响力。

(二)专家指导、专业运作,名家引流、全民参与

自 2020 年"玄武湖读书汇"开办以来,已先后举办 15 场活动,每场活动都坚持"专家指导、专业运作、名家引流、全民参与"的策划和运行思路。2022 年,"玄武湖读书汇"专项工作组通过线上线下多次召开多方参与的策划会,专题研究、充分酝酿,科学组织、协同合作,形成由主承办方领导担任总顾问,联办单位文化专家担任特别顾问的专家顾问小组,进一步强化了专家智库对活动的指导作用,保证了活动品质与专业度。

全年活动注重发挥名家带动效应,组织邀请专家、学者、知名作家、人气青年作家等参与到活动中来,以文化名家为活动引流,提高读者对活动的关注度。毕飞宇、许钧、黄蓓佳、韩东、胡弦、傅元峰、董淑亮、鲁超、薛冰等名家来到活动现场,与读者对谈、领读经典,形成名家、读者双向交流分享的活动模式,以书为媒,为读者奉上激荡精神的阅读盛会。

(三)强化品牌特点,彰显品牌特色

2022"玄武湖读书汇"强化"以文学为核、以内容为王"的品牌特点,充分考虑读者不同的阅读需求,找准差异,凝练定位,以"诗歌""散文""小说""科普"为主体内容,组织开展"春之颂,我们一起来读诗""夏之颂,我们一起读散文""秋之颂,我们一起读小说""冬之颂,我们一起读科普"4 场定位鲜明、主题聚焦、凸显专题特色的阅读活动,有针对性地服务读者,满足了大众多元化、个性化的阅读需求。

活动秉承和延续 2020、2021"玄武湖读书汇"积累的丰厚理念与实践经验,构建了"预热征集+专题活动"的活动模式。为配合每场专题活动,开展"我们一起来读诗,我最喜爱的诗篇""我们一起读散文,我最喜爱的散文""我们一起读小说,我最喜爱的小说""我们一起读科普,我最喜爱的科普读物"4 场延伸预热征集活动,通过主承办方微信公众号、"我苏"客户端等宣发平台全网征集。系列征集活动获得社会大众踊跃参与,共收获近 4 万读者的关注与点赞,14 000 余名读者通过主办方邮箱、微博、抖音短视频平台发来了文字、音频和视频作品,分享读者最爱的文学篇目。通过活动的征集、征集结果发布等环节提高了"玄武湖读书汇"的品牌知名度与影响力。

二、创意宣推，完善传播矩阵，实现宣传效果最大化

（一）全媒体、矩阵化传播

活动结合主承办方的自身特点，发挥联动优势，对内协同、对外融合，积极拓展宣传渠道与宣传手段，充分利用新媒体技术，通过采编报道、推文、短视频、网络直播等方式，全面覆盖，实现多媒体、跨平台、立体化传播，形成新闻宣传闭环。

系列活动通过江苏卫视频道《江苏新时空》《新闻眼》，江苏公共·新闻频道《新闻360》、江苏城市频道《零距离》等电视媒体的持续跟踪报道，取得了良好的宣传效果。在移动端，"玄武湖读书汇"也受到了荔枝新闻、我苏网、新华网、手机龙虎网、紫金山新闻、交汇点新闻、新江苏、爱南京等新媒体平台的广泛关注。全网总报道超百篇，荔枝新闻上，4期"玄武湖读书汇"的活动报道，总阅读量达到了30.8万次，我苏新闻上，4期总阅读量为12.6万次。此外，"玄武湖读书汇"的相关报道还被《现代快报》《南京晨报》等平面媒体刊发，《江苏广播电视报》每期专版报道。

（二）注重规划梳理，加强宣传方案策划

注重活动整体宣传策划，宣传周期内有计划、有节奏地推进宣传，力争做到"步步宣传有重点，篇篇报道有亮点"。利用各类宣传渠道，各种宣传方式，在活动前期预热到活动结束宣传报道的整体宣传期，根据活动设置制造不同的宣传热点，分别组织策划图文预告、征集、知识分享等传播内容，营造有新意、有活力、有互动性的阶段性传播，持续宣传热度。

（三）"线上线下"跨融并举，线上直播延展线下活动

2022"玄武湖读书汇"通过荔枝新闻进行网络直播，吸引了众多阅读爱好者线上实时观看，参与互动，4场活动累计观看量超53万次。活动后期，将精彩内容制作成视频上传至哔哩哔哩视频网站（bilibili）、微博、微信视频号等新媒体网络平台供网友随时点阅。通过网络直播和随时点播的方式，突破了线下活动的时空局限，扩大了活动的影响力半径。

（四）强化视觉设计，凸显品牌形象

2022"玄武湖读书汇"围绕活动内容"专题化"的特点与"四季颂"的活动概念，设计了简洁、清新、统一，符合活动品质内涵的系列年度主视觉形象，运用在主体宣传海报、"我最喜欢的……"征集海报、活动主背景等，使整体活动的视觉形象得到强化，传递"我们一起来阅读"的活动理念。

科普阅读推广综述

一、举办江苏省全民科学素质大赛

由省政府全民科学素质工作领导小组办公室、省科协主办的江苏省公民科学素质大赛,至今已成功开展5届,2022年共有372.7万人次、726 396人参赛,目前共有各类赛题13 700题。

二、向青少年推荐科普阅读书单

省科协组织科学传播中心、科普服务中心完成"4·23世界读书日"、第十八届江苏省读书节等活动的策划、申报与宣传工作。遴选21本适合青少年的科普科幻图书,向第二届"江苏青少年阅读季"推荐科普读物,整理"诗词里的科学"短视频推荐给活动主办单位进行宣传。

三、举办玄武湖读书汇"科普阅读"主题活动

围绕"科学阅读""科技创新""科幻创作"等话题,联合省全民阅读促进会主办以"科普阅读"为主题的"玄武湖读书汇"推广活动,通过省广播电视总台"荔枝新闻"直播。

四、组织科普资源进校园

一是开发进校园"科普江苏"科普资源包。针对青少年群体开发进校园科普资源包,外延学校以及教师群体,以科普科幻创意创想、STEM研究性学习、校园智力竞技对抗为主题。截至2022年9月底,共计为省内10个大市30所学校赠送课程资源包613套。二是开展"科普江苏"科普资源包校园行。组织专家、科普志愿者通过"线上线下"等多种方式组织走进全省中小学校(包括中职

院校),开展科普资源包试点、授课、培训、教学反馈等系列活动。科普专家进校园活动自2005年开始,至今已17年,服务超过1 800所学校。

五、创新体制机制、资源共建共享

科普资源是科普工作的基础和工具。按照省科协党组统一部署,在科普部指导下,省科学传播中心通过科普资源研发机制、采购机制、发布机制和资源评估反馈办法,逐步形成了以《江苏科技报》《科学大众》《今日科学》为核心层,省科协直属事业单位、省级学会和省内高校院所科普资源为紧密层,国内科普资源研发生产出版单位(包括科普作家、科普博主等)优选内容为外延层的科普研发矩阵。截至2022年10月,资源总量达8.9TB,其中原创3.3TB。健康养生、科学悦读、应急科普等品牌栏目共有视频3 577个(12 254分钟),图文3 335篇,电子书441部,音频132个(667分钟)。作为"科普中国"科普资源共建、落地推广的首批试点单位,已实现国内、省内优质资源双向配给。2022年承接了科普资源开发健康养生项目和科学悦读项目,共开发视频417个(1 500分钟),图文500篇,电子书80部,音频25个(125分钟)。

六、举办江苏省青少年"诗词里的科学"挑战赛

为加强中华优秀传统文化教育,将国学与科学相结合,提升青少年科学文化素质,省文明办、省科协联合举办江苏省青少年"诗词里的科学"挑战赛活动。活动以网络为主要载体,通过知识竞赛、诗词创作、作品展示等形式,引导广大青少年赏诗词之美,品科学之道。活动已连续举办三届,吸引了省内中小学生的广泛参与,累计参赛人数超过45万。活动吸引国家级、省级媒体重点宣传,影响广泛。活动时间为每年5月至9月。

七、打造科学少年社

科学少年社是一款集在线科学课程教育、在线科技竞赛及线下科技活动于一体的专业青少年科学素质教育平台。设置科学类、心理类多项课程与多种测评系统服务,通过平台广大青少年不仅可以参加学习,提升科学素养,还能实现科学亲子互动。目前拥有微信公众号、微信小商店、微信小程序、科学少年社App等多个应用程序。多平台现有关注人数67万。

八、新增平台"江苏科技报"学习强国号

为进一步贯彻落实《江苏省全民科学素质行动规划》《江苏省科协事业发展"十四五"规划》的要求,扩大科协系统社会影响,宣传江苏科技创新成就,弘扬科学家精神,传播科学文化,在有关部门支持下,"江苏科技报"学习强国号于2022年8月5日正式上线。"江苏科技报"学习强国号开设"科普江苏""科创江苏""今日科学""科学文化"4个栏目,以《江苏科技报》新闻报道为依托,结合"科普江苏"B站、抖音、视频号及广播、电视等融媒体矩阵的资源优势,宣传报道全省科协系统重点亮点工作,展现江苏科技工作者风采,宣传江苏在科技创新发展方面取得的成就,推介各类科普教育基地,传播科学文化知识,提升科普宣传的深度、温度和精准度。截至2022年11月15日,已发布稿件617条,点击量达52.37万人次,点赞量达4.29万人次。制作了《风范——江苏院士风采录》《江苏科技志愿展新风》《科技英才》《"强国复兴有我"主题书画摄影艺术展》等11个专题,有45篇图文、视频稿件被学习强国总平台转载,其中《小诺爱科学》系列动漫视频以专题形式被学习强国总平台科技频道"科普天地"栏目转载,并置顶推荐,三期节目《声音从哪里来》《水热还是空气热》《互相吸引的易拉罐》入选总平台"在家上学"强国推荐课。

第四届"《七彩语文》杯"青少年"讲·读·演"大赛综述

"讲中国故事,读经典篇章,演绎七彩童年",在江苏省全民阅读促进会、江苏省书香全民阅读基金会的指导与支持下,2022年《七彩语文》成功举办了第四届"《七彩语文》杯"青少年"讲·读·演"大赛,本届大赛的主题为"迎接二十大 逐梦向未来"。大赛得到了社会各界的关注和肯定,取得了良好的社会效益。

赛事扩容——服务全国中小学生群体

"讲·读·演"大赛为公益赛事,迄今已经举办了四届,受到了广大小学生读者的欢迎。《七彩语文》总结赛事经验,广纳读者建议,在2022年将比赛延展到中学生群体,"'《七彩语文》杯'小学生'讲·读·演'大赛"正式更名为"'《七彩语文》杯'青少年'讲·读·演'大赛",大赛于2022年3月开始报名,并于同年8月圆满落幕。

服务群体的扩大,直接带来了参赛作品数量的显著增长,第四届赛事个人赛共收到近万数的报名投稿,有2 224名选手顺利进入个人复赛,参加了线上或线下的复赛选拔,其中线下复赛分12个场次进行。经过专业评委认真、公正的评选,最终评出368名选手进入决赛,经过长达16小时的角逐,第四届《七彩语文》杯"青少年"讲·读·演"大赛个人赛共产生金奖52名,银奖119名,铜奖180名。本届团体赛则有130余支队伍参赛,最终68支队伍脱颖而出。参赛选手除了来自江苏及周边省份,还有来自广州、海南、黑龙江、吉林、内蒙古、陕西、云南、重庆、新疆等地的。

从第一届大赛的2 500余件参赛作品,到第四届近万件的参赛作品,"讲·读·演"大赛参赛人数逐年攀升,影响力和美誉度也稳步提升。

主题弘扬——喜迎二十大 逐梦向未来

举办第四届"讲·读·演"大赛之初,正逢党的二十大即将召开之际,大赛组委会向参赛选手提出要求,以"喜迎二十大 逐梦向未来"为"讲·读·演"的主题,旨在引导少年儿童铭记党的光辉历程,厚植爱党爱国情怀,喜迎党的二十大胜利召开。参赛选手任选讲故事、诵读、剧目演绎其中一种形式,自拟篇目参赛。

比赛中,众多小选手选择了党史题材和爱国主义题材的作品,讲述红色经典革命故事、伟人事迹,歌颂祖国辉煌成就,畅想美好未来……《红船,从南湖起航》《厉害了,我的国》《月光下的中国》等作品被选手们演绎得大气磅礴;还有不少选手选择了《赵一曼遗书》《红岩上红梅开》《我的"自白"书》等感人肺腑的英雄故事。此外,不论是古韵悠长的传统诗词,还是诙谐有趣的童话故事,小选手们都表演得生动活泼、引人入胜。大赛中涌现出一批体现中华优秀传统文化的作品,小选手们或身着美丽的汉服,或制作了中国风的背景,举手投足间彰显了传统文化的独特魅力。还有一些小选手选择了《七彩语文》中的优秀文本内容,绘声绘色地演绎了《我是小虫子》《闻鸡起舞》的故事等,显示出他们对《七彩语文》杂志的喜爱。

一场场精彩的表演中,选手们朝气蓬勃的精神面貌,或慷慨激昂或深情内敛的表演,体现了新一代的青少年牢记使命,不忘初心,怀揣"中国梦",伴着时代春风,在灿烂阳光下创造美好未来的信心与决心。他们的表现感染着现场的每一位嘉宾、家长和老师。

赛制创新——"线上线下"融合 倡导共读共诵

"讲·读·演"大赛举办多年来,已经形成了一套行之有效的赛制——大赛分为个人赛事和团体赛事。个人大赛形式采用"初赛—复赛—决赛"的形式进行,初赛为视频评选形式,复赛一般为现场赛。

与往届不同的是,第四届《七彩语文》杯"青少年"讲·读·演"大赛复赛采用"致敬"赛区(线上参赛)和"经典"赛区(线下参演)两种参赛方式。

本届大赛在手机 App 端报名通道报名,视频直接上传。同时在初赛中设置了投票通道,激发选手的强烈参与感和互动感。且赛事流程全部公开化、透明化,时间节点全部明朗化。参赛选手能对于赛事流程和赛事规则更加明确,且有充分的时间准备作品。

此外,线上赛参赛选手必须与成人助演嘉宾合力完成。将诵读表演和家庭日常联系起来,让孩子和家长之间合力创造出更加优质的作品;提倡亲子共读、共诵,增进父母与孩子之间的情感交流,让父母在孩子的诵读过程中进行正面引导。

赛制的创新,使得参加比赛变得更加便捷高效,增进了选手的参赛自主性和积极性,得到了参赛选手及家长们的称赞。

汇报表演——让经典发声 让名篇传扬

2022年8月23日,《七彩语文》2022年度盛典暨第四届青少年"讲·读·演"大赛汇报演出在南京保利大剧院隆重举办,近两千名家长、老师、学生来到现场观摩,万名观众通过"七彩语文""七彩凤凰教育在线"视频号直播同步观看了这场盛典。第四届《七彩语文》杯"青少年"讲·读·演"大赛的获奖者一路拼搏、一路绽放,最终从赛场走向舞台,在南京保利大剧院的舞台上,为8月的金陵献上了一曲华丽的乐章。

"《七彩语文》杯"青少年"讲·读·演"大赛以弘扬优秀传统文化,传播经典之声为宗旨,秉持着"让经典发声 让名篇传扬"的理念,致力于为孩子提供更加广阔的平台,使他们得到优秀文化的熏陶,汲取精神成长的力量。

"东方娃娃"阅读推广活动综述

一、基本情况

东方娃娃杂志社成立于1999年,位于南京市高楼门60号,是国内第一批提出"绘本阅读"和"亲子阅读"理念的机构。成立24年来,东方娃娃一直以"提升0—6岁儿童及家庭的阅读水平和教养水平"为主旨,致力于"绘本阅读"和"亲子阅读"的推广,并且大力倡导和推进"全民阅读"。东方娃娃通过不断为幼儿提供优质读物,向家庭、幼儿园、研究者、推广人传播科学的早期阅读理念的方式,使"绘本"成为家喻户晓的儿童读物,提升了低幼出版的品质,改变了孩子的阅读现状,丰富了全民的文化生活,促进了家庭、社区、社会的和谐发展。

二、主要阅读与推广活动

"东方娃娃"与多地企事业单位、社会团体和个人联合举办线下和线上多种阅读推广活动,取得良好推广效果。

1. 线下活动

(1) 社区儿童阅读空间建设

2022年3月起,东方娃娃儿童阅读项目组先后在北京、江苏、山东、福建、河南、安徽、河南、四川等省市建立了30余个社区儿童阅读空间。通过提供专业、系统的儿童阅读活动和丰富、优质的儿童阅读资源,推动各地社区儿童阅读服务建设,带动社区居民共同参与全民阅读行动。

(2) 儿童阅读标准化建设

2022年,东方娃娃儿童阅读项目组共研发了160节特色儿童阅读活动资源——《宝宝读书记》,每一节活动都配备相应的活动课件、活动教案、绘本和材料包等教学资源,为从业者开展儿童阅读活动,提供体系化、标准化的阅读活动指导与借鉴。活动采用思维导图、儿童剧场、阅读打卡等儿童喜爱的特色形式,多维度提升儿童的阅读素养和综合能力。4月起,东方娃娃儿童阅读项目组先后为100多位教师及从业者提供绘本教育及儿童阅读活动开展等方面的培训，举办了近50场儿童阅读指导专题讲座，赋能各地教师及从业者。

（3）儿童阅读活动进社区

东方娃娃儿童阅读项目组立足本地特色，挖掘区域资源，重点在南京市江宁龙西社区、下墟社区、殷巷社区、江北水城街区等多个社区，组织了近500场儿童阅读活动和30余场家庭教育讲座，深入基层社区群众，满足社区儿童的基本阅读需求和阅读新期待，提升了阅读活动的群众参与度、辐射面，增强了家庭和社会对培养和提升儿童阅读能力的重视。

（4）举办儿童互动科学展

该展览的名称为"'哎！科学'——科学与艺术幻想之旅"，展览时间从2021年12月持续到2022年10月，累计参观人数3 500余人。此次展览是将艺术与科学紧密结合的展览。科学与艺术是两个不同学科，但在孩子成长过程中是不可缺少的双翼，科学与艺术共舞，会让人沉浸于美，享受直觉和理性合二为一的乐趣。展览共分为六大板块：稀奇古怪实验室、眼睛的魔法、影子的森林、移动的迷宫、声音的旅行和跳舞的机器人。

（5）特色活动服务体系

为了满足孩子们的多种阅读需求，"东方娃娃"从健康、语言、社会、科学、艺术这五个领域出发，结合不同年龄段幼儿的身心发展特点，打造了一系列模块化、成体系的特色活动服务，并与江阴新桥新时代文明实践所达成合作。"东方娃娃"每周提供一次绘本故事会或亲子阅读活动，如《漏》纸戏剧表演活动、《咕咚》围裙剧表演活动、《阿獾什么都不怕》亲子阅读活动等；每月提供一次绘本创意美术体验活动，如《云中灯》创意灯笼活动、《一园青菜成了精》石头绘画活动等；每季度提供一次绘本剧的排练与表演，如《谁咬了我的大饼》绘本剧表演活动等。全年共计提供活动40余次，活动参与家庭累计800余个，为儿童阅读提供了多元化的服务、展示和分享平台。

2. 线上活动

（1）短视频儿童阅读推广

2022年，"东方娃娃"通过抖音、小红书、视频号等线上短视频平台，打造了多个儿童阅读推广IP，如"卜卜老师讲绘本""卜卜绘本"等，拍摄制作了300多个短视频，目的是向儿童和家长分享优质绘本内容，传授绘本阅读技巧，解决儿童阅读困扰。除此之外，"东方娃娃"每周都会在短视频平台举行一次线上直播，由资深一线儿童阅读老师进行绘本的讲解与分享，为儿童带来有趣好玩的绘本故事与互动，全年共计为近5万家庭提供了高质量的阅读服务。

（2）周选好书计划

"东方娃娃""周选好书计划"旨在通过每周一次直播分享优秀的绘本，向读者传递正确的阅读观和有效的阅读方法。绘本囊括六大精选主题，涉及儿童成长的方方面面：身体健康、自然科学、情感发展、社会交往、行为习惯和艺术想象。

"周选好书计划"从2022年1月开始，每周四晚7:30（节假日除外）进行1个小时的在线直播，每次直播都邀请一位阅读达人对绘本进行全方位的解析，全年共邀请了46位专业领读嘉宾，共计带来46节深度好课和46个优质故事。自开课以来，建立了相应的读者群，并配备了专属客服，为读者提供了更专业的阅读指导服务。

（3）"东方娃娃"线上亲子共读营

2022年3月疫情来袭，为了缓解父母和幼儿的居家焦虑情绪，让书香浸润心灵，"东方娃娃"开展了线上亲子共读营活动。活动为每周六开展一次，每次时长1小时，以月为单位结营。活动开展方式是通过CCtalk平台进行直播，直播内容包括绘本共读、亲子互动游戏和提供绘本阅读建议。

线上亲子共读营共开展2期，共讲读绘本10余本，惠及300多个家庭，让这些家庭都能享受线上沉浸式亲子共读，感受绘本的独特魅力和亲子间的脉脉温情，2期活动结束后得到了家长和幼儿的一致好评。

三、工作成效

2022年，"东方娃娃"认真贯彻落实中央和省委省政府关于推进全民阅读、建设书香社会的部署要求，紧密结合实际，深入推进主题阅读、广泛开展阅读推广活动、创新阅读推广方式、完善阅读设施和服务、加强与社会各方联动，为推动全民阅读、建设书香社会做出积极贡献。

据统计，"东方娃娃"全年累计组织幼儿阅读活动300余次，教师、阅读推广人阅读活动培训500余次，亲子阅读家长讲座400余次。累计惠及幼儿40 000余人次，惠及教师、阅读推广人9 000余人次，惠及家长超过20 000人。

图书馆阅读推广活动综述

2022年，江苏省文化和旅游系统深入贯彻落实党的二十大精神和习近平总书记致首届全民阅读大会贺信精神，坚持以公共图书馆为主阵地，突出重点工作、突出创新抓手，通过一系列举措助力推动全民阅读实现高质量发展，让人民享有更加充实、更为丰富、更好质量的精神文化生活。

一、拓展公共阅读空间

全省各级公共图书馆以第七次全国公共图书馆评估定级为契机，以评促建、以评促用，进一步推进阅读服务阵地建设，更好地满足广大人民群众的阅读需求。南通市以"城市书房""文化驿站"新型公共文化空间建设为抓手，巩固和提升各级阅读服务阵地，实现全民阅读服务网络提质增效。连云港市通过图书馆分馆、馆外服务点、城市书房等阅读阵地建设，不断拓展城市阅读新空间，为广大群众提供便捷高效的阅读服务。泰州市图书馆完成少儿阅读空间的全面升级改造，增设了亲子阅读区、幼儿绘本区和多功能活动区，使得空间布局更加优化、阅读环境更加人性温馨、少儿交流空间更加突出，进一步提升了泰州市图书馆未成年人服务水平，并在市编办同意下挂牌成立少儿图书馆。

二、完善公共阅读服务网络

各地以覆盖城乡、实用便利、服务高效为目标，在提升阵地效能的基础上，进一步加强公共阅读服务网络建设。盐城市强化市县两级图书馆主阵地作用，整合公共阅读资源，积极推进总分馆建设向基层延伸，通过资源共享、互连互通，发挥镇级图书馆分馆的桥梁作用，支持农家书屋建设数字阅读平台，提升农家书屋软硬件设施条件，推进农家书屋与公共图书馆通借通还。无锡市滨湖区在三级公共阅读服务体系基础上，推动辖区内各机关、企事业单位、出版物发行单位积极搭建职工书屋、图书馆（室、角）等阅读点和阅读空间共计120余个，打造"15分钟阅读圈"，打通阅读服务"最后一公里"。宿迁市实施"图书馆＋"模式,在武警支队机关、教导队等地建成融科技、智能、体验于一体的智慧化图书馆3个,助力书香军营建设,与机关单位、国有企业合作共建分馆,建成市人大书房、金丝利·阅享空间2家分馆,进一步健全了城区阅读服务网络、延伸了服务半径。

三、大力开展主题阅读活动

为深入推动全民阅读,大力营造"爱读书、读好书、好读书"的浓厚氛围,各地、各级公共图书馆开展了主题鲜明、形式多样、内容丰富的阅读活动。为迎接党的二十大胜利召开,讴歌中华民族实现伟大复兴的百年历史,颂扬中国共产党的丰功伟绩,省文旅厅联合省文明办、省少工委在全省开展"童心永向党 快乐伴成长"红领巾读书征文活动,引导未成年人通过阅读红色经典,大力弘扬中华民族精神。为深入贯彻习近平总书记致首届全民阅读大会贺信精神,依托江苏深厚的历史文化底蕴,让人民群众在经典诗词的引领下,多维度感受江苏的美好,让文旅融合的创新理念落到实处,省文旅厅和省语委、省教育厅联合开展2022年度"水韵江苏·经典诵读"活动,不断推动全民阅读,特别是校园阅读向纵深发展。镇江市各级图书馆充分发挥自身优势,构建互动、开放、包容的阅读氛围,以21天打卡、有奖竞答、线下选书等形式,开展六大类型约50场阅读活动,吸引了众多市民参与到"4·23世界读书日"系列活动中来。苏州图书馆不断探索阅读活动新方式,推出"天香读书会"等一系列重磅阅读文化活动。读书会以"书"为纽带,根据书籍蕴含的文化价值,策划了一系列丰富多彩的阅读活动,通过"线上共读打卡+线下阅读分享",主题讲座,英文围读、走读等多种形式,打造集趣味、深度、人文关怀为一体的阅读活动。无锡市图书馆深挖运河文化,推出"阅美运河文化"系列活动,引导市民发现、领会大运河的生态之美和人文之美。盐城市组织"铁军魂 盐城红"全市万名《盐城晚报》小记者"走、读、写、讲"红色主题校外研学活动,充分利用全市128处烈士命名镇村等盐城红色文化资源,讲好党史故事,弘扬爱党爱国精神。

四、深入开展阅读推广活动

作为省文旅厅重点公共数字文化建设项目的江苏省少儿数字图书馆,在疫情防控常态化背景下,充分利用"线上+线下"的方式,保障全省少年儿童公共文化服务活动开展,实现公共数字文化的高质量发展。2022年,面向全省共计开展线下活动206场,线上活动54场,线上直播课39场,展览资源12套。同时，在全省积极开展"百馆荐书·全省共读"数字阅读推广工作。截至11月，共为全省读者提供主题书单24期，共计385本书，全省累计参与读者24.5万名，书籍被翻阅54万余次。在书目推荐上，凸显江苏地域特色，推出了"喜庆""陶风图书奖历年获奖作品集""千古运河 流向未来""喜庆二十大，礼赞新时代"等主题书单，深受读者欢迎。"百馆荐书 全省共读"项目荣获2021年江苏省"省级公益阅读推广活动公益一类活动"认证。南京市将书香城市建设与红色主题阅读活动有机融合，在喜迎二十大的庄重氛围中，开展形式多样、内容丰富的以新时代伟大成就为主题的系列阅读推广活动，把握了先进文化的发展方向，如"跟图书馆员，读红色之城"持续通过图书推荐、故事宣讲、红歌传唱等少年儿童喜闻乐见的阅读推广方式进行革命传统教育，在青少年心中播下红色的种子。

五、创新阅读推广合作模式

各级公共图书馆不断创新阅读推广合作模式，加强公共图书馆与文化馆、博物馆、院校、社会组织、企业合作，促进全民阅读推广深入开展。金陵图书馆积极探索各类合作新路径，不断打破地域、领域的界限，通过联盟、赠书、合作办馆等多种形式，实现阅读的跨地域、跨领域、跨国界的交流与融合，增进合作与共赢。常州市钟楼区加强社会合作，联合区文联、区人大、区政协、区机关工委、永红街道、荆川小学、清潭中学、江苏理工学院、市委党校等企事业单位，广泛开展摄影、书画艺术展览、文化讲座等各类文化服务活动，丰富了广大读者的文化生活。淮安市建成"淮安市图书馆联盟"，推动构建淮安"阅读共同体"，首批25家图书馆成为联盟单位，和高校馆签订图书互借协议，实现社会与高校图书馆资源的联结，提升公共文化场馆服务能力和利用率。

广播电视阅读推广活动综述

2022年,江苏广电总台深入宣传贯彻党的二十大精神和习近平总书记致首届全民阅读大会贺信精神,落实省委省政府、省全民阅读活动领导小组关于促进全民阅读的部署要求,深入推进全民阅读活动,不断加大宣传力度,为加快建设书香江苏、建设文化强省、推动"强富美高"新江苏现代化建设做出积极贡献。

一、着力做好新闻宣传

(一)浓墨重彩做好主题出版物报道

围绕迎接宣传贯彻党的二十大,《江苏新时空》《江苏新闻联播》等江苏广电主要新闻栏目关于各地主题出版物展陈、经典图书展销、诵读名著名篇等活动推出动态报道,营造红色阅读氛围、传承红色基因。其中《书写新时代 我省发布40种主题出版重点出版物》《阅读新时代 喜迎二十大"9·28经典诵读活动"在我省五市六地接力举行》《党的二十大文件及学习辅导读物江苏首发式举行》等报道推动全省上下迅速兴起学习宣传贯彻党的二十大精神的热潮。

为落实省委宣传部、省委组织部关于做好《习近平谈治国理政》第四卷学习教育工作的通知要求,总台持续推出相关报道,充分宣传学好用好《习近平谈治国理政》第四卷的重大意义,推动新时代党的创新理论"飞入寻常百姓家"。

围绕习近平总书记致首届全民阅读大会贺信精神,在"4·23世界读书日""江苏全民阅读日"前后,《江苏新时空》《江苏新闻联播》等栏目推出报道《吴政隆调研我省全民阅读工作时强调 大力营造爱读书读好书善读书浓厚氛围 扎实推进全民阅读加快建设书香江苏》《全民阅读日:"书虫"们的阅读新变化》等,报道被省委网信办广泛推送。报道《阅读新时代 逐梦新征程 第十八届江苏读书节暨第二十七届南京读书节启动》宣传推介"12本好书",介绍阅读活动,为读者提供高品质的阅读服务。《全民阅读日:"书虫"们的阅读新变化》以观察报道的形式,从读者阅读喜好和阅读习惯的变化入手,采访各地读者、书香江苏形象大使等,多角度展现各地丰富多彩的阅读推广活动。《2021年度江苏居民阅读状况出炉》聚焦2021年度江苏居民阅读状况新闻发布会。《全民阅读新发展,从"沉浸式阅读""图书馆""家庭"提质增效》探讨江苏在全民阅读方面的新做法、新成效。总台制作的《阅读,让人生更辽阔》公益广告也于读书日前后广泛播出,揭示读书意义,激发读书热情。

(二)圆满完成第十二届江苏书展报道

江苏书展期间,江苏广电全平台充分发挥各自优势、丰富拓展报道内容,聚焦主题、展现特色,共发稿百余篇,全方位、多角度呈现书展盛况。

《江苏新时空》《江苏新闻联播》等主要栏目围绕"红色读物"连续推出多篇重头报道。其中,《相约江苏书展:凸显价值坐标 红色读物备受追捧》报道习近平新时代中国特色社会主义思想主题读物以及"阅读新时代,喜迎二十大"出版专题展,带读者重温峥嵘岁月、汲取奋进力量。《书香润心灵 阅读伴成长:科普图书趣味多 文化类读物涨知识》对书展上讲述中国故事的红色少儿读物进行了报道,引导家长、孩子在阅读中感受红色记忆、家国情怀。《阅读的盛会 读者的节日 第十二届江苏书展在苏州闭幕》呈现全省广大读者在阅读经典读物中传递红色力量、在参加红色主题活动中感受时代脉搏的热烈反响。

此外,卫视频道《新闻眼》栏目播发记者实地探展,围绕特色展馆、专题讲座、阅读推广等活动,充分挖掘书展亮点特色。城市频道《零距离》报道关注南京城"社区书屋"打造情况和南京形式多样的全民阅读活动。公共·新闻频道《新闻空间站》《新闻360》等栏目聚焦各地新书首发、名家签售、文化论坛等活动,吸引广大读者亲近阅读、浸染书香。教育频道《江苏教育新闻》栏目关注少儿读物、亲子阅读、作文写作等,引导家长和孩子提高暑期阅读品质。

(三)强化新媒体产品呈现全民阅读生动景象

2022年4月23日,习近平致信祝贺首届全民阅读大会举办,"荔枝""我苏"两网两端积极转载央媒和我省重要报道,并通过荔枝云平台向64家县级融媒体中心推发,把总书记的贺信精神传达到省内各地。

江苏书展期间,"荔枝""我苏"两网两端和"江苏新闻""江苏新闻广播"等社媒矩阵策划开设《第十二届江苏书展》专题,以网络直播、短视频、创意海报组图及图文专稿等形式持续报道了书展及全省各地开展的全民阅读活动盛况。推出《江苏全民阅读年度报告(2021)》正式发布 居民文化获得感不断提升》《12本必读好书 2022年江苏省全民阅读活动推荐》《如何让电子产品成为学习好伙伴 全民阅读推广人赵迪来支招》《江苏人每天阅读77.79分钟,你达标了吗?》等百余篇原创稿件,并通过全方位、多角度、立体式传播,扩大社会影响力。

二、创新办好重点栏节目

江苏广电总台坚持创新办好相关广播电视栏节目,以节目为载体掀起全民阅读热潮。

1.《我在岛屿读书》:江苏卫视 2022 年推出的全新纪实类读书节目,邀请写书人、出书人、爱书人作为主要嘉宾,前往远离喧嚣的岛屿生活、相处、读书、写作,享受阅读带来的乐趣和意义。节目用有意思、接地气的内容,将好的书目、好的阅读方式以及嘉宾关于读书写作有意义的思考呈现给观众,拉近普通人与"阅读"的距离,积极倡导全民阅读。节目凭借新颖的模式、清新的风格得到了广泛好评,豆瓣评分达到 9.1,成为各大平台文化类节目中屈指可数的爆款 IP,节目网络单期播放量连破 2 000 万,拉动读书相关话题增长 200%。开播以来,节目获得了《人民日报》《中国新闻出版广电报》《文汇报》等众多主流媒体倾力推荐,在网络端实现了圈层式传播,引发舆论、业界纷纷好评,"国家广电智库"文艺评论专栏、国家广电总局《广电视听评论》先后发文予以肯定。

2.《我爱古诗词》(第三季):节目弘扬传统文化,在卫视频道和城市频道播出。2022 年推出"名师说年俗""诗词里的文化地标""诗词里的二十四节气"等主题节目,增强青少年文化自觉、坚定文化自信,激励他们自觉做中华优秀传统文化的传承者和弘扬者。

3.《领读江苏》:一档周播阅读分享类节目,于 2018 年起在江苏教育频道推出。2022 年,《领读江苏》栏目重点打造"水韵江苏"为主题的系列节目,围绕《文学家眼中的水韵江苏》提到的江苏城市,共制作推出了 11 期相关系列节目,以朗读之美传递阅读之美,以文字之美传递文化之美,通过优秀的传统文化、经典文学感染人、鼓舞人,引导人们多读书、读好书、善读书,激发阅读兴趣,推广全民阅读。

4.《松鼠悦读》:2022 年上线原创音频课程 10 门。包括"国宝日历""把国宝写进作文里""故宫寻宝记""爱丽丝漫游奇境""父与子""老鼠记者"等,为孩子打开了一扇通往世界优秀文化的窗户,让孩子开拓国际视野、吸收文化精华。节目同时在"松鼠悦读——亲子有声阅读平台"、喜马拉雅 App 等推出,获得广泛欢迎。

5.《评书有新样》:2022 年 4 月,江苏交通广播网推出全新《评书有新样》节目,由评书大师田连元担任节目艺术顾问,将传统曲艺、经典书籍与地方历史文化进行有机结合,打造评书节目新样式,让更多受众领略评书和书籍的魅力,获评"2022 年第二季度江苏省广播电视创新创优节目"。

6.《言亮的书房》(第二季):交通广播阅读类音频节目《言亮的书房》(第二季)立足于精选全球好书,解读书籍浓缩精华,在提升阅读效率的同时,高效传递知识。2022年,先后推出《看不见的敌人》《大众心理学》《物种起源》等优秀书籍专题节目近160期,在江苏交通广播网首播,同步登录学习强国、喜马拉雅、大蓝鲸App等新媒体平台,截至12月底,学习强国平台播放量超1 000万,喜马拉雅平台播放量超500万。

7.《听见南京》:金陵之声《听见南京》节目致力于优质文化内容传播,为南京"世界文学之都"品牌添砖加瓦。2022年专访著名作家莫言、陈彦、黄蓓佳等十余位作家,激发了听众浓厚的阅读兴趣。

8.《有声书房》:江苏文艺广播《有声书房》已开播7年,向听众介绍最新的图书资讯,为听众精心挑选和推荐好书,诵读美文。2022年,节目采访了阿乙、申赋渔、余华、陈彦、余秀华、鲁敏等知名作家、学者,制作了《金色河流》赏析等阅读类专题节目,让更多的听众分享"书香"。

9.《小星星》:江苏文艺广播《小星星》节目面对小听众加入了阅读单元,并选择优秀儿童文学作品改编为儿童广播剧播出,经典的儿童故事深受家长和小朋友的欢迎。

三、做优阅读品牌

总台以"荔枝读书,传递美好"为理念,以线上+线下双轨并行交互的模式运营,持续做强平台、做优品质,着力营造"爱读书、读好书、善读书"的全民阅读氛围,传递阅读价值和时代精神,荣获2022年第四届江苏全民阅读"十佳阅读推广平台"称号,主持人史婕荣获"十佳阅读推广人"称号。

(一)精品供给全民阅读内容产品,以文化人、凝心聚力

"玄武湖读书汇"服务大众高质量阅读需求,助力"书香江苏"建设。2022年"玄武湖读书汇"围绕"文学四季"概念策划,继续秉持"我们一起来阅读"的主旨,体现服务性、强调全民性,受到了江苏省全民阅读促进会、南京市文学之都促进会等活动各联合主承办方和嘉宾观众的一致赞誉。走"读"品牌"人文地图",推出特别企划"踏春寻踪""暑期亲子""9·3专题企划"等,让历史成为最好的教科书、让党史成为最好的营养剂。2022年名家见面会形式多样,知名作家、漫画家、文化学者云集。马伯庸、蔡志忠等名家见面会,引发全网读者关注。线上产品"荔枝读书,史婕推荐"特别策划,升级改版,IP强势输出。

总台大蓝鲸App策划推出"大蓝鲸阅分享"融媒体产品,充分发挥江苏广电集聚资源、产品策划、内容创作、优秀主持人团队和融媒体技术制作的强大优

势,通过搭建移动网络专区,聚合呈现丰富的多样态音视频及图文内容,打造了一个全新的全民阅读原创品牌。"大蓝鲸阅分享"以好书加好声音为特色,推出"主播讲书""文学客厅""诗文品读""有声书摘"四大内容板块,并特别策划推出两大名家专栏《苗怀明讲四大名著》和《莫砺锋讲南京与唐诗》,在大力宣扬中华优秀传统文化的同时,探索以数字化引领全民阅读的新路径。

(二)发掘全民阅读新阵地,成立南京同城阅读空间伙伴联盟

荔枝读书会发起并联合南京最具影响力和最具特色的书店,如励志书屋、文都书店、凤凰云书坊、锦创书城、大众书局、可一书店、奇点书集等成立南京同城阅读空间伙伴联盟,带领线下及线上的读者,体悟励志和阅读的力量,致敬拼搏和奋斗、感谢书香和阅读。此外,梅钢励志书屋作为荔枝读书会对外合作构建的主题文化阅读空间,持续以"书屋+"的融合多元业态服务广大读者阅读需求。

(三)扩宽全民阅读大众视野,助力传播好中国声音

荔枝读书会立足于江苏,发挥南京"世界文学之都"的优势,积极丰富拓展渠道、深化国际文化交流合作,创新话语表达,不断加强国际传播能力建设。通过"一带一路"青年创意与遗产论坛、中美文学之都诗歌创意写作工作坊、南京—诺丁汉:世界文学之都名家访谈等文学之都国际双城对话,持续为联合国教科文组织创意城市间交流合作树立典范,向世界展现可信、可爱、可敬的中国形象。

四、持续办好期刊报纸

江苏广电《未来科学家》杂志弘扬科学精神、传播科学思想、倡导科学方法、普及科学知识,是江苏省教育厅首批向全省中小学生推荐的优秀科普读物,国家新闻出版广电总局向全国少年儿童推荐的优秀刊物。2022年,《未来科学家》杂志创新传播样态,提升传播能力,实现纸质杂志、电视节目、网络、线下活动一体化联动传播,取得良好的传播效果。编辑部获评第四届江苏"十佳"阅读推广机构,在第十三届江苏省优秀科普作品评比中6篇作品荣获短篇科普佳作奖,在第七届华东地区优秀期刊工作者评选中,项目负责人李统一被评为优秀主编。

《东方文化周刊》杂志是全国公开发行的生活文化类杂志。依托总台的强大媒体优势,实现了电视、广播、期刊、网络全媒体形态覆盖,影响力立足江苏、辐射全国。2022年,《东方文化周刊》坚持以报道中国优秀传统文化和世界优秀文化成果为主,加大优质内容产出,全年制作策划"荔枝悦读"专题11期,专访文化学者、知名作家十余人,具有浓厚的人文时尚气息。

纸媒阅读推广活动综述

2022年,《新华日报》《扬子晚报》《现代快报》等纸质媒体,精心策划,高质量开展江苏全民阅读宣传报道任务,积极推动全民阅读工作深入开展。

一、精心策划,全方位报道全民阅读重点活动

"4·23世界读书日"和"江苏全民阅读日"前后,《新华日报》拿出大量版面和篇幅,以消息、通讯、评论等形式,深入报道世界读书日相关系列活动。先后报道了2021年度江苏居民阅读状况调查结果、2022年江苏全民阅读重点工作安排、第十八届江苏读书节暨第二十七届南京读书节、第十二届江苏农民读书节暨2022淮安周恩来读书节开幕,线上直播"书香中国·全民阅读大讲堂"等一系列丰富多彩的活动,为人间四月天增添了醇美的书香,营造了浓郁的全民阅读氛围。

4月23日,《新华日报》刊发评论员文章《阅读新时代 逐梦新征程》;4月24日,在要闻版头条刊发通讯报道《第十八届江苏读书节推出222项重点阅读活动——书香四溢,阅读照亮新征程》、消息《阅读新时代 逐梦新征程 第十八届江苏读书节启动》。同时,以整版篇幅推介《习近平讲党史故事》《一切为了人民:中国共产党为什么成功》等多本2022年江苏省全民阅读活动领导小组向社会推荐的好书。

《现代快报》在做好"江苏全民阅读日"新闻宣传报道工作的同时,承担读书节启幕的布展工作和新媒体产品的制作。4月22日,《现代快报》发布第十八届江苏读书节活动预告,为江苏全民阅读日预热。发布2021年度江苏居民阅读状况调查结果,江苏人均每天阅读77.79分钟,江苏人的文化获得感和满意感不断提升。4月24日,《现代快报》头版发布《这个春天读好书》,对第十八届江苏读书节启动仪式进行了重点报道,在当天的读品周刊,重点报道了"2021年度中国好书",2022年江苏省全民阅读活动领导小组向社会推荐的12本好书,以及中外阅读学研究会名誉会长、"书香江苏"形象大使、南京大学教授徐雁做客"书香中国·全民阅读大讲堂"以《"敬惜字纸"与"熟读深思"——中文阅读传统的

继往与开来》为题开讲,多角度呈现书香社会建设的"江苏样本"。

《扬子晚报》在世界读书日前后,推出系列融媒体产品,擦亮"文学之都"品牌。在世界读书日开始前,发起活动预热,记者前往南京玄武湖公园进行街采调查,分别询问中小学、大学、老年人等不同年龄阶段的市民对阅读的需求和感受,了解他们近期阅读的书籍类目和偏好的阅读方式。世界读书日期间,"紫牛荐书"栏目邀请到众多作家、学者、艺术家、运动员,通过紫牛新闻、扬子晚报官方微博等新媒体渠道,以视频的方式为读者推荐好书并分享自己的阅读心得,嘉宾包括祁智、黄蓓佳、鲁敏、意千重、胡学文、徐风、罗伟章等,引发众多读者共鸣,#世界读书日紫牛荐书#话题总览达340多万。

7月2日至6日,第十二届江苏书展在苏州举办,《新华日报》、"交汇点"新闻客户端派出强大报道阵容,对我省全民阅读进行全方位的深入报道。7月3日,刊登评论员文章《在阅读中触摸时代的脉搏》,书展开幕报道《第十二届江苏书展拉开帷幕》。书展期间,敏锐捕捉书展亮点热点,每天均推出大篇幅通讯报道。7月7日,在书展成功落幕后,推出综述性报道《这场"书香之约",交上漂亮答卷》,为江苏书展的报道画上圆满句号。

《现代快报》在江苏书展期间进行"5×8小时'我们云上见'"全媒体直播,并持续六天在重要版面刊发专题报道,ZAKER南京实时滚动发布当日新闻,全面、生动、立体地展现了江苏书展盛况,相关阅读量超1.5亿人次。7月2日,专题发布十二届江苏书展相关预告,为书展预热,包括直播预告"5×8小时'我们云上见'","书香中国·全民阅读大讲堂"预告毕飞宇、王一梅等将在苏州"开讲","致敬时间的河流"中国当代原创文学分享会将举办。7月3日,报道十二届江苏书展开幕当天盛况,预告5天阅读盛会140多场活动等读者参与,并以"致敬时间的河流"为题报道了中国当代原创文学分享会暨鲁敏新作发布会;报道"红色主题"图书城书展最亮的星,聚焦主题出版。7月4日,聚焦凤凰原创文学,报道书展上的优秀原创文学作品,深入挖掘文学的力量。7月5日,聚焦文史话题,报道了"来江苏书展,带一座运河博物馆回家""作家薛冰细说南京千年文脉",聚焦中华优秀传统文化在江苏书展的魅力绽放,并对王一梅、贾康两场"书香中国·全民阅读大讲堂"进行宣传报道,通过名人名家的导读荐读,将书香播撒到广大人民群众身边。7月6日,报道"一场书展的无限可能",呈现书展的新玩法,以及重点报道了毕飞宇、王尧、许钧、贾梦玮带来的一场精彩的"书香中国·全民阅读大讲堂",嘉宾们用个人的人生经历生动地传播书香理念——"世上本无路,书读多了,便有了路"。当天还报道了第二届"江苏青少年阅读季"正式启动的消息。7月7日,专题刊发十二届江苏书展总结稿件《书展落幕,书香不散》,呈现出江苏书展日趋网络化、数字化、智能化的生态,并以"打造最动听的思政课"为题对书展重点活动"喜迎二十大 筑梦向未来"2022年度全省中小学生诵读大赛进行了深度报道。

二、积极参与活动，为读者带来精神引领

各纸质媒体积极探索阅读推广新方法、新形式，与时俱进，自主策划、积极推广阅读活动，为读者带来精神引领。

《新华日报》以"人文周刊·悦读版"为平台，推荐"新华书房"好书。"新华书房"是由江苏省新闻出版局、江苏省全民阅读办、新华日报社联合推出的全媒体阅读品牌，面向全省以党员干部为主的广大读者，倡导在书香中滋养心灵、提高修养，在阅读中开阔眼界、增长知识。2022年，"人文周刊·悦读版"每季度均以整版篇幅发布"新华书房"季度10本好书，同时推出延伸书目，这10部好书经榜单调研、行业推荐和专家评审，涵盖政治、经济、文化、社会等领域精彩内容。每本书均附上书影、作者、出版单位、出版时间、内容简介等信息，引导党员读者进行主题阅读。"人文周刊·悦读版"还将持续推出新近出版的主题读物，通过作者访谈、新书推介等方式，将好书及时传递给读者。

2022年，《新华日报》继续发挥媒体优势，组织策划主题阅读活动，将线上阅读和线下活动相结合。其中，在第十二届江苏书展上推出的"新华书房·共读长江与运河"大型综合阅读活动是本年度最为精彩的主题阅读活动。

作为由省新闻出版局、省全民阅读办、新华日报社联合推出的全媒体阅读品牌，"新华书房"自2018年亮相江苏书展、成功举办首届"新华书房·为高质量发展注入新动能读书论坛"后，又在2019年、2020年、2021年围绕"不忘初心、牢记使命""书香社会的江苏探索""阅读红色经典 汲取奋进力量"等主题举办论坛，取得了很好的社会效益。

2022年，经过创意策划和精心组织，《新华日报》在第十二届江苏书展上推出了"共读长江与运河"大型综合阅读活动，取得了成功，成为本届江苏书展上一道亮丽的风景线，为广大读者带来书香浸润、精神引领。此次共读活动邀请了四位出版有长江、运河著作的省内外知名学者，围绕"共读长江与运河"的论坛主题展开演讲，深入探讨如何保护好、传承好、弘扬好长江文化与大运河文化。南京大学历史学院教授、南京六朝博物馆馆长胡阿祥从地域文脉角度，精彩地阐述了长江与运河对江苏文明的再造之功；著名作家徐则臣围绕其茅盾文学奖获奖作品、大运河题材长篇小说《北上》，倡议以文化为钥、"唤醒"古老运河；南通大学江苏长江经济带研究院院长、教授成长春聚焦长江国家文化公园江苏段建设，畅谈江苏段如何高质量推动长江国家文化公园建设走在前列；著

名摄影家晓庄,动情分享了"我拍长江运河70年"过程中的难忘往事,见证今昔巨变。

"共读"的方式创新,还体现在与读书论坛一同走进书展的"历史的脉动——百年江苏纪实影像艺术展巡展"。这场巡展由新华日报文化新闻部和视觉中心共同策划,让百年经典摄影作品代替书本,无声讲述了江苏江河故事、大地巨变。展览以经典纪实摄影作品凝聚成一部生动的影像志,精选《新华日报》半个多世纪以来记者拍摄的影像作品,同时精心遴选视觉江苏网和我省近年来重大主题图片展中的经典影像图片,呈现百年来波澜壮阔的时代变迁,让广大观众在宏阔的时代语境中理解长江运河的今昔巨变。第十二届江苏书展期间,省委常委、宣传部部长张爱军,省委常委、苏州市委书记曹路宝,副省长马欣用半个小时时间饶有兴致地参观了"历史的脉动"展览,并对其中很多照片、历史年代产生强烈共情。

现代快报《读品周刊》坚持以内容生产为根本,彰显原创内容产品的独特价值。2022年全年,《读品周刊》共出版38期,刊发名家访谈、新书书讯、原创书评、书摘榜单,聚焦热点议题,共采访70余位作家、学者,涵盖艺术、文学、社科、历史、中外等多个维度,兼顾社会性、在地性、国际化,承担起价值引领、文化传承等方面的平台作用,铸造江苏全民阅读的重要品牌,发挥主流媒体在促进全民阅读、建设书香社会中的重要作用。

兼具在地性和国际性,立足本土文化,拓宽国际视野。作为全球化时代的媒体平台,《读品周刊》一方面积极主动地以在地性为己任,充分聚焦体现地方文化主体性的作家和话题;另一方面,着眼国际性的文化事件和文化人物,满足读者的多元化需求,体现南京作为"世界文学之都"的国际视野和国际维度。著名作家薛冰的《南京城市史》立足于"南京版清明上河图",再现宋代南京市井生活;南京作家吴晨骏、育邦、赵刚,多年来扎根于南京,他们写小说、写诗、拍电影,这座城市的文化氛围和作家交往,带给他们持续的滋养和力量;作家叶兆言继《南京传》之后,在《仪凤之门》中聚焦辛亥革命前后二十年的历史,书写南京在其中承担的命运。第一期"江苏文学名家名作"外译项目启动后,《读品周刊》就江苏文学"出海"新路径进行了专题报道;专访2004年诺贝尔物理学奖得主弗兰克·维尔切克,围绕科普书籍《万物原理》,将一位物理学家对世界基本原理的理解分享给更多读者;在2022年的诺贝尔文学奖公布之后,第一时间专访南京大学教授黄荭,深度解读安妮·埃尔诺的写作特点、文学史定位以及可能的获奖原因;跟随苏州大学教授季进的讲述,理解中国文学"出海"以及海外汉学研究的过去和未来。

三、纸媒与新媒体融合发力,推进江苏阅读推广品牌升级

2022年,《扬子晚报》持续在纸媒和新媒体平台发力,推进全民阅读。"繁星"副刊精耕原创美文和名家专栏,内容被国内各大文摘刊物频繁选载,且多次入选省市语文联考乃至中考阅读材料。每一年都有栏目中的优质文章在江苏省副刊协会的评奖中荣获一、二等奖,并且多次获得江苏省新闻奖。由此衍生的"B座西窗"微信公众号有近3万铁粉。用好听的声音读好听的文字给你听——"好听"栏目邀请专业主播、志愿者以及本报读者献声朗读,将副刊的原创文章变成"有声版"。在紫牛新闻App上开设阅读专栏"紫牛荐书",联合众多优秀出版机构荐优质新书,并邀请多位网文作家,以音频的方式荐好书。《扬子晚报》推出微纪录片,将美文转化成可视化的视频。比如《南京的巷》系列微纪录片,引导大家一起探寻绵延千年的书香文脉。

在苏州举办的第十二届江苏书展由《新华日报》、"交汇点"新闻客户端派出强大的报道阵容,对我省全民阅读进行全方位的深入报道。2022年7月3日,刊登评论员文章《在阅读中触摸时代的脉搏》,书展开幕报道《第十二届江苏书展拉开帷幕》,书展期间,敏锐捕捉书展亮点热点,每天均推出大篇幅通讯报道。7月7日,在书展成功落幕后,推出综述性报道《这场"书香之约",交上漂亮答卷》,为江苏书展的报道画上圆满句号。同时,《新华日报》对江苏全民阅读工作的报道还在新媒体上进行了呈现,在"交汇点"新闻客户端开设"第十八届江苏读书节""第十二届江苏书展"等和全民阅读相关的专题新闻,以图文、视频、音频、H5等多种新媒体形式进行呈现,推出了一系列深受好评的融媒体产品。仅在第十二届江苏书展期间,就推出新媒体报道100余篇,取得了良好的报道效果。

为迎接党的二十大,9月28日"阅读新时代 喜迎二十大——'9·28'经典诵读活动"在江苏省内临江、沿河、濒海的五市六地接力举行。从扬子江畔的古都南京,到襟江临河的美丽常州,从大运河畔的北国水乡新沂窑湾,到长江滋养的港口城市靖江,再到黄海之滨的海港城市如东,来自各行各业的诵读者将以诵读名著名篇的形式,致敬中华优秀传统文化,集中展示党的十八大以来,全省各地经济社会发展取得的伟大成就,讴歌伟大的党、伟大的人民、伟大的民族与伟大的时代。在"现代快报+ZAKER"南京主播的带领下,网友同步打卡,进行了一场近8小时的沉浸式穿越之旅。开展8小时不间断直播的大型全民阅读行动,创新了阅读活动方式,实现了现象级传播,成为江苏全民阅读的一个闪亮品牌。

9月29日,《现代快报》专题刊发活动报道《大江大河的文化自信》,全景式呈现了活动的精彩内容,并阐述了活动的重要意义。纸质杂志、电视节目、网络融合宣传,扩大阅读推广宣传力度。

新媒体阅读推广活动综述

新媒体是阅读推广的重要阵地，受到广大读者的热情关注，也为书香社会建设营造了浓厚氛围。

一、"全民阅读"紧扣学习新思想重大主题，多元融合推进理论宣传

中国江苏网品牌栏目《习语常听》以创新传播习近平新时代中国特色社会主义思想为主旨和特色，为新思想大众传播探索出全新路径和范式。2022年，时任江苏省委书记吴政隆在《中国网信》署名文章中肯定了"习语常听"和"E起学习"系列品牌栏目，并表示要持续办好，做深做精。专栏第一时间跟进策划，聚焦党的二十大、中国式现代化、生态文明、科技创新、国之大者等重大主题，与江苏省习近平新时代中国特色社会主义思想研究中心理论专家联手，提供丰富多元的新思想学习产品。2022年共推出183期《习语常听》原创产品，其中特别策划100期图文音频融媒产品《声入人心·二十大报告"E起学"》。《习语常听》精选内容得到"江苏省数字农家书屋"平台集中展示，在万余个平台端口同步呈现，打通了新思想传播的"最后一公里"，服务农民群众学习、助力乡村振兴。

"学习强国"江苏学习平台策划推出图文音频融合栏目《古韵新声》，邀请理论专家及时对二十大报告及二十大期间总书记讲话中的古语典故进行马克思主义解读。栏目获"学习强国"全国平台思想频道《引经据典》栏目采用。

二、矩阵联动，资源共享，高端活动策划引领"全民阅读"新风潮

2022年开始，"学习强国"江苏学习平台联合凤凰出版传媒集团、中国江苏网、新江苏客户端，共同推出"爱悦读·云分享——强国荐书"专栏，特邀省社科联、省文联、省作协、省科协、南京图书馆等单位支持，长期约请各大出版社总编辑、图书馆馆长、文化名家、知名作家、文学评论家、社科名家、理论专家、科学家等各领域知名人士，结合自身阅读经历，为读者推荐一本好书，推动全民阅读，

建设书香社会。栏目每周更新,每次以千字左右的荐文,从推荐人的角度,展示该书的特色亮点,既是荐书,又是导读,用通俗易懂的方式让读者快速掌握阅读重点,激发阅读兴趣,积极营造全民阅读社会氛围。目前"强国荐书"栏目已陆续推出56期,从中国工程院院士钱七虎、江苏社科名家任平,到南京大学吕建、全国总工会劳动和经济工作部副部长姜文良,再到江苏省各地市以及各大高校图书馆馆长……栏目邀请嘉宾所涉领域范围广泛,社会知名度高,影响深远。累计阅读量超500万,推荐书籍涵盖小说、艺术、历史、经济等多种类型,受到热烈反响。同时,栏目开辟"众荐悦读"分栏,开拓书目范围,集百家之长,让"爱读书"的氛围影响更多用户,激发大家的读书热情和读书兴趣。

2022年11月21日,"学习强国"江苏学习平台策划"诵读新时代 奋进新征程——我在强国当主播"大型融媒体行动启动。联合江苏省朗诵协会,面向各行各业朗诵爱好者,招募成立"强国主播团",开展线上线下朗诵分享活动,用声音传递信仰,让理论入耳入心,助力党的创新理论"飞入寻常百姓家"。首批"强国主播"由中央广播电视总台原新闻主播、新华报业传媒集团主持人顾国宁,江苏省朗诵协会专家咨询指导委员会委员、江苏省广播电视总台播音指导、全国播音主持"金话筒奖"获得者姜林杉,以及国家一级演员杨彦、周媛媛、耿耿、常小川、蔡伟,国家一级导演王波领衔。"强国主播"将通过"学习强国"江苏学习平台以及中国江苏网、新江苏客户端等媒体矩阵,推出独具特色的融媒体产品,积极开展线上线下学习宣讲、诵读分享、公益培训等活动,助力干部群众深入学习领会贯彻党的二十大精神,推动全民扛起新使命、奋进新征程。

《新华日报》对江苏全民阅读的报道,均在新媒体上进行了呈现,在"交汇点"新闻客户端开设"第十八届江苏读书节""第十二届江苏书展"等和全民阅读相关的专题新闻,以图文、视频、音频、H5等多种新媒体形式进行呈现,推出了一系列深受好评的融媒体产品。仅在第十二届江苏书展期间,《新华日报》推出新媒体报道100余篇,取得了良好的报道效果。

三、切口鲜活、角度新颖,"江苏书展"系列报道营造浓郁书香氛围

围绕第十二届江苏书展,突出呈现特色书店变迁、阅读方式变化、出版行业发展路径、全民阅读讲堂亮点等,中国江苏网共发布24篇图文稿,6条视频和2组海报。书展前推出《20万种出版物、140余场活动 第十二届江苏书展7月2日启幕》《一图总览!书展重点活动来了》等预热稿件。书展期间,采写《品读红色经典、汲取奋进力量,新时代图书绽放最浓》《文化为本、内容为王,业内大咖探讨出版强国路径》等,展现江苏阅读文化氛围;对话毕飞宇、孙晓云等文化领

域专家学者,采写《在阅读中体悟深邃、厚重的人生》等文章,多角度探讨文化发展与阅读引导。

江苏书展期间,"江苏书展"关键词小红书浏览量超 6.6 万次。"荔枝""我苏"两网两端和"江苏新闻""江苏新闻广播"等社媒矩阵策划开设《第十二届江苏书展》专题,以网络直播、短视频、创意海报组图及图文专稿等形式持续报道了书展及全省各地开展的全民阅读活动盛况。推出《〈江苏全民阅读年度报告(2021)〉正式发布 居民文化获得感不断提升》《12 本必读好书 2022 年江苏省全民阅读活动推荐》《如何让电子产品成为学习好伙伴 全民阅读推广人赵迪来支招》《江苏人每天阅读 77.79 分钟,你达标了吗?》等百余篇原创稿件,并通过全方位、多角度、立体式传播,扩大社会影响力。

四、增强知识性,强化参与性,"世界读书日"策划有趣味、有动感

围绕"世界读书日",探访全国第一家以"南京"为主题的城市书店,推出视频、图文融媒稿件《走进"文都",一个用心讲述南京的地方》;听文物说说阅读那些事,推出组图《最是书香能致远!听文物话阅读》;2022 年,"加强文物古籍保护利用"首次写入政府工作报告,如何让写在古籍里的文字"活起来",一起来看看 90 后"书医"如何"对症下药",让中华文脉在字里行间绵延悠长,让越来越多的文化经典"飞入寻常百姓家",推出视频《90 后"书医":让古籍里的文字活起来》。

"世界读书日"之际,中国江苏网、新江苏客户端联合南京团市委、南京市档案馆共同举办 2022 年度"强国少年说"——南京红领巾诵读学传红色珍档融媒行动。此次融媒行动以"喜迎二十大,红领巾永远跟党走"为主题,在 4 月到 11 月期间,陆续开展"我是红领巾领读人"征集、"红色档案故事我来讲"跟读、"最美信仰童声"评选、红色珍档地图打卡等一系列有意思、易参与的活动,带领全市少先队员"诵读学传"红色珍档故事,亲身参与、寻找南京红色记忆,见证新时代发展成就。

五、活动多样,形式多元,助力"书香江苏"建设

微信公众号是目前最受欢迎的新媒体平台之一,它可以通过推送文章、图文、视频等形式进行阅读推广活动。第二届江苏青少年阅读季"喜迎二十大,逐梦向未来"、《七彩语文》2022 年度盛典暨第四届青少年"讲•读•演"大赛汇报演出"、"'菁菁杯'第六届江苏省中小学生诵读大赛总决赛圆满落幕!"等活动报

道通过微信公众号得到广泛传播。

短视频平台是当前主流新媒体阅读的推广方式。"玄武湖读书汇"是江苏省全民阅读促进会联合江苏省广播电视总台、南京市文学之都促进会、江苏省书香阅读基金会、南京市全民阅读促进会等单位共同主办的全民阅读推广活动,通过"玄武湖读书汇"这个品牌活动,借助短视频平台、直播、新闻报道等方式,深入推广全民阅读理念,引领全民阅读的良好风尚,营造全民阅读的浓厚氛围,进一步放大南京"世界文学之都"效应,助力"书香江苏""书香中国"建设。

2022年,"玄武湖读书汇"以习近平总书记关于推动全民阅读、建设书香社会的重要指示精神为指导,对照省委省政府关于奋力推动文化强省实现新的跃升的目标,以"我们一起来阅读"为核心理念,以"四季颂"为篇章,推出了4场定位鲜明、主题聚焦的以"诗歌""散文""小说""科普"为专题的大型阅读推广活动。活动邀请全国范围内的知名作家、学者共聚南京,对文学话题进行深入探讨、专题解读,与读者朋友分享读书经验、推荐好书。全年活动于"4·23世界读书日"正式启动,历时8个月,4场延伸预热活动与四场主题活动通过直播、新闻报道、海报、推文、短视频等方式实时宣传、创意宣推,取得了良好的社会关注和反响。"玄武湖读书汇"系列活动通过江苏卫视《江苏新时空》《新闻眼》,江苏公共·新闻频道《新闻360》,江苏城市频道《零距离》等电视媒体的持续跟踪报道,取得了良好的宣传效果。在移动端,"玄武湖读书汇"也受到了"荔枝新闻"、"我苏新闻"、新华网、手机龙虎网、紫金山新闻、交汇点新闻、"新江苏"、"爱南京"等新媒体平台的广泛关注。全网总报道超百篇,"荔枝新闻"上,四期"玄武湖读书汇"的活动报道,总阅读量达到了30.8万次,"我苏新闻"上,四期总阅读量为12.6万次。此外,"玄武湖读书汇"的相关报道还被《现代快报》《南京晨报》等平面媒体刊发,《江苏广播电视报》每期专版报道。2022"玄武湖读书汇"通过"荔枝新闻"进行网络直播,吸引了众多阅读爱好者线上实时观看、参与互动,四场活动累计观看量超53万次。活动后期,将精彩内容制作成视频上传至哔哩哔哩视频网站(bilibili)、微博、微信视频号等新媒体网络平台供网友随时点阅。通过网络直播和随时点播的方式,突破了线下活动的时空局限,扩大了活动的影响半径。

移动软件也是新媒体阅读推广的重要形式。江苏广电总台大蓝鲸App策划推出"大蓝鲸阅分享"融媒体产品,充分发挥了江苏广电集聚资源、产品策划、内容创作、优秀主持人团队和融媒体技术制作的强大优势,通过搭建移动网络专区,聚合呈现丰富的多样态音视频及图文内容,打造了一个全新的全民阅读原创品牌。"大蓝鲸阅分享"以"好书加好声音"为特色,推出"主播讲书""文学客厅""诗文品读""有声书摘"四大内容板块,并特别策划推出两大名家专栏《苗怀明讲四大名著》和《莫砺锋讲南京与唐诗》，在大力宣扬中华优秀传统文化的同时，探索以数字化引领全民阅读的新路径。

　　省妇联依托线上软件平台，开设家庭亲子绘本阅读线上课堂，邀请专家每月围绕一个主题推荐4本绘本，全年共播出原创主题式家庭教育绘本分享112期；开发适合不同年龄段儿童的音频导读指导课程，邀请优秀教师团队制作"绘本可以这样读"课程7期，着力为广大家庭提供亲子共读技巧及家庭教育指导建议，帮助孩子养成良好的阅读习惯。依托《莫愁》杂志面向全省开展征集"我家的故事"短视频活动，鼓励家庭分享读书故事、阅读感悟，在微信平台展播作品31期，很受亲子家庭欢迎。

第三部分
设区市全民阅读年度报告

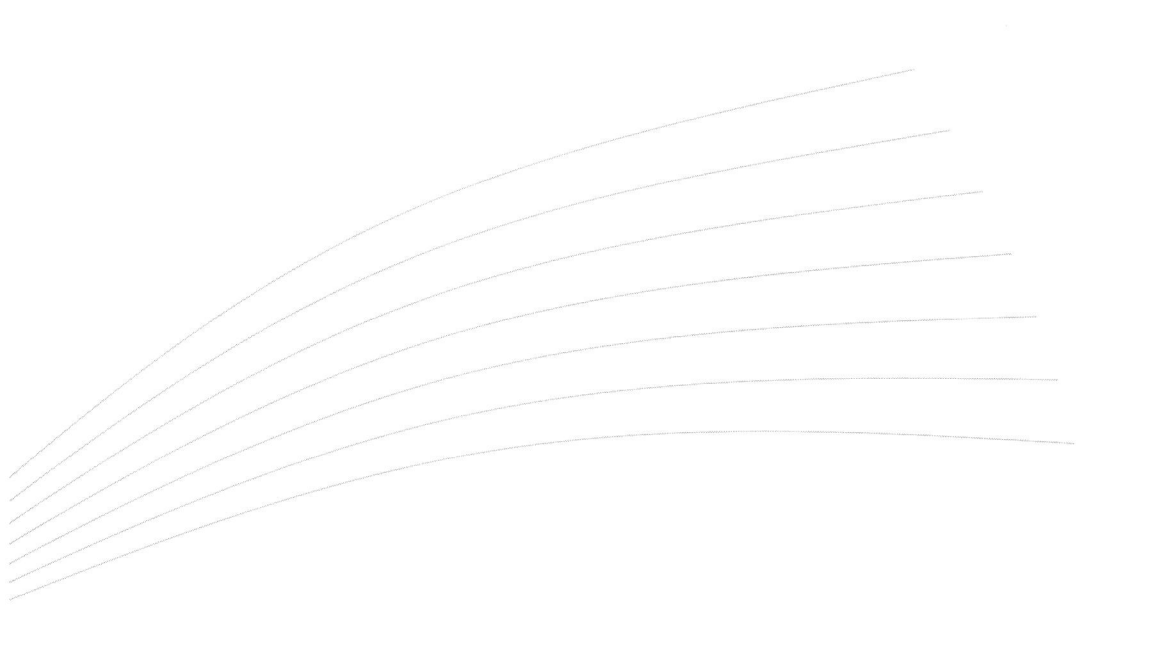

南京市全民阅读年度报告

一、概述

2022年,南京市深入贯彻落实党的十九大、十九届历次全会精神以及习近平总书记致首届全民阅读大会贺信精神和关于推进全民阅读、建设书香社会的系列重要指示精神,紧紧围绕迎接宣传贯彻党的二十大这条工作主线,深入推进"书香南京"建设。成功举办第二十七届南京读书节,央视文化专题节目《品读中国·南京》引发热烈反响;开展"喜迎二十大 筑梦向未来"主题阅读系列活动;举办"全民阅读春风行动""2022共读南京""朗读者"等一系列线上线下相结合的阅读精品活动;全市举办各类阅读推广活动1万多场。斩获全网热搜榜13个,节目相关话题阅读量两日内破2.5亿,电视端触达人次近1 400万,新媒体端直播观看人次超2 500万,相关视频全网累计播放量超4 000万。认证扶持公益阅读推广活动26个和"书香南京·共享阅读空间"16个,"小红梅·新青年学习社"等5个项目获得2021年度江苏省公益阅读推广活动认证。最新发布的江苏省居民阅读状况调查结果显示,南京市居民综合阅读率为96.53%、阅读指数达77.81,均位居全省第一,对助力南京文化高质量发展走在前列起到了积极作用。

(一)从顶层设计着手,精心谋篇布局

一是领导高度重视。市委市政府将全民阅读列入年度工作要点,列为《对标找差创新实干推动高质量发展考核办法》重点考评工作。4月23日下午,省委常委、市委书记韩立明专题调研全民阅读工作,分别到南京科技馆"南京科普阅读节"活动现场、锦创书城及南京"世界文学客厅"开展调研,并强调要深入学习贯彻习近平总书记致首届全民阅读大会贺信精神和关于推进全民阅读、建设书香社会的系列重要指示精神,加快推进"书香南京"建设,加快构建现代公共阅读服务体系,不断营造爱读书、读好书、善读书的浓厚氛围,更好地满足人民群众高质量阅读需求,为全面建设人民满意的社会主义现代化典范城市提供精神支撑。

二是强化组织领导。召开市全民阅读活动领导小组（扩大）会议，印发《2022年南京市全民阅读工作要点》《第二十七届南京读书节总体方案》《"快乐阅读，健康成长"——南京市青少年阅读提升行动》等文件，推动书香南京全面发展。

三是保质保量完成书香城市建设示范城市复核工作。根据省阅读办有关文件精神，开展省书香城市建设示范城市复核工作(南京市和江宁区、建邺区)和第四批江苏省书香城市建设示范市(县、城区)选树测评工作。按照省全民阅读办自测自评—材料审核—实地测评—综合评审等程序，扎实做好每一步工作。

（二）从品牌建设着手，打造阅读名片

坚持以南京读书节活动为龙头，以"书香南京"品牌建设为统揽，突出南京特色，打造精品阅读品牌，推进书香城市和"文学之都"建设。

一是成功举办以"阅读新时代 逐梦新征程"为主题的第十八届江苏读书节暨第二十七届南京读书节启动活动。央视《新闻联播》进行了报道。启动仪式上，南京向全世界文学之都发起"阅见世界 阅享未来——2022世界读书日世界文都南京全球笔会倡议"，邀请全世界的读者写下为未来而读书的感想，一起分享阅读心得。在读书节期间，开展了300多场重点阅读活动。

二是品牌阅读活动更具特色。开展"喜迎二十大 筑梦向未来"主题阅读系列活动，举办"2022共读南京"、一起向未来"助奥同屏共读"、"云阅读，e书香——南京网络文学精品展"等一系列线上线下相结合的品牌活动。开展2022年度市级公益阅读推广活动认证扶持工作，认证扶持26个活动项目，全面推进南京阅读品牌提档升级。

三是分众阅读活动反响热烈。深入分析青少年阅读需求，开展"双减"环境下青少年阅读推广现状与策略研究，举办"长江大保护"主题阅读提升计划系列活动、南京市第五期名家名师暑期荐读、2022年南京市中小学"读书节"、首届南京科普阅读节等青少年阅读推广活动。举办"全民阅读春风行动""朗读者"等系列品牌分众阅读活动，不断满足群众多层次阅读需求。

（三）从突出实效着手，开展阅读活动

读书节。2022年4月23日上午，第十八届江苏读书节暨第二十七届南京读书节启动活动在南京渡江胜利纪念馆举行。省委常委、宣传部部长、省全民阅读活动领导小组组长张爱军出席活动并讲话，省政府副省长、省全民阅读活动领导小组组长马欣出席活动。本届读书节以"阅读新时代 逐梦新征程"为主题，组织开展主题阅读引领、品牌阅读示范、重点群体阅读、宣传推广普及4个方面、13类重点阅读活动。在启动活动现场，南京向全世界文学之都发起"阅见世界 阅享未来——2022世界读书日世界文都南京全球笔会倡议"，邀请全世界

的读者写下为未来而读书的感想，一起分享阅读心得。活动现场还公布了2021年度江苏省公益阅读推广活动省级认证项目名单，发布了2022年向社会推荐的"12本好书"。启动活动后，中国阅读学研究会会长、书香江苏形象大使、南京大学教授徐雁应邀来到南京金陵图书馆做客"书香中国·全民阅读大讲堂"，作题为"'敬惜字纸'与'熟读深思'——汉文阅读传统的继往与开来"的讲座，并进行线上直播。

书展。7月2日至6日，第二届南京"世界文学之都"主题书展暨第十二届江苏书展南京分展举行。书展期间，超10万种精品图书和丰富的阅读文化活动，为南京市民营造了一场阅读盛宴。在书展期间，作为城市文学空间的重要枢纽，南京"世界文学客厅"迎来了大家云集的"文学：让世界更美好"主题论坛和面向青少年的"鸡笼山下文学课"。主题书展服务青少年阅读，助力健康成长。此外，结合"长江大保护"主题，南京市举办了"当江豚遇上图书漂流"亲子阅读活动启动暨第十批南京市图书漂流驿站集中开放仪式。

春风行动暨书香南京"朗读者"进基层活动。为积极响应"全民阅读春风行动"的通知精神，进一步推进南京书香城市和"文学之都"建设，推动全民阅读高质量发展，保障农民工、残障人士、城市困难职工及其子女等弱势群体平等享有公共文化阅读服务权益，2022年1月5日，由江苏省全民阅读促进会、江苏省书香全民阅读基金会、南京市全民阅读促进会、南京市出版传媒集团主办，金陵亲子读书会、南京市建邺区生态科技岛小学承办的2022年"春风行动暨书香南京朗读者进基层活动"在南京市生态科技岛小学拉开序幕。

大众好书榜。由南京市全民阅读促进会指导、大众书局承办的2022年"大众好书榜"根据大众书局实际销售情况、出版社重点推荐书目及行业内各大权威推荐，共同组成榜单，积极为广大市民读者推介好书。

"一起向未来"——文学之都与冬奥会、冬残奥会。活动由南京市全民阅读办指导，南京市全民阅读促进会、南京市残联、南京出版传媒集团、金陵图书馆、南京广播电视集团、南京图书馆、南京体育学院、江苏省残联等单位联合主办，南京图书馆、金陵图书馆、南京体育学院图书馆等组成全民阅读推广专家团队，邀请22位奥运冠军、世界冠军、残奥冠军推荐自己喜欢的书目，并亲自朗诵，由合作方在冬奥会、冬残奥会举办之际大力宣传，为正在为国出征的奥运健儿摇旗呐喊。同时，在奥运冠军的有声作品线上推出后，合作方书香南京朗读志愿者团队进行同屏共读，进一步提高活动的影响力。

"阅美南京"系列活动。"阅美南京"系列活动邀请众多人文、社科等领域的名家走进书店、图书馆等场馆，开展面向社会公众全覆盖的经典文学作品"文都品读会"诵读分享活动。同时，将走进社区、老年大学等老年朋友集中的区域，提供优质的阅读文化体验活动；走进校园，特别是文化活动薄弱的乡村中、小学校，邀请文化名家、语言艺术家开展文学经典诵读"文都少年诵"等系列活动。本次活动由市文明办、市社科联、市教育局等单位共同主办，南京市"一带一路"文化研究院、南京市文学之都促进会等单位承办。

"寻找地铁里的南京故事"——**2022 年文都青少年暑期研学夏令营**。活动由金陵图书馆、南京地铁运营有限责任公司、南京市档案馆、南京出版传媒集团、南京市文学之都促进会、太平天国历史博物馆联合主办，南京金陵书苑图书发行公司、小银星艺术团、南京创意中心协办，依托"寻找地铁里的南京故事"图文展在全市多条地铁线、17 个地铁站点的分布，整合 10 余家南京文博场馆四大主题文化资源，包括南京世界文学客厅、金陵图书馆、南京市档案馆等文化地标场馆，太平天国历史博物馆、江南丝绸文化博物馆等历史文化场馆，中共代表团梅园新村纪念馆、南京长江大桥等红色遗迹，南京云锦博物馆等非遗文化馆，旨在带领青少年通过纵横交错的地铁线路，寻访六朝古都南京的文学地标和红色景点，接受爱国主义教育、体验城市文化，从而弘扬南京特色文化与红色基因，展现世界"文学之都"的风采。

二、阅读场馆、阅读空间建设与发展情况

坚持将有效覆盖与高效使用相结合，整合社会优质阅读资源。

一是积极推进建设互联互通的"公共阅读设施群"。全市 14 个公共图书馆、102 个镇（街道）分馆、1 201 个村（社区）综合文化服务中心均免费提供"通借通还"借阅服务；已建成 24 小时自助图书馆 88 个、24 小时自助借还设备 116 个；建设并投入运营少儿图书室（阅读空间）102 个。

二是打造具有南京特色的新型阅读空间。在公园景区、文博场馆、城乡社区、商场、酒店等建设新型阅读空间 240 多处，"南京市图书漂流文化驿站"500 个，打造了"文学会客厅""城墙书吧"等一批广受市民好评的新型阅读阵地。开展 2022 年度南京市共享阅读空间认证扶持工作，认证扶持 16 个"书香南京·共享阅读空间"，深入推进全民阅读阵地建设。

三、阅读促进机构建设、阅读组织发展情况

2021 年，全市各区全民阅读促进会相继成立。2022 年，各区先后结合"世界读书日"、红色经典阅读活动、"全民阅读春风行动"等重大活动项目，系统、扎实推动全民阅读进基层、进社区，大力发展阅读组织，全市阅读组织超过

850个。

四、社会阅读力量培育发展情况

领读者。迄今为止,在南京市全民阅读促进会的邀请下,领读者专家库已经招募何建明、范小青、曹文轩、黄蓓佳、赵丽宏等著名作家,并得到了残联主席张海迪的授权。除此之外,促进会还从南京新闻广播的主持人中选拔专业领读人,阅读专家库授权的文学作品。

阅读推广人。在南京市全民阅读办的指导下,南京市全民阅读促进会正式组建"书香南京·朗读者"志愿服务特聘专家指导团,成员包括主持人吴晓平、南京市全民阅读促进会专家指导组组长董群、南京出版集团总经理卢海鸣、南京图书馆副馆长许建业。同时,大力开展阅读推广人培训,推动基层阅读推广人组织的建设。

志愿者培训。目前,南京仅"书香南京·朗读者"阅读志愿者人数便将近15 000人,各文化志愿团队更是如雨后春笋般深入社会,为广大市民读者、弱势群体、文化单位提供阅读服务,并在市全民阅读促进会的统筹组织下,举办专题阅读活动,推广全民阅读。

五、阅读推广媒体宣传情况

市区联动,开展全媒体宣传工作。充分利用报刊、广播、电视、网络、微信公众号等各类新闻媒体进行宣传。办好《南京日报》"风雅秦淮·书香"专版、《金陵晚报》"读书时间"专版、"书香南京"微信公众号、紫金山新闻客户端"书香南京"频道、南京广电《为您读美文》、南京发布《夜读》等常态化阅读专栏专题节目;在市级主要媒体和南京主要商业街、影院、公交、地铁和各区图书馆、书店、街道文化站等场所投放全民阅读公益广告;在南京广电新媒体"在南京"App上开设"书香南京"数字阅读集合平台,在喜马拉雅设立"书香南京"听书栏目,为广大市民提供"24小时无障碍无边界"阅读,营造全市爱读书、读好书、善读书的浓厚氛围。

六、全民阅读品牌活动、阅读推广先进典型

(一)全民阅读品牌活动

1."书香南京·朗读者"

"书香南京·朗读者"系列活动是由南京市全民阅读领导小组领导、南京市

全民阅读办公室指导、南京市全民阅读促进会负责牵头运行的一个在全国颇具影响的公益朗读志愿服务品牌项目，以关注视障人群阅读需求、保障残障人群阅读基本权利为发出点，以录制有声读物、开展公益诵读为主要服务内容，坚持公益助残文化引领，逐步发展为一项倡导全民积极参与朗读与阅读的志愿服务品牌。2022年，南京创新推出"书香盲道"文化商标，力求坚持做好视障人群基本公共文化服务，助推南京市视障文化服务品牌全域联动高质量发展。

2. 金图讲坛

"金图讲坛"是金陵图书馆开办的公益性大众讲座，讲坛坚持从读者需求出发，紧扣当下热点，注重人文关怀。每年举办各类讲座沙龙100场左右，年均近3万人次的市民读者到场聆听。该项目曾荣获文化部颁发的文化领域政府最高奖"群星奖"以及"江苏省优秀讲坛称号"。

3. 盲人剧场

2016年4月23日起，"朗读者"在全国首创"盲人剧场"创新板块，以跨界合作的形式，开展讲座、演唱、戏曲、话剧、朗读、朗诵、广播剧、无障碍电影等适合盲人欣赏的文艺演出一站式服务，弥补了众多盲人文化服务中艺术形式单一的不足。该活动包括"世界读书日"、"中秋佳节"、外国留学生志愿者专场等主题。为了提高品牌影响力和认知度，主办方申请注册了"盲人剧场"名称和"朗读者"活动图标商标，保证活动版权。

4. 小小朗读者

"小小朗读者"是"朗读者"这一项目品牌中专门面向全市中小学生，以金陵"朗读者"联盟为平台开展的经典诵读活动，南京市全民阅读促进会、金陵图书馆、南京广电的专业主持人参与其中，携手合作。

（二）阅读推广先进典型

1. 南京市残疾人联合会

南京市残疾人联合会网站作为南京市残联对外宣传的窗口及与残疾人沟通的桥梁，旨在推进信息无障碍事业建设，为广大残疾人群体无障碍获取信息、平等参与社会生活提供良好的社会条件，使全体残疾人借助高科技手段真正融入社会生活中。

2. 南京出版传媒集团

南京出版传媒集团是南京市文化改革发展领导小组指导下的市直属企业集团，具有独立法人资格。旗下精英有南京出版社有限公司、南京广播电视报社、《好家长》杂志社、《青春》杂志社、《青春之星》编辑部、《塑料助剂》编辑部、南京音像出版社等非时政类报刊出版单位，努力将南京出版发行市场做大做强。

3. 南京广播电视集团

南京广播电视集团是国家广播电视总局批准的第一家全国副省级城市广电集团。集团属于事业性质，实行企业化管理，由市委宣传部代表市委实施领导，同时接受市政府有关部门的监督管理。

4. 金陵图书馆

金陵图书馆是国家副省级图书馆、全国古籍重点保护单位，是南京市文献资源保障中心、阅读服务指导中心和全市图书馆事业发展组织协调中心，也是市民获取文献信息资源服务、进行健康休闲阅读、开展知识探秘研究和接受终身教育的文化绿洲与大众课堂。

5. 南京新华书店

南京新华书店下辖新街口旗舰店及遍布全市的18家综合书店和专业书店，总营业面积3万余平方米，图书品种齐全、导购便利、服务规范，是广大市民购书、阅读的理想场所。

七、全民阅读获得省级及以上表彰奖励情况

"书香南京·朗读者"获中宣部、中央文明办等部门联合公布的2021年度（2022年评选并公布）全国学雷锋志愿服务"四个100"先进典型。

"书香南京·朗读者"音像出版物CD专辑《古韵今风》获2021年度（2022年评选并公布）中华民族音乐传承出版工程精品出版项目（国家新闻出版署）。

纪录片《回望美丽——雨花女英烈的故事》获"第27届中国纪录片十佳十优"暨"理想照耀中国"纪念中国共产党建党百年优秀作品奖（中国电视艺术家协会、中国视协电视纪录片学术委员会）。

有声读物《烈火芳华——雨花英烈传》获2021年度（2022年评选并公布）江苏省主题出版重点出版物（中共江苏省委宣传部）。

南京新华书店获评江苏省双优诚信发行单位。

南京广电作品《我们都是长三角人——对话长三角市长》《南京长江大桥公路桥恢复通车特别节目》《聚焦"小微"成长的烦恼》《小西湖，南京老城南的新故事》《在武汉》获江苏广播新闻奖一等奖。

金陵图书馆"阅美四季"活动获评2022年省级公益阅读推广活动认证（一类）。

南京金陵书苑图书发行有限公司"共读文都计划"活动获评2022年省级公益阅读推广活动认证（二类）、第四届江苏全民阅读"十佳"阅读推广机构。

三江学院"品诵·演绎·传承——红色浸润乡土 公益阅读诵经典"活动获评2022年省级公益阅读推广活动认证(三类)。

南京市江宁区委宣传部"江宁共读"计划获评2022年省级公益阅读推广活动认证(三类)。

南京君荷礼韵文化传播有限公司的"诗礼中的四时八节"阅读活动获评2022年省级公益阅读推广活动认证(三类)。

南京市秦淮区政协的"书香政协·风雅秦淮"阅读活动获评2022年省级公益阅读推广活动认证(三类)。

南京图书馆杨峥获评第四届江苏全民阅读"十佳"阅读推广人。

江苏凤凰新华书店集团有限公司南京分公司"凤凰文化早市"活动获评第四届江苏全民阅读"十佳"阅读推广活动。

南京市溧水区委宣传部"'声'入人心 红动溧水"阅读活动获评第四届江苏全民阅读"十佳"阅读推广活动。

南京市高淳区图书馆文化志愿者服务队获评第四届江苏全民阅读"十佳"阅读志愿服务组织。

八、县(市、区)全民阅读情况

江北新区。以建设新时代书香南京工作为方向,以居民读者需求为重点,开设丰富多彩的活动,包含江北新区图书馆赠书活动、"全民阅读春风行动"、元宵节艺启向未来、新春送文创等主题活动,参与人数达到万人以上。同时积极建设多元化阅读场景,联系各方合作为学生提供优质阅读资源以及阅读服务指导,坚持读者本位的发展理念,为江北新区全民阅读工作贡献力量。

玄武区。推动实体书店建设。奇点书集获评省级"最美书店",在锦创书城和奇点书集打造"梅花戏剧角",推动从"单一书店"向"综合功能体"的转型。挂牌10家"书香玄武"读书角,统一标识,组织分众化活动。打通社区"最后一公里"。启动"社区公益阅读计划",策划"流动书屋"项目。盘活驻区资源。联合南京图书馆、古生物博物馆等图书馆、文博场馆,开展荐书、讲座、科普直播活动;联合"世界文学客厅",开展文都青少年暑期研学夏令营;联合湖北中文在线,上线"书香玄武"阅读平台,免费提供10万种电子图书、3万集有声图书。主流媒体宣传报道26篇,在"玄武发布"开设"书香玄武"专栏,制作海报、宣传片、荐书VCR等爆款传播产品。将全民阅读纳入"我为群众办实事"项目,书展期间为规模在1 000平方米以上的实体书店提供"折上九折"优惠活动补贴。

秦淮区。举办"中秋月 门东情——2022第三届'我们的节日·我在秦淮品诗赏月'"活动。面向青少年开展"颂中华经典 做时代新人"主题诵读大赛。打造"书香政协"阅读品牌,建成数字政协文史馆、政协书苑、"水上流动书舫",建设一批书香政协•书屋、书角,联动打造"桨声灯影里的委员故事荟",举办"翰墨光影•雅颂秦淮"喜迎中共二十大书画摄影作品展。制作"书香秦淮、阅来阅美"主题手提袋,设计"秦淮书香地图",分发全民阅读宣传折页10万份,营造浓厚的宣传氛围。深入推广"移动图书馆"客户端,在区图书馆微信公众号中加入"懒人听书""QQ阅读"模块,让居民享受更广泛的数字阅读资源。

建邺区。深化"书香建邺"品牌建设,组织开展"全民阅读春风行动""奋进新时代 阅读向未来"读书日主题活动等,全区全年组织阅读活动400余场。推荐慕识书院成功申报2022年南京市共享阅读空间,君荷文化、书语堂成功申报2022年度南京市公益阅读推广活动认证。积极推进数字阅读建设,在明基医院搭建有声图书馆,满足不同群众线上听书的需求。打造区域阅读IP,举办南京河西南第二届帐篷读书节暨"百家亲子阅读计划"启动仪式。成立"河西南亲子阅读联盟",通过"场地联用、品牌联创、活动联办、培训联做、平台联建"五联一体化融合推广的形式,打造专属于河西南居民家庭的阅读活动品牌。

鼓楼区。持续深化全民阅读"五大工程",在深入推进"书香六进"的基础上,推进书香深入校区、注入小区、送入景区、引入园区。通过"鼓楼名师伴读 相约凤凰书城"2022年阅读能力提升系列讲堂活动,以书香启智慧、育新人。将阅读主题灵感市集引入水木秦淮艺术街区,以书香刺激新消费。开展第二届鼓楼区"三美一优"推荐评选,选出"最美阅读大使"3名,"最美书屋"8个,"最美阅读组织"5个,"优秀阅读推广项目"4个。打造阅读精品项目,分别以"春风行动""阅读新时代 逐梦新征程""江苏书展"及"阅读,你我身边的美好"为季度主题,深入开展阅读关爱活动,向全区困难家庭子女捐赠130个书香阅读礼包和千本少儿图书;组织开展"书香相伴奋斗路"党员阅读活动、"书香织起连心桥"职工阅读活动、"书香传诵家国情"群众阅读活动和"书香播种少年梦"青少年阅读活动4个板块20项重点阅读惠民活动,全年开展各类阅读活动千余场。

栖霞区。印发《2022年度栖霞区全民阅读工作考核办法》。组织开展"'读'览长江 '阅'知千古"——南京市栖霞区长江文化系列活动之"江中绿岛 醉美八卦洲"、2022年"童心向党 一'栖'朗读"——栖霞区"小小朗读者"评选、"阅多精彩 悦享未来"——迈皋桥街道2022年共享阅读空间系列活动启动仪式和2022年"全民阅读春风行动"等特色阅读活动1100余场,发放各类全民阅读宣传品1万余份。在《人民日报》《新华日报》《现代快报》《南京日报》《南京晨报》《学习强国》《人民日报》(海外版)《江苏工人报》、龙虎网、交汇点、江南时报网、"爱南京"、"书香南京"等平台相继发布全民阅读报道500余篇。

雨花台区。完善阅读设施布局。因地制宜打造"小板凳读书角"等16处居民认可的阅读设施，涌现"雨花街道少儿图书馆"等阅读空间新样板。提高阅读活动实效。推出"阅见雨花 云端共读"等免费线上阅读资源。以直播形式举办"阅读新时代 逐梦新征程"雨花台区2022年全民阅读系列活动启动仪式。开展各类分众阅读活动800余场，43 000多人次参与，其中"在世界文学之都与文学大家面对面"获市公益阅读推广活动认证扶持。突出书香氛围营造。在"金陵微雨花"微信公众号开设"晓雨荐书"专栏，由区全民阅读虚拟数字代言人晓雨以视频形式开展好书荐读。《书香雨花——四季皆是读书天》公益宣传片被"学习强国""南京发布"等平台采用，有效扩大了雨花全民阅读的影响力。

江宁区。以第一批江苏省"书香城市"建设示范区复核为引领，举办"阅读悦心 约未来"为主题的第27届世界读书日暨江宁区第二届读者节系列活动，不断扩大全民阅读知晓率和参与率。先后开展以保障农村留守儿童、城市流动儿童和贫困家庭儿童的基本阅读需求为重点的"全民阅读春风行动""我的书屋·我的梦""江宁共读"等主题阅读活动共1 000余场次，"江宁共读""文化展览 书香七进"主题展览阅读推广活动获得市级公益阅读推广活动扶持认证；不断加大公益宣传力度，通过"江宁发布"微信公众号等渠道，发布全民阅读链接、音视频公益广告。

浦口区。多元推进全民阅读走进基层。深入开展全民阅读宣传，组织全区采取集中宣讲与进楼入户相结合的方式，宣传全民阅读知识，倡导居民"好读书、读好书"，累计覆盖20万余人次。点面结合推进阅读活动进基层，面上组织各单位结合自身特点开展全民阅读活动1 000余场，点上线上与线下合作开展"全民阅读竞赛""阅读志愿服务进基层"等重点活动，累计吸引6万多人参与其中。

六合区。紧紧围绕"迎接党的二十大"主题主线和全民阅读年度工作要求，在全区各单位深入开展各类阅读活动，积极承办2022年南京市暨六合区"全民阅读春风行动"启动仪式。举办"阅无止境 书香常伴"寒假阅读打卡暨图书盲选活动、"书香六合 同心抗疫'云'诵经典"朗读季活动、"书香六合'阅'向未来"全民读书节等各类阅读活动1 100场。进一步营造全民阅读浓厚宣传氛围，与区融媒体中心合作推出"书香六合2022"全民阅读宣传公益广告1条，印制"书香六合"宣传折页1 000份，设计"书香六合"电子海报4版，在各街镇居民网格服务群开展全民阅读宣传50余次，利用区电视台2个频道、影院等场所公益广告大屏、街镇便民服务大厅电子屏等全时段播放全民阅读公益广告。

溧水区。举办溧水区第三届诗词大会，累计开展海选、复赛、决赛近30场，线上线下参与人次近万人，《中国诗词大会》年度总冠军彭敏发来祝贺视频。举办"带着书香来露营"主题活动,设置图书摊位、亲子帐篷等,以"阅读＋露营"的休闲方式,将"读"与"行"深度融合。策划茅盾文学奖线上留言赠书活动,赠送图书数百本。2022年,溧水区共开展"文都文影"征文摄影大赛、端午中秋诗会等阅读活动800余场。"品书香溧水 赏诗词之美"诗词大会、"小记者'阅·知·行'读书实践活动"获南京市2022年公益阅读推广活动。"声入人心、红动溧水"获评江苏省十佳阅读推广活动,溧水区委宣传部作为全省唯一的行业主管部门在2022年江苏书展的全民阅读领读者培训班上做经验交流发言。西旺社区农家书屋获评2022年南京市共享阅读空间,蒲塘社区农家书屋"大美蒲塘 书屋有戏"入选江苏省农家书屋创新示范案例。

高淳区。举办"阅读新时代 逐梦新征程"高淳区第九届读书节、南京市第四届"美丽乡村阅读季"暨"高淳古戏台 身边小剧场"系列活动。开展以保障各类困境儿童的阅读需求为重点的"全民阅读春风行动"等系列主题阅读活动共1 000余场次。围绕省全民阅读指数指标,找准工作着力点,基本形成覆盖城乡的全民阅读推广服务体系;开展2022年"最美阅读人"摄影展征稿、寻找"淳城最美朗读者"等活动。同时,通过线上线下多种媒体渠道,不断加大公益宣传力度,营造全民阅读浓厚氛围,不断提升居民的阅读兴趣。

无锡市全民阅读年度报告

一、概述

2022年，无锡市紧紧围绕学习宣传贯彻党的二十大精神和习近平总书记致首届全民阅读大会贺信精神，坚持把全民阅读工作摆进实施文化强市战略和"高质量发展"书香城市建设大局中统筹谋划，强势推进，在制度机制、措施办法、宣传推介等关键环节上固底板、补短板、拉长板，各项工作稳中有进。

一是阅读阵地建设靓了起来。一方面，聚力打造"钟书"文化品牌，围绕如期完成市委市政府"为民办实事"项目，全力推进50个"钟书房"阅读新空间建设。引导各市（县）区积极发挥主观能动性和创造力，探索"钟书房"＋咖啡、花店、旅游等模式，或融入文化特色街区，已成为群众追捧的城市文化"第三空间"。另一方面，以省书香城市建设示范市复核和申报工作为契机，以巩固深化全省开展的农家书屋提质增效监督检查成果为引领，指导全市各板块加大农家（社区）书屋扮靓工程建设，全市815家农家书屋在数字化建设、出版物更新等方面取得较为明显的成效。由此，全覆盖、高密度的阅读阵地网络体系建设初见成效，"家门口"阅读空间、"15分钟阅读圈"将激活市民群众阅读生活新磁场。

二是阅读工作力量强了起来。从纵向看，各板块抓全民阅读工作的动力、能力和执行力得到明显增强，举办了"书香"系列特色活动以及"4.23"世界读书日、农民读书节、阅读推广进基层等活动万余场次，形式多样，有声有色，市、区、乡镇街道三级合力、上下贯通推动全民阅读的工作格局基本形成。从横向看，对市级条线部门组织"全民阅读工作"党建考核，切实立起"管行业就要抓阅读"的鲜明导向，各全民阅读活动领导小组成员单位的工作积极性得到进一步激发。市级机关工委、市委网信办、市妇联、市残联、市总工会、市教育局、团市委等部门单位，坚持举办活动、打造品牌，形成了一定的规模效应。年内，市全民阅读办牵头组织评选出60个书香机关、书香校园、书香家庭、书香企业、书香残疾人之家等阅读工作系列典型。从基层看，百草园书店微信公众号粉丝突破600万，每天一发文点击量即10万＋。全市范围内近300家阅读组织（机构）积极活跃在基层全民阅读活动一线,已经成为推动全民阅读工作、建设书香城市的重要力量补充。

三是立体宣传力度大了起来。为了扩大群众的知晓率和参与度,打好一系列组合拳,力争阅读活动宣传全媒体、多渠道、广覆盖。第十二届江苏书展无锡分展场精心筹划"个、十、百、千"活动方案,受到省委宣传部、书展执委会的肯定和表扬,无锡分展场"云端"出彩,吸引读者近百万。在第十五届太湖读书月系列活动中,全民阅读系列典型网络宣传推介吸引了210多万浏览量;举办百万惠民读书券限时抢活动,指导36家实体书店全部图书八折参与,用好抖音、网易、新浪、今日头条、人民日报客户端、学习强国等网络平台和线下宣传,浏览量近250万。宣传力度之大、范围之广、影响之深为历史之最,氛围感拉满,既扩大了阅读活动的知晓率,也有力扶持了实体书店经营,取得了很好的社会效应。

二、阅读场馆、阅读空间建设情况

江阴市。建成"三味书咖"城市阅读联盟14家、"艺风书房"24小时自助图书馆8家、"艺风微书房"8家。持续开展农家书屋"一二三"提升工程,对高新区、青阳镇、月城镇、周庄镇、长泾镇、顾山镇、新桥镇等镇街进行升级改造,使农家书屋更加贴近群众,满足群众阅读需求。锦隆社区农家书屋获评省农家书屋创新示范案例。

宜兴市。新建新芙蓉沁沁书吧、城旅书房、知行书香驿站、白果书巷等10个共享阅读空间。实施农家书屋提档升级工程,改善居民群众阅读条件,全市各板块共有高塍镇梅渎村农家书屋、周铁镇下株村农家书屋等8个农家书屋完成升级。构建"1+18+289"总分馆网络,建成图书馆19个、农家书屋289个;建成24小时自助图书馆(驿站)11个、职工书屋53个;创建全国职工书屋建设示范点10家、江苏省职工书屋建设示范点15家。另外,有民间公益性书屋10个、城区和乡镇书店184个、校园书店5个、其他书店12个、室外阅报栏屏477个。

梁溪区。持续构建以区图书馆为龙头、特色书店为地标、基层社区书屋和实体书店为支柱、"钟书房"为补充的全民阅读公共服务体系,按照"一刻钟服务圈"要求,以服务半径、服务人口为标准,在全区9个街道挂牌建立图书分馆,在155个社区建立社区分馆,形成"1+9+155"的"区—街道—社区"三级总分馆制体系,实现街道社区100%全覆盖。同时深挖梁溪区域内涵特点,打造14个具有梁溪气质、地域特色的"钟书房"优质公共阅读空间。

锡山区。共有五星级农家书屋3家、四星级10家、三星级11家,打造群众喜爱的"四堂"阵地（政策理论的宣传讲堂、农民致富的充电学堂、乡村文化的展演礼堂、留守儿童的校外课堂）。高标准建设14家"钟书房"优质阅读空间，书房地段好、覆盖人群广、面积均超过200平方米，智能化设施设备一应俱全，坚持"政府建设维护，第三方运营管理，社会组织补充"的运营模式，结合地域特点、本土特质，做到一板块一特色、一书房一主题。

惠山区。已建成1个区级图书馆、7个镇（街道）图书馆分馆和105个农家（社区）书屋。推进全区首批9个"钟书房"优质公共阅读空间建设，围绕"一区域一主题、一书房一特色"，打造独具特色的城市优质阅读空间。积极打造智能化、网络化、数字化、一体化的网络阅读空间，在新时代文明实践中心（所、站、点）、公共图书馆、农家（社区）书屋、为民服务中心等场所推广设立"红色E线"惠山区全民阅读数字平台。

滨湖区。共有各类公益阅读空间217个，含"钟书房"11家，"钟书阅读驿站"12家，区、镇（街道）、村（社区）三级公共阅读服务设施86家（含27家农家书屋），人大书屋20家，政协书房32家，职工书屋45家及其他阅读新空间11处；出版物零售单位98家，含西西弗、字里行间、芸台书社等品牌书店5家，其他线下实体书店33家，其中马山街道古竹社区书屋、胡埭镇尚书阁、胡埭镇张舍村书屋、胡埭镇立人社区书屋为无锡市四星级农家书屋。

三、阅读促进机构、阅读组织发展情况

2022年3月2日，无锡市全民阅读促进会召开第二届第二次理事、监事会议。在充分发挥促读会职能，推动导读、领队队伍建设，完善阅读组织体系，实现资源共享等方面展开了充分讨论。会议决定，尽快成立江阴、宜兴全民阅读促进会；重视特殊人群阅读，把公益阅读项目作为特色活动着力推广；成立阅读推广基本队伍，加强对导读人员的培训。目前全市有阅读组织330个。

四、社会阅读力量培育发展情况

2022年，无锡市全民阅读办遴选文化、教育、卫生、科技、媒体等系统较高水平、致力于公益阅读推广的专家学者，组建导读员队伍，明确分工，赋予任务，发动他们深入基层，走进群众。充分发挥市全民阅读促进会作用，把各类阅读组织（机构）力量聚集起来，使其广泛参与到"阅读活动送基层"活动中。同时，按照"以活动抓培训、以观摩促提升"的思路，市、区两级举办各类活动，引导社会阅读力量积极介入，并以购买第三方活动的形式，抓好阅读力量的培优育强。

江阴市。累计聘请和招募媒体、教育、科技、卫健、文艺等各领域人才 1 200 余人,组建公益阅读推广人和领读者队伍,常年在全市城乡各阅读阵地策划开展各类群众性阅读推广活动。制定完善考核激励和动态管理办法,吸引社会力量参与,已有 7 家企业加入"三味书咖"城市阅读联盟、52 家公益阅读组织和企业加入市公益阅读联盟。

宜兴市。把全民阅读纳入文明志愿服务体系,一同招募,赋予文明志愿者全民阅读志愿责任。在市图书馆、各镇(园区、街道)、村(社区)农家书屋和其他公共阅读场所设立全民阅读志愿服务站(队)。每年组织优秀阅读推广人评选,目前,全市共有全民阅读志愿服务总站(队)1 个、分站(队)307 个,市级认定表彰的优秀阅读推广人 166 人、领读者 34 人。

梁溪区。聘请 15 位区全民阅读领读者,组建梁溪区"领读者"队伍,成为全民阅读"点灯人"。构建"1+9+N"全民阅读志愿服务网络,在区图书馆和基层阅读场所设立全民阅读志愿服务站,努力实现志愿服务活动与群众阅读需求的有效对接。2022 年,全区全民阅读志愿者注册人数已达 673 名,较 2021 年增加 130 名,全年志愿服务达 1 493 人次。

五、阅读推广媒体宣传情况

充分利用广播、电视、报纸、网络等主流媒体,全方位、立体式开展深入推进全民阅读系列宣传活动。市、区、乡镇、街道四级联动,提前公布阅读活动计划,利用各类宣传阵地发布倡导全民阅读、书香城市建设等内容的公益广告,通过网络直播、全媒体报道等形式宣传重点阅读活动和先进典型,引发广泛关注,营造浓厚"书香社会"氛围。锡山区在"学习强国"全国平台、《农家书屋》杂志等国家级平台发布阅读报道 4 篇,在"学习强国"江苏平台、《江苏省农家书屋》发布稿件 4 篇,在《江南晚报》《无锡日报》《联播无锡》等市级媒体平台刊发阅读活动报道 30 篇。惠山区依托"无锡惠山发布"微信公众号,开通"惠阅书香"专栏,常态开设领读者荐书专题,定期推荐好书、领读好书,推出主题阅读活动(服务)清单,试点"你点单我阅读"计划,实施高水平全民阅读惠民工程。滨湖区全年在人民资讯、中国江苏网、新华网江苏、我苏网、书香江苏、省新闻出版局官网、《扬子晚报》、《现代快报》、澎湃新闻、"学习强国"无锡平台、《江南晚报》、新江南网、"无锡发布"等中央、省、市新闻媒体平台累计发布滨湖区各级各单位部门开展的全民阅读活动相关新闻报道 80 余次。

六、阅读品牌活动、阅读推广先进典型

（一）先进阅读品牌活动

"氿韵墨香 阅读怡心"百场阅读进万家系列活动。系列活动紧扣"书香致高远 阅读向未来"主题，以学习贯彻党的二十大精神、党史学习教育为主线，开展理论阅读推广、红色经典阅读推广等10个系列活动，线上线下组织141场阅读活动，10万群众参与活动。成立宜兴首个阅读联盟，16家阅读联盟凝聚阅读力量、共享联盟资源、共建阅读品牌，在资源联通、活动联办、宣传联动等方面进行深度合作，助推全民阅读发展。阅读活动在"学习强国"平台、人民日报新闻客户端等媒体刊播41篇（次）。

"读享乐趣"特色书展。梁溪区委、区政府已连续6年开展"读享乐趣"特色书展，弘扬全民阅读理念。2022年，第六届梁溪特色书展紧紧围绕"精彩城区新时代 书香逐梦向未来"的活动理念，以"城市在阅读"为主题，以"书展＋生活市集＋阅读分享＋图书漂流＋民谣弹唱＋非遗展示"为特色亮点，邀请辖区内无锡新华书店、惠山书局、钟书阁、百草园书店、润生书局、大众书局、字里行间、樊登书店、奈目书店9家大型品牌书店参与，结合当下火爆的"今夜'梁'宵"夜市经济，创新开展夜市书展。

"全民DOU阅读 书香漫锡山"活动。锡山区新闻出版局、区全民阅读领导小组办公室强化渠道思维，聚焦短视频新风向，充分利用抖音新媒体平台提升阅读影响力，开展"全民DOU阅读 书香漫锡山"活动，被列为2022年江苏省重点阅读活动。全年活动由"主题诵读""好书推荐""直播分享""年终盛宴"四大篇章组成，依托官方抖音号"锡阅读"，每月结合当下热点开展主题诵读活动，面向全区民众征集诵读短视频，并根据作品点赞量进行评奖。全年共征集阅读短视频作品600余条，平均每期活动播放量、点赞数均超过1万。

"三十而阅·悦读伯渎"——2022新吴读书节系列活动。在无锡高新区成立30周年之际，"三十而阅·悦读伯渎"——2022新吴读书节系列活动正式启动。活动以线上为主，结合线下服务，推出了新吴区全民阅读提升计划，以区级品牌阅读、主题阅读为引领，相关部门举办各类分众阅读活动，各街道围绕"一街一品"打造特色阅读品牌。通过"高新区在线"、各部门微信公众号和视频号等新媒体矩阵广泛发布启动式和系列阅读活动计划。创新开展书香无锡公益广告设计大赛、书香云电台、线上读书会、星阅读书会·真人图书馆、线上"书籍盲盒"抽取等阅读活动。全区计划组织贯穿全年的重点阅读活动61大项，相关活动近500场次。

（二）阅读推广先进典型

字里行间。以书店为阵地，每周常态化开展亲子阅读和其他亲子类公益活动3—4场，开展各类读书征文、读书会、非遗传承等活动，举办心理讲座及优秀传统文化讲座等，全年累计开展活动100余场。书店以全民阅读为背景，以儿童友好理念为目标，以主题活动和培训为切入点，走进社区进行阅读推广活动。"读万卷书，行万里路"，开展行走读懂一座城活动；结合社区特点，打造花菜宝贝IP形象，结合社区儿童自主创作的童话进行童话梦工厂的再实施，深受社区青少年喜爱。

"三善（Sunshine）"公益绘本妈妈社。依托东港城市书房，以推广绘本阅读普及为愿景，以学龄前及青少年家庭为推广对象，召集妈妈们利用业余时间到城市书房义务为孩子们讲述绘本故事，让更多的居民幼儿享受绘本阅读所带来的益处，让更多的妈妈学会如何挑选绘本，陪伴和帮助孩子爱上阅读。2022年共开展绘本妈妈线下交流互动活动13场、各类绘本阅读类活动20多场，每周在东港城市书房开展日常公益服务4次，累计服务儿童上千名。

无锡村田电子有限公司。村田电子公司是无锡市新吴区全民阅读优秀企业代表，连续6年举办"村田读书节"，在公司微信公众号设立"图书推荐"专栏，与新华书店长期合作为职工提供购书补贴，以阅读助力企业文化建设，提升企业职工素质，让阅读成为企业新的生产力。

江苏省天一中学高中语文教师唐缨。倡导"以阅读增长生命"的理念，20余年间坚持开设"中国传统文化"校本选修课程，开展阅读公益讲座逾百场，发表、获奖论文多篇，出版个人著作。在世界读书日期间，唐缨为广大青少年提出了阅读"六个一"的建议并进行好书推荐。在疫情管控期间，唐缨老师组建读书群为所在小区居民传授国学阅读经验，让阅读成为疫情期间的心灵港湾，事迹被刊登在"学习强国""锡山发布"上。

七、全民阅读获得省级及以上表彰奖励情况

无锡市锡山区委宣传部的"锡阅再出发 书香向未来"全民阅读引领计划获评2022年度省级公益阅读推广活动认证（三类）。

无锡市墨读书房文化传播有限公司的"阅行走·悦成长"公益阅读推广项目获评2022年度省级公益阅读推广活动认证（三类）。

无锡绘加悦儿文化传播有限公司的"书香童年·阅享四季"儿童创新阅读推广活动项目获评2022年度省级公益阅读推广活动认证（三类）。

无锡百草园书店获评第四届江苏全民阅读"十佳阅读推广机构"。

无锡市图书馆"阅百年历程 传精神力量"庆祝中国共产党成立100周年系列活动获评第四届江苏全民阅读"十佳阅读推广机活动"。

江阴市委宣传部获评第十二届江苏书展优秀组织单位。

江阴市锦隆社区农家书屋入选省农家书屋创新案例。

江苏路通项目管理有限公司改建的知行书香驿站被中华全国总工会授予"职工书屋"称号。

宜兴市徐风《做壶》入选"2022年度国家出版基金资助项目",《忘记我》成功入围省"五个一"工程奖。

宜兴市周铁镇周铁社区农家书屋、新街街道绿园社区农家书屋分别获评江苏省"发现最美农家书屋"线上摄影、短视频大赛短视频三等奖,摄影作品优秀奖。

宜兴市被中国图书馆学会评为2022年"书香城市(县区级)",是全国15个入选城市之一,是此次江苏省唯一入选城市。

锡山区《聚焦三高三新 绘就书香怀仁》入选2022年江苏省农家书屋创新示范案例。

新吴区村田新能源职工书屋获评2022年江苏省总工会"职工书屋示范点"。

无锡新华书店分展场、无锡百草园书店分展场被江苏书展组委会评为第十二届江苏书展优秀分展场。

无锡图书馆迎龙·漫咖啡分馆、市少年宫分馆成功入选2022年江苏省"最美公共文化空间"打造对象名单。

江南大学图书馆获第十七届文津图书奖联合评审单位,《温党史辉煌 沐江南书香》获江苏省高校图书馆红色经典阅读推广优秀案例奖。

八、县(市、区)全民阅读情况

江阴市。成立江阴市全民阅读促进会,整合社会力量和阅读资源。联合11个部门单位实施"2022年全民阅读走基层 文化惠民零距离"活动项目。在书香城市建设复核测评中,各成员单位整理台账资料,规范各类阵地,积极开展活动,形成强大工作合力。举办"阅读阅美 共向未来"第二十六届"书香江阴"读书节主题阅读活动,以4.23世界读书日为契机,录制推出了曹鹏、沈鹏、陈复澄、吴澄舒朗读视频,协调文联,请市作协创作主题散文《来自春天的读书帖》。在疫情期间,市融媒体"为你悦读"精心策划,精心选择朗读内容,分别联系密接隔离人员、独自居家学生等有代表性的嘉宾,录制推出系列朗读短视频,取得了良好社会反响。

宜兴市。以"书香暖冬、阅读关爱"为主题,走进高铁站、客运中心、村社区、中小学校等,开展"春风行动"。以"书香致高远 阅读向未来"为主题,举办第十届"书香宜兴"读书节。推进"奋进新征程 建功新时代"荐读导读、"喜迎二十大 奋进新征程"主题阅读、"悦读宜兴 文化传承"特色阅读等七大类活动。以"耕读乡村 幸福百姓"为主题,举办江苏省2022"新时代乡村阅读季"主题阅读示范活动——宜兴市农民读书节暨"党的二十大精神共学共读"活动。

梁溪区。积极开展"钟书房"建设。结合城市更新、城区焕新和老旧小区改造,推动公共阅读空间提档升级。加大实体书店政策扶持引导,发放行业纾困资金15万元。举办"'溪'阅同行 共向未来"书香梁溪阅读生活节,发布"'溪'阅告白情书"H5小游戏,开展"'溪'阅时光剧能量"经典书籍短剧演绎大赛和"'溪'阅幸福之声"朗诵大赛。持续开展"书香绕'梁''溪'阅同行"百场阅读活动进基层等,累计开展活动近3 000场。举办"梁溪幸福+ 甜蜜相伴"爱心活动,为双河新村小学筹建"博雅•甜蜜书屋"并赠书800册。推出"共享书香 点亮生活"主题捐书活动,募集爱心图书95 000册,为青海省海东市循化县师生援建20余所"循梦书屋"。

锡山区。以"阅享生活•不纸于此"为主题开展阅读活动4 000余场,持续打造"全民DOU阅读 书香漫锡山""全民阅读春风行动""蒲公英读书行动""农民读书节"等重点惠民阅读活动。发挥典型引领示范作用。"锡山阅读工程"获省级公益阅读推广活动认证,17个单位(个人)获市级全民阅读荣誉称号,开展2022年度锡山区全民阅读典型系列评选,选树"亲子阅读达人"等8项89个先进典型。积极申报第四批江苏省书香城市建设示范区。全年围绕"打造全民阅读新阵地""擦亮阅读活动新品牌""塑建锡山阅读新典型"三大中心任务,全方位、多层次推进"书香锡山"建设。

惠山区。依托全区117家各级公共图书馆(室)、社区(农家)书屋,开展系列阅读活动400余场。1月,2022年惠山区"携手文明 拥抱未来"全民阅读春风行动启动仪式暨"书香润心 阳光成长"阅读分享会在无锡院士小镇举行。4月,启动惠山区第四届"智•惠"阅读节暨"惠阅书香•七彩生辉"全民阅读主题联动活动。10月,惠山区第二届农民读书节在洛社镇举行,充分发挥阅读在培育文明乡风、助力乡村振兴上的积极作用,满足农村群众高质量的阅读需求。开展"我的书屋•我的梦"少年儿童阅读实践活动。在第十二届江苏书展期间,各镇街道共开展特色阅读活动13场。

滨湖区。各级各单位部门全年累计开展各类读书活动近900场,开展"三声飞入寻常百姓家•知书明理"2022年滨湖区缤纷四季全民阅读系列活动。举办第二届"书香滨湖"千场阅读进校园系列活动,开展"书香致远"校园阅读活动。开展2022年滨湖区农民读书节暨乡村阅读季活动。加强阅读阵地建设,2022年滨湖区共建成"钟书房"11家,授牌"钟书阅读驿站"12家,其中荣巷街道"钟书房"为2022年全市首家挂牌运行的"钟书房",胡埭镇富安水韵"钟书房"为全区首个乡村"钟书房",滨湖区工会商会联合服务中心"钟书阅读驿站"为全区首个被授牌的"钟书阅读驿站"。

新吴区。制定《新吴区全民阅读提升计划(2022—2025)》,全力争创江苏省书香城市建设示范区,推进新吴区图书馆"国家县区级图书馆一级馆"复核。在第十二届江苏书展期间,无锡分展场举办特色阅读活动10场。完成区内所有农家书屋的江苏省数字农家书屋平台信息录入,注册用户8 074人,累计使用5.2万人次。全年区街两级用于全民阅读的工作经费达2 550万元以上,其中新建的含图书馆、书店的伯渎河文化中心完成投资1 500万元。村田电子公司捐赠阅读基金5万元。新吴公交公司开通"彩虹巴士"阅读推广专线,利用公交车助力全民阅读推广。

徐州市全民阅读年度报告

一、概述

2022年,徐州市全民阅读工作坚持以习近平新时代中国特色社会主义思想为指导,全面贯彻落实习近平总书记关于推动全民阅读、建设书香社会的重要指示和致首届全民阅读大会贺信精神,紧紧围绕迎接宣传贯彻落实党的二十大这条工作主线,自觉承担起举旗帜、聚民心、育新人、兴文化、展形象的使命任务,积极构建现代公共阅读服务体系,不断满足人民群众高质量阅读需求,书香徐州建设取得新成效。

(一)高度重视,有序推进工作落实

徐州市委市政府高度重视,将全民阅读工作纳入"十四五"规划,列入2035年远景规划。市委宣传部召开专门会议,组织系列活动,建强阅读设施,有力有序营造阅读氛围。一是组织召开全市全民阅读活动领导小组(扩大)会议。5月16日,组织召开全市全民阅读活动领导小组(扩大)会议,对2022年全民阅读重点工作进行再部署、再动员、再明确。二是明确全民阅读重点工作。制定印发《2022年徐州市全民阅读工作要点》《第十八届徐州读书节总体方案》《光明读书节方案》等方案12个,各地各单位责任更加明确,任务更加压实。三是部署全民阅读重点活动。举办"喜迎二十大 书香谱新章"主题图书展陈、第十八届徐州读书节启动仪式、第五届淮海书展暨第十二届江苏书展徐州分展场等13类123项重点活动,营造氤氲的阅读氛围。

(二)活动引领,营造阅读浓厚氛围

一是抓覆盖,开展全民阅读春风行动。以"书香徐来·香飘四季"为主题,以各级各类图书馆、阅读新空间、农家(社区)书屋为主阵地,累计举办"书香徐来·香飘四季"暨"全民阅读春风行动"5 500余场,向贫困留守儿童捐赠书香礼包550余套、图书购置现金30余万元,结对帮扶留守儿童30名,结对共建农家书屋12家。二是抓特点,承办国家级、省级阅读接力活动。结合大运河主题,在新沂市窑湾镇举办大运河阅读接力活动、"9·28"经典诵读活动,选聘3人为

"大运河阅读推广人",当地特色文化地标"窑湾印象"获评"大运河阅读基地"。三是抓联合,举办分众化系列阅读活动。联合市政协办公室、团市委、市报业传媒集团、市教育局等单位,分行业举办"喜迎二十大 筑梦向未来"徐州市中小学生"红色经典"阅读征集活动、"护苗成长,阅读青春"徐州市青少年阅读风采大赛、"喜迎二十大 青春著华章""尚学·青年悦读会"等读书活动,特别是市总工会组织的"劳动壮美新徐州"第二届劳模(工匠)故事宣讲大赛、"劳模工匠进校园 思政教师进企业"示范性宣讲活动、"强国复兴有我·汲取奋进力量"主题征文读书活动、全省网络正能量诵读作品征集活动,以及市残联开展的 256 场"读书迎盛会,一起向未来"残疾人读书分享活动,极大地丰富了干部群众和特殊群体的精神文化生活。四是抓载体,打造书屋特色亮点。市总工会、市税务局、市烟草专卖局等扎实推进职工书屋建设,广泛开展职工主题阅读活动,涌现出一大批管理运行规范、设施配备齐全、作用发挥良好的职工书屋。30 家市"职工书屋"示范点、6 家"阅读组织"、10 名"十佳阅读职工"获评市总工会先进。特别是徐州税务系统积极探索职工书屋建设新模式,优化服务功能,搭建"星火税月"读书会、流动书屋等共享阅读品牌,推广读学活动。江苏徐矿综合利用发电有限公司"红塬大讲堂"、沛县农商行金融城支行打造书香特色银行等也营造了职工读书学习、读书成才、读书成就的浓厚氛围。

(三)注重基层,扩大居民阅读覆盖

一是向下扎根,用活动扩大覆盖面。以"弘扬耕读文化 助力乡风文明"为主题,举办第十二届徐州农民读书节系列活动、农家书屋阅读推广活动 5 000 多场,向农家书屋捐赠购书款 30 多万元。联合各地残联以基层"残疾人之家"为阵地,广泛开展"家里的读书会"活动,辐射带动周边更多残疾人参与。组织教育等系统开展"小手拉大手""我为爷爷奶奶读本书""我为爸爸妈妈读本书"等未成年人阅读活动,动员更多学生家长参加亲子读书活动。二是优化服务,用贴近吸引农民参与。新沂市、邳州市、铜山区推出的"农家书屋＋冬奥会""农家书屋＋我们的节日""农家书屋＋春风行动""农家书屋＋护苗""农家书屋＋冬训"等阅读服务,服务更贴心,需求更精准,受到村民和孩子们的普遍欢迎。三是选树典型,用奖励激发阅读热情。认真做好第四届江苏全民阅读"五十佳"推选活动、徐州市阅读推广人暨新沂市领读者大会、市"职工书屋""阅读职工"评选等活动,邳州市咏盛阅读文化发展中心、新沂市融媒体中心、徐州书润心菲读书志愿队被评为江苏省全民阅读"五十佳"。市残联择优推出 11 个"书香残疾人之家"上报省残联,更大程度发挥典型示范作用,促进读书活动热在基层、热在残疾人群体。

（四）做强品牌，聚力掀起阅读热潮

紧紧抓住徐州读书节、淮海书展等品牌活动，举办第十八届徐州读书节云端分享会暨启动仪式、"书香致远 声动彭城"广播大咖读书日、"喜迎二十大 筑梦向未来"徐州市中小学"红色经典"阅读征集活动等 16 场线上阅读活动，线上参与人数突破 124.6 万人，点赞人数超过 1 500 万人，发放惠民书券 1 万张。特别是第五届淮海书展在全市设置 16 个分展场，发布市委书记推荐的 12 本图书，创新推出《书香你我》全民阅读主题曲、书香徐州手绘地图和书香徐州微信矩阵，5 天展期内，实现总销售额 468 万元，较去年增长 6.71%。

二、阅读场馆、阅读空间建设情况

大力推进现代公共文化服务体系建设，完善基层公共文化服务设施网络，围绕实现《江苏省基本公共文化服务保障标准》，坚持市县联动、部门协同，着力打造城市"15 分钟文化圈"和"农村十里文化圈"。先后出台《徐州市推进现代公共文化服务体系建设的实施意见》，制定《徐州市基本公共文化服务保障标准》。积极推动建设标准化图书馆、镇（街道）综合文化站、村（社区）综合文化服务中心，打造布局合理、设施设备齐全、服务功能完善、服务供给高效的公共文化服务阵地，真正实现城乡公共文化服务公益性、基本性、均等性、便利性目标。全市共建成开放公共图书馆 12 个、镇（街道）综合文化站（文化中心）167 个、村（社区）综合文化服务中心 2 737 个；建成省级"最美公共文化空间"40 个、国潮汉风城市书房 42 个、国潮汉风小剧场 360 个、镇村特色书房 100 多个，实现城乡居民看书有去处、演戏有舞台、活动有场所。

书润心菲阅读空间。总面积 520 平方米，藏书 1.6 万余册，集阅读、美学、汉文化推广、国学经典、公益活动于一体，打造具有阅读分享、思想交流等功能的文化交互空间。全年开展阅读讲座、阅读推广、技能培训、单亲妈妈帮扶、非遗手作、我为家乡代言、红色研学、弱势儿童帮扶等活动 260 余场，参与人次达 12 万。

"大运河文化"主题书店。总面积 1 800 平方米，藏书 3.5 万余册，全年举办阅读推广活动 100 多场，先后被评为"江苏最美书店""全国最美新华书店"，2022 年被评为"江苏书展优秀分展场"。

昭义书院读书房。2022 年睢宁县为民办实事项目，目前已建成钢琴茶舍、睢宁公园、天虹大道群众驿站、中山路群众驿站 4 处，昭义书院校园读书房 23 处，形成主城区"10 分钟阅读圈"、镇区"半小时阅读圈"。昭义书院读书房的建成与开放，让公共阅读融入百姓生活，成为一道靓丽的文化地标。

三、阅读促进机构、阅读组织发展情况

2014年成立徐州市全民阅读促进会,全市10个县(市)区已全部成立县级全民阅读促进会。其中邳州市全民阅读促进会积极推动乡镇分会建设,大力开展全民阅读促进会分会会员招募,截至2022年底,会员超过5 000人。积极支持徐州菲凡文化传媒有限公司、花时间读书会、邳州市咏盛阅读文化发展中心、向日葵读书点、小白果公益读书会等民间阅读组织建设。截至2022年底,全市各级各类阅读组织近400家,阅读推广人550余人,领读者近700人。

四、社会阅读力量培育发展情况

一是建立"领读者"队伍。 在全市推行"全民阅读 千人领读者培养计划"项目。2022年6月,在新沂市组织召开阅读推广人暨领读者大会,6名领读者进行了经验交流与分享,评选表彰了阅读推广人、读书先进个人及书香校园。2022年,通过领读者培训活动共培养600名全民阅读领读者,开展公益阅读活动2 000余场,开展志愿阅读服务5 000余场。**二是扶持阅读志愿服务组织发展。** 汶河书香阅读志愿服务队、徐州书润心菲读书志愿队先后入选江苏省"十佳志愿服务队"。**三是培育专业阅读志愿服务队伍。** 在全市成立近千支专业阅读志愿服务队伍,充分利用公共图书馆、阅读新空间、农家书屋等阵地,开展主题阅读活动,进一步提升"书香徐州"志愿服务品牌形象。

五、阅读推广媒体宣传情况

坚持长流水不断线,聚焦新活动、新体会、新成绩,开展精准式全民阅读工作宣传,不断提升群众全民阅读的参与率。**一是练好内功,市内宣传亮点纷呈。** 组织市属媒体,利用微信号、视频号、抖音号等打造新媒体矩阵,在宣传广度、深度和精准度方面持续发力,围绕重要节日、关键节点,针对不同群体开展内容丰富、形式多样的各类读书节(日)、读书周、读书月、读书季等全民阅读活动。各县级融媒体中心精心策划相关栏目,推送阅读活动讯息、重点活动预告、活动开展情况等,制作全民阅读宣传广播,累计刊发报道560多篇(条)。**二是借梯上楼,对外宣传持续发力。** 组织协调新华网、《文汇报》、交汇点、中国江苏网、中国新闻网、中国网、《现代快报》、荔枝新闻网等13家媒体单位对我市阅读活动进行宣传报道,累计刊发报道360多篇(条),"学习强国"平台刊播全民阅读宣传

30余篇(条),省局网站、省数字农家书屋平台、"书香江苏"微信公众号、"江苏阅读"微信公众号发布我市阅读活动报道70余篇。**三是形式多样,社会宣传有力有效**。协调市城管局等单位,组织各地宣传部利用大型宣传展板、宣传海报、宣传横幅、LED屏幕、电视、农村大喇叭等全时段宣传;同时印发"全民阅读指数测评应知应会"手册、口罩、手提袋等宣传品,深入基层一线、农村社区、人员密集场所等,通过张贴、发放、入户宣传等形式,广泛开展宣传,营造满城书香氛围。

六、阅读品牌活动、阅读推广先进典型

凤凰大讲堂。凤凰徐州书城设立的阅读公益讲堂,旨在宣扬阅读价值,倡导阅读理念,增强市民精神力量,展现徐州人文风貌。凤凰大讲堂活动结合当前实事热点,围绕亲子教育、养生保健、历史文化、社会热点等话题,邀请各领域阅读专家与读者们面对面交流,探寻全新的阅读思路与生活理念。自2015年起,已开设公益阅读讲座近千场,服务读者数十万人。针对不同年龄层的读者群体,凤凰大讲堂设立了"亲子教育""新书发布""好书共读""直播互动"四大板块,曹文轩、秦文君、杨红樱、刘同、康震等知名作家先后做客凤凰大讲堂,为读者带来了一场场阅读盛宴。

"星火税月"读书会。"星星之火,可以燎原",徐州高新区税务局"星火税月"读书会取义于此。自2019年4月读书会成立以来,已组织读书沙龙36期,知识竞赛12次,主题演讲12次,"学习强国"积分评比12次,征文比赛12次,党史学习交流8次,业务技能考试12次,文艺演出4次等。"星火税月"读书会现有联盟会员800余人,与铜山区刘集镇欣兴村开展了"城乡结对,文明共建"活动,成立了流动书屋,该村4 300名村员大部分成了"星火税月"读书会流动书屋的阅读者。2022年被评为江苏省工会"优秀阅读组织"。

"书韵飘香 文润邳州"。邳州市重点阅读活动品牌,2022年组织开展"喜迎二十大"系列主题阅读活动3 000余场。开展"三问四有"34天视频读书打卡活动,收到视频2万余条,参与人次近150万;开展"优秀校长荐书"、全民阅读签名等活动,浏览人次230余万(次)。连续5年举办大运河文化经典诵读大赛,15万余人参与,被列为江苏省读书节重点阅读推广项目。成功承办第十二届徐州农民读书节启动仪式、鲁迅青少年文学奖语言艺术展演(邳州展区)、国际中文朗诵金梅花奖(徐州赛区)等活动。

"童蒙赋"。旨在给孩子提供一个广阔的阅读空间,为儿童未来发展奠定坚实基础,赋予其满满正能量。即以"童蒙养正 赋能未来"为中心,坚持将线上课程与线下教育相融合,形成线上线下联动的全场景教学闭环,为学习者提供高

品质、个性化的学习体验。打造"儿童悦读"公众号、"儿童悦读"视频号、"趣练习"小程序三个平台,目前,"儿童悦读"公众号关注量近2万人,"儿童悦读"视频号关注量近千人。

邳州市咏盛阅读文化发展中心。荣获江苏省"十佳阅读推广机构",连续4年荣获"徐州市优秀阅读组织"。旨在培训培养优秀阅读人才,深入开展阅读志愿推广活动1 500余场,直接培训20万多人次,累计辐射逾50万人次。"我的阅读故事"被认定为2021年度江苏省一类阅读扶持公益项目,邳州市咏盛阅读文化发展中心获评江苏省"十佳阅读组织","守望之声"获评"2021年度江苏省社区社会组织优秀项目"。

汶河书香阅读志愿服务队。入选江苏省"十佳志愿服务队"。汶河书香倡导人人都是学习者、行动者、志愿者、领读者。成立6年来,汶河书香阅读志愿服务队积极培育小小领读者,开展图书漂流、旧书回收、大运河文化宣讲、"家乡水 家乡情"地名绘本共读、农村青少年阅读推广巡展巡演巡讲等特色活动,每年累计开展"公益阅读+写作"上百场,阅读志愿服务超过800小时。针对农村留守儿童阅读问题,实施百名留守儿童阅读推广扶助金计划,开展捐书赠书公益行活动。

李东丽。全国工会职工书屋"突出贡献工作者"。以职工书屋建设为牵引,持续组织开展"徐州职工读书月"活动,先后举办"悦读新思想·启航新时代""书香礼赞新中国·阅读追梦新时代"等主题读书活动,广受好评;在职工书屋建设、典型培养、阅读经验推广方面成绩显著,共建有职工书屋示范点313个,其中全国职工书屋示范点54个、省级职工书屋示范点91个。

王光彪。汶河书香读书会负责人,是阅读的造梦者、行动者、志愿者、学习者、领读者、受益者,被评为2022年度邳州市乡村阅读推广大使、邳州市乡村阅读领读者。先后荣获"邳州市校园书香先进个人""邳州市书香先进个人""邳州市书香家庭""徐州市全民阅读十佳先进个人"等称号。

董方。2022年江苏省优秀职工领读员。致力于打造"文化铸魂、文化润心、文化养德"的读书屋精神,全年组织开展了"读书报告会""读书心得交流会""读书演讲比赛"等十余类读书及文化竞赛活动,极大地丰富了职工业余文化生活。

七、全民阅读获得省级及以上表彰奖励情况

2022年4月,"我的阅读故事"被认定为2021年度省级一类公益阅读项目,"如苔讲堂"公益阅读推广活动被认定为2021年度省级二类公益阅读项目,"书香致敬百年路 阅读追梦新征程"全民阅读周活动、"新图·悦读"系列活动被认

定为2021年度省级三类公益阅读项目。

2022年6月,邳州市咏盛阅读文化发展中心、新沂市融媒体中心、徐州书润心菲读书志愿队被评为江苏省全民阅读"五十佳"。

2022年6月,倪宝辉、孙夕雅、陈昶燕被聘为"大运河阅读推广人","窑湾印象"被授予"大运河阅读基地"称号。

2022年10月,新沂市、邳州市、鼓楼区获评第十二届江苏书展优秀组织单位,凤凰徐州书城、如苔博库徐州书城、海天书城、邳州新华书店获评第十二届江苏书展优秀分展场。

2022年11月,国家税务总局邳州市税务局官湖税务分局、国家税务总局徐州市贾汪区税务局、徐州市烟草公司沛县分公司、徐州仁慈医院被评为2022年江苏省工会"职工书屋示范点",国家税务总局丰县税务局被评为2022年江苏省工会"最美职工书屋",江苏睢宁农村商业银行股份有限公司被评为2022年江苏省工会"服务大厅职工书屋",徐州高新区税务局被评为江苏省工会优秀职工读书组织,常秀玲、董方被评为江苏省工会优秀职工领读员。

2022年12月,徐州市获2022年江苏省"我的书屋·我的梦"农村少年儿童阅读实践活动优秀组织奖,《赤壁赋》等4份作品获一等奖、《书屋的欢乐时光》等12份作品获二等奖、《我的书屋·我的梦》等21份作品获得三等奖。

2022年12月,徐州徐工汽车制造有限公司、国家税务总局睢宁县税务局、国网江苏电力有限公司沛县供电分公司、国网江苏电力有限公司丰县供电分公司被中华全国总工会命名为"2022年全国工会职工书屋示范点"。

2022年12月,云龙区大龙湖街道残疾人之家、睢宁县桃园镇残疾人之家、新沂市阿湖残疾人之家等11个残疾人之家被命名为江苏省"书香残疾人之家"。

2022年12月,徐州市总工会宣传教育和网络工作部李东丽被中华全国总工会表彰为全国工会职工书屋"突出贡献工作者"。

2022年12月,新沂市教育局新教育办公室刘全被聘为2022年江苏省级阅读推广人。

八、县(市)区全民阅读情况

丰县。以枌榆读书节为抓手,积极开展阅读活动,打造"书润凤城"品牌,大力开展阅读活动宣传,全民阅读活动的知晓率、参与率、满意率均有较大提升。累计发放全民阅读倡议书5万余册,发放阅读大礼包20个,发放宣传口罩3万个。在"我的书屋·我的梦"农村少年儿童阅读实践活动中,有7个作品获省级表彰。为全县169个农家(社区)书屋更新配送图书2.9万册,开展农家(社区)书屋阅读活动1 488场。

沛县。召开全县全民阅读活动领导小组(扩大)会议,制定《2022年沛县全民阅读工作要点》,将"居民阅读指数"列为2022年县对镇(街道、区)重点工作目标考核指标,将"实现村居数字阅读全覆盖"工程纳入沛县民生实事项目。以"城乡共读,书香沛县"为主题,组织开展党员干部学用新思想系列读书活动、沛县歌风读书节、"大美沛县 印象汉风"阅读宣传活动等重点主题阅读活动2 100余场,参与人次近12.5万。评选"书香机关"20个、"书香企业"10个、"书香校园"20个、"书香社区(村)"30个、"书香家庭"100个。

睢宁县。积极适应居民高品质阅读需求,大力拓展文化空间服务覆盖半径,打造一批街头巷尾社区文化服务空间,构建"15分钟品质文化生活圈"。推广"夜学服务",打造4处街区"智慧图书馆"和1处城市书房,推进书香睢宁建设。在疫情防控期间,开展"静享居家云生活 书香竞技'战'起来"全民阅读线上知识竞赛,丰富群众疫情期间精神文化生活,为战胜疫情贡献阅读力量。将昭义书房建设纳入"为民办实事"工程,加快昭义书房建设。发挥民间力量,鼓励阅读协会、作家协会等民间团体开展阅读分享活动,在新华书店不定期开设"周末名家"讲堂,邀请名家进行读书分享,将传统书店变成新的文化阵地。

邳州市。持续擦亮"书韵飘香 文润邳州"全民阅读品牌,开展"三问四有"34天视频读书打卡活动,收到视频2万余个,参与人次达到150万。组织开展"喜迎二十大"系列主题阅读活动2 000余场。大运河文化经典诵读大赛被列为江苏读书节重点阅读推广项目。组织开展"我为书香邳州代言——优秀校长荐书"活动、全民阅读签名活动等,浏览人次230余万(次)。成功承办鲁迅青少年文学奖语言艺术展演(邳州展区)、国际中文朗诵金梅花奖(徐州赛区)等活动,产生一大批优秀阅读作品,选拔出一大批阅读人才。开展"我的书屋·我的梦"、"我的红色阅读之旅"征文、"'悦'读阅'红'天天听"等活动。

新沂市。坚持以更好满足人民群众高质量阅读需求为发力点,通过创新载体、品牌打造等多项举措,组织开展内容丰富的阅读实践活动,推动全民阅读指数不断提升,"书香新沂"建设取得显著成效。打造精品,以固有品牌活动为引领,激励全民阅读活动向优质化、品牌化方向发展,持续做大做强,打造"花厅+""书展+""农家书屋+"阅读品牌。夯实根基,以阅读空间、农家书屋为主阵地,与新时代文明实践所(站)建设深度融合,建成覆盖全市的阅读网络体系,构建无处不在、无时不在的阅读氛围,文博广场城市书房、马陵山乡村书店成为淮海经济区有名的乡村特色书店、网红打卡书店。建成瓦窑镇袁林村、双塘镇高塘村等农家书屋示范样板50余个,设立全民阅读志愿服务站点300余个,经典诵读、"听见新沂听见你"等线上线下活动成为具有新沂文化特色的"阅读名片"。发动市域媒体多方联动,开设"喜迎二十大 书香向未来"专栏,精心打造"悦读悦美""时代巾帼说"等立体推广矩阵,将全民阅读宣传融入农村电影、文化文艺演出等,累计宣传3 000余场。

铜山区。大力优化服务,积极整合资源,最大化利用各类文化阵地,打造"15分钟阅读圈",有效打通市民阅读出行的"最后一公里"。全区20个镇(街道)图书馆分馆和279家农家书屋,全部实现资源共享、通借通还,全年为136家农家书屋更新图书1.6万余册,投入资金约35万元。充分发挥新时代文明实践中心在组织领导、志愿服务队伍、运行保障机制等方面的优势,组织文明实践志愿者定期开展"亲子阅读""手工制作""非遗体验"等活动,月月有主题,周周有活动,使农家书屋成为孩子们的"第二课堂"。组织开展"全民阅读·书香机关"创建活动,让阅读真正成为机关党员的生活标配。2022年,全区开展全民阅读活动1 500余场。

贾汪区。紧紧围绕"阅读新时代,喜迎二十大",组织开展贾汪"泉城书展""墨上花开 书香贾汪"读书节、农家书屋主题阅读等各级各类阅读活动1 000余场,向留守儿童、困难儿童捐赠书香礼包150个。联合教育部门举办"因阅读而改变""家长领读者"线上培训活动,11 000多人次参加培训,建设书香校园18个。建设区级机关党性锻炼实践中心、塔山中心小学、区未成年指导中心等书香贾汪星级阅读基地,举办领读者培训班,开展全民阅读镇、村最美领读者、最美阅读者推选活动。组织开展农家书屋专题调研,为全区120家农家书屋配送《习近平谈治国理政》第四卷、《党的二十大报告》等图书360本。

鼓楼区。广泛组织开展"诵读红色经典"、"红色主题阅读"、二十大精神宣讲等阅读活动2 100多场,设立文化长廊、法治园地、智能数学宣传栏等,开辟"红色研学线",打造"行走的党课"。加强阅读阵地建设,先后建成区级图书馆1个、街道分馆8个、社区书屋73个,实现市、区、街道三级阅读网络"通借通还",满足"一站式"阅读体验。挂牌"国潮汉风"示范城市书房4家,打造一批流动书馆。策划实施全民阅读"112"计划、"悦读鼓楼 香飘四季"百场主题活动、全民阅读"七进"计划、微阅读空间、擦亮"青悦读"品牌、30天共读一本书等7大特色主题活动。全年面向全市招募"悦读鼓楼"荐读官50余名,组成"悦读鼓楼"志愿服务队,举办主题阅读等活动600余场,市级媒体宣传报道300余篇。

泉山区。以"阅读新时代 逐梦新征程"为主题,高位部署,完善立体化阅读推广模式。把全民阅读工作作为文化泉山建设的主要抓手,列入年度工作要点和考核指标。召开区全民阅读活动领导小组(扩大)会议,制定印发《关于加快推进书香泉山建设的意见》,建立泉山区全民阅读联席会议制度,充分发挥区全民阅读促进会、全民阅读领读者、阅读推广人队伍的作用,动员鼓励社会力量积极参与全民阅读推广工作。组织"阅享泉山"系列活动,制作展播全民阅读公益宣传片,开设"书香泉山"专栏,制作"书香泉山·'泉民悦读'"即时贴、"书香伴我成长"阅读记录卡等宣传品,发放惠民书券5 000余张,总价值20万余元。定制"书香伴我成长"阅读记录手册,以"手账"形式培养未成年人阅读习惯、提升阅读能力,组织阅读马拉松大赛,趣味互动阅读交流600余场。

云龙区。召开全区全民阅读工作会议,联合区文体旅局、区教育局、各街道等相关成员单位,依据重大节日等时间节点,开展"全民阅读春风行动"、"人间四月天 书香美景醉人间"云端读书分享会、"端午粽叶香 好书润心灵"全民阅读荐书行动、中秋节习俗诵读会、"读书迎盛会·一起向未来"残疾人读书等活动500余场。积极推进阅读阵地建设,云龙区图书馆在全国县级图书馆排名第一,建成8家全民阅读示范点,15台24小时自助阅读机,"汉韵薪传""云图有声""家长课堂"等八大阅读活动品牌,成为文化云龙新名片。

徐州经开区。以迎接党的二十大为主线,积极开展全民阅读周活动,引导和服务群众爱读书、读好书、善读书。举办以"阅读新时代,喜迎二十大"为主题的全民阅读周活动50多场,近10余万人参与。强化阅读惠民,向村(居)、企业发放10万元惠民购书券,开展"'疫'起 读书'愈'见未来""'隔'外书香""三读'护苗'助成长""书香战'疫' 静享阅读""暑期阅游派对""星月中秋夜"等阅读活动400余场。在企业、学校、社区建设城市书房18家,打造具有经开区特色的阅读阵地。

徐州高新区。坚持线上线下活动相结合,坚持新闻宣传和社会宣传相结合,努力扩大声势,以丰富多彩的活动提升大众阅读热情,营造书香高新的浓厚氛围。积极参加"书香徐来 香飘四季"全民阅读活动,组织高新区机关干部职工观看"阅读新时代 喜迎二十大——9·28经典诵读活动"。开展"经典共享 启迪共鸣""献礼二十大 悦读伴我行""悦读伴我行 励学读书会"等读书分享会,组织机关干部职工分享读书心得等。

常州市全民阅读年度报告

一、概述

2022年,常州贯彻落实中央和省关于加强全民阅读、建设书香社会的部署要求,以学习宣传贯彻党的二十大精神为主题,全面构筑阅读阵地,持续营造浓厚阅读氛围,同步实施各项阅读交流活动,着力营造"读书好、读好书、好读书"的浓厚氛围,大力推动"书香常州"建设。

(一)谋划全局,做好全民阅读顶层设计

市委市政府高度重视,将深化"书香常州"建设写入2022年政府工作报告。市全民阅读活动领导小组制定2022年"书香常州·公益阅读领读行动",确立主题阅读领读、品牌活动领读、分众群体领读、领读阵地建设四条主线,画好全民阅读"路线图"。定期召开专题会议,研判分析当前全民阅读工作存在的不足,对标对表补齐短板弱项。将全民阅读作为年度重点工作和文明城市创建、高质量发展考核和党建考核的重要内容持续推进,强化组织保障。持续推动完善全民阅读促进工作架构,2022年4月以来,6个县(区)全民阅读促进会相继成立。

(二)活动引领,营造全民阅读浓厚氛围

举办重点阅读推广活动,打造"秋白"系列全民阅读特色品牌,举办2022年常州市秋白读书节,推出活动353余项,覆盖群众超10万人次。举办"全民阅读·春风行动"、龙城淘书节、邻里读书节等市级全民阅读品牌活动,各地推出曹山读书节、金坛读书月、乡村读书节、大咖分享会、青果思享会、"筑梦运河 书香钟楼"、"东席漫读"阅享会等地区品牌活动,切实营造全民阅读、全民共享的良好氛围。注重分类推进、分众服务,面向机关干部广泛开展机关阅读领读行动、马克思主义青年说等活动;面向企业员工开展"职工读书节""新时代职工书屋创建""职工喜爱的优秀读物"书目推荐等活动;面向青少年、儿童开展"好书伴我成长""七彩故事会""书香飘万家"系列活动;面向农民开展"农民读书节""田埂小板凳""唐王故事会"等活动。实施特殊人群阅读关爱,联合市残联举办

"迎盛会·诵经典·向未来"常州市残疾人全民阅读系列活动,帮助残疾人更好地参与到全民阅读的行列中,感受阅读乐趣,从阅读中收获充实和快乐。

(三)培育典型,发挥全民阅读示范效应

深入开展"书香企业""书香校园""书香家庭""全民阅读推广人"等先进典型选树活动,总结推广基层全民阅读工作的好做法、好经验。培育省级公益阅读推广项目,"抓两头 促当中"公益阅读推广系列活动、"青果思想会"等4个项目获省级公益阅读推广项目认证。开展省级"全民阅读五十佳"典型选树,常州钟楼区乐童亲子阅读中心获评"十佳阅读推广机构"、常州广播电视台获评"十佳阅读推广平台"、常州市图书馆志愿者服务队获评"十佳阅读志愿服务组织"。组织开展2022年度常州市级优秀公益阅读推广活动认证扶持,推选"常州市邻里读书节"等15个主题鲜明、形式新颖、深受读者欢迎的公益阅读推广活动,拨付扶持资金共计22万元。

二、阅读场馆、阅读空间建设情况

常州遵循"政府引导、全民参与、公益普惠、平等便利"的原则,着力打造各类多功能阅读空间,不断完善公共阅读服务网络,满足群众阅读需求。

(一)公共阅读服务"全覆盖"

持续深化市级特色城市书房"秋白书苑"建设,全市建成秋白书苑37家。各地结合实际,推出"阳湖书房""溧书房"等城市书房品牌,让城乡"人人享有"图书馆的愿景变成现实。依托全市1 073个新时代文明实践服务阵地,推进文明实践和全民阅读深度融合。"秋白微书房""阳湖微书房""漂流书屋""红色书柜"等小型共享阅读空间遍布城乡,让书香触手可及。

(二)基层阅读设施"有亮点"

作为重要的基层阅读阵地,全市668家农家书屋2022年通借通还总册数达60.9万册,流通总人次达42.4万人次,出版物保有总量217.1万册。不断强化"数字农家书屋"推广,为乡村振兴助力加油,江苏省数字农家书屋平台全市注册人数达43.9万人,累计使用次数达447万人次。

(三)各类阅读空间"齐发展"

将实体书店纳入全民阅读重要阵地,培育"青果朗读""摆渡船阅读项目""半山人文客厅"等群众喜爱、鲜活生动、富有感染力的实体书店品牌阅读活动。常州市妇联组织策划"亲子共成长——常州市家庭图书馆共建项目",招募城乡家庭牵手结对共建500个家庭图书馆,以家庭为单位创建新型阅读空间。建成

全国职工书屋53家,省级职工书屋151家,市级职工书屋536家,各基层工会组织设置便利阅读站点近7 000个。

三、阅读促进机构、阅读组织发展情况

市全民阅读促进会制定《常州市社会阅读组织备案管理暂行办法》《常州市全民阅读促进会阅读推广人选聘办法》,对加强阅读组织规范管理,实现标准化、规范化、制度化提出相关要求,对培育推广人队伍给予指导,鼓励和引导社会阅读组织力量、公益阅读爱好者参与推动"书香常州"建设。至2022年年底,全市共有各类阅读组织550个,各级阅读推广人670人,领读者665人。

6个县(区)级全民阅读促进会成立。 溧阳市全民阅读促进会于2022年7月31日正式成立。促进会成立后指导全市各镇(区、街道)成立相应的阅读推广组织,共成立覆盖全市镇(区、街道)的阅读组织17个。金坛区全民阅读促进会于2022年12月16日正式揭牌成立,同时为全区13个镇、街道、园区分会进行了授牌,形成了纵向到底、横向到边的服务管理体系。全区拥有阅读组织22个,涵盖企业、学校、社区等各个层面,拥有专业会员5 000多人,每年开展活动200多场次,受益人群达到10万人次。2022年4月,武进区成立全民阅读促进会,吸纳武进全民阅读领导小组成员、辖区内的公共图书馆、有关出版物出版发行企业、各镇和街道文化站、民间阅读组织、阅读推广人、阅读志愿者和其他有关企业,现有成员近100名。新北区全民阅读促进会于2023年1月10日正式成立。天宁区全民阅读促进会成立大会于2022年7月在青果巷举行,有会员75个,其中单位会员38家、个人会员37人,全民阅读公益组织7个。钟楼区于2022年7月成立钟楼区全民阅读促进会。第一届会员单位规模为98人,主要由镇、街道、区级各有关部门,村(社区),图书、报刊出版单位,社会阅读组织,热心全民阅读推广的企业和其他社会人士组成。全区阅读组织包括乐童亲子中心、星妈图书馆、大成秋白书苑等5个,领读者17人,阅读推广人48人。

四、社会阅读力量培育发展情况

溧阳市持续深化"春晖朗读"品牌活动,利用微信公众号、网站等媒介对朗读活动进行预告发布;采用主持人领学、名家教学的方式对广大阅读爱好者进行现场培训,以点带线壮大溧阳阅读推广人队伍。金坛区在评选史焕荣、尹信慧等一批最美阅读推广人的基础上,2022年又评选大雅读书会会长贺健、图书馆副馆长潘颖茹等8人为最美阅读推广人。全区阅读志愿者总数计近3 000

人，为广大阅读爱好者、少年儿童、残障人士服务次数超5万次。武进区依托武进图书馆、农家书屋、新时代文明实践等载体，广泛开展阅读志愿服务，在北京冬奥会期间举办"一起向未来"阅读接力，在世界读书日举办第一届"武图有约"读书节、"红领巾"读书征文活动等。新北区创立"全民阅读推广志愿者联盟"，第一批吸纳了16家阅读类社会组织，深入基层一线，精准开展阅读服务活动。天宁区在"青果书香·公益阅读领读行动"中，聘请常州广播电视台节目主持人晨露、常州图书馆蒋啸等一批热衷阅读的知名人士为区级公益阅读领读人。经开区启动"阅美横林 由我领读"2022领读计划，第二届"星空读书节"活动现场聘请江苏省广播电视总台主持人傅国等6位"领读人"代表。

五、阅读推广媒体宣传情况

通过报刊、广播、电视、网站、新媒体等各类媒体开展内容导读和全民阅读工作宣传。常州新闻综合广播于每周一至周六的11点至12点，推出《1034朗读者》及周播栏目《劳模领读会》；常州经济广播于双休日的9点至21点，逢整点推出《60秒微阅读》。《常州晚报》开设常态化阅读专栏《新书过眼》《精彩书摘》，全年开设80期。常州电视台都市频道《都市新闻坊》开设全民阅读电视专栏《悦读中吴》，采用"线下活动＋报道"的模式，每两周一期，每期5—6分钟。利用"常州发布"、《常州日报》等媒体对全民阅读应知应会知识进行宣传推广，制作宣传海报，单页入户宣传，利用户外广告、公交视频等媒体开展"每天阅读一小时""书香常州·幸福阅读"等主题宣传。

六、阅读品牌活动、阅读推广先进典型

（一）品牌活动

常州市"秋白读书节"。全市上下以"秋白读书节"为重要载体，围绕"阅读新时代·逐梦新征程"主题，深入开展全民阅读活动进社区、进农村、进校园、进企业、进机关。首届"五一"职工读书节将开展"劳动创造幸福"主题阅读活动、选树2022年常州市职工书屋示范点、发展壮大优秀读书组织和优秀领读员队伍、打造便利型职工阅读站点、鼓励开展丰富多彩的线上阅读活动五大重点工作，引导广大企业和基层工会组织重视阅读推广，开展阅读活动，营造浓厚阅读氛围，更好地引导和服务广大职工群众爱读书、读好书、善读书。

第二届邻里读书节。在读书节期间，开展主题读物公益领读活动，图书巡展，图书微巡展进社区（村）、进企业、进商场、进农贸市场、进商铺周边空地，"邮

票上的党史"、"小小报童"职业体验、图书漂流等系列趣味活动,"好书推介——百书进万户"五大行动。

第七届龙城淘书节。以"阅读新时代 喜迎二十大"为主题,组织开展线上线下优秀出版物展销、全民阅读推广、专题论坛交流、常州特色文化展示、数字阅读体验等活动。活动持续6天,共设1个主展场、12个分展场。常武购书中心主展场设置了6大展区、13个展馆。各主、分会场现场推出运河文化分享会、张太雷革命故事分享会、"喜迎二十大 筑梦向未来"诵读活动、江苏名作家阅读分享会等各类阅读活动87项,并发放图书惠民券5万元。

(二)阅读推广先进典型

常州市幸福种子亲子阅读中心。常州市首家推广亲子阅读的女性社会组织。2015年成立以来,联合50家幼儿园创建亲子阅读联盟,深入全市打造15个公益阅读点,实施36项公益阅读项目,培训百名公益阅读志愿者,开展千场公益阅读活动,8万人次参与,在全市营造了浓厚的"书香常州、悦读生活"亲子阅读氛围。先后获"全国家庭亲子阅读体验基地""江苏省家庭亲子阅读体验基地""常州市阅读联盟实验基地""常州市巾帼文明标兵岗"等荣誉称号。2022年,幸福种子亲子阅读中心紧扣时代脉搏,关注弱势群体,携手城乡共建,在全市广大家庭中广泛开展"小书虫的幸福剧场"亲子绘本剧大赛、"漂流书袋"童享书香、"喜迎二十大"主题阅读推广活动、城乡家庭共建图书馆等230多场公益阅读活动。

大雅传统文化研究会。倡导雅正休闲生活,弘扬中华优秀传统文化。践行全民阅读,与天下好读书人分享读书之乐。18年来,组织了70多场公益性文化讲座、50多次文化游学活动和500多场经典读书会。北京大学、台湾大学、复旦大学、东南大学、上海天文台、上海博物馆等大学和研究机构的老师都曾亲临读书会授课,作家、学者、专家也应邀入会做讲座和创作谈。

江苏正昌集团有限公司职工书屋。全国职工书屋,有各类图书1万余册、订阅报纸杂志50余种、电子音像制品500余张,流动书屋11个,兼职图书管理员4名。目前已借助网络平台实现"云书屋",可在手机端自由阅读上万册书籍,同时拥有可容纳96人学习交流的"红领学院"。倡导员工每年读1本书,并通过开展"演讲比赛"和"分享座谈",深化阅读后的触动,统一员工和党员干部的思想认识。特别设立"习近平新时代中国特色社会主义思想"学习专区和"饲料工程技术"学习专区,满足不同人员对不同专业书籍的需求。

庄慧芬。2022年江苏省全民阅读推广人,江苏省名校长工作室校长阅读领衔人、常州市妇联玉兰芬芳阅读推广人、武进区政协委员导读者、武进区妇联执委领办项目"家庭图书馆"领办者。参与《中国中小学校长基础阅读书目学习建议》的编制,为《情境教育的力量:促进儿童创造力发展的 25 个典型案例》等多本书籍写序或书评,个人出版专著 5 部共 100 多万字,和团队一起编著儿童读物 18 册,所在学校被评为"江苏省全民阅读活动中小学书香校园阅读基地"。

万庆东。经开区横山桥高级中学历史老师,发表省级以上期刊论文 20 余篇,担任《中学班主任德育工作探索》副主编。为激励学生读书、普及法律知识,在高分通过司法考试并取得法律职业资格证书后,他主动投身普法工作,组织开展"依法治国"读书节活动,带动全校师生阅读法律书籍,所在学校被评为"依法治国全国读书育人特色学校"。曾获 2020 年常州市"百姓学习之星"、江苏省(第五届)"最美书香家庭"等荣誉称号,典型事迹被"学习强国江苏榜样"栏目以《扎根乡村教育 14 年,以学立身言传身教》为题宣传报道。

陈珺。常州广播电视台知名主播,长期从事阅读推广活动,2020 年被聘为天宁区全民阅读公益领读者。立足本职,制作主持《1034 朗读者》,每日一小时烹制阅读午餐;树立新风,开办《劳模领读汇》,邀请各级劳模分享阅读与成长心得;精品制作《100 秒为你读书》专栏,一年分享 52 本好书精华;制作链接小屏《花与诗》《诗中山河》,一年 365 份诗歌甜点,全网传播;积极参加社会实践,是樊登读书讲书人导师,参加半山书局新书发布、江苏书展《瞿秋白传》分享会、一张纸的读书工程等公益阅读推广活动。

七、全民阅读获得省级及以上表彰奖励情况

"传承红色基因,坚持品质发展:'秋白书苑'赋能书香城市建设"案例入选全国基层公共文化服务高质量发展典型案例。

光大环保(能源)常州有限公司、常州市武进区湖塘镇职工服务中心、常州市气象局、国家税务总局常州市金坛区税务局金坛经济开发区税务分局获"全国工会职工书屋示范点"称号。

"抓两头 促当中"公益阅读推广系列活动、"青果思想会"等 4 个项目获省级公益阅读推广项目认证。

武进区委宣传部、钟楼区委宣传部获"第十二届江苏书展优秀组织单位"称号,常武购书中心、溧阳金谷文教书店获"优秀分展场"称号。

溧阳市八字桥读书台实体书店综合体建设项目获 2022 年江苏省省级现代服务业(新闻出版)发展专项资金扶持。

青果巷历史文化街区周有光图书馆、横塘社区综合文化服务中心、秋白书苑桃渚馆等 14 个公共文化空间入选 2022 年度江苏省"最美公共文化空间"。

常州钟楼区乐童亲子阅读中心获评"江苏省全民阅读十佳阅读推广机构"、

常州广播电视台获评"江苏省全民阅读十佳阅读推广平台"、常州市图书馆志愿者服务队获评"江苏省全民阅读十佳阅读志愿服务组织"。

"亲子共成长"书香家庭支持行动、常州市"邻里读书节"等阅读推广项目获评2022年度省级公益阅读推广活动认证(一类)。

"家门口的童书馆""阅读赋能乡村振兴"——常州市武进区乡村阅读节等阅读推广项目获评2022年度省级公益阅读推广活动认证(三类)。

八、各县(市、区)全民阅读情况

溧阳市。以"书香溧阳"品牌建设为统揽,持续完善阅读设施,健全阅读体制机制,广泛开展阅读活动。强化阵地建设。因地制宜,建立起政府主导、公共财政支撑、惠及全市的公共阅读服务体系,高标准打造"溧书房"新型读书空间,实现农家书屋乡镇全覆盖。注重活动赋能。举办"曹山读书节""爱阅读 爱生活"故事汇、"洮湖书韵"读书朗诵会、"晴耕雨读"农民诗会等100余场阅读推广活动,采取线上线下相结合方式,引领近3万人共同参与。聚焦开放创新。为进一步提升农家书屋数字化建设水平,结合特色田园乡村建设,依托"喜马拉雅"平台,在桂林村试点建设"有声书房",让村民能够通过听书设备和手机二维码进行听书,重点解决农村老人群体阅读难问题。

金坛区。推行顶层先行引领读、组织先行推动读、机制先行长效读、舆论先行倡导读,构建全民阅读全方位服务保障体系。坚持目标引领。图书馆分馆覆盖率达100%,农家(社区)书屋覆盖率达100%,基层综合文化服务中心覆盖率达100%,涌现了东城书院、卿舸书院、拙存书院等一批阅读休闲客厅。坚持创新引领。成立金坛区全民阅读促进会及各镇、街道、园区分会。表彰第十二届"金坛读书月"最美阅读活动、最美阅读空间、最美阅读推广人。采用"辅导讲座领读、故事宣讲导读、诗歌朗诵共读、舞台演绎赛读"等方式,实现"遍地书香飘逸,到处书声琅琅"。坚持品牌引领。举办"书香致远 赋能金坛"第十三届"金坛读书月"活动,重点推出"全民阅读春风行动"、江苏书展金坛分展场、茅山春天诗歌节等12大类、100多项丰富多彩的阅读活动,累计参与人次超20万。

武进区。聚焦"组织、活动、阵地、供给"四个方面工作重点,有力奏响全民阅读大合唱。组织有力有为。2022年4月,成立了常州市首个区级全民阅读促进会,将桥梁纽带和资源整合作用延伸至每个阅读组织,与慈善总会开展三年困境儿童助读计划,助力困境儿童全面发展。充分发掘社会资源,与书式生活开展龙城少年读书会活动,与常州邮政在农家书屋举办"一路邮你"微书展,与常州幼儿师范学校团队开展"童心同梦"绘本伴读活动,与刘卫辉国学团队打造

"智德义馨读书会"品牌读书活动等。活动常态常效。举办武进区第五届读书节、第三届乡村读书节、江苏省数字农家书屋系列活动,承办第十二届江苏书展常州分展场等重大活动,全区全年开展各类阅读活动912场,开展村(社区)书记荐书115次,播出"八点半为你读书"乡村广播节目72场,开展"以书换礼"志愿活动44次,举办农家书屋国学小课堂21次,在农家书屋全面推广"喜迎二十大"20本好书。阵地提质增效。打造常州市首家民营企业建设并运营的秋白书苑,围绕外籍阅读群体建设秋白书苑西太湖外文馆,在常州西太湖方舱医院设立"阳湖有声图书馆",探索全民阅读建设新实践。推动农家书屋提质增效,以丫河村农家书屋为试点,实施农家书屋蝶变计划,对软件硬件进行全面升级。在农家书屋等一批公共阅读场所继续打造一批"阳湖红书角",通过规范布置党史书籍,鼓励城乡居民看红书、读党史,在读书热潮中吸收党史精华、重温红色岁月。

新北区。深入贯彻落实党的十九大和十九届全会精神,坚持稳中求进、守正创新,在全区倡导"每天阅读一小时",全力建设"书香新北"。抓好宣传工作。举办2022"全民阅读春风行动"启动仪式、大咖分享会、新北区421全民阅读推广活动发布会、"9·28经典诵读活动"常州分会场活动等主题阅读活动,发布阅读推广活动285项,吸引线上线下参与人数共30万人。开展精准志愿服务,在暑期为全区新时代文明实践站送去特色阅读活动15场。抓好分众领读。创立"全民阅读推广志愿者联盟",吸纳16家阅读类社会组织,带动全区各个行业、领域加入全民阅读队伍,吸收更多社会各界人才成为阅读推广领读人。抓好阵地建设。加强农家书屋建设,积极开展"我的书屋·我的梦"作品征集活动,组织各农家书屋积极推广数字农家书屋平台。组织开展监督检查工作,精准发力,按需供给,为一批准四星级以及准五星级农家书屋更新图书。推进"秋白书苑"与星宇车灯合作建设,加强民营企业阅读阵地建设。

天宁区。紧紧围绕"阅读新时代逐梦新征程"这一主题,始终坚持"场地+活动+品牌"科学发展路径,不断加强传统阅读阵地图书馆、阅览室、社区书屋与"秋白书苑"、城市书房、数字书屋等现代阅读空间的融合。成立区级全民阅读促进会,精心打造红色青果电台、季子学堂等一批阅读阵地,居民阅读指数在全省96个县区中位居前列,完成省第四批书香城市示范区创建实地验收工作。持续打造"青果思享会""阅读过郑陆""兰陵读书节"等阅读活动品牌,逐步形成区有知名品牌、街道(镇)有特色品牌、社区(村)有乡土品牌的"1+8+N"布局。"青果思享会"入选2021年度江苏省级公益阅读推广活动认证名单(二类)。

钟楼区。深入开展全民阅读,加快书香钟楼品牌建设。绘制全民阅读点地图,形成"城市10分钟,农村1公里"的公共阅读服务圈。发出"全民阅读季 文明向未来"全民阅读倡议,依托各阵地,深入开展主题阅读、读书征文、经典诵读、文化讲座等阅读推广活动。持续开展阅读活动,提高全民阅读影响力。举办以"筑梦运河 书香钟楼"为品牌的2022年钟楼区全民阅读系列活动。组织开展"全民阅读春风行动""阅读新时代喜迎二十大——9·28经典诵读活动"。持续整合阅读资源,增强全民阅读吸引力。打造民元里、大成秋白书苑等"颜值"和"气质"兼具的阅读文化阵地,打造资源聚集平台、培育孵化平台、阅读研究平台和交流展示平台。进一步发挥促进会"合"的特色,聚合起钟楼图书馆、半山书局、秋白书苑、书式生活等阅读阵地和公益阅读设施,以及乐童亲子阅读中心、红三树大讲堂、心力量读书屋、星妈童书馆等社会阅读组织的优质阅读内容资源,吸引更广大人民群众参与到全民阅读活动中来,提高阅读设施的使用率和满意率。

经开区。大力倡导全民阅读,着力营造"爱读书、读好书、善读书"的浓厚氛围,全民阅读热潮持续涌动,"书香经开"成为靓丽文化名片。阅读阵地效能进一步激活。全域共有1个区级图书馆、6家秋白书苑、63家农家书屋,累计配备书籍超20万余册,在全市首次实现镇、街道"秋白书苑"全覆盖。评选出横林秋白书苑、东方·青禾荟等"十大宝藏读书点"。阅读品牌效应进一步增强。着力打造"经开有约·阅享未来"阅读季、"东席漫读"阅享会品牌,围绕"品读运河""红色诵读""亲子阅享""民俗盛宴"等特色主题,邀请江苏省地域文化研究会副会长纪玲妹、常州民俗研究会副会长季全保等各领域专家、学者进行阅读分享,打造"星空读书节""星星点灯""遇见潞城,悦读美好"等各类特色阅读活动品牌。阅读活动形式进一步丰富。全年累计开展阅读活动200余场,覆盖人次高达50余万。承办全市"秋白读书节"启动仪式,依托农家书屋、宝藏读书点、新时代文明实践所(站)等阅读阵地,围绕理论领读、经典传诵、文化传习、技能推介、亲子教育等特色主题,举办"阅读·悦成长好书分享会"、"我的书屋·我的梦"书画征文比赛、"新时代江苏省公共图书馆发展成就展"等优质阅读活动。

苏州市全民阅读年度报告

一、概述

2022年,苏州市致力于深化"书香苏州"建设,深入推进全民阅读文化强市建设进程,用馥郁书香润泽千家万户,彰显苏州市作为江苏省首批书香城市建设示范市的良好成效。

(一)贯通联合,形成良性互动新机制

建立上下贯通、市县合力、整体推进的全民阅读新格局,实现政府支持、行业发力、社会参与的有效整合。2022年,市委主要领导多次就实体书店发展、书香苏州建设作出批示,整体谋划推进,切实推动实体书店发展,有效拓展书香城市阅读空间建设。持续做好"七进"工作,推动阅读进企业、进农村、进机关、进校园、进社区、进军营、进网站。将《习近平谈治国理政》第四卷和党的二十大学习辅导材料列入领导干部必读书目,全市征订发行总数排在全省前列。围绕重点人群实施分众阅读,开展书香机关、书香企业、书香家庭、书香民宿等活动,满足不同读者群体需求。联合市教育局,对辖内学校进行调研评估,开展第二批"省级书香校园建设示范点"选树申报活动,大力推进书香校园建设,在师生心中埋下阅读的种子,让书香盈满校园。

(二)攻坚克难,对标提质增效新标准

2022年是对标《苏州市全民阅读提质增效三年行动计划(2021—2023)》(简称《三年行动计划》)各项标准的奋斗之年,苏州市逐步做实做细《三年行动计划》6个方面20项重点任务,围绕工作机制、政策保障、典型示范、法治保障等落实全民阅读工作保障措施,推动形成党政部门主导、社会力量参与、监督保障完善的工作合力,确保实现到2023年年底《三年行动计划》各项目标任务落实见效,推动以江南文化为特质的"书香苏州"建设全面提质增效。

(三)加大投入,提升书香城市新形象

苏州市将全民阅读工作经费纳入本级国民经济和社会发展规划,2022年投

入财政经费共9 323万元,为"书香苏州"持续高质量发展建设构建坚实财政保障。积极建设、管理、维护公共阅读服务体系,不断强化文化消费政策支持,推出一系列惠民举措,包括为全市大中小学的优等生与贫困生免费发放书展惠民助读卡、投放专项文化消费补贴、阅读推广现场发放全场抵用消费券等,助力市民进一步参与到阅读中来。积极扶持实体书店发展,每年市财政出资一百万元扶持实体书店发展,鼓励传统书店向优秀书店、特色书店转型升级,不断满足居民日益多元化和现代化的阅读需求。

(四)推动立法,探索全民阅读新规范

《苏州市全民阅读促进条例》被列为立法调研项目。经法律专家与全民阅读业务专员认真研究讨论,《苏州市全民阅读促进条例》将进一步突出地方立法的特色和针对性,更贴合苏州全民阅读工作实际。通过立法保障,解决全民阅读工作中的实际困难,切实提高全民阅读工作成效,进一步保障公民基本阅读权利,提高公民阅读水平,涵养苏州特色文化,推动"书香苏州"建设。

(五)营造氛围,发挥"阅读节"新功效

以"阅读新时代,喜迎二十大"为主题,举办第十七届苏州阅读节,邀请范小青、杨旭辉等多位名家担任"书香苏州"代言人。在开幕式上公布首张"苏州好书荐读·江南书单",全年推出"风雅江南""童趣江南""红色江南""时代江南"等"江南书单"四季系列,发放4 000份"家庭阅读福袋",直播吸引107.4万人次"云"观看,进一步满足群众对阅读的多样化需求。打造155项重点活动,同步开展系列阅读活动3 000余场,深入营造根植苏州、立足苏州的书香氛围。

(六)打造品牌,拓展城市阅读新供给

持续举办"读苏"、"夜读姑苏"、悦读嘉年华、平江晒书节等阅读推广活动,形成苏州特色品牌。积极推广亲子阅读,2022年"悦读宝贝计划"创新推出婴儿版和幼儿版,发放5万多份大礼包,总参与人数达20万。打响"云阅读"品牌,联合苏州轨道交通推出绿色数字阅读"云图书馆",开放正版电子图书6 000余册,2022年为市民乘客提供超16万人次免费借阅服务,日均借阅服务量超800次,广受好评。发布"云书斋"博物馆古籍数字影像资源库,推动珍贵古籍"飞入寻常百姓家"。探索打造"江南出版"品牌,2022年出版《书船长载江南月——文学山房江澄波口述史》,深入挖掘苏州书香文化历史,传播弘扬书香文化。

(七)书为节礼,吹动阅读春风暖人心

开展"全民阅读春风行动"暨"书香伴您过新年"暖心活动,以关爱留苏人员为重点,活动期间共发放2万余册图书,丰富群众节日精神文化生活,切实保障人民群众,特别是农村留守儿童、城市务工人员随迁子女和城乡贫困家庭儿童

等重点群体的阅读权益,增强他们的城市归属感、文化认同感和生活愉悦感,让阅读的春风抚慰人心。

(八) 展会助力,激发阅读热情新高峰

周密策划、精心组织,高质量承办第十二届江苏书展。书展主场馆面积达17 000平方米,400多家出版发行单位参展,线上线下参展出版物品种超20万种,举办各类阅读推广活动146场。苏州主展场实现销售额627万元,同比增长16%;进馆参展总人数达62 550人次,同比增长18.4%;苏州各县级市区分展场累计实现销售额958万元,均创历史新高。书展突出市民读者主体地位,突出全市联动工作体系,突出"江南文化"品牌效应,有效拓展书展的服务功能、品质成效和影响力。

(九) 通古联今,推动古籍走进新时代

制定出台《苏州市推进新时代古籍工作实施方案》(苏委办〔2022〕112号)。推动建立苏州古籍馆,开设"学古堂"古籍主题空间,策划推出"印见风华——苏州藏书家印鉴展"。制定《苏州古籍数字化工程实施方案》,推动古籍活化利用。积极推出古籍展览活动,持续推动"吴门缥缃"系列活动,让读者近距离接触古籍和传统文化;与上海图书馆合作完成"古今相映,乐创未来"——非物质文化遗产系列推广活动;策划"书版合璧——苏州雕版特展";开展"典籍里的中国智慧——《中华传统文化百部经典》阅读推广展"。

(十) 编纂《苏州全书》,焕发文献典籍新生机

2022年7月,正式启动《苏州全书》编纂工程,持续深入挖掘苏州历史文化资源,编纂出版《苏州全书》系列图书,同步建设全书系列数据库和共享平台,传承苏州崇文重教的文化基因。《苏州全书》的编纂不仅是苏州市的一项战略性重大文化建设工程,更是弘扬优秀传统文化、助力全民阅读发展、推动书香城市建设的重要篇章。《苏州全书》将全面梳理苏州文脉资源,保存苏州集体记忆,深层次涵养市民的精神底蕴,构筑市民有底气、有力量、有内涵的精神世界,让市民主动阅读、参与活动、培育价值、传承文化,为"书香苏州"建设提供源源不断的内生动力。

二、阅读场馆、阅读空间建设情况

以公共阅读设施体系为重要阵地。大力推进阅读体系建设,建成以各级图书馆为骨干,以家门口的社区书屋、农家书屋为延伸,以职工读书站为补充的全覆盖、多层次的阅读设施体系。苏州市本级公共图书馆体系现有分馆101个、网投服务点135个(其中自助网投点62个,3个实现24小时服务)。县级市公共图书馆体系共有总馆5家、分馆163家。全市共有6家国家一级图书馆。2022年,苏州市本级公共图书馆线下服务读者608.97万人次,书刊文献外借372.94万册次;线下举办各类读者活动1094场,参与34.09万余人次(举办565场线上活动,参与44.44万人次),已成为苏州市民生活中不可或缺的公共文化空间。

以创新机制构筑阅读服务高地。打造"苏州·书仓"平台,实现苏州市域多区域间公共图书馆的网上借阅和资源共享,让市民在家门口就能尽览尽用全市图书资源。优化基层阅读布局,持续推动农家书屋融合升级,实现农家书屋从有形覆盖向有效覆盖转变。全市农家书屋100%深度融入新时代文明实践中心,全部开通"江苏省数字农家书屋"平台,累计注册43.22万人,累计使用3844.2万次。2022年,开展农家书屋活动6087场次。加快惠民助读机制建设,2020—2022年,以书展为契机,向中小学生免费发放180万元读书券,安排516万元额度补贴市民购书。"最是书香能致远",随处可见的公共阅读服务成为苏州市独特的阅读符号。

以实体书店扩充多元阅读渠道。积极扶持实体书店发展,政策扶持和资金扶持双管齐下,根据《苏州市实体书店资助办法(试行)》设立"苏州市优秀实体书店""苏州市优秀特色书店""苏州市实体书店优秀阅读推广活动"等奖励扶持项目,鼓励实体书店转型升级。截至2022年年底,苏州全市共有2849个出版物发行点。创新打造"书店与社区"结对模式,开办启用社区书店,结合"15分钟阅读圈",将全民阅读活动场地拓展到家门口,提升市民阅读幸福感。

三、社会阅读力量培育发展情况

苏州市阅读促进会。苏州市全民阅读促进会依法开展阅读组织登记管理工作,共成立4个专委会,对社会阅读组织实施引导扶持和有效管理。2022年年初,召开理事会和会员代表大会,审议通过2021年工作总结、财务报告和2022年工作计划。春节前,联合全市10多家书店向市民发放"阅读书香卡",为广大市民选书购书提供优惠。组织社会力量开展"阅读·与爱同行"关爱外来务工人员子女系列阅读活动,做好外来务工人员子女的阅读服务工作,其中"携手共读·阅读关爱"公益项目惠及600多位流动儿童。下半年,召开常务理事会并现场开展阅读推广大实践活动。年末,配合市全民阅读办开展全市全民阅读"三优"评选工作。全年发展团体会员8名、个人会员3名,向省阅促会推荐会员3名。

县（市）阅读促进会。张家港市全民阅读促进会建立民间阅读组织培育机制，成立阅读指导中心，重点培育有代表性和影响力的各类读书沙龙和民间阅读社团，拥有海狮悦读e站、躬行学习社等一批苏州市优秀阅读推广组织，"彩虹姐姐"故事团、幸福晨阳网格书友会等一批张家港市优秀阅读推广组织。

常熟市全民阅读促进会2022年召开第二届理事会，拥有会员单位16家、个人会员370位。开展阅读推广组织、阅读推广人调查摸底工作，实名认证并登记"余音朗诵艺术团""红色读书台""乐龄驿站""贡享文化交流社""藏舟文化""六艺书屋"等50个阅读组织，以及101位民间阅读推广人。

太仓市阅读推广协会逐步完善制度建设。一是通过每年一次的理事会，审议重点工作。二是不断吸收新团体会员加入，目前协会拥有理事单位会员25家。三是发布"太仓市阅读推广协会活动菜单"，推动图书资源、讲座资源、展览资源等各类资源的共享。四是开展学习交流活动，先后组织会员赴多地交流，开拓思路。

昆山市全民阅读促进会现有会长1名，团体单位会员28家（其中副会长单位6家，理事单位18家，单位会员4家），个人会员51名。2022年审议通过加入单位3家。

社会阅读组织。苏州市不断加大对社会阅读组织的培育力度，重点培育有代表性、有影响力的各类民间阅读社团，慢书房、思麦特、涵舍、"四叶草"等一大批读书会已成为推进全民阅读的重要力量。不断探索发展阅读联盟，携手上海、嘉兴等城市组建长三角一体化阅读联盟。苏州全市目前共有1 297个阅读推广组织，2022年评选产生24家"优秀阅读推广组织"。

全民阅读领读者、阅读推广人队伍。苏州市建立市级全民阅读领读者、阅读推广人队伍，推出"领读者"计划，通过名人作家荐书、民间阅读组织领读、全社会广泛参与的方式，让每一个人不仅是全民阅读的参与者，更是全民阅读的引领者。定期向全市近200位优秀阅读推广人赠送优选书籍。推出"委员读书·遇见美好"专题节目。2022年9月，开展"2022年苏州市全民阅读推广人培训班"，邀请中国图书馆学会阅读推广委员会副主任、南京大学教授徐雁，华东师范大学信息管理系教授范并思，中国图书馆学会阅读推广委员会副主任、河北大学管理学院教授赵俊玲等国内阅读推广领域的专家授课，300余名阅读推广人参加培训。2022年，评选产生33位"优秀阅读推广人"、51个"优秀阅读创新项目"，进行经费补助，鼓励个人和社会团体积极自愿参与到全民阅读推广中来。截至2022年年底，苏州全市共有639位阅读推广人、306位领读者，广泛在群众中播撒阅读的种子，充分发挥阅读先锋模范引领作用。

苏州市建有各级各类全民阅读志愿服务团队，在公共图书馆和基层阅读场所设立全民阅读志愿服务站,开展周期性、常态化的志愿服务活动;积极加强志愿者队伍建设,每年吸纳青年志愿者、义工、读书爱好者进入全民阅读宣传服务志愿团队。

四、阅读推广媒体宣传情况

苏州在公共舆论环境中,大力宣传全民阅读工作。县级市(区)也积极响应号召,不断通过各级各类媒体进行宣传推广。

作为苏州市全民阅读官方微信公众号,"书香苏州"(原"苏州全民阅读")始终奔赴在书香一线,做好全民阅读宣传服务工作。公众号现有 5 万余名粉丝,全年完成 255 条微信推送。在第十七届苏州阅读节期间,发布重点亮点稿件 27 篇。在第十二届江苏书展期间,推出相关推文 34 篇,采编《想要读懂苏州,今天,一定要来这里!》等一系列文章。全年推出"探店""领读者""委员读书""江南文献""苏城书事"等多个栏目,给市民们呈现了一个个书香故事。积极与出版社、书店、名家学者合作,推出各类赠书活动,让市民共享阅读福利。与十个板块建立紧密联系,及时宣发各地全民阅读活动,推广苏州全民阅读工作的创新做法与积极成效。

五、阅读品牌活动、阅读推广先进典型

《我把〈红色家书〉读给你听》。第四届江苏全民阅读"十佳阅读推广活动",由苏州市教育局联合苏州市朗诵协会组织开展。邀请 30 多所学校师生参与,选编 100 余封老一辈革命家写给亲人的书信,根据主旨分为"明志""正己""亲情""教子"四个篇章,积极引导学生在读中思、思中悟,传播红色文化,传承红色基因。

苏州市广电总台《月月书房》。第四届江苏全民阅读"十佳阅读推广平台",2021 年江苏省一类公益阅读推广活动,2022 年苏州市"优秀阅读创新项目",由苏州广播电视总台打造。面向妇女儿童,坚持以公众号、直播、短视频、线下读书会等多元形态,打造一堂"行走的悦读公开课",有"沿着运河看苏州之耕读红楼梦""寻味苏州年""开学第一课"等栏目。

姑苏图书馆《姑苏夜书房》。2022 年苏州市"优秀阅读创新项目",由姑苏区图书馆策划推出。成立"姑苏夜书房"联盟,探索更为年轻化的公共文化夜间服务模式。首批 10 家成员单位由社区、特色书店、文化艺术场馆三大类阅读空间构成,未来还将吸纳更多的多元服务点位,围绕市民阅读共建共享活动,开展多层次、专业化、特色化的"夜读"品牌活动。

"读江南·品书香"读书会。古吴轩出版社旗下读书会，2022年度苏州市"优秀阅读推广组织"。积极结合世界读书日、苏州解放日等重要时间节点，开展"爱读书 故吾选 读好书 古吴轩"和"传承红色精神共读红色书籍"等线上阅读推广活动，开展"读书读苏"、"苏州好，青春正飞扬"2022年苏州高校新生开学季活动等线下阅读推广活动，营造全民读书的良好社会氛围。

蒋理。光影墅文化空间发起人，2021年"苏州市阅读推广人"，2022年作为江苏省唯一代表荣获"2022年全国乡村阅读榜样"称号。提供大量优质书籍，周边村镇居民可免费取阅。深度结合当地文化，每年策划50余场阅读推广活动，积极引导村镇居民关注古镇文化，尤其注重培养青少年在阅读中熟悉家乡文化并主动传播文化的能力，让这些"小讲解员"成为一本本流动的"有声书"，将江南的文化、民族的文化从乡村传向更远的地方。

徐梦华。第三批江苏省全民阅读推广人，2021年度苏州市"优秀阅读推广人"、苏州市图书馆学会优秀会员、2022年度张家港市文体广旅系统先进个人。多年来坚守在"书香张家港"的创建道路上，牵头组织开展全民阅读活动3 000多场次，推出"沧江市民大讲堂""童话里的城""5+2"馆校研学活动、"爱心悦享会"等数十个全民阅读品牌项目。

曹卫。第三批江苏省全民阅读推广人，2022年苏州市"优秀阅读推广人"，2021年苏州市"优秀助残志愿者"。项目"天香读书会"荣获2022年度苏州市"优秀阅读创新项目"，项目"E家人"被评为2020—2021苏州市"积极应对人口老龄化"优秀实践案例，项目"'珍享学'苏州闲话"入选"2021年度省社科联社科普及资助基地项目"名单。

杨旭辉。"书香苏州"代言人，2022年苏州市"优秀阅读推广人"。连续十多年组织"礼拜三读书沙龙"，自费编印学生阅读报告。在多地合作主持全民阅读节目，坚持日更音频节目诗话江南系列，收听、阅读量超百万次。2021年组织、主持"走读山塘街""夜读苏州"活动。2022年，与苏州轨道交通集团合作发布有声读书节目《乘着地铁去读诗》，社会反响良好。

六、全民阅读获得省级及以上表彰奖励情况

吴中区光影墅文化空间（蒋理）作为江苏省唯一代表获评"2022年全国乡村阅读榜样"。

徐梦华、曹卫入选第三批江苏省全民阅读推广人名单。

在第四届江苏全民阅读"五十佳"推选中，刘晓亚获评"十佳阅读推广人"，苏州市教育局、苏州市朗诵协会《我把〈红色家书〉读给你听》获评"十佳阅读推

广活动",苏州市广电总台《月月书房》节目获评"十佳阅读推广平台","益空间"伙伴志愿服务团获评"十佳阅读志愿服务组织"。

《〈月月书房〉悦读江南——行走的江南文化公开课》《"雅阅江南·情调园区"全民阅读季》《第十二届"职工读书月"系列活动》《"童话英雄榜"张家港市阅读100挑战赛》等多项阅读推广活动入选2021年度江苏省公益阅读推广活动认证名单（2022年4月23日第十八届江苏读书节暨第二十七届南京读书节开幕式公布）。

"悦读宝贝计划"阅读推广活动获评2022年度省级公益阅读推广活动认证（二类）。

"书香吴中 云上悦读"全民阅读节、"喜迎二十大 书香润我心"——第十七届"校园阅读节"系列活动等阅读推广活动获评2022年度省级公益阅读推广活动认证（三类）。

常熟市委宣传部、昆山市委宣传部、吴江市委宣传部荣获第十二届江苏书展"优秀组织单位"荣誉。

相城区元和东大书店、凤凰新华常熟分公司中心书店、凤凰新华苏州分公司观前书城、凤凰新华吴江分公司吴江书城、凤凰新华张家港分公司张家港书城、凤凰新华太仓分公司太仓书城、凤凰新华昆山分公司中心书城、苏州合方文化旅游产业发展有限公司等8个分展场荣获第十二届江苏书展"优秀分展场"荣誉。

苏州市《给玉颖的一封信》等21份作品荣获江苏省"我的书屋·我的梦"农村少年儿童征文和书画作品征集展示活动奖项，覆盖5个组别，其中一等奖1个、二等奖8个、三等奖12个。

张家港市少儿图书馆绘本馆荣获《图书馆报》颁布的"2022年度影响力绘本馆"荣誉称号。

常熟市图书馆在"阅书香 绘梦想"第二届长三角亲子绘本插画创作大赛中荣获"优秀组织奖"和"优秀推广贡献奖"。

常熟市图书馆被评为江苏省"2021—2022年度报刊大收订活动中优秀社会发行站"。

陈虹《让乡村儿童享受阅读之美——常熟市百场配送阅读活动实践探索》入选2022年中国图书馆学会学术论文和征集活动。《蓝调江南》获评江苏省图书馆学会阅读推广委员会"阅美善读——馆员荐书"二等奖。

范雪珂《给青年的十二封信》获评江苏省图书馆学会阅读推广委员会南京图书馆学会"阅美善读——馆员荐书"三等奖。

吴中区《来自竺坞书房的手写信》荣获2022年江苏省"发现最美农家书屋"

视频比赛第一名。

苏州工业园区金鸡湖街道黄芳家庭（绿苹果爱心社负责人）获评省妇联书香家庭。

广播连续剧《丁香》获评2021年度"江苏广播剧奖广播剧连续剧二等奖"（2022年9月公布）。

七、县（市、区）全民阅读情况

张家港市。依托"共读张家港""全民读书月"品牌，高标准承办第三届江苏省"童话里的世界"主题活动，全年组织开展各类阅读活动3 000余场，参与人数达50万人次。升级启用江苏省首个书香特色公交枢纽站——港城书香驿站；建成全市首个市民捐赠图书馆"沙洲湖益空间·源书房"，7 000余册图书全部由市民自发捐赠，被书香中国、《新华日报》、江苏新闻等媒体平台点赞宣推。创新成立"全民阅读推广公益联盟"，与商圈、酒店、银行、交通站点联合，推动阅读融入办事服务、出行休闲等日常场景，处处传书香。链接数字资源，上线"共读张家港"全民阅读云平台，以更便利、更综合、更优质的资源、活动、服务充分满足市民个性化多样化阅读需求。

常熟市。大力营造"爱读书、读好书、善读书"的社会氛围。强化阵地建设，优化设施布局。完成图书馆功能更新项目，19个项目点常态化免费开放，新型自助阅读空间"悦书房"等全天候提供阅读服务。开通"虞阅传书"网借平台，完成智能借阅柜布点12个。加强资源供给，扩大覆盖范围。开展"阅读在行动"百场配送活动。开展新市民阅读家庭评选、"乐龄驿站"老年阅读、"快乐读书吧"亲子阅读等分众阅读活动。邀请何建明、金曾豪等知名作家走进阅读空间进行阅读分享。引领阅读风尚，擦亮文化品牌。持续扩大"yeah！读琴川""常读常新"等区域特色品牌影响力。成功举办智慧图书馆与全民阅读推广创新发展研讨会，组织全国图书馆领域专家学者开展11场专题报告和案例分享。

太仓市。全面加快"书香太仓"建设，围绕"阅读，让太仓更美丽"主题，打通线上和线下，开展形式创新、内容丰富的阅读活动。启动《娄江夜读》声音专栏、太仓阅读地图打卡活动2.0、第四届"童话里的世界"童话故事线上创作大赛等特色阅读活动。全年共推出各类阅读惠民活动145项，覆盖城乡、持续全年，惠及群众80万人次，通过不断拓展阅读阵地、丰富阅读活动、塑造阅读品牌，持续激发市民阅读热情，带动全民阅读蓬勃开展。

昆山市。有力有序推进"书香城市"建设。积极拓展"图书馆＋"公共阅读阵地。2022年服务读者136.54万人次，年均借阅量200余万册次，年接待读者

200余万人次。打造市镇两级阅读品牌。广泛开展"强国复兴有我""喜迎二十大"主题阅读系列活动。组织开展198项阅读节系列活动,推出昆山全民阅读地图打卡活动等全域性线上线下活动,参与互动超100万频次。开展多元化阅读推广活动。加大对公益阅读项目和阅读团体的引导扶持力度。"书香政协""书香统战""昆工爱阅读"等行业阅读活动影响力日益彰显。扎实推进农家书屋标准化建设,实现全市11个区镇农家书屋标准化建设管理示范点全覆盖。优化书屋设施和图书配备,积极开展主题阅读、社会实践、征文书画、文化惠民等系列活动。

吴江区。建设特色阅读空间,推广各类阅读活动,进一步营造全民阅读的浓厚氛围。一是抓牢阅读主阵地。统筹全区资源开展阅读活动,确保广覆盖、有实效。面向社会开展"书香吴江"标识和宣传语征集,收到标识192个,宣传语4 000余条。二是打造阅读新品牌。推出"书香吴江 阅行垂虹"阅读项目;结合长三角一体化、大运河文化带建设、费孝通江村,打造"阅动震泽""七待你读"等阅读品牌,举办"交享运河生活"四河汇集读书悦享活动、"悦"读长三角、文明新"汾"景等活动。三是推动书香全覆盖。制订书香校园建设计划;推动阅读型机关建设,推出"吴江领读者"系列活动;推出"阅读活动+公益项目",围绕社会主义核心价值观开展全民阅读主题分享活动,"最美家庭"寻访等。

吴中区。构建覆盖城乡的全民阅读服务体系,推动全民阅读工作持续走深走实。一是优化全民阅读体制机制。结合实际制定扶持政策,完善阅读阵地、阅读组织和阅读活动的认证扶持。二是突出全民阅读主题宣传。举办"书香吴中 云上悦读"全民阅读节,区镇联动广泛开展读书打卡、好书推荐、征文等活动,参与人数逾30万人次。开展"书香家庭""最美阅读声音""最美阅读画面""最美阅读故事"和全民阅读主题优秀短视频评选等工作,广泛调动社会各界参与积极性。三是强化阅读推广引领示范。发挥文化场所联动辐射效应,动员各级各类公共服务机构相邻组团,开展文化和阅读推广活动50余场次,打造城区核心"文化圈"。发挥全民阅读推广人示范作用,聚焦分众阅读推广。

相城区。广搭平台、集聚资源、创新服务,形成多元组织、多员参与的全民阅读工作机制,积极推动全民阅读活动深入开展。紧跟第十七届"苏州阅读节"举办系列活动,开展"奋进新征程 阅读再出发"主题征文比赛、"相阅·邀你共读"书香召集令线上活动。与中国外文局联合打造"相阅 海豚书屋"品牌。全年累计举办重点阅读活动60余项,线上线下参与人数达35万人次。推进农家书屋标准化建设,打造元和朱巷社区市级示范点1个。创设多元多样的群众乐于参与、日常参与、广泛参与的活动项目,引发阅读热潮,使阅读活动真正普及基层群众。

姑苏区。大力拓展城市阅读空间，织密区街社区三级阅读网络，让崇尚阅读成为古城的一种潮流。一是丰富文化供给，满足阅读需求。二是拓展特色品牌，深化全民阅读。组织开展第十四届"平江晒书节""十全夜读""姑苏夜书房"等全民阅读项目。加强内容策划、形式创新，推动阅读从"看"的单一形式到"听、品、赏"等多元化形式的转变，打好"线上＋线下"的组合拳，通过"云"发布、"云"阅读、"云"分享，确保阅读活动贯穿全年、覆盖全区、走进全民。三是创新"阅读＋"模式，打造姑苏样本。深挖区域优质资源、立足本土文化特色，精心打造藏书名家圆桌会议等精彩活动，深耕全民阅读、厚植墨韵书香，让"以读书为荣""以读书为乐"的理念深入人心。

苏州工业园区。全面深入推动全民阅读高质量发展，探索全民参与、全民共建、全民共享。一是阅读服务亮点纷呈。积极打造"线下网点、线上服务"的立体服务模式。线上推出云端漫读、"云游学"等活动，打造"云端"贴心体验；线下1 470场阅读活动为98万园区居民打造家门口的文化盛宴。二是品牌活动魅力彰显。推出"寻找城市选书人"活动，开展"阅读WE巴"百场城市巡游，推出夜游书集、深夜读书会等活动。举办梦幻•中法诗歌朗诵会、第四届金鸡湖朗诵大赛，吸引100余万人关注。三是阅读生态蓬勃发展。众筹社会资源，推出一批精准化分众阅读项目，开拓服务社区的文化体验课，培育服务大学生的思维训练场，打造服务青少年的星阅"读"立团，丰富服务企业的产业沙龙等。

苏州高新区。深入推进全民阅读，加快建设书香城市，营造更加浓厚的阅读氛围。完善全民阅读服务体系，让阅读从"书房"走向"田野"。成立高新区农家书屋联盟，完善书屋管理制度。设置图书漂流角，推动闲置图书流转。打造"少年郎""夕阳红""书香满农家"三大书屋品牌。举办各类阅读推广活动768场，近6.5万人参与；建成"湖上书舟""走读运河"、太湖阅读马拉松等阅读品牌项目40余个；赠送主题书籍1.2万余册。推进全民阅读数字化建设，让阅读从"线下"走向"云上"。发布高新区阅读"热力图"，推出阅读数字推荐官"枫灵"，发挥线上云服务平台优势，在"高新文化云""住枫桥"等平台开设"线上缤纷课堂""品尝文化 浸润书香"等品牌阅读。

南通市全民阅读年度报告

一、概述

2022年,南通市认真学习贯彻习近平总书记致首届全民阅读大会贺信精神,按照省委宣传部和市委市政府决策部署,聚焦学习贯彻党的二十大精神主题主线,努力以优质阅读服务满足广大市民精神文化需求,履行好"举旗帜、聚民心、育新人、兴文化、展形象"的使命任务,推动书香南通建设取得新进展。

(一)持续推进书香南通建设

按照不断提升阅读设施、不断开展阅读活动、不断供给阅读资源、不断培育阅读组织并举的建设思路,科学化持续性推行书香社会建设。2022年,继续以提升阅读阵地建设水平为引领推动书香城市建设,加大《关于提升拓展城乡阅读空间的实施方案》落实力度,扎实推进城乡阅读阵地建设。持续以品牌活动引领全民阅读活动开展,2022年4月23日,举办第十九届南通韬奋读书节启动活动,线上线下同步发布《全民阅读倡议书》,市委书记王晖向市民推荐10本好书。10月,组织市级居民阅读状况指数测评,进一步推动工作在基层压紧压实,并将阅读空间建设、阅读活动开展等工作纳入高质量服务建设考核内容;11月起,对全市各地新建书房、书吧进行实地验收,对公益阅读推广活动进行申报评审,分别落实奖补和扶持资金119万元和10万元,通过持续推进,全市城乡阅读阵地建设水平得到普遍提升,品牌阅读项目不断涌现,建成五星级书房68个,实现市、县、主城区五星级书吧全覆盖。新认定公益阅读推广活动项目19个。

(二)深入开展全民阅读主题活动

印发《2022年南通市全民阅读工作要点》,制定《关于学习贯彻习近平总书记致首届全民阅读大会贺信精神 加快推进新时代书香江苏建设的若干措施》的实施办法,深入推进习近平新时代中国特色社会主义思想主题阅读,开展"学习新思想 喜迎二十大"主题读书系列活动。紧紧围绕迎接宣传贯彻党的二十大主题,开展"奋进新征程 建功新时代"主题阅读活动,在全市100平方米以上的实体书店设置主题读物展柜;下发《关于开展2022年"全民阅读春风行动"的通知》,1月11日,在市五山小学举办南通市"全民阅读春风行动"启动活动。在元旦与春节期间,累计开展"全民阅读春风行动"近500场,服务人群近5万人次,赠送各类爱心礼包近2 000个,免费书写春联和"福"字等各类书法作品近万幅,发动社会各界捐赠或赠送各种图书近万册、码洋近30万元;在4至10月的第十九届韬奋读书节期间,先后举办"跟着节气去阅读""全民阅读陪你过国庆"等重点阅读活动200余场。

(三)不断促进农家书屋提质增效

细化农家书屋进一步融入新时代文明实践中心建设要求,落实农家书屋提质增效常态化监督检查,全市目前获评28个省五星级、447个市四星级示范农家书屋,创建数量均位居全省前列。下发《关于举办农民读书节暨全市农家书屋千场主题阅读活动的通知》,继续开展"新时代乡村阅读季""我的书屋·我的梦"农村少年儿童阅读实践活动、数字农家书屋推广活动,全年累计举办农家书屋各类活动2 000余场。

二、阅读场馆、阅读空间建设情况

坚持以推动重点阅读场馆、城乡阅读空间合理布局和提质增效为工作重点。2019年以来,南通市委宣传部、市文化广电和旅游局、市新闻出版局联合推动韬奋书房、韬奋书吧建设,建成五星级韬奋书房68个、五星级韬奋书吧255个,发放奖补阅读空间建设资金470.7万元。"韬奋书房旗舰店—濠西书苑"成为城市阅读新空间、网红打卡地、南通文化的新名片。大力推进公共图书馆智慧场馆建设,市图书馆根据"十四五"整体规划,有序提档升级中心馆服务职能,2022年全年新增面积16 600平方米、新增阅览席位1 500个、新增藏书容量120万册,全馆客流量已达90.170 8万人次,办证10 196张,借书43.633万册次,还书43.831 3万册次。同时,不断提高中心馆服务效能,构建以南通市图书馆为中心、以9个县市区馆为纽带、以17家特色行业分馆(城市书房)为点位、以"南通市图书馆学会理论支撑"和"南通市公共图书馆联盟业务联动"为保障的新一代全市图书馆服务体系。根据"中心馆行业覆盖和县市区馆地域覆盖"总分馆建设原则,先后建成市知识产权分馆、财政分馆、行政中心城市书房3家特色行业分馆,建成南通丁宅、情满桑榆、扉页阅读3家新型阅读空间,进一步扩大阅读空间覆盖面。与南通市第一人民医院签订共建协议,携手打造"医学分馆"。

积极探索利用互联网平台打通场馆、资源、用户之间的壁垒,将更多更优秀的公共文化数字资源推送给市民，努力实现数字文化传播与服务升级，促进技术与服务深度融合。市图书馆全年共完成有声图书馆、学术知识库及医学网服务平台、青少年综合素养阅读平台、移动与PC端中文电子书阅读项目、文献统一检索项目、库克数字音乐图书馆、世界艺术鉴赏库、江苏省少儿资源联采、读秀学术搜索、超星电子书、MyElibrary外文电子书等11个数据库的订购工作，为南通市企事业单位及广大读者进行学术研究提供高质量服务。加大数字资源宣传推广力度，微信端发布线上答题、电子书推荐、资源介绍、艺术展览、科普宣传等活动共计65场，线上线下融合服务常态化。同时，积极与江苏省图书馆大数据实验室开展服务数据对接工作，全年全馆持证读者总量近23万人（成人馆持证读者15.6万人，少儿馆持证读者7.4万人）；图书馆网站（含移动版网站）访问数32万次；数字资源访问量37万人次，检索量56万次；微信关注用户15万人，图文阅读量15.5万篇次；微信视频号粉丝数2 100人，同比增长180%；官方抖音号粉丝数1 250人，同比增长20%。

2022年，全市各地不断加大工作力度，深入开展阅读场馆、阅读空间布局建设。如东县形成以县图书馆总分馆等公共阅读设施为主干，以城市书房书吧等阅读新空间、智能图书角等阅读微空间、数字图书馆等为补充的四层立体阅读网络。建成五星级城市书房1家、五星级城市书吧3家、四星级城市书吧2家、四星级示范农家书屋8家，打造特色鲜明、温馨舒适、百姓满意的阅读空间。启东市创新开展"书香岸线"阅读空间建设。先后建成碧海社区书房、十里海湾书苑、海豚驿站书苑、渔人码头阅读馆、海角电台、张謇挡浪墙文化遗址公园书房等12个"面朝江海"的特色阅读空间，打造"阅读＋"服务模式，将阅读和自然、阅读和旅游相结合。海门区已建成图书馆分馆19个，每个分馆自有藏书量均达5 000册以上，报刊20多种，年新增图书500册。各分馆及基层服务点实现图书资源通借通还，电子资源共建共享，阅读活动同频共振。基层书屋不断优化布局、美化环境，81个农家书屋改造扩容，从高楼迁移到底层，共建成四星级农家书屋73个、五星级农家书屋11个，村社区书屋藏书量均达到3 000册以上，30%以上的书屋藏书达5 000册以上。通州湾鼓励各基层单位在人员密集场所设立图书角、职工书屋，打造乡村特色书店通典书吧。积极推进"农家书屋"建设，重点打造三星级韬奋书吧1个、四星级韬奋书吧1个。

三、阅读促进机构、阅读组织发展情况

南通市全民阅读促进会成立于2016年9月20日，现有团体会员130个、个人会员50人。目前，全市已有海门区、通州区、如皋市、海安市、如东县、崇川

区、启东市等7个县(市)区成立了全民阅读促进会,开发区、苏锡通、通州湾等地的阅读促进机构正在积极推进筹建中。积极培训全民阅读志愿者,选拔优秀者为领读者和全民阅读推广人。截至2022年年底,南通市有各类阅读组织650个,各级阅读推广人1 100人、领读者70人。

四、社会阅读力量培育发展情况

2021年,南通市为鼓励支持公益阅读推广活动,制定颁发了《南通市公益阅读推广活动认证扶持办法(试行)》(简称《办法》)。2022年,加大落实《办法》的实施力度,涌现出深受读者欢迎的公益阅读推广活动典型19个,先后发放扶持阅读组织活动经费10万元。

五、阅读推广媒体宣传情况

2022年,全市各地各部门积极运用主流媒体和自媒体广泛宣传、报道阅读活动,营造浓厚社会氛围。2022年,全市各类全民阅读活动"学习强国"用稿204篇,省以上媒体用稿616篇。

如东县。"扶海书香"阅读品牌影响力进一步放大。全年有近60篇视频、经验文章被人民网、新华网、交汇点、学习强国等媒体宣传推介。用好各类载体,借助主要商业大街电子屏、公交站台、灯箱、建筑围挡等宣传载体加大全民阅读公益广告和宣传标语的展示力度;在城区建设一批特色书香空间,建成书香公园1个、书香长廊2个、书香街区2个、书香酒店1个。拓展宣传方式,将全民阅读应知应会内容印制宣传单、宣传折页,制作扇子、购物包等宣传品,编成小品、快板等文艺节目,制作手机彩铃、短视频等,利用部门、镇区、企事业单位网站、微信公众号、微信工作群等各种平台进行推广。抓实重点人群,针对村民、企业职工两个重点群体精准发力,充分发挥企业工会、农村网格员、乡贤、老党员等对象的积极作用,通过开展"阅读手拉手""我读你听""读书打卡"等活动,将倡导阅读、普及宣传融入工作和日常生活。

海安市。持续深化"书香海安"建设。阅读活动被《人民日报》《新华日报》学习强国、交汇点等市级以上主流媒体共报道70多次。

启东市。在线上举办"美丽海湾 书香岸线"云展播,启东市委李玲书记向全体市民发出"共同品味书香,感悟文明,让城市更美好"的倡议,线上线下收看总人数达39.8万,央视、新华网等中央级媒体广泛报道。全年阅读活动在学习强国、交汇点、书香江苏、中江网等媒体展示160余次。

通州区。利用农家书屋开展"农家书屋+"活动,被央视报道了2次。把全民阅读宣传放到核酸检测点等群众集聚点,取得了良好的社会效应。

海门区。持续创新阅读推广宣传方式,不断提升"书香海门"影响力,"阅读海门"微信平台获评"江苏省十佳阅读推广平台"。注重媒体宣传,在海门主流媒体设置全民阅读专栏和专版,建立全民阅读志愿服务阅读推广微信平台矩阵,常态化发布阅读推广活动信息,在城区和各区镇的主要地段设置全民阅读公益宣传广告,编印全民阅读手册,设计定制各类全民阅读宣传品,从不同层面宣传全民阅读、提供阅读服务。注重文化艺术宣传。组织开展书香文艺节目征集评选活动,运用海门山歌、小戏小品、主题歌曲、书画美术等各种艺术形式,以全民阅读推广为话题进行创作、展演。注重对外宣传,2022年全民阅读活动信息在南通市级以上平台被录用200多条。

六、全民阅读品牌活动、阅读推广先进典型

南通市。始终坚持把培育"韬奋"阅读品牌作为涵养市民社会主义核心价值观的重要举措和推进书香城市建设的重要品牌。截至2022年年底,南通市已连续举办韬奋读书节十九届,累计举办阅读活动6 000余场,每年吸引超过300万人次参与。

海安市。持续打造"新华杯"全民读书节,到2022年已经连续举办十二届"新华杯"全民读书节和十七届"未成年人读书节"活动。

如皋市。用心打造"爱阅护苗"青少年清朗文化环境项目,立足如皋市留守青少年需求,围绕"绿色阅读"主题,采取线上线下相结合的形式,精心策划书市展览、绿色走读等系列活动。依托社会工作专业优势,充分调动社会资源,营造青少年清朗健康的文化成长环境。坚持实施"银发阅读"项目,慧老汇与市委老干部局、市老年大学共同组建的一支"银发领读团志愿服务队",走进校园、乡镇、社区、企业,讲革命传统、讲红色故事,传播理想信念的火种。

如东县。打造书香特色阅读品牌。承办"阅读新时代 喜迎二十大——9·28经典诵读活动",承办第十二届江苏书展南通分展场启动仪式,举办"扶海书香正芬芳"第九届如东扶海读书节启动仪式,广泛开展"五彩如东·扶海书香"阅读接力活动,推动全民阅读进机关、进企业、进农村、进校园、进社区、进军营、进网络,"扶海书香"阅读品牌影响力进一步增强。

启东市。创新开展"书香岸线"品牌建设、"走启读村"全民共读、"文明+阅读"结对共建等特色项目,组织文明单位与各类阅读空间结对,推进"农家书屋+"活动模式。"文明+阅读,为农家书屋升级赋能"入选江苏省农家书屋创

新示范案例,"创新'146'工作模式 推动乡村阅读深入人心"入选全国第二届全民阅读大会农家书屋创新示范案例。

通州区。持续打造古沙读书节品牌活动,开展"农家书屋飘出党的理论宣讲声"、最美阅读空间、书香家庭推选、校园读书节、"寻找最美的你"图书漂流阅读推广、遇见好书——全民荐书、"书香年味 悦读越美"网络诵读、"我的书屋·我的梦"活动、全民阅读进企业、夜书市等各种读书推广活动,在全区形成了读书热潮。

海门区。作为省首批书香城市,持续13年打造"弘謇全民阅读节"品牌,共实施各类读书活动项目100多个,累计受惠群众超150万人次。"新时代乡村阅读季""我爱阅读100天"读书打卡活动连续3年位列全国百强;"悦享东洲""七彩童年 书香为伴"等读书活动被认证为省级公益阅读扶持项目,1所学校获评"全国书香校园",2所学校获评"省书香校园",新华书店获评"2022年度最美书店",4个阅读阵地获评江苏省"最美公共文化空间";累计建成国家级"职工书屋"示范点9个,省级示范点13个,1人在"新时代乡村阅读季"活动中被评为全国乡村阅读榜样。

七、全民阅读获得省级及以上表彰奖励情况

2022年,在"书香中国·悦读文学"中国作协首届全民阅读季活动中,南通市被评为"全民阅读推广城市"。

在开展"新时代乡村阅读季"之"我爱阅读100天"活动中,南通市参与打卡人数位列全省第一,海门区、通州区和启东市顺利进入全国百强。

"我的书屋·我的梦"农村少年儿童征文和书画作品征集活动获奖数位列全省第一。

在全省最美书店、省全民阅读"五十佳"评选活动中,凤凰新华书店通州分公司通州书城、南通弘文书城入选省最美书店,南通崇川区欣欣然亲子俱乐部、镇翔(南通赤子情华侨图书馆)、"阅读海门"微信公众号入选省全民阅读"五十佳"。

如东县成功获评2022年度江苏省书香城市建设示范县。如东县"'五彩如东 扶海书香'阅读接力活动"被认证为2022年度江苏省三类公益阅读推广活动。

八、县(市)区全民阅读情况

海安市。始终将阅读设施与"两中心一平台"建设有机结合,充分发挥新时代文明实践所、站、点,以及图书馆、农家书屋、社区书屋、家庭文化室等各类阅读阵地的作用,精心组织全民阅读活动,引导老百姓提升阅读兴趣、养成阅读习惯、提高阅读能力,让城市充满书香,持续深化"书香海安"建设。

如皋市。始终坚持把推进全民阅读、建设"书香如皋"作为推动城市高质量发展的文化战略,通过聚焦主题主线,加强导向引领;聚焦疫线宣传,灵活阅读形式;聚焦空间拓展,做优阵地建设;聚焦服务效能,策划主题活动;聚焦供给改革,精准阅读服务;聚焦制度保障,加强组织领导。不断深化书香城市建设示范市成果,着力推动全民阅读工作再上新台阶。

如东县。以建设书香城市为引领,坚持高点定位、融合推进,强化经费保障、品牌打造。近年来,通过政府主导、社会支持、全民参与,全县居民阅读水平迅速提升,居民阅读综合率位居省、市前列。打造阅读品牌名片,持续打造"扶海书香"阅读品牌,打造"一镇一品",形成"书香霜桥""草木乡村""书沐滨城"等镇区阅读活动品牌。做实主题阅读活动,广泛开展"全民阅读春风行动"、"文明实践中心阅读推广活动"、江苏全民阅读日、农民读书节、"我的书屋·我的梦"青少年主题阅读活动、农家书屋主题阅读活动等。建强阅读服务队伍,成立如东县全民阅读促进会,推动机关部门、镇(区、街道)成立读书会、文学社、亲子阅读组织、网络读书组织等,全县已建成各级各类阅读组织(队伍)100多家。

启东市。持续推进"书香启东"建设,举办第八届启东全民读书节,开展各类阅读活动近千场。坚持培育"书香岸线""走启读村""文明+阅读"等市级阅读品牌,以及"惠悦读""Xin阅书海""伊启读"等部门、区镇阅读子品牌。广泛动员社会阅读组织参与阅读推广,拍摄《我为书香启东代言》短视频及动漫视频,属地30余家微信公众号和抖音大V账号转发,累计阅读量300多万,主播、作家、学生、网络大咖等化身为书香启东的"阅读代言人"。打造省五星级农家书屋2个、四星级书屋8个、星级韬奋书房、书吧8个。黄寅等3个家庭获评"南通市书香家庭","韵动书香岸线 共筑爱阅之城"等3个项目获评"南通市优秀阅读推广活动"。凤凰新华启东分公司中心门店获第十二届江苏书展优秀分展场。

崇川区。重点实施"阅享崇川"书香崇川建设"深耕"工程,建成读书带头人"人才智库",选树20名阅读推广人和50名领读者,新建韬奋书房9家、韬奋书吧3家,打造"韬奋读吧"20家;协调南通弘文书城为城东街道韬奋书吧捐赠图书400多册。开展"全民阅读春风行动",为困难群体赠送图书1万余册。向24

个优秀阅读项目发放扶持资金18.6万元。拍摄《以阅读的名义》公益阅读宣传片,被市委宣传部、全民阅读办录用并在市4.23活动现场及市级机关相关平台播放;举办第二届"书香崇川"读书节,组织各类全民阅读活动500余场。"四时之美""跟着节气去阅读"等阅读项目获评南通市2022年度公益阅读活动认证扶持,欣欣然亲子俱乐部和南通赤子情华侨图书馆负责人镇翔入选第四届江苏全民阅读"五十佳"名单。

通州区。在中宣部组织的新时代乡村阅读季"我爱阅读打卡100天"活动中进入全国县级市前100名,江苏省数字农家书屋年使用量位列全省第二;"农家书屋飘出党的理论宣讲声"创新案例被省新闻出版局推介至全国;在江苏省组织的"我的书屋·我的梦"少儿实践活动中,全区共有11件作品获奖,其中一等奖3个(南通市共5个);刘桥的尹家园村、极孝村、蒋一村在江苏省农家书屋组织的"发现最美农家书屋"线上摄影、短视频活动中有3件作品获奖。先锋街道十六里墩村、刘桥镇蒋一村、英雄村3家农家书屋被纳入省数字农家书屋全景VR拍摄场地(南通市共3个),并作为全省"小书屋大梦想"活动场景,浏览人次7.6万。凤凰新华通州分公司中心门店获第十二届江苏书展优秀分展场;通州瞿卫华等4个家庭获评南通市书香家庭;获评市五星级韬奋书吧1个,四星级书房、书吧4个,四星级农家书屋8个;获评南通市优秀阅读推广活动项目2个。

海门区。作为首批获评省书香城市的县级市,海门始终把建设书香城市、打造"书香海门"文化品牌作为推动海门高质量发展的重要战略支撑,强化措施,整体推进。高站位统筹,下好全民阅读一盘棋。制定出台扶持政策,强化经费保障,区镇分馆图书年更新资金不少于2万元,年开放保障资金不少于5万元,每个农家书屋出版物年更新资金不少于2 500元;深化全员共建机制,推行"政府倡导、专家指导、社会参与、媒体支持"模式,吸引社会力量加盟,搭建阵地建设、创意活动、志愿服务、社会捐赠四大平台,组织开展整本书共读线上研训活动,重点培养阅读推广专业人才,提升阅读推广服务能力,激活优化文化供给,畅通服务渠道;高标准建设,打造阅读阵地一张网。推动总分馆体系建设,实现图书资源通借通还、电子资源共建共享、阅读活动同频共振;推动城市书吧建设,2年时间在入住率高、人气旺的居民集聚区内打造出4个五星、11个四星、20个三星级"韬奋书吧";推动"图书馆+"模式的复制,区图书馆与茶楼、咖啡店、银行、花店等不同社会力量合作,让阅读环境更加人性化、更具吸引力;加强数字资源推广,积极推动智慧图书馆建设,借助"江苏数字农家书屋"服务平台,开展阅读打卡挑战等活动,依托领读者团队,打造本区青少年分级阅读数字资源库"学习通"平台。高效能推广,打通基层阅读"最后一公里"。坚持以主题阅读凝聚人心,广泛深入开展主题读物阅读推广活动,提升重点读物到达率、阅读率、点赞率、影响力;以品牌活动引领风尚,"读书正当时"活动定期发布共读书目,持续荐读好书,组织共读活动,累计参与人群5万余人次,全民荐书短视频、"阅见美好"主题明信片、书香海门IP形象征集等活动让市民化身书香海门代言人,用文字、画笔等共同宣传推广全民阅读活动;以关爱行动温暖人心,开展"全民阅读春风行动",为新"海门人"送去丰富多彩的文化年礼,用好书温暖返乡旅客的回家路,为结对帮扶的陕西勉县等贫困地区的学校捐赠图书累计10万余册。

苏锡通园区。注重基础设施优化。张芝山镇全镇已建成10个农家书屋并启动提升工程,决心村农家书屋已通过市级验收,获评"三星级韬奋书吧"。江海街道着力打造农家书屋"小角落",构建全民阅读"大空间"。先后建成社区书屋1个、韬奋书吧2个。其中,星苏社区韬奋书吧设置藏书、阅读、交流、电子阅览和儿童活动5个功能区,配备电子门禁系统和自助借阅设备,实现24小时全天候开放,在满足社区居民阅读需求的同时,也辐射带动周边居民形成良好阅读习惯。2022年11月,星苏社区韬奋书吧成功获评"四星级农家书屋"。

通州湾示范区。积极推进"农家书屋"建设,全区共有行政村书屋28个、社区书屋4个。所有书屋均深度融入新时代文明实践中心建设,纳入村级综合文化服务中心管理,纳入意识形态工作责任制落实情况监督检查的重要内容。全年安排农家书屋建设资金27.39万元。重点打造了"三星级韬奋书吧"1个、"四星级韬奋书吧"1个,深入推进"百姓点单"服务模式,着力增加农家书屋出版物配备,更新图书2.4万册,国家推荐目录采购比例达50%,本省推荐目录采购比例达20%。

连云港市全民阅读年度报告

一、概述

（一）大力完善阵地建设

2022年，全市阅读阵地建设目标任务对照最新修订的《江苏省书香城市建设指标体系》中明确的全民阅读公共服务标准，以盘活农家书屋资源、共建城市书房、扶持实体书店转型升级、拓展城市公共阅读空间为重点，进一步加大城乡基层全民阅读设施建设力度，推动解决"有没有""好不好"和"满不满意"的问题，基本形成设施相对完善、布局相对合理、服务体系相对便捷的全民阅读阵地网格。一是完善全市三级（县、乡、村）阅读空间名录认证体系，在现有的阅读阵地中提升和改造一批，提升改造达各地总数的70%。二是全市新建一批阅读空间，其中城市书房15家（现建成开放城市书房33家），小镇书房实现全覆盖（63家），新建社区（街道）书房19家，改造达到省五星级标准农家书屋27家，三星级以上农家书屋283家。三是市全民阅读活动领导小组部分成员单位结合行业特点打造一批公益性、开放式的阅读新空间、职工书屋、共享书房等。

（二）大力提升活动效能

《2022年连云港市全民阅读重点活动安排》围绕考核体系和本市短板弱项，列出"第十届花果山读书节"等全年重点活动。活动以农家书屋、小镇书房、城市书房、实体书店、城市公共阅读空间为主阵地，加大乡镇基层全民阅读活动的开展力度，推动解决全民阅读活动"知不知道、参不参加、满不满意"等问题。聚焦农民、一般企业员工、个体工商户（私营业主）和服务业人员四类职业人群（占调查总数的50%）阅读指数低下问题，力求突破。一是各地积极培育和选树一批阅读示范品牌、活动和组织，"梦想书架"乡村少儿公益阅读推广项目、彩虹岛阅读馆馆长蒋洋桥、格林书虫馆分别荣获第四届江苏全民阅读"十佳"阅读推广项目、"十佳"阅读推广人和"十佳"阅读推广机构，市新华书店、大众书局万达店连续多年获评"省优秀书展分展场"。二是坚持"重大活动、重要机制、重心下移"的活动原则，重点办好"农家书屋千场主题阅读活动""书香飘万家亲子阅读活动"等大型阅读活动。市全民阅读活动领导小组各成员单位结合行业特点广泛开展公益性、行业性的阅读活动。三是顺应时代要求,借助新技术赋能全民阅读工作,用好音频和短视频平台阵地,加大线上全民阅读活动推广力度,"连云港发布"《今晚,经典大家读》、连云港手机台《夜读》栏目分别荣获"省十佳阅读推广平台"和"省优秀新媒体栏目"。

(三)大力营造全民阅读氛围

积极组织媒体走进花果山读书节、连云港书展、校园、企业和家庭,深入挖掘、及时总结,积极推广在全民阅读活动中涌现的新鲜经验和先进事迹,开展集中宣传报道,加大典型示范引领。持续办好《经典,今晚大家读》《夜读》《悦读》等栏目,运营好"连云港阅读""书香赣榆""书香灌云"等微信公众号,各县区融媒体中心加快全民阅读网络阵地建设,做好读书荐读导读和阅读推广。积极利用村级应急广播开展空中听书等全民阅读宣传,每周固定时段推送本地阅读活动、资讯、好书等相关信息,定时播放党史故事等。

二、全民阅读品牌活动、阅读推广先进典型

(一)活动品牌

花果山读书节。连续举办十届,贯穿全年,是连云港市影响力最大、参与最广、持续时间最长的全民阅读活动,该活动按月度分为五月职工读书月、9月校园读书节等,下设花果山下书香大讲堂等系列品牌活动。

"耕读传家"东海县农民阅读志愿服务。2016年以来,东海县对现有的农家书屋进行大胆的改革,按照政府组织建设、鼓励社会捐赠、志愿服务管理、创新机制发展的工作思路,实施"耕读传家"农民阅读志愿服务项目,有效破解了农家书屋发展的难题,该做法受到原国家新闻出版广电总局副局长周慧琳、北京大学教授王子舟等的关注与推广。该项目荣获全国志交会金奖、省"十佳"阅读推广项目、省级公益项目认证(一类)。

"连云港发布"的读书栏目《今晚,经典大家读》。该栏目持续开办四年,每周一期,完成节目制作270余期。该栏目制作精良,每一期都精心选题,同时依托"连云港发布"的广大受众群体,辐射面广、影响力大,部分文章出现10万+阅读量。该栏目获评省"十佳"阅读推广平台。

(二)阅读推广先进典型

彩虹岛公益阅读组织。彩虹岛公益阅读推广活动由赣榆区彩虹岛阅读馆主办,阅读馆专门组建"点灯人"阅读推广服务中心,从事全区的阅读推广活动,

目前有志愿者60余人,全区建有阅读分馆6个、城市书房1个、爱心读书驿站6个,藏书量达到4万余册。该组织荣获省"十佳"阅读推广组织称号,"点灯人"项目荣获省全民阅读活动认证(二类)。

樊振。连云港市全民阅读优秀推广人,其樊振图书馆是连云港市首家村级图书馆,一直致力于乡村阅读服务,其事迹被中央电视台、《光明日报》《新华日报》广为报道。

书乡少年——中华优秀传统文化走进乡村小学志愿服务项目。该项目持续举办6年,选取连云港市多所乡村小学作为青年志愿服务示范点,连云港市图书馆学会通过组织志愿者团队为乡村小学的学生们开展传统文化辅导、赏名俗忆传统、孝父母知感恩等夏令营系列活动,将传统文化教育送进村小。5年来,开展志愿服务240场,捐赠图书1万余册,志愿服务人数200余人,并成长为连云港市全民阅读公益推广的示范项目。

三、全民阅读获得省级及以上表彰奖励情况

"梦想书架"乡村少儿公益阅读推广项目获评2022年度省级公益阅读推广活动认证(二类)、第四届江苏全民阅读"十佳阅读推广活动"。

"点亮小镇书房"苏北首家小镇书房全覆盖项目获评2022年度省级公益阅读推广活动认证(三类)。

东海县白塔埠镇"打造'4+X'阅读模式,开辟阅读新空间"项目获评2022年度省级公益阅读推广活动认证(三类)。

连云港市广播电视台《夜读》公益阅读活动获评2022年度省级公益阅读推广活动认证(三类)。

格林书虫馆获评第四届江苏全民阅读"十佳阅读推广机构";

赣榆区彩虹岛阅读馆蒋洋桥获评第四届江苏全民阅读"十佳阅读推广人"。

四、县(市、区)全民阅读情况

东海县。全民阅读工作推进有力。建强阅读阵地,新建2座城市书房,在全市率先实现了小镇书房全覆盖,其中2家小镇书房获评市首批示范小镇书房;2家农家书屋获评省"发现最美农家书屋"。将369家农家书屋融入新时代文明实践中心建设,纳入村级综合文化服务中心管理,实现图书管理和借阅通借通还;新建和提档升级的农家书屋增设电子移动屏幕和电子阅读器等数字设备40余台,更新增补农家书屋图书17 000余册。阅读活动开展有声有色。创

新开展"点单式"服务,开展阅读活动80余场,覆盖20万人次,获省优秀组织奖;全县开展"全民阅读春风行动"、水晶读书节、"七彩夏日"暑期晨读、喜迎二十大等系列阅读活动800余场。农家书屋活动模式创新不竭。温泉镇的"农家书屋+"新模式开设了"农家书屋+大禹文化""农家书屋+护苗""农家书屋+党史学习教育常态长效化"等特色品牌,更好地满足了农村群众文化需要;白塔埠镇打造"4+X"阅读新模式,"线上+线下""交流+研讨""走访+调研""增智+创业"四融合,造就村民创业致富良好局面,全镇参与全民阅读率达到92%,形成一批阅读和创业致富品牌,切实打通文化服务群众的"最后一公里",为全省推广。

灌云县。一是稳扎稳打建设阅读阵地。提档升级三星级农家书屋50家、五星级农家书屋4家,建设小镇书房1家、城市书房3家,在县城区试点建成阅报栏20个,进一步健全全民阅读阵地网格。二是广泛开展阅读活动。"全民阅读春风行动"吹遍13个镇街,累计开展阅读志愿服务600多场,累计为困难群体捐赠资金4万元、图书4 000余册、"书香礼包"900余套、"新年礼包"800件。开展"书香战疫 阅读有我"主题作品征集活动,累计征集作品近400份,"我的书屋·我的梦"农村少年儿童征文和书画作品征集展示活动,共收到各类作品1 206份。三是营造越来越浓阅读氛围。着眼"一盘棋",整合县内资源,全力提升全民阅读的知晓率和参与率。立体宣传全覆盖。结合"村村到、户户进、人人访"党员干部大走访活动,普及全民阅读常识,提升居民知晓率。先进典型作表率。在"今日灌云""灌云宣传"等媒体开设"书香灌云"专栏,深入发掘宣传我县全民阅读工作中的先进典型,评选表彰了一批全民阅读先进单位、先进个人和优秀推广人,其中,侍庄街道陆庄村农家书屋获评全省"发现最美农家书屋"作品征集优秀奖(第6名)。新闻报道活起来。累计在各级各类媒体发布宣传信息300余条,其中"中国农家书屋"采用2篇、"书香江苏"采用4篇,"江苏农家书屋"则采用50多篇。

灌南县。灌南县全民阅读工作高质量发展,书香灌南建设成果喜人,呈现出"阅读设施更加完善、阅读活动丰富多彩、阅读组织发展迅猛、社会宣传有声有色"的特点。一是持续大力度建设阅读设施,目前全县拥有城市书房6座、小镇书房11家、职工书屋105家、村(社区)农家(社区)书屋238家。城乡15分钟阅读圈逐步形成,群众阅读更加便捷、阅读体验更加美好。二是以第二届"海西读书节"为统领,全年举办各类全民阅读活动2 000余场,惠及群众超过10万人次,市民的参与度、满意度不断提高。三是在政策、资金的扶持下,社会阅读组织发展迅速,民间阅读推广人队伍不断壮大,发挥的社会效能日益凸显。四是全民阅读宣传日益常态化,阅读品牌建设不断深入,"每天阅读1小时"成为社会新风尚。五是 2021 年度灌南县居民阅读指数调查得分为 72.49，首次超过全市平均分，居三县第一。

赣榆区。一是打造阅读阵地网格。实现 15 家镇级小镇书房、有声图书馆全覆盖，新增吾悦书房、邮政书房、电信书房等 7 处城市书房，打造出省五星级农家书屋 12 家、省三星级农家书屋 50 家，新建"书香驿站""榆驿站"等公共阅读空间 80 余处。二是活动开展百花齐放。组织开展"全民阅读春风行动"、"榆您悦读 领读经典"、"4·23 世界读书日"、赣榆书展、"我的书屋·我的梦"农村少儿主题阅读实践、"小镇书房巡礼"等活动 600 余场。小镇书房每月至少举办 1 次活动，农家书屋每季度至少开展 1 次活动。同时，加强分众阅读推广服务，策划开展校园读书节等系列阅读活动，着重增强仪式感、参与感、现代感。三是阅读组织互助融合。邀请全区各界读书会、文化驿站、书店、乡村志愿服务队等第三方阅读组织加入全民阅读推广，阅读办为其提供活动开展平台，依托新时代文明实践中心、职工书屋、小镇书房、农家书屋开展形式多样的阅读活动百余场，惠及群众万余人。行知书店"爱慧赢研学"、彩虹岛"点灯人志愿团队"、优丫漫"绘本阅读"、"柘里友爱"乡村阅读志愿服务队等团体的加入，让阅读阵地活了起来。四是阅读媒介形式多样。利用网络平台开设阅读栏目、节目等，宣传阅读典型，发布优秀读物，推广阅读活动。目前，已在各大平台发布全民阅读相关新闻报道百余次，"小镇书房巡礼视频"累计点击量 5 万余次。五是阅读知识普及推广。在全区开展"全民阅读指数提升引领计划"和"全民阅读指数督查提升行动"，通过影院、抖音、微信、公益大屏播放全民阅读小知识公益广告，倡导"每天阅读 1 小时"。

海州区。以夯实基础为根本，创新发展为目标，汇聚各方阅读力量，着力打造"书香海州"品牌，营造全区浓厚阅读氛围。全面打造以区图书馆为龙头，11 座城市书房和 79 家图书馆分馆为主体，4 座小镇书房、102 家农家书屋、251 家实体书店、87 个特色阅读空间、30 多个阅读组织为补充的公共图书服务供给网络。组织开展了一系列形式多样、内容丰富的大众阅读文化活动，引导镇街挖掘各自特点，着力打造"一镇（街）一品"阅读圈，让特色品牌阅读活动"百花齐放"。例如，新坝镇大力推进"小镇书房＋"品牌阅读工程，结合西瓜、大白菜文化节，新坝镇特色农产品展销会等特色活动，让小镇书房成为农民"智库"。新浦街道依托民主路时畔书房开展"童心向党 党的光辉照我心""阅读促成长 书香伴我行"等主题阅读亲子活动。海州街道联合海州诗协女子分会"木香诗社"开展诗词专题阅读活动，读诗词、种木香，打造海州古城木香诗意阅读文化。路南街道的线上"码上学""口袋学""手掌学"三学小课堂，切合群众需求，接地气、有热度。全年开展各类阅读活动累计 600 多场，送出物资 40 余万元，参与群众

3万多人次。积极组织参加市级以上展赛,在赛事中亮出海州形象。征集各类作品1000余件参加"我的书屋·我的梦"农村少年儿童阅读实践活动作品征集活动,最终获得省级一等奖1个、二等奖1个、三等奖2个的好成绩。《连云港海州区板浦镇城北村"立足本土整合资源,打造乡村最美阅读太阳花"》入选《江苏农家书屋创新示范案例选编》。获第十二届江苏书展优秀组织奖。

连云区。聚焦"书香连云"建设,以全区层面聚势谋远,大力推动全民阅读工作开展,按照"区级主导、部门联手、社会参与、全民共享"原则,动员吸引广大文化志愿者、青年志愿者、退休职工等群体积极参与其中,多角度、全方位地推动全民阅读进校园、进企业、进机关、进社区。积极探索农家书屋"百姓点单"服务模式,变"配菜"为"点菜",将选书主动权交到居民手中,涉农街道、村社根据需求,为农民配备蔬菜种植、栽培技术、乡村振兴等图文并茂的实用性书籍,把农民真正想看、爱看的书籍摆上书架。精心培育"在海一方"阅读品牌,通过线上线下融合宣传,建立全民阅读长效机制,用心用情确保活动落地落实、确保活动的知晓率和群众的参与度。

开发区。连云港开发区以"书香开发区"建设为统揽,持续开展阅读阵地建设,完成小镇书房全覆盖及10家四星级农家书屋提档升级工作。着重打造"求是书苑",建筑面积约200平方米,可容纳近百人同时进行阅读;定期开展文艺创作、剧本杀、主题沙龙、知识讲座、阅读分享会等各类文化活动。同时,整合全区数字化阅读资源,组织开展"江苏省数字农家书屋平台"推广活动,平台注册用户数达2.4万人,使用人数7.5万人次。各村(社区)农家书屋深入实施农家书屋助力乡风文明行动,将农家书屋打造成"四史"学习乡村阵地,广泛开展主题鲜明、内容丰富、形式多样的主题阅读、儿童阅读活动,引导形成良好的阅读风尚。在用好"农家书屋"的基础上,整合资源,将书屋与未成年人活动中心、新时代文明实践站、社区(村)综合文化服务中心等相结合,与"强国复兴有我"、党史学习教育、新时代文明实践、绿书签行动等主题相结合,组织开展"携手经典、阅读悦美"、"4·23世界读书日"、金秋阅读季等一系列全民阅读主题活动100余场,进一步推动阅读成为新风尚,极大丰富了辖区群众的精神生活。

徐圩新区。徐圩新区以服务群众、传播文化、弘扬文明为目标,按照"六有"标准持续完善书屋建设,大力推进"书香徐圩"建设,因地制宜推动阅读阵地标准化建设运营,高质量建设一批职工书房、农家书屋,着力打造"10分钟阅读服务圈"。积极开展服务宣传、全民阅读、业务交流、岗位培训等活动,通过各种形式开展读书活动,提高居民阅读积极性。举办首届"书香徐圩"读书节,以农家书屋、职工书屋、公共阅读场所等为活动主阵地,进一步加大村社群众全民阅读活动的开展力度。此外,结合中秋、国庆、春节等节日,开展主题活动。还将全民阅读与宣讲宣教、志愿服务、护苗工作、文明创建等活动深度融合,依托书屋、乡村大舞台等载体,整合机关、学校、驻区企业等共建共驻资源,发挥百姓名嘴、社工、志愿者作用,多次开展进户宣传、特殊群体阅读关爱等全民阅读推广活动。

云台山景区。景区制作并发布区、街两级"书香地图",建成花果山景区阅读新空间3处、民宿阅读空间点2个。积极推进农家书屋星级建设项目,从书屋的配备、管理、使用和机制等方面入手,积极部署,科学规划,稳步推进。打造前关村五星级农家书屋和梦想书架,结合红石榴家园打造四星级渔湾村农家书屋,其余8个三星级农家书屋也全部完成。在原有藏书的基础上,补充更新图书1 000余册,全年借阅浏览近1 000人次,占乡村总人口的3.13%;借阅浏览图书2 000余册,占总藏书量的10%。街道10家农家书屋设置了有声图书馆,均可提供江苏省数字农家书屋阅读服务。积极开展全民阅读活动进学校、进村组、进家庭推广活动20余场。

淮安市全民阅读年度报告

一、概述

2022年,淮安聚力打造"为中华之崛起而读书"书香淮安品牌,以省书香城市建设示范市选树为抓手,形成了一整套行之有效的工作机制,建成了一大批舒适便民的阅读阵地,开展了一系列有声有色的阅读活动,凝聚了一大批相向而行的有生力量,逐渐形成了书香城市建设的淮安体系、淮安方法、淮安路径,得到了省委常委、宣传部部长张爱军和省书香城市建设示范市选树实测组的高度肯定。

重要会议。4月29日,市委、市政府召开2022年度淮安市全国文明城市建设暨全民阅读工作推进会,对省书香城市建设示范市创建等工作进行动员部署。

重要部署。市第八次党代会第二次会议提出"积极打造'为中华之崛起而读书'书香城市品牌"工作部署,市政府工作报告提出"发挥图书馆联盟作用,深化全民阅读活动,创成省书香城市建设示范市"工作要求。

主要举措。探索形成了阵地建设的淮安体系。建成了横向到边、纵向到底的阅读阵地体系,标志性淮安书房、镇街级淮安书房、淮安小书房涵盖了市县镇村四级;实现了书香机关、书香企业、书香校园、书香军营、书香公园、书香商场、书香家庭、书香网络全覆盖。探索形成了活动组织的淮安方法。建成全民阅读特色课程库,组织大中专院校教师、政协委员、市级机关干部职工、企事业单位专家学者等开设全民阅读相关课程,实现了全民阅读活动的量质跃升。创新实施阅读结对帮促工作,市级单位部门赴挂钩村居开展全民阅读工作。实施大学生阅读种子志愿服务行动,探索形成了力量集聚的淮安路径。社会公众参与全民阅读的热情持续高涨,实现了阅读阵地建设由政府全资主导到政府与企业共建,再到企业自建、个人出资建设的深刻转变。

读书节。持续擦亮"周恩来读书节"活动品牌,成功举办第十三届周恩来读书节,第十二届江苏农民读书节暨第十三届周恩来读书节启动仪式在淮安盱眙县举办,央视对此进行了综合报道。2022年,"周恩来读书节"以"为中华之崛起而读书"为主题,组织开展了主题阅读引领、品牌活动示范、重点群体阅读等13

项重点阅读活动。

书展情况。7月2日至6日,第十二届江苏书展淮安分展场活动在淮安书城举办。本次书展以"阅读新时代 喜迎二十大"为主题,在全市11个分展场举办了110余场全民阅读活动。凤凰新华淮安市分公司淮安书城被评为省第十二届江苏书展优秀分展场。

重大阅读活动。第十二届江苏农民读书节暨第十三届周恩来读书节启动仪式在盱眙县举办,引发广泛关注。连续两年开展"读万卷书 行万里路"阅读地图体验护照打卡活动,阅读空间、文博场馆、运河主题场馆、红色场馆等构成阅读地图点位,未成年人在家长陪伴下,持体验护照打卡研学。2022年,该项活动覆盖全市近49万名少年儿童,打卡点位增至64个,120余万人次参与。组织开展"留一段文字、捐一本好书——带一本好书回家过年"图书募集活动,7天时间,社会各界共捐赠图书7 000余册,彰显了淮安大爱。春节前,在高铁站开展"全民阅读春风行动",一本好书传递城市温度,扉页笔墨传递书香温情。实施阅读结对帮促进基层,市级单位部门通过建设阅读设施、捐赠阅读物资、开展阅读活动等形式,推进挂钩村居全民阅读工作。开展大学生阅读种子志愿服务行动,近600名驻淮高校和外地返淮大学生,深入全市基层阅读场所,通过图书推荐、阅读分享、绘本讲解等形式,开展全民阅读志愿服务。组织开展"阅读新时代 逐梦新征程"主题全民阅读系列活动,以及其他18项重点活动。创新开展全民阅读特色课程库建设。目前,课程库包含人文素养、自然科学、普法宣传、农业知识、养生保健、政协文史专栏6大类107门课程。课程目录送达基层,县区、镇街可按单点课。组建全市图书馆联盟,整合公共图书馆、高校图书馆、机关企事业单位图书馆资源,首批25家图书馆入盟。

二、阅读场馆、阅读空间建设情况

形成了覆盖城乡、载体多元、样态丰富的阅读阵地。建成淮安书房吾悦广场店、九龙湖店、万有博物书店、市移动公司店等标志性淮安书房。建成淮安书房市法院致微书苑、市委党校枚乘书吧、市税务局税阅书房等一批特色书房。推动阅读阵地建设重心下移,推进镇街级淮安书房、淮安小书房建设。镇街级淮安书房纳入2022年市政府为民办实事项目,充分利用新时代文明实践所(站)、公共文化服务中心等场所,按照淮安书房标准,坚持因地制宜、简约实用原则,融合建设、提档升级一批标准统一、特色彰显、使用便捷的阅读空间。全市共提升建成95家镇街级淮安书房。按照全市村居总数20%的比例,重点打造示范淮安小书房,淮安小书房建设与新时代文明实践站、农村集中居住区、各级文明村居、特色田园乡村、全域旅游、历史文化街区等建设工作统筹统合,充分发挥以点带面作用,全市共提升建成457家示范淮安小书房。推进数字阅读阵地建设,全市所有阅读空间实现数字阅读终端全覆盖。全力推进省数字农家书屋平台推广与使用。开发全市电子阅读地图,阅读场所基本信息、阅读活动信息实时更新。淮安区新华书店、金湖县新华书店获评"2022年省最美书店"(全省9家)。

三、阅读组织、阅读推广人培育发展情况

实现县区全民阅读促进会全覆盖,指导县区全民阅读促进会协助属地主管部门做好全民阅读各项工作。目前,全市共登记注册阅读社会组织21家,其他阅读社会组织143家。指导成立淮安知书鱼读书会等社会阅读组织。先后组织开展淮安书房经营管理者培训班、书香淮安建设培训班,邀请专家学者对阅读活动组织、书房管理运营、全民阅读工作理念、全民阅读工作核心指标、全民阅读活动推广方式方法等开展培训,进一步提升全市社会阅读组织、全民阅读推广人工作能力水平。目前,有全民阅读推广人180人、领读者201人。

四、全民阅读工作宣传情况

央视聚焦第十二届江苏农民读书节暨第十三届周恩来读书节启动仪式。"世界读书日"当天,央视综合频道《朝闻天下》栏目以《跟随城市阅读地图打卡书店图书馆》为题,聚焦我市书香城市建设。淮安书房万有博物书店《师生观测月亮意外拍到月上雁影》短视频被"人民网"微博号等全国51家媒体转发。市移动、电信、联通三大运营商共向市民发送全民阅读公益宣传短信1 650余万条。全面做好全市各交通道口、商业街区、旅游景区、居民小区、学校等重点场所全民阅读宣传,通过张贴全民阅读公益宣传广告、刊播全民阅读与书香城市宣传标语等方式,提升宣传覆盖面;利用有线电视开机页面,刊播全民阅读公益宣传标语。农村应急广播栏目《耕读时间》成效进一步显现。利用阅读结对帮促工作机制,推进全民阅读宣传"进村入户"。

五、全民阅读活动品牌、阅读推广先进典型

(一)全民阅读活动品牌
阅读地图体验护照打卡活动。近年来,淮安市深化打造"为中华之崛起而

读书"书香城市品牌,注重未成年人阅读启蒙、培育工作,通过开展系列阅读活动,播撒阅读种子。连续两年开展"读万卷书 行万里路"阅读地图体验护照打卡活动,阅读场所、红色教育基地等构成阅读地图点位,未成年人在家长陪伴下,持体验护照打卡研学。2021年,该活动覆盖主城区20余万名幼儿园幼儿、中小学生,打卡点位达38个,近百万人次参与。2022年,该活动覆盖全市近49万名幼儿园幼儿、中小学生,打卡点位增至64个,120余万人次参与。2022年,"世界读书日"当天,央视综合频道《朝闻天下》栏目以《跟随城市阅读地图打卡书店图书馆》为题,深度报道该项活动。

大学生阅读种子志愿服务行动。市委宣传部、团市委、淮阴师范学院等单位联合举办大学生阅读种子志愿服务行动。近600名驻淮高校和外地返淮大学生,深入全市基层阅读场所,通过图书推荐、阅读分享、绘本讲解等形式,开展近千场次全民阅读志愿服务,以青春之力助推书香淮安建设。

农家书屋"三驾马车"。金湖县用好用活县图书馆总馆、新华书店资源库,开动农家书屋"直通车"直达镇街,把图书借阅、阅读推广和文化惠民送到群众身边。用好用活镇街图书分馆资源,启动农家书屋"流动车"到所属辖区内进村入户为群众服务;开通"网约车"精准精细服务群众。用好用活村居阅读志愿者服务队伍,建立起辖区内群众的微信阅读群。项目实施以来,"直通车"直达镇街180余次,直接服务群众10万余人次;"流动车"直达村及农民集中区250余次,流转图书3万余册;开通"网约车"1 100余次,点单送书2.2万余册。

(二)阅读推广先进典型

王煜。淮安书房万有博物书店创建者。2022年以来,坚持"带孩子看一眼星空""仰望星空,学识广博"理念,依托淮安书房万有博物书店,创办"路边天文"主题科普阅读活动,其中观测天宫空间站等活动反响热烈,受到广泛好评。与多家机构和博物馆合作开展科考旅行,提供更深入的博物学知识和体验。以成功入选中宣部中国原创动漫扶持计划的图书《太阳系简史》为核心,持续提升科普作品原创能力,每周组织科普讲座、天文观测活动和博物学实践。淮安书房万有博物书店自2022年10月1日运营以来,共举办全民阅读活动120余场,直接服务市民读者约4.5万人次。

陈玲。淮阴师范学院第一附属小学教师,江苏省全民阅读推广人。加入淮安市洪泽区妇联发起的"幸福母亲大学堂"朗读公益项目群,成为公益家庭教育朗读者。作为全国"小古文课程"的宣讲和项目推进老师,积极开展文言文阅读推广工作,定期在图书馆、淮安书房、书店、农村学校推广文言文阅读公益课程。

六、全民阅读获得省级及以上表彰奖励情况

淮安市委宣传部"淮安市阅读地图体验护照打卡活动"获省级一类公益阅读推广活动认证。

淮安爱乐协会"遇见喜马拉雅音乐书房"音乐阅读公益活动获省级二类公益阅读推广活动认证。

淮安市淮安区诗词楹联协会"弘扬古城文化 深化全民阅读"诗词诵读活动获省级三类公益阅读推广活动认证。

盱眙县总工会被授予全国"书香三八"读书活动优秀组织奖。

国网江苏省电力有限公司盱眙县供电分公司职工书屋获评"2022年全国工会职工书屋示范点"。

金湖县新华书店、淮安区新华书店获评"2022江苏最美书店"。

金湖县"'三驾马车'驱动农家书屋提质增效"获省委宣传部创新示范案例。

淮阴区刘大亮家庭获江苏省第五届"书香家庭"。

淮阴师范学院奚刘琴获评第四届江苏全民阅读"十佳阅读推广人"。

淮安市广播电视台农村广播中心《书香淮安》栏目获评第四届江苏全民阅读"十佳阅读推广平台"。

七、县（市、区）全民阅读情况

清江浦区。一是阅读设施服务更加完善。新建24小时书房4家，完成16个镇街级淮安书房和24个示范淮安小书房改造提升。二是阅读推广活动更加有效。举办2022年淮安周恩来读书节清江浦区分会场启动仪式、"喜迎二十大 悦读清江浦"农家书屋主题阅读推广等活动600余场。三是阅读氛围更加浓厚。用好农村应急广播系统，定时播放阅读节目。发送公益宣传短信40余万条，在各书屋书房、实体书店、商业街区、居民小区、学校等重点场所张贴或展示全民阅读公益广告。

淮安区。一是打造特色品牌，推进示范阅读项目。区委"翔宇论坛"已成为全区党员干部重要阅读学习平台，"传承恩来精神 牢记初心使命"主题阅读活动已成为"书香机关"重要阅读品牌。"开展绘本教育 成就美好未来"绘本阅读教育项目独具特色，惠及全区近1.9万名幼儿。融媒体中心"恩来星"小记者"诵读恩来故事 传承恩来精神"阅读项目、卫健委"读书者阅诵"活动项目、公安局"警诵悦读"项目等阅读品牌特色彰显、广受关注。二是培养本土作家，强化历史文

化活化传承。近 3 年来,淮安区作家创作各类题材书籍 20 余本,《天路淮军》获得第四届江苏报告文学奖金奖,《大胡庄·1941》获得第三届吴承恩长篇小说奖,《中国少年》入选中宣部 2022 年主题出版重点出版物选题,《新安旅行团》入选省委宣传部 2022 年主题出版重点出版物选题。三是用好"小好汉"宣讲团,确保红色基因代代相传。立足地方党史资源,在青少年中广泛开展党史学习教育"十百千万"行动,组织全区各中小学学生代表参观新安旅行团历史纪念馆等爱国主义教育基地,参观者回校后,积极发挥"小好汉"宣讲员作用,在本校师生中开展"新旅"故事等宣讲活动。全区已培养"小好汉"宣讲员 2 000 余名。

淮阴区。开展"诵读一本好书"线上比赛、"逐梦向未来"中华经典诵读微视频大赛、"百姓名嘴"暨全民阅读宣讲大赛等全民阅读活动,超 5 万人次参与。常态化开展"凤凰姐姐讲故事""朗读者"读书会等形式多样的全民阅读活动。在"爱淮阴"App、"幸福淮阴"微信公众号、"淮阴融媒"抖音号开设"一起阅读吧"阅读主题专栏,推广"文旅云"50 万册电子阅读资源,淮阴 FM100.6M 广播频道定点播放全民阅读宣传音频。

洪泽区。围绕全面提升全民阅读指数的目标,抓住形成全民阅读推广长效机制、创建省书香城市建设示范区 2 个要素,打造周恩来读书节洪泽分会场系列活动、阅读推广百村行系列活动及淮安书房洪泽大庆路店"喜迎二十大 书香伴成长"系列活动 3 个品牌项目;升级 33 个阅读阵地,包含 9 个镇街级淮安书房及 24 个示范淮安小书房。

涟水县。一是坚持惠民利民。乡村阅读阵地稳步提升,建成 16 家镇街级淮安书房、83 家示范淮安小书房。今世缘、供电公司、移动公司、驰宝公交等企业积极助力全民阅读工作。二是坚持品牌打造。把"勤奋好学涟水人"精神特质融入书香涟水建设。设计"涟小文""涟小悦"动漫形象,制作推广视频 11 条,组织"十万海报进农家"活动,印制 13 万份日历海报发放入户。三是坚持活动引领。活动深入基层,在镇村举办 6 场重大活动启动仪式。面向中小学生,开展"涟爱润蕾 阅读润心"亲子阅读活动;面向机关干部,组织"弘扬好学文化 共建书香涟水"固定学习日等。聚焦农村未成年人群体,开展"阅读走过四季"留守学子看涟水、"乡村伴读"公益计划活动 85 场,覆盖农村中小学生 3 万余人。

盱眙县。一是紧贴需求,做足"布局"文章。选用商业核心区打造多功能阅读设施淮安书房盱眙店,实现"24 小时图书馆＋书房＋书店"三位一体经营模式。二是紧扣主题,做优"标识"文章。打造"书香盱眙"标识。成功承办江苏省农民读书节启动仪式、全市书香淮安建设工作培训班。获评江苏书展优秀组织单位。开展第二届"我爱我家 阅读越美"竞赛活动。打造全国知名阅读品牌"书香三八"。三是紧抓机制,做深"融合"文章。将书香城市创建与全国文明城市创建工作同部署同推进,完成省书香城市建设示范市选树台账送审、实地验收等工作。加大县财政支持,争取专项经费 200 多万元。在新时代文明实践中心设立全民阅读志愿服务总队。供电公司、农商行等单位部门建成一批优质职工书屋。培育全民阅读促进会等优秀阅读组织。

金湖县。一是聚焦基础设施,完善阵地建设。完成 8 个镇街级淮安书房、26 个示范淮安小书房建设。二是聚焦为民服务,提升活动效能。在读书节期间开展"书香韵荷都"线上直播活动,在线观看近 170 万人次。分众开展阅读示范推广活动 1 000 余场,形成农家书屋"三驾马车"工作新模式。三是聚焦媒体宣传,厚植全民阅读沃土。开辟《耕读时间》专栏,开展宣传 100 场。开展全民阅读"村村到、户户进、人人访"活动,发放宣传折页 4.6 万张。

淮安经济技术开发区。组织召开全民阅读工作会议。各街道办开设专题专栏,运用文字稿、图片等形式介绍、宣传全民阅读工作,展示活动中涌现出来的好典型、好经验、好做法。开展党员干部读书系列活动,树立模范带头作用。建立全民阅读活动示范点,营造浓郁的全民阅读氛围。开辟"全民阅读"活动专版专栏,组织全民读书征文活动。全年共开展全民阅读活动 200 余场。

淮安工业园区。一是坚持统筹谋划,强化机制保障。印发《淮安工业园区 2022 年书香园区建设工作重点任务工单》。将全民阅读工作经费纳入年度财政预算。二是补齐设施短板,阵地提档升级。利用新时代文明实践所(站)、公共文化服务中心等场所,高标准打造 3 个示范淮安小书房。三是聚焦特色活动,呈现"园区表达"。利用淮安书房等平台开展"书香飘万家 亲子共阅读""我们都是收信人 争当新时代好少年"等 150 余场全民阅读活动。四是引领阅读风尚,谱写"时代篇章"。充分利用宣传栏、户外电子屏等阵地,大力宣传全民阅读相关工作,累计发放调查问卷近 1.5 万份。

淮安生态文旅区。成立书香淮安建设工作领导小组、全民阅读活动工作领导小组,将全民阅读工作纳入《2022 年度全区意识形态和宣传思想文化工作要点》和月度党委工作清单。将全民阅读工作与全国文明城市建设共同部署推进。组织阅读推广人培训近 10 场。开展线上线下立体式全民阅读宣传工作,张贴海报 5 000 余张,发放入户走访问卷近 1.8 万份。将"强国复兴有我"、"绿书签行动"、"全民阅读春风行动"、新时代文明实践等工作融合推进。充分发挥淮安书房、淮安小书房等阵地作用,开展"新时代乡村阅读季""我的书屋•我的梦"等全民阅读活动 160 余场,辐射辖区 2.6 万余人,形成了"魅力福地""富有爱心 诚心诚意"等亲子阅读推广品牌。提档升级社区书屋 13 个、月季小筑 4 个和校园阅读阵地 23 所,高标准打造示范淮安小书房 2 个。

盐城市全民阅读年度报告

一、概述

2022年,盐城市全民阅读工作紧紧围绕迎接和学习宣传贯彻党的二十大为主线,以"盐·读"品牌为统领,坚持目标导向、问题导向、效果导向,深耕细作、补短强基,着力构建现代公共阅读服务体系,更好地满足人民群众高质量阅读需求,在全市营造爱读书、读好书、善读书的社会风尚,全民阅读工作持续走深走实,城乡处处书香馥郁、硕果累累,"书香盐城"影响力显著增强。

(一)全面部署、系统推进,组织领导不断强化

坚持以系统思维组织推动书香盐城建设,调整增加市全民阅读活动领导小组成员单位,进一步充实工作力量。研究制定全民阅读年度工作要点及任务分工,细化分解成5大项24条工作责任清单,并先后召开全民阅读活动领导小组电视电话会议、市推进全民阅读工作会议、全市全民阅读工作推进会,推动各类主体发挥优势和作用,为进一步健全党政推动、部门协同、社会参与的书香盐城建设格局提供了制度保障。

(二)紧扣主题、强化引领,示范效果更加显著

以迎接和学习宣传贯彻党的二十大精神为主线,聚焦歌颂新时代、弘扬伟大建党精神、传承红色基因等重大主题,根据不同地区、领域、行业特点,精心组织开展"听党话、感党恩、跟党走"主题宣讲,举办"喜迎二十大·阅读颂辉煌""铁军魂 盐城红""读书迎盛会 一起向未来"系列主题阅读,彰显信仰本色,构筑精神高地,唱响时代主旋律,引导人民群众在阅读中深刻感悟新时代党和国家的新变化新面貌新气象。云启动第十届"盐渎风"全民读书节,超160万人次线上观看,各县(市、区)"读书节"(月)品牌活动实现全覆盖。以"盐·读"阅读活动品牌为统领,"盐城春意暖·书香飘万家""阜有诗书""我为你诵读""品读射阳""阅'建'美好,双'湖'读吧""童爱悦读"等具有地域特色的系列阅读活动持续升温。高质量举办第十二届江苏书展盐城分展,130余万人次在线观看启动仪式,15个分展场共举办阅读分享、新书发布、文艺展演等各类线上线下活动

123场,活动总参与人次141万,发放惠民购书券15万元,为市民打造了一场全民阅读盛会。

（三）广泛动员、形成合力,阅读服务深入基层

针对不同群体分类推进、分众服务,组织市全民阅读活动领导小组成员单位成立"红色温馨""工荟读"、乡村振兴等14支市级全民阅读推广志愿服务队,深入基层一线广泛开展"七进"活动,全域播撒"读书种子"。市委、市级机关工委开展的"红色温馨·悦读流香"读书分享主题活动,成为市级机关推进学习型党组织建设的响亮品牌。市全民阅读促进会、市农业农村局等部门联合举办"阅"见美好乡村——盐城市全民阅读镇村行暨滨海县首届农民阅读节,积极推进全民阅读活动走进乡村、走入农家,持续推动农民阅读习惯的养成。市文明办、教育局、妇联等部门,结合全民阅读"进家庭"和家风文明建设,在全社会深入开展"我为爷爷奶奶读一本好书"活动,通过举办主题征文、有声明信片分享活动,传承孝老爱亲传统美德,倡导和开展家庭阅读。"童爱悦读"首届儿童读书节、"喜迎二十大 阅读颂辉煌"盐城青少年阅读拓展系列活动、"小手拉大手,一起读科普"盐城市首届"科普阅读推广小使者"评选活动、"铁军魂 盐城红"万名盐城晚报小记者校外研学活动、"读书迎盛会·一起向未来"残疾人读书活动等分众阅读活动全面开花,全民阅读志愿服务深入基层实现常态化,切实提升了精准化阅读供给能力和水平。推动全民阅读文艺化宣传,发动作家、文化能人、"百姓名嘴"先后创作音乐快板《浩哥劝你多读书》、情景小品《跟踪》等一批倡导全民阅读的诗歌、小戏、快板、情景剧等文艺作品,依托文化惠民演出舞台、文旅融合平台、新时代文明实践场所等面向基层群众进行长期宣传。

二、阅读场馆、阅读空间建设情况

2022年,盐城市持续加大阅读新空间建设力度,在全市范围内新建30个全民阅读新空间,同时根据人口分布、服务半径、周边环境等因素,科学布点"邮读小站"、"盐渎书吧"、24小时自助图书馆、书报刊亭、电子阅读屏等便民阅读设施,不断填补公共阅读设施覆盖盲区。向社会发布"书香盐城阅读地图",串联起全市173个图书馆（分馆）、2 190家农家（社区）书屋、1 200个基层阅读点,充分发挥阅读资源供给、阅读推广服务主阵地作用,让全民阅读"触手可及"。注重同步提高阅读设施使用率、群众知晓率和满意率,切实推动农家书屋、社区书屋提质增效,实施农家书屋"下楼"行动,加大农家（社区）书屋数字化建设力度,进一步完善农家（社区）书屋与公共图书馆的通借通还全覆盖工作。亭湖区按国家一级馆标准建设的图书馆新馆全面对外开放;盐南高新区2 000平方米的

DA街区艺术书店和700平方米的共享阅读空间投入使用,接待读者超百万人次;射阳县实施"公交流动书吧"项目,将全县110辆县城公交车打造成"流动书吧",穿越大街小巷,引领全民阅读,成为城市新的文化风景线。

三、社会阅读力量培育发展情况

持续推进全民阅读"十百千万"工程,培树一批优秀阅读品牌、优秀阅读空间、优秀阅读活动、优秀阅读组织和优秀阅读推广人,吸引退休干部、教师、百姓名嘴、文化能人、在校大学生等加入各级阅读志愿服务队伍,建立各类专业性阅读推广组织,成立基层读书会、文学社、亲子阅读组织、网络读书组织等阅读社团,广泛调动社会资源、凝聚社会力量,共促全民阅读,共建书香盐城。目前,有阅读组织205个、全民阅读推广人786人、领读者429人。基层阅读先进典型不断涌现,评选表彰优秀阅读品牌、优秀阅读空间、优秀阅读活动和优秀阅读推广人等全民阅读先进典型50个,乐华泽荣获全国"乡村振兴十大优秀阅读推广人"称号,书香盐城影响力进一步增强。

四、阅读推广媒体宣传情况

融媒传播推动全民阅读进万家,组织各地融媒体中心、新时代文明实践所(站)合作,将镜头对准身边人、普通人,推出"寻找盐城最美读书者"短视频200余条,全网累计浏览量超170万,全民阅读工作在盐阜大地的辐射力和影响力持续增强。组织开展"盐·读|全民阅读月悦读行动",积极策划并通过《盐阜大众报》等市级主要媒体和"盐城发布"微信公众号等网络平台向社会发布一批主题鲜明、感染力、传播力强的重点阅读推广活动,进一步满足群众高质量的阅读需求,让读书学习成为盐城最美的社会风尚。

五、全民阅读品牌活动、阅读推广先进典型

"阅"见美好乡村盐城市全民阅读镇村行活动。由市委宣传部、市全民阅读办、市新闻出版局、市全民阅读促进会、市农业农村局(乡村振兴局)、市教育局联合主办,旨在深入推进盐城市全民阅读工作走进广袤乡村,持续丰富广大人民群众文化生活,让书香盐城拥抱群众、走进乡村,带动全民阅读热情,为乡村振兴助力添彩。自2022年8月起,"阅"见美好乡村盐城市全民阅读镇村行活动先后走进滨海县、大丰区和盐都区,通过主题朗诵、文艺演出、图书捐赠等形

式全方位深入开展主题宣传活动。活动采取线上线下相结合的方式,通过"智慧盐城"等手机App进行同步直播,参与人数达38万余人次,有效提升了全民阅读影响力。

"我为你诵读"活动。东台市重点围绕宣传贯彻习近平新时代中国特色社会主义思想、弘扬传承红色文化和优秀传统文化等内容开展主题阅读活动,各部门、各镇区轮流承办,图书馆协办,每周举办一次。活动自2018年4月份开展至今,已累计举办170余场主题活动,2 000余名阅读爱好者走上讲台,参与人数超4万人次,积极引领全社会形成向上向善的良好风尚,有力服务了居民精神文化生活,促进了全民阅读活动深入开展,为书香城市建设做出积极贡献。

农家书屋"1+1"阅读指导活动。滨海县委宣传部以市全民阅读"十百千万"工程为抓手,充分发挥农家书屋阵地作用,在全省创新开展农家书屋"1+1"阅读指导活动,切实提高农家书屋服务效能,扩大农村地区阅读覆盖面。联合县教育部门,以全县300个农家书屋为阵地,为每个农家书屋配备1名中小学校语文老师作为阅读指导员,定期为农民群众开展主题阅读、导读荐读、培训指导等活动,激发农民群众想读书的愿望,培养会读书的技能,不断提升广大农民群众的阅读参与率和满意度。自2021年启动活动以来,共举办农家书屋阅读指导活动900多场,直接参与阅读的农民群众2万余人次,全民阅读知晓率和参与率稳步提升。

"盐渎·言读"全民阅读活动。"盐渎·言读"全民阅读活动是盐都区盐渎书城重点打造的全民阅读项目,围绕"凡人凡语""经典名著""名家有声""网络书香""亲子阅读"和"公益课堂"6个子项目,通过与社区联动、校园联动,带动家庭阅读,高质量引领全民阅读。经过3年的打造,"盐渎·言读"全民阅读活动共开展各类公益论坛、专题阅读、亲子阅读和现场教学30余场,先后邀请盐城市知名播音老师吴江风、秦九红开展"盐渎·言读"经典诵读专场,邀请江苏省紫金山文学奖获得者陈义海、曹文芳开展新书签售和网络直播等活动,活动网络参与人数近60万人次,已经形成名家导读引领、群众参与普及、青少年助力创新的良好格局。

张晓惠。国家一级作家,书香盐城形象大使,盐城市全民阅读促进会理事,全国三八红旗手,省巾帼教育培训基地特聘专家。近年来,热心全民阅读公益事业,积极投入书香盐城建设与全民阅读工作。精心组织盐城市文学诵读、阅读推广相关的公益活动,在优秀阅读组织"串场风—爱诵读"团队中积极发挥牵头与骨干作用,先后组织、策划"在文字中舞蹈""美丽盐城,我的家"以及江苏书展盐城分展场阅读推广活动,受到读者与文学诵读爱好者的广泛欢迎与好评。

王登佐。盐都区图书馆馆长兼书记、副研究馆员,在全区阅读活动的组织、参与和推广中发挥了示范带动作用。每年组织开展阅读分享、课题研究、展览展演、讲座、研讨会、征文、知识竞赛、文创产品开发、网上专题等线上线下阅读推广活动200多场,活动人数达10万多人次。打造的盐都区和悦读书会、湖海文化讲堂、盐渎四季诗书画雅集等活动,已成为盐都区品牌阅读活动,在全市乃至全省都有一定的知名度,吸引了群众的广泛参与。

陈羌。本名陈永全,盐城市亭湖大洋湾公益读书社创办人,第四届江苏"十佳全民阅读推广人"。2012年因公致残后,好读书的他在2017年6月自筹资金,募集千余册书籍,在自家的农家小院创办起"亭湖大洋湾公益读书社",为周边村民,特别是少年儿童、残疾人等特殊群体提供免费阅览场所,并开展"家风家道"主题宣讲、国学经典演讲诵读、课外题材引读带读等读书交流、阅读推广活动。在读书社的辐射带动和影响下,读书已成为邻里四方、香溢周边的一种时尚和新的休闲方式,读书社的受益面不断扩大、区域影响力不断提升。

六、全民阅读获得省级及以上表彰奖励情况

言+买书汇获评"全国最美书店"。

乐华泽荣获全国"乡村振兴十大优秀阅读推广人"。

大丰区图书馆被评为"全国双服务先进集体"。

"红色经典诵读盐阜行"活动、"红色温馨"清风主题读书分享会、"阜宁教育•悦读书房"等被省全民阅读办认证为优秀公益阅读推广项目。

盐城邮政会读文化休闲馆、陈羌(陈永全)、市图书馆(市少儿图书馆)志愿服务队被评为第四届江苏全民阅读"五十佳"。

东台海春书局被评为"2022江苏最美书店"。

七、县(市、区)全民阅读情况

东台市。2022年,东台市以巩固书香城市建设成果为抓手,大力开展全民阅读工作。加强阅读阵地建设,不断提升阅读环境。新图书馆综合体建成开放,7处城市书房、4处城市书吧及各类型"阅读角"构建起10分钟便民阅读圈。培树典型注重实效,品牌活动影响广泛。举办"我为你诵读""西溪讲堂"等特色品牌阅读活动30余场,引领全社会形成良好读书风尚。主题阅读异彩纷呈,阅读推广不断加强。举办"永远跟党走 逐梦新征程"巡回诵读、"喜迎二十大 阅读颂辉煌"主题读书活动,以及"我们的节日"系列读书活动,营造浓厚阅读氛围。不断加大阅读进基层力度,结合全省农家书屋万场主题阅读活动,开展农家书

屋"周周微阅读"活动,丰富农民群众文化生活。

建湖县。紧扣迎接宣传贯彻党的二十大主线,县委、县政府主要领导定期荐书、带头阅读。城乡健康小屋设计张贴"书香一米线"的做法得到了中央和省、市有关媒体的高度关注。构建云上书屋(有声图书馆)+空中书屋("听书"大喇叭)+实体书屋(朗读亭)新模式,开启线上阅读新生态。承办市"'盐·读'全民阅读春风行动"启动仪式,以"阅'建'美好"阅读品牌为龙头,以"书香建湖"第八届全民读书节为主线,组织开展"满天星"公益阅读推广活动2 300多场,线上线下累计参与50万余人次。

射阳县。一是立足书香育人,高位谋划统筹。以年度两大全民阅读工作计划为引领召开全民阅读工作(扩大)会议,召开月度工作例会动态研判工作进展。两次开展居民阅读指数模拟测评,公布村居排名。将"全民阅读指数"列入射阳县乡村振兴综合考核示范镇村的创建指标。发布"朗读者在射阳"品牌阅读计划,一镇一品靶向推进阅读品牌建设。二是突出书香惠民,阵地融合创新。建成县图书馆新城区馆、沐阳书廊、海韵书吧等并对外开放。实施"书香射阳·公交流动书吧"项目和农家书屋"下一楼"工程,15个村新增朗读亭、有声阅读墙等数字阅读设施。开设"朗读者在射阳"和"声音里的美好射阳"105.7广播专栏。三是坚持书香润城,活动精准发力。聘请射阳籍文化名人担任鹤乡阅读大使,组建350人的阅读推广人队伍,开展主题阅读和分众阅读活动2 135场次。举办"品读射阳·书香溢夏——射阳县阅读推广人擂台赛",命名表彰10家全民阅读示范点、34家星级农家书屋和60名阅读推广人。

阜宁县。着力打造"阜有诗书 书香阜宁"阅读品牌,建成"阜有诗书·庙湾书房"等阅读新空间40多个,以"庙湾颂"读书节活动品牌为统领,高质量开展经典诵读、红色故事宣讲、征文演讲、亲子共读、农家书屋主题阅读等各类阅读活动3 200多场。《阜宁"百姓名嘴"宣讲大篷车 打造农家书屋阅读新模式》入选省农家书屋创新案例。

滨海县。夯实阵地基础,完成"阜东书房"等3个阅读空间建设,打造54个智能阅读交通站台,建成城乡一体通借通还网络工程。开展多样活动,统筹开展"第十二届大众读书节"线上启动仪式、首届农民阅读节等各类阅读推广活动1 500余场。结合"我们的节日",有序开展"农家书屋阅新年""粽情端午·阅享人生"等系列活动300余场。创新宣传形式,组织创作音乐快板《浩哥劝你多读书》、情景剧《跟踪》等文艺作品,制作发放阅读挂历等宣传资料近80万份。创新听书模式,持续开展《每日阅读·书香时光》栏目120期。

响水县。以"阅读悦响"活动品牌创建为抓手,新建的县图书馆文化中心分馆对外开放,成功举办图书《叶珍》响水首发式、分享会等活动,将读者体会汇编成《根的眷恋》，出版发行《响水县乡土文化系列读物》。县财政投入 36 万元，为全县农家书屋配送新书 1.2 万余册，新设立便民阅读服务点 35 个，制作"阅读悦响"乡村诵读音频近 300 个，通过大喇叭每天早晚播放，促进全民阅读指数不断提升。开展"喜迎二十大 阅读颂辉煌"、"阅读悦响"乡村阅读季、"童声里的党史故事"等品牌活动 300 余场，群众文化获得感、幸福感持续增强。

大丰区。紧扣"书香大丰"建设主线，建设怡丰园、卯酉书局、花海名邸等 10 余处阅读新空间，组织 257 家农家书屋更新图书超 2.4 万册，开展"喜迎二十大 阅读颂辉煌""新思想 职工讲——我最喜爱的习总书记的一句话"等主题阅读活动 200 余场。深化数字图书馆建设，开设 FM95.1《悦读书房》栏目，新建喜马拉雅有声读书墙近 20 面，延伸阅读触角，让阅读成为生活"新常态"。

盐都区。深化"书香盐都"建设，全力打造"都读"品牌，先后举办"全民阅读春风行动"、第九届农民读书节、"学习贯彻二十大·书香盐城向未来"主题读书活动暨"阅"见美好乡村全民阅读镇村行盐都专场启动仪式、党的二十大文件及学习辅导读物盐城首发式活动等形式多样的全民阅读活动 300 余场，乐华泽获评首届全国"乡村振兴十大优秀阅读推广人"。推进"一镇一品牌、一村一特色"建设，打造义丰领读人、凤凰读书会等具有地域特色的阅读品牌，新增全民阅读空间 5 个，更新农家书屋出版物 4.9 万余册，"书香飘上互联网"直播活动在线观看量超 30 万人次。

亭湖区。全区全民阅读工作向下扎根、向上攀升，取得一定成效。提质区本级阅读阵地，区图书馆新馆建成并开放；推进基层阅读阵地普及达标，新建 24 小时自助图书馆 9 个，500 平方米以上阅读新空间 2 个；主题阅读活动好戏连台，全年开展重点活动 12 场，个性化阅读活动 765 场；书友交流亮点频现，全年累计举办书友自发读书点活动 570 场。阅读志愿者队伍作用凸显，阅读志愿者已有 1 800 名，在开展精准服务等方面发挥了重要作用。

盐城经济技术开发区。通过载体提升、典型培植、品牌打造等举措，不断推动全民阅读走深走实。全年新建 150 平方米阅读空间 1 个、藏书 2 500 余册，在建 500 平方米阅读空间 1 个，改造提升职工书房、农家书屋 5 家，更新图书 2 万余册。命名表彰全民阅读工作先进单位 10 个、书香企业 10 个、书香家庭 32 个。创新实施"阅读推广人＋阅读空间"结对共建，首批聘任 12 名阅读推广人进驻阅读空间。成功承办第十二届江苏书展盐城分展场暨"喜迎党的二十大 我为爷爷奶奶读一本好书"活动，连续举办第三届"'悦读'修身 书香兴城"全民读书节。继续实施全民阅读"六进"活动，广泛开展分众化阅读实践活动 66 场，吸引 2 万余人参与，全区阅读覆盖面和影响力持续扩大。

盐南高新区。进一步提升"书香盐南"品牌影响力和示范引领作用，不断完善公共阅读设施与服务水平,言＋买书汇荣获全国"最美书店"称号。全区43个社区均建有书屋,不少于200册的小型阅读空间41个、大型城市书房3个、新建改造阅读新空间2个、提档升级社区综合文化服务中心2个。全年开展重点活动10场,主题阅读活动686场,"96818"志愿服务热线在疫情防控期间开设"隔"外"书"情志愿服务,受到群众一致好评。

扬州市全民阅读年度报告

一、概述

2022年,扬州市认真学习贯彻习近平总书记致首届全民阅读贺信精神,深入贯彻落实中央和省市关于开展全民阅读、建设学习型社会的部署要求,大力实施《扬州市城市书房条例》,通过强化制度保障、提升阅读阵地、创新阅读活动、加强阅读宣传,扎实开展全民阅读工作,推进"书香扬州"建设。

(一)强化组织领导

不断完善党委、政府分管领导任组长,党委宣传部门牵头协调、各有关部门单位共同参与的全民阅读活动领导小组工作机制。市全民阅读活动领导小组共33个成员单位,每年按照全市统一部署,结合上级条线要求,制订全民阅读工作计划,并纳入年度工作考核。将全民阅读工作和书香扬州建设纳入全市重点民生幸福工程、公共文化服务体系,设立全民阅读专项资金,经费保障落实到位。组织召开扬州市全民阅读活动领导小组(扩大)会议,审议通过了《2022年扬州市全民阅读工作要点》《扬州市第八届"朱自清读书节"总体方案》和《2022年扬州市全民阅读系列活动方案》,层层分解落实年度目标责任和工作规划安排,做到季季有重点、月月有活动,精准对接和满足不同群体的阅读需求。推出全国首部以城市书房为主题的地方性法规《扬州市城市书房条例》,大力宣传条例内容并认真组织实施。大力推进全民阅读"七进"工程,以选树各类阅读典型为契机,加强对各行各业全民阅读工作的督查指导,打造"书香扬州"工作矩阵。

(二)打造特色品牌

1. 市县活动突出阅读主题

以"朱自清读书节"为主线,每年累计举办读书会、朗诵会、分享会、讲堂讲座、展览展销、推荐好书、图书交换、表彰先进、捐赠图书等系列阅读活动1 000多场(次),贯穿全年、辐射城乡、覆盖全民。以"弘扬耕读文化 助力乡风文明"为主题,举办扬州市农家书屋阅读示范推广活动。以"全民阅读春风行动"为抓手,开展"温暖回家路 书香伴你行——带一本好书回家过年"主题公益活动。举办"相约云上 阅见春天"——2022年"我的阅读时光"主题作品征集活动。设立第十二届江苏书展扬州分展场,向市民免费发放20万元电子购书券,共销售图书4万多册。8月至9月,市新闻出版局联合市教育局,开展扬州市"我的书屋·我的梦"农村少年儿童阅读实践活动。征集各类作品676件,评选出各组别一、二、三等奖作品共110件,9件作品在全省获奖。开展2021年度扬州市公益阅读推广活动认证工作,对符合认证扶持条件的"一起听书·少图在线"等7个活动(项目)予以资金扶持。在皮市街、东关街、明月湖举办"书香夜市",将"书香气"与"烟火气"创新结合,利用热门的"摆摊"方式,将优质的阅读资源、书香文创带给市民;通过系列主题特色的书香文化体验活动,提升古城"夜经济"文旅品牌效应。宝应县开展"书香宝应 缤纷四季""书香宝应"朗读大赛等主题阅读活动;仪征市开展"职工阅读月""真州夜读"等活动;高邮市举办"汪曾祺读书节"系列活动;江都区开展第八届"书香江都"读书节、"强国复兴有我"小手拉大手亲子阅读等活动;邗江区举办第八届"阮元读书节"、阅动邗城、"阅读新时代·同心向未来"乡村少年儿童阅读实践活动等;广陵区参与策划皮市街"夏日阅读计划""咖啡图书集市"等活动。

2. 部门活动立足行业特色

全民阅读活动领导小组成员单位结合自身工作,立足行业特色,每年制订全民阅读工作计划,统筹安排全年阅读活动。市教育局着力推进"五个一百工程",开展"筑梦向未来"2022年度全市中华经典诵写讲系列活动;推出16期中小学生讲家风故事音频图文,获教育部官网专栏播发。市级机关工委全面推进"党员之家"建设,创建30多家市级"书香机关"、2家省级"书香机关"示范单位。市总工会建成全国职工书屋48家、省级职工书屋85家、市级职工书屋320家。团市委利用"联青服务站"开展同享阅读活动;市残联打造"全程无障碍观影网络",在市区建设8个无障碍有声阅读点,每年举办"关爱残疾人"读书活动,向残疾人之家赠送图书2 000多册。市图书馆开展红领巾读书征文40周年活动、"扬图速递·悦读到家"活动、扬图讲堂、2022年长三角阅读马拉松大赛、"携手共读·阅读共享"特殊群体关爱活动、"'阅'非遗 阅传承"系列活动等。市少儿图书馆以特色阅览室为依托,以分级阅读为指导,开展"溢彩飞扬 悦动童年"第四届亲子阅读嘉年华、"爱我扬州 欢乐暑假"科技文化节暨图书交换节、"青春献礼二十大 强国有我新征程"红色经典专题书展、"一起听书·少图在线"线上绘本阅读分享、"我最喜爱的童书"阅读推广、"零岁阅读计划"等活动。

3. 打造"书香扬州"阅读矩阵

以选树各类阅读典型为契机,加强对各行各业全民阅读工作的督查指导,打造"书香扬州"阅读矩阵。开展书香进农村、进社区、进校园、进乡镇(街道)、进企业、进机关、进家庭"七进"系列活动,评选书香机关、书香企业、书香校园等全民阅读"书香系列"先进典型 68 个。

二、阅读场馆、阅读空间建设情况

(一)加快推进城乡阅读点建设

坚持科学规划、合理布点,加快推进城乡阅读阵地建设。大力实施"图书馆+"模式,全市共建成县级以上图书馆总馆 7 家,并全部达到国家一级图书馆标准。市图书馆馆舍面积 2.14 万平方米,馆藏文献 175 万册,其中古籍 13.2 万册,列入"全国古籍善本书目"的有 250 部 5 531 册,为读者提供阅览及外借、24 小时自助图书馆、电视图书馆等多种服务。市少儿图书馆藏书 60 万册,年接待读者 50 多万人次,共有 5 个通借通还分馆、24 个流通点,拥有电子图书、数据库、期刊报纸等阅读资源以及借阅区、阅览活动区、成长体验区等阅读空间,满足不同年龄阶段少儿的阅读需求。坚持把扩大覆盖面和增强适用性结合起来,把高水平建设与高效能使用结合起来,推动公共阅读设施由"全面覆盖"向"高效使用"提升。深化图书馆联盟建设,积极推动构建主城区图书馆一卡通平台。加强城市社区阅读服务点的空间布局,推动城区资源向基层倾斜,夯实基层文化设施。推进农家(社区)书屋提档升级建设工程,重点打造 30 个农家书屋示范点,落实农家书屋图书更新资金 65.8 万元,评选认定市四星级示范农家书屋 12 家。各地推动阅读组织、志愿者团队与社区书吧、农家书屋结对共建,助力基层阅读活动推广普及。大力开展数字农家(社区)书屋建设,推广省数字农家书屋线上阅读平台,依托平台资源,组织科普讲师走进各地。全市多家农家书屋打造"有声阅读墙""学习强国"线下导学空间。探索"办事大厅+""党员学习+""乡村旅游+"等农家书屋融合新模式;打造 10 分钟"志愿+"服务圈,优化图书借阅、新书推荐、氛围营造等服务。

(二)重点打造城市书房阅读空间

2022 年 12 月 1 日,《扬州市城市书房条例》正式实施,标志着扬州市城市书房建设管理工作进入法治化时代。坚持在居民聚集度高、交通便利的地方建设城市书房,并逐步由扬州主城区向县(市、区)辐射延伸。主城区共建有城市书房 51 家,实现通借通还,构筑"15 分钟阅读圈";县(市、区)共建成 11 家,并积极增加布点。积极推广数字阅读,把数字阅读设施作为重要项目加以推进,20 家城市书房完成喜马拉雅阅读设施的建设;"扬图讲堂"有声视频、城市书房阅读地图在喜马拉雅城市频道上线。截至目前,城区图书馆(城市书房)总持证读者

36.13万人,占城区总人口数的31%。中央电视台新闻频道、《人民日报》《光明日报》等媒体多次对我市城市书房建设进行专题报道。

(三)积极发挥规模书店阅读引领作用

全市拥有图书年销售额200万元以上的规模书店20多家,创新经营发展模式,不断探索与文化旅游、创意设计等行业融合发展,积极发挥阅读引领作用,成为具有较大影响力和带动力的公益性阅读主阵地。市、县两级新华书店总投资3 000多万元积极升级门店业态,大力推进阅读空间建设,做好重大主题出版物发行工作;钟书阁扬州店获评"江苏最美书店"和江苏书展优秀分展场,每年举办读书活动100多场,是扬州的"网红书店";琥珀少儿书店定位少年儿童阅读群体,每年组织主题演讲、经典诵读、读书征文等各类阅读推广体验活动30多场;宋城书坊、西西弗等品牌特色书店常态化开展图书展销、好书荐读、读书讲座等线上线下活动,吸引广大读者参与。

三、阅读促进机构建设、阅读组织发展情况

目前,高邮市、宝应县已成立全民阅读促进会。2022年,各县(市、区)先后结合"朱自清读书节"、红色经典阅读活动、"全民阅读春风行动"等重大活动项目,系统、扎实推动全民阅读进基层、进社区、进学校、进军营,大力发展阅读组织。截至2022年年底,全市共成立各类注册阅读组织67个、阅读服务团体89个,市全民阅读促进会拥有团体会员30余家、个人会员140余名。

四、社会阅读力量培育发展情况

领读者。通过长期、有规律、可持续的朗读培训,培养了一批具有突出领导力、高度责任感与人文情怀的"领读者"。

阅读推广人。每年招募阅读推广人300名,开设阅读推广人、阅读志愿者、农家书屋管理员等阅读培训班8期。吸纳社区工作者、教师、大学生等社会力量,在全市74个乡镇(街道)组建509支阅读指导员队伍。招募大学生、社区居民、热心读者等作为志愿者参与图书馆总分馆、城市书房的日常管理,缓解公共阅读服务体系发展壮大带来的人员短缺问题。

志愿者培训。大力弘扬"奉献、友爱、互助、进步"的志愿服务精神,以"共建书香扬州"为主题,面向全社会招募扬州市全民阅读志愿者,广泛动员干部群众和社会各界积极参与全民阅读活动并组建全民阅读志愿服务队。以结对共建等志愿服务活动为载体,建立健全全民阅读志愿服务体系和运行机制,实现志

愿服务活动与群众阅读需求的有效对接。

五、阅读推广媒体宣传情况

制定《2022年扬州市全民阅读宣传工作方案》，聚焦重大主题、重要节日、重点时段的全民阅读工作，组织全市各级各类媒体进行广泛宣传报道。利用报纸、电视、广播、微信公众号等各类媒体和宣传海报（折页）、手机短信等各类媒介，宣传报道"书香扬州"建设重点活动，刊播全民阅读公益广告，不断提升广大居民对于全民阅读工作的知晓率、参与率和满意率。《扬州晚报》常年开设"朗读者"和"书评"读书栏目，扬州网开设"全民阅读书香扬州"阅读专栏，扬州交通广播开办《阅读时间》版块，扬州新闻广播开设晚间《微阅读》专栏，"扬州发布""扬帆"App客户端开设"书香扬州"专题，定期开展经典作品荐读和阅读活动宣传。各县（市、区）及各相关部门、单位积极打造"互联网＋"宣传平台，加强与当地媒体合作，利用官网、简报和"两微一端"及时跟进各项读书活动。利用户外大屏、影院大屏、电视开机画面、出租车顶灯等，播放全民阅读公益宣传广告和阅读活动视频。

六、全民阅读品牌活动、阅读推广先进典型

（一）全民阅读品牌活动

1."朱自清读书节"系列活动

4月23日，举办"朱自清读书节"启动仪式。活动为期1年，内容包括讲堂讲座、展览展销、好书推荐、经典诵读、表彰先进、捐赠图书等活动。按照"一地一品一特色"要求，各县（市、区）积极打造影响力大、带动力强、覆盖面广、地域特色鲜明的阅读活动品牌，各功能区结合实际打造有特色、接地气、受欢迎的系列阅读活动品牌。

2."扬图讲堂"

2022年，"扬图讲堂"采取线上云端与现场讲座相结合模式，全年完成线上云讲座播放10场、线下讲座10场；开展"视频讲座周周听"活动共计34场，做到周周有讲座、场场有精彩，内容涵盖了文化、生活、历史、教育、艺术、健康、文学等版块，参与听众近万人。

3."溢彩飞扬·悦动童年"亲子阅读嘉年华

该活动是扬州市全民阅读办、扬州市关工委和扬州市少儿图书馆结合"朱

自清读书节"全民阅读品牌活动奉献给孩子们的一场全民阅读盛宴。活动从4月持续到6月,长达一季的嘉年华中涵盖了"零岁阅读计划"、第四届"异想书开"少儿立体书专题展览、"亲子记录——创意书影音"阅读生活手帐征集、年度亲子阅读推荐书目发布、"一起来做读书手帐——让你的阅读时光更美好"、"名人传——国学馆文人故事"活动、"Let's Read English Stories Together(双语故事亲子沙龙)——黑布林分级阅读系列"、亲子阅读专题讲座等多个系列主题阅读活动。

4. 红领巾读书征文40周年活动

2022年是扬州市红领巾读书征文活动开展的第40年。40年来,在扬州市委、市政府的关心和重视下,在市文明办、市教育局、市少工委、市文广旅局等部门的决策和部署下,扬州市图书馆精心组织,与全市中小学及各县(市、区)图书馆通力合作,持续开展青少年阅读推广,产生了广泛而深远的影响。一年一度的"红读"活动已然成为扬州市全民阅读活动中一张靓丽的名片,是扬州市未成年人思想道德建设的品牌项目。为庆祝扬州市"红读"活动40周年,扬州市图书馆策划开展了专项工作:一是"红读"LOGO的征集,面向社会公开征集"红读"活动品牌标识并将征集结果在主流媒体发布,提升了"红读"活动的辨识度和影响力,彰显品牌特色;二是庆祝"红读"活动40周年主题老照片、阅读短视频征集及"阅读润心灵 书香满扬州"主题征文活动,向全社会倡导良好阅读风尚,激发阅读热情;三是举办"红读"40周年主题展览,全面展现40年来扬州市"红读"活动的发展历程,回顾了系列活动的精彩瞬间,展示活动取得的丰硕成果;四是编印制作了"红读"活动40周年纪念册和获奖作品集,定制了纪念水杯和布包,将"红读"活动的精彩瞬间、活动成果等永久定格和珍藏;五是举办专题座谈会,邀请相关领导和嘉宾参加,与会嘉宾共同畅谈和交流分享"红读"活动的经验体会,回顾和总结40年来的历程。

(二)阅读推广先进典型

1. 扬州市图书馆

扬州市图书馆每年举办各类讲座近200场,精心组织策划特色阅读活动。开展图书展销、好书推介、馆藏精品展、诗歌征文大赛、经典诵读大赛、"读者之星"评比、亲子共阅读等活动,线上线下联动,让阅读融入市民生活。利用微信公众号,在移动终端上实现文化讯息查询、书目检索、数字阅读等公益便民服务。

2. 扬州市少年儿童图书馆

扬州市少儿图书馆是全市少年儿童求知的乐园、校外科技文化活动的中心、素质教育拓展的体验基地。积极实践阶梯化借阅方式,精细化做好阅读服务。秉承以活动促阅读的理念,打造阅读推广品牌,丰富少儿阅读体验。2013年,率先发起并成立了全国首家少儿图书馆协会。2016年以来,联合全国多省市图书馆共同举办"我最喜爱的童书"评选活动。连续23年举办"爱我扬州 欢乐暑假"少儿科技文化节暨图书交换节活动,举办的少图公益讲堂、吟诵赏析、经典绘本讲读、科普图书展等孩子喜闻乐见的活动异彩纷呈。

3. 凤凰新华扬州分公司汶河南路店

凤凰新华扬州分公司汶河南路店主要经营图书、电子数码产品、文化用品、文创产品和部分高档生活用品。结合传统零售向新零售转型,向线上拓展,积极开展新媒体运营,打造线上宣传和销售平台。2021年年初,"智慧书城"上线运营,2022年升级为"掌上新华",2022年微信视频号开通。线上、线下为扬城读者多渠道提供服务,丰富大众的精神文化生活。

4. 钟书阁扬州店

钟书阁扬州店,从进门的"书香之河"到"社科大厅",处处彰显着扬州的地方文化与运河元素。在近1 000平方米的阅读空间里,为扬城读者陈列了近2万种、5万余册图书。2019年,被评为"江苏最美书店",充分发挥阅读阵地作用,每年开展大小活动近百场。夏日是"纳凉+静心",冬日是"取暖+充电",周末参加钟书阁的读享会,已经成为越来越多年轻家长和孩子的选择。此外,书店还常态化开展进校园、进社区全民阅读宣传活动,丰富了扬州读者的精神文化生活。

七、全民阅读获得省级及以上表彰奖励情况

扬州市城市书房建设获评全国2022—2023年全民阅读优秀项目。

邗江区杨庙镇赵庄村农家书屋获评第二届全民阅读大会"最美农家书屋"。

"聆听光明"无障碍阅读服务活动(扬州市少儿图书馆协会)、"运河流古今 书香传雅韵"——全媒体阅读项目《运河书房》(扬州广播电视总台)、城市书房点亮心中的诗与远方(扬州市图书馆)、"全民阅读春风行动"(扬州市广陵区曲江街道文昌花园社区)、"做有根的中国人"经典诵读(扬州市邗江区朗诵协会)5个阅读项目获2022年度江苏省公益阅读推广活动认证。

宝应县山阳镇兴同村农家书屋、邗江区西湖街道经圩村农家书屋、邗江区杨庙镇赵庄村农家书屋、蜀冈-瘦西湖风景名胜区平山乡雷塘社区农家书屋、邗江区方巷镇方家巷社区农家书屋、江都区宜陵镇焦庄社区农家书屋6家农家书屋获评"2021—2022年度江苏省五星级示范农家书屋";11人获评"江苏省优秀

农家书屋管理员"。

仪征市委宣传部、广陵区委宣传部获评"第十二届江苏书展优秀组织单位"。

凤凰新华江都分公司中心门店、凤凰新华扬州分公司汶河南路店获评"第十二届江苏书展优秀分展场"。

市妇女儿童活动中心获评"省十佳阅读推广机构"。

邗江区举办的"做有根的中国人"经典诵读活动获评"省十佳阅读推广活动"。

市全民阅读志愿服务总队获评"省十佳阅读志愿服务组织"。

凤凰新华江都分公司图书花样造型"盛世中华 举国同庆"在首届江苏省出版物发行行业职工职业技能竞赛中获奖。

扬州市图书馆获2022年度江苏省红领巾读书征文活动的"优秀组织奖"。

八、县(市、区)全民阅读情况

宝应县。结合重要时间节点和重要活动等契机,联合相关镇(区)和部门先后开展"把爱带回家 相伴共成长""阅读传播文明 书香助力抗疫""与书香为伴 与文明同行""喜迎二十大 逐梦新征程""弘扬耕读文化 助力乡风文明"等主题阅读活动,培育阅读理念,营造浓厚阅读氛围。打造特色阅读活动。以"书香宝应 缤纷四季"为主线,举办"4.23世界读书日""书香宝应"朗读大赛等主题阅读季活动,通过表彰先进、阅读经典、竞赛等活动,引导全民参与阅读。联合妇联、文体广旅局、射阳湖镇等相关部门和镇(区)举办"全民阅读春风行动""红领巾读书征文"等活动,动员阅读志愿组织和社会各界力量开展各类阅读活动。完善阅读阵地,持续提档升级农家书屋,评选市级星级农家书屋,改善阅读环境,满足群众文化需求。

高邮市。完善制度,细化措施。常态化开展全市全民阅读活动领导小组(扩大)会议,交流部署年度和季度重点工作。召开高邮市全民阅读工作推进会、江苏省书香城市创建推进会、全民阅读指数调查推进会、农家书屋建设推进会,全面启动书香城市创建工作。主题引领,活动推进。组织开展以"阅读新时代 逐梦新征程"为主题的"2022全民阅读"系列活动启动仪式暨云上阅读推广直播活动、汪曾祺读书节、"全民阅读春风行动"启动仪式、"喜迎二十大 颂歌献芳华"主题诗会、《邮票上的药用植物》捐赠仪式等活动,举办2020—2021年度全市全民阅读"书香系列"及先进典型评选活动。加强阵地,提升水平。举办2022年高邮市全民阅读推广人及农家(社区)书屋管理员培训班,提升基层阵地工作人员服务水平。为汤庄镇曾钰村、缦阳村安装智能听书墙，为74家农家书屋补充更新图书万余本、期刊3种。实施示范农家（社区）书屋提档升级工程，第一批1万册图书采购、配送到位。

仪征市。为深入推进全民阅读工作，有效提升全民阅读指数，仪征市推出了众多阅读推广活动：举办2022年扬州市"全民阅读春风行动"启动仪式、"带一本书回家"、2022年扬州市农家书屋示范阅读活动暨仪征市第四届读书节（新时代乡村阅读季）启动仪式、"职工读书月""小手拉大手"主题阅读、"真州夜读"等活动。同时，各园区、镇、各村（社区）、市各机关单位以及各类阅读社会组织每月也常态化开展阅读活动。

江都区。大力开展主题阅读活动。举办第八届"书香江都"读书节暨线上阅读月活动，组织开展"巾帼心向党 喜迎二十大""青春心向党 喜迎二十大""建功新时代 喜迎二十大""奋进新征程 喜迎二十大"和"强国复兴有我""小手拉大手"亲子阅读月等系列主题阅读，唱响时代主旋律，培育阅读理念，营造浓厚阅读氛围。完善阅读阵地。制定完善《江都区农家（社区）书屋"六有"基本标准》，持续开展农家书屋提档升级工作，组织开展阅读设施结对共建，推动城乡全民阅读工作共同提升。营造浓厚氛围。在智惠江都开设"文明实践·全民阅读"专栏，常态化开展全民阅读宣传。健全组织体系。研究制定《2022年江都区深化全民阅读工作方案》，细化责任清单，健全党政推动、部门协同、社会参与的制度保障机制。落实全民阅读高质量考核要求，纳入各镇、各部门单位年度考核任务，最大限度传导考核压力，凝聚工作合力。

邗江区。加强阅读机制建设。制定《邗江区全民阅读考核方案》《邗江区全民阅读"七进"示范点建设标准》《邗江区三星级农家书屋评选标准》等规范性文件，加快构建全民阅读工作网络与服务网络。打造阅读活动品牌。举办第八届"阮元读书节"，并设置红色经典阅读、抖音微视频大赛等五大系列300多场阅读活动。以"阅读新时代·同心向未来"为主题，在区内各乡村学校举办乡村少年儿童阅读实践活动。开展"做有根的中国人"经典诵读大冲浪、进校园、进社区等活动。大力实施全民阅读"一镇一品"工程，先后打造了双桥街道"精彩全民阅读 书润美好双桥"、高新区"阅读成就梦想 书香润泽园区"、竹西街道"书香竹西正青春"、方巷镇"焦循读书节"、杨庙镇"阳光青雁"等品牌活动。强化阅读阵地建设。区内共有14家城市书房、28家职工书屋、223家实体书店、145家实现与图书馆通借通还的农家（社区）书屋，在城乡大地共同构建起"15分钟阅读圈"。

广陵区。积极筹划特色阅读活动，开设"书香广陵·读书有福"视频号，线上举办14场阅读直播活动。发动区级机关单位，开展特色阅读活动200余场次。组织农家书屋管理员培训，提升农家书屋管理员服务新农村阅读活动的能力。创设"六楼读书会"，4场实验性阅读活动为机关阅读活动提供示范。评选全区"十佳书香单位"，赠送安装近1 000本有声数字化读物"数字化阅读墙"，评选区三星级农家书屋3家、优秀农家图书管理员5位。承办第十二届江苏省书展扬州分展场启动仪式，获评优秀组织单位。参与策划的皮市街"夏日阅读计划""咖啡图书集市"等活动被央媒多次聚焦，边城、浮生记等特色书店彰显出广陵书香气质。

开发区。开展了"春风行动"系列阅读活动、"浓情端午 美好接'粽'而至"、4.23阅读日推广、全民阅读有奖知识问答、全民阅读暑期活动、青少年红色阅读、好书推荐、《习近平谈治国理政》第四卷专项讲解、农民读书节等活动，引领全民阅读新风尚。

生态科技新城。坚持以城市书房、农家书屋、社区书屋、先锋驿站等为依托，全方位打造各类阅读阵地，拓展公共文化服务空间，擦亮"书香新城"城市名片。在七河八岛建设240平"半逻小筑"稻田书屋，书屋以"书店＋"的方式，结合党建、文化旅游、创作培育、人文讲座、乡村教育、文化市集等元素，打造多元化阅读体验空间，通过形式丰富的读书文化活动，让文化反哺乡村。另外，新城依托统战之家、货车司机驿站、企业红色车间等打造微型阅读阵地，使其成为群众和职工学习交流的"充电站"。开展"筑梦'书'适圈、'阅'见好市民"主题读书节活动、"喜迎新春送福字 笔墨浓情网格情"全民读书月主题活动、线上读书会、微信朗读会，让氤氲书香浸润群众的生活。

蜀冈-瘦西湖风景名胜区。辖区内各地开展了丰富多彩的系列阅读活动。平山乡开展"春风行动"系列阅读活动、"感悟学士底蕴 传承阮元文化——全力打造儒学社区系列之童语诵国学"活动，并承办景区2022年"书香景区"读书节暨"校园十佳朗读者"大赛等。城北街道开展了"书香社区，全民阅读""学新思想，过新一年""全民阅读我行动"，并组织了"护苗2022，绿书签行动"主题宣传阅读活动。梅岭街道形成一批有影响力的阅读推广品牌项目。便益门社区开展"书香致远 墨卷至恒"活动；凤凰桥社区开展"唤醒悦读"活动；锦旺社区开展"悦陪伴 阅成长"活动；瘦西湖街道开展了全民读书月主题活动，进一步在全街道范围内形成"爱读书 读好书"的良好氛围。

镇江市全民阅读年度报告

一、概述

2022年,镇江市以习近平新时代中国特色社会主义思想为指导,以迎接宣传贯彻党的二十大为主线,全面学习贯彻习近平总书记致首届全民阅读大会贺信精神,坚持以人民为中心的发展思想,以阵地建设为基础,以阅读活动为引领,着力打造"文化荣光·书香镇江"品牌,不断满足群众精神文化需求,持续提升市民素养,为"跑起来"的镇江凝聚力量。市委、市政府高度重视,市委常委会专题讨论全民阅读工作,市委书记马明龙2次调研推进全民阅读工作、参加全民阅读活动。4项活动获省级公益阅读推广活动认证,3人入选第四届江苏全民阅读"五十佳",新建成全国"职工书屋"示范点3个、省职工书屋示范点3个。

(一)紧扣主线、培根铸魂,聚焦全民阅读工作主题

紧紧围绕迎接党的二十大、学习宣传贯彻党的二十大精神工作主线,做好全民阅读工作,进一步强化思想引领,凝聚精神力量。

1. 积极营造喜迎党的二十大的浓厚氛围

结合"强国复兴有我"主题活动,广泛开展主题宣讲、朗诵征文、阅读分享等形式多样的阅读活动,常态化、长效化推进党史学习教育。建立镇江市"明理'镇'行"理论普及联盟,面向干部群众开展主题宣讲、朗诵征文、阅读分享等活动,营造喜迎二十大的浓厚氛围。各地各部门组织开展党员干部《习近平谈治国理政》第四卷学习研讨会,交流阅读心得,引导广大党员干部群众用习近平新时代中国特色社会主义思想凝心铸魂,用浓郁书香凝聚精神力量,喜迎党的二十大胜利召开。

2. 兴起学习宣传贯彻党的二十大精神热潮

依托新时代文明实践中心(所、站)、农家书屋等各类阅读阵地,组织干部群众集中收听收看党的二十大开幕式,开展丰富多彩的学习研讨活动。创新编印《党的创新理论"飞入寻常百姓家"》通俗读物口袋书,"党的二十大精神学习手

账",获得2022年省级宣传文化专项资金(冬训项目),在社会掀起学习党的二十大精神热潮。在图书馆、书店、书屋等设立党的二十大出版物专柜专架,向广大市民导读荐读。面向党员干部,开展"深入贯彻落实党的二十大精神 学习宣传习近平法治思想"知识竞赛;面向企业职工,成立市职工阅读联盟,开展"学习二十大 悦读新思想"阅读分享会;面向市民群众,开展"夜读党的二十大报告"线上接力活动。组织"五百"宣讲团成员通过"点单＋送餐""线上＋线下"宣讲活动,深入基层,有力推动党的二十大精神"飞入寻常百姓家"。

(二)统筹布局、提质增效,构建多元化阅读阵地

统筹布局、提质增效,突出便民利民,把建设多功能、多业态、广覆盖的阅读阵地作为全民阅读工作的重要内容,着力提升阅读阵地服务水平,进一步完善"15分钟阅读服务圈"。

1.提升现有阅读空间质效

抓住书香城市建设示范市复核契机,对全市647个农家(社区)书屋开展提质增效检查和信息核查工作,实现与县(区)级图书馆通借通还率100%。其中,农家书屋全年新增图书6.21万册,平均每家农家书屋新增118册,社区书屋藏书量均超过1 500册。同时,新增95座"扫码读书墙",充实基层数字阅读资源,满足群众多样化、便捷化阅读需求。继续优化职工书屋、校园阅读点、机关书屋等现有阅读设施,新建成全国"职工书屋"示范点3个、省职工书屋示范点3个、省最美职工书屋1家。

2.加强阅读延伸阵地建设

在文化场馆,景区公园等场所新建成"运河书房""悟桐书院"等城市书房4座,环境优美、藏书丰富,已成为市民阅读学习"网红"打卡点。在各村、社区建成"农家小书屋""埭上书屋""蜂鸟驿站""楼道书房"等基层阅读延伸阵地611个;在邮政、银行等窗口单位新建"悦心读书角""书香一平米""读来读往"等微型阅读空间130余个,有效打通阅读服务"最后一公里"。

3.打造特色阅读新空间

在西津渡成功打造"阅见西津"全民阅读示范街区,在西津渡沿街商铺店面设置阅读点16个,获全市宣传思想文化"创新奖"。在广场、商圈等人流密集场所,建成"阅读e栈"7座,集看书、听书、视频、阅报等功能于一体,深受广大市民喜爱;在咖啡厅、书店、商圈等场所新设"齐梁书苑""书香惠谷""智·跃"文化馆等特色阅读空间5个;向农村学校、经济薄弱地区捐建"童心向党红色书屋"10个;在校园成功打造"恒顺书屋""如蓝书院""怡然阅读馆""校史阅读廊""校长书屋"等多个特色阅读阵地。

（三）打造品牌、扩大影响，开展丰富的阅读活动

按照"月月有主题、周周有活动、天天有声音"的目标，突出分层分类，创新内容形式，以"文化荣光·书香镇江"为品牌，全年开展阅读活动5 000余场，让广大群众感兴趣、爱参与、受教育，促进良好阅读习惯的养成。

面向党员干部。举办市级机关"青年学堂"学习交流暨"强国复兴有我"主题宣讲活动和"品味书香 畅享悦读"主题读书分享会，集中交流展示各单位阅读品牌和阅读成果。举办6期"初心·使命·担当"讲坛，开展"我是新时代镇江公务员"主题演讲比赛，推动青年干部深学深悟、笃信笃行。各成员单位和辖市区机关单位也深入推进学习型机关建设，开展读书讲学等阅读活动。

面向青少年。继续放大"增华阁"品牌效应，举办第35届"增华阁"阅读写作大赛暨首届阅读推广人大赛，参与学校超百所，参与学生超过4万人。持续开展第三届"书香少年"系列阅读活动、第五届"金山诵读"中小学朗诵大赛、第九届"书香镇江·少儿阅读季"活动、第七届"阅读+"少儿积分兑换课程及"书香校园·馆校联盟"等品牌活动，组织征文、朗诵、绘画、演讲等形式多样的阅读活动近千场，参与学校上百所，参与人数超过10万。积极开展"我的书屋·我的梦"农村少年儿童阅读实践活动，共10项作品获省级奖项，市教育局获评省优秀组织奖。

面向城乡群众。举办"阅读新时代 奔跑新镇江"全民阅读分享会，邀请省委宣传部常务副部长梁勇、市委书记马明龙共同参加，现场气氛热烈，得到市委马书记的高度评价。组织开展第十届"文心阅读节"，向市民推荐16本书，公布年度重点项目20项。举办农民读书节，组织农家书屋示范推广活动8场。组织第十二届江苏书展镇江分展场活动，发放购书券17万元，开展阅读活动130余项，获评省优秀分展场。举办"文心讲堂""文心展览"等线上线下品牌活动207场。推出"不尽长江滚滚流"长江诗词诵读云接力活动，在"学习强国"全国平台专题连载。"阅读越有趣·我们一起写微书评"等线上活动得到中国作协副主席的高度评价。此外，第四届"我是讲书人"大赛、"悦'庠'书香"、"桥南有声"、"老年小学"、"全民阅读进村居"系列主题活动等基层重点阅读活动走进群众中间，获得市民好评。

面向特殊群体。结合"三下乡"举办"全民阅读春风行动"，送出各类学习礼包价值超过20万元。面向外来务工人员，连续6年举办"带一本好书回家过年"活动，累计送书12 000余册。面向贫困学子，连续9年举办"书香镇江 关爱学子"暖心行动，每年送出阅读大礼包1 000份。面向残障人士，举办"残疾人读书分享会""助残读书迎盛会 携手一起向未来"等阅读活动80余场，受益1.2万人次，让残疾人充分感受到暖心阅读服务。此外，各地各部门通过援建基层书

屋、捐赠阅读物资等方式,积极开展阅读暖心行动,全市各部门向基层书屋共捐赠图书等阅读物资超过17万元。

(四) 完善机制、提高效能,保障全民阅读工作落地落实

坚持把全民阅读作为建设现代化新镇江、打造独具魅力的文化强市的基础工程和民生工程,完善组织机制、提高服务效能,全力保障全民阅读工作落地落实。

1. 加强组织领导

市委主要领导多次调研、参与全民阅读工作,把全民阅读指数纳入年度高质量发展考核、宣传思想文化目标考核、意识形态工作责任制检查督查。多次召开全民阅读相关工作会议,发布《2022年"文化荣光·书香镇江"全民阅读工作方案》《全民阅读宣传工作方案》等文件,部署全年工作重点。

2. 加大宣传力度

多渠道、多形式、多角度加强阅读宣传,引导全社会营造浓厚的"爱读书、读好书、善读书"的氛围。设计制作视频、海报、阅读地图、笔、文件袋等宣传文创产品。市级媒体开设《芙蓉楼》《春江潮》《养正学堂》等阅读类专栏(题)20多个,推出近20篇报纸整版报道;仅"4.23全民阅读日"前后一周,市各媒体就推出报道超150篇;国家、省级媒体推出报道超百篇;"学习强国"全国平台专题连载镇江"'云接力'诵读长江诗词"作品。依托电台、新媒体等打造《翡翠红茶馆》《一起读课文》《少儿古风诗歌朗诵》等多个阅读节目。全年累计刊播公益广告3 000余条;把全民阅读宣传纳入文明城市创建要求,在城乡公共场所的电子大屏、宣传栏、淘屏等社会宣传媒介,常态化播放全民阅读宣传产品。继续开展全民阅读典型选树活动,评选出4类阅读典型239名,激发群众阅读热情。

3. 壮大推广团队

发展阅读组织150个、阅读推广人992人、领读者310人。邀请社会阅读组织负责人、"百姓名嘴"、大学生、退休教师等群众身边的阅读爱好者加入阅读推广队伍,组建志愿者队伍,实现乡镇街道全覆盖,充分发挥志愿作用。举办2022年镇江市阅读推广人培训班,提高全市阅读推广人队伍水平。继续招募热心于全民阅读公益事业的领读者,积极推动全民阅读工作,其他各成员单位也积极组织志愿者队伍深入农村、校园、社区开展文化帮扶服务,不断推动全民阅读向基层深入。

二、全民阅读品牌活动

"文化荣光书香镇江"系列阅读活动。突出"爱阅读 爱镇江"重点,坚持"月月有主题、周周有活动",开展阅读活动5 000多场,辐射超百万人次。面向党员干部,组织"品味书香 畅享阅读"主题读书分享会、"深读一本好书 分享读书心得"主题党日活动等。面向城乡群众,举办第十届镇江市文心阅读节,推荐16本好书,表彰先进典型;举办"阅读新时代 奔跑新镇江"全民阅读分享会,省委宣传部常务副部长、省新闻出版局局长梁勇、市委书记马明龙共同参加;开展"最是中秋忆乡愁"诗词接龙"我为镇江写一句导游词""阅读越有趣·我们一起写微书评"活动,受市民热捧,得到中国作协副主席格非的高度评价。面向青少年,持续建设"书香校园",举办"阅读+"少儿积分兑换课程、"书香镇江 少儿阅读季""金山诵读"等38个品牌活动。优化阅读设施布局,在人流密集场所新建"阅读e栈"7所。"文化荣光 书香镇江"品牌获市级机关"优质服务品牌"和宣传思想文化"创新奖"。

第35届"增华阁"阅读写作大赛。该项赛事面向镇江与辖市的小学三年级以上及初、高中在校学生,自1988年起已经连续举办35届。2022年11月,我市100多所学校的4万余名中小学生走进赛场,参加第35届"增华阁"阅读写作大赛。组织全市的一线教师和报社资深编辑近百人参加现场阅卷,近百名小记者走进阅卷现场,与阅卷老师互动交流。同时,举办首届"增华阁"阅读推广人大赛,继续扩大品牌效应。

"不尽长江滚滚流"云诵读接力活动。由镇江市委宣传部、镇江市大运河带和大运河长江文化建设工作领导小组办公室指导,历时1年,面向全国举办诵读活动,以拍摄短视频的形式,反映长江文化,抒发对长江的热爱,表达对长江文化的理解。利用微信公众号、视频号"长江之镇"对优秀作品进行展播。在"学习强国"镇江平台开设活动专栏,在全国平台专题连载16期,生动展现了长江诗词文化,打响了镇江"江河交汇山水名城"城市文化品牌,得到社会各界广泛关注和好评。

第三届"书香少年"阅读系列活动。6月10日,第三届书香少年阅读大赛启动,面向全市幼儿园、中小学生举办"童心向党"绘画大赛、手抄报大赛、征文大赛、校园课本剧表演、主题辩论大赛5项活动,共有200余所学校参与,覆盖3万余名学生,累计举办线上线下各类活动120场次。

第六届"金山诵读"中小学生朗诵大赛。由市委宣传部、市教育局、市文广旅局、文广集团和市朗诵艺术协会共同打造的全民阅读品牌项目,已经连续举办6年。活动旨在通过朗诵比赛,激发我市青少年学生阅读和朗诵的兴趣,进一步推动"书香镇江"建设走深走实。大赛以学校为单位组队,分设小学低年级组(1—3年级)、小学高年级组(4—6年级)、初中组和高中组四个组别,经过多轮比赛,评出特等奖、金奖、银奖、铜奖、优秀奖、最佳舞台表现奖、最具潜质奖、优秀指导教师和优秀组织奖等奖项。2022年,参与活动的学校超过100所、学生达到1万多名,已逐渐成为我市阅读朗诵爱好者的盛会。

三、阅读推广先进典型

承江涌。自幼酷爱读书,涉猎范围很广,尤其爱好历史、政治类书籍,年阅读量在1 000万字以上。作为镇江市首批阅读分享人,多年来他积极参与镇江市"民进悦读会""文心品书会""清风读书会"等图书阅读组织的阅读分享活动,先后义务分享了《万历十五年》《饥饿的盛世》《苏东坡传》等书籍,受众逾千人。他的分享准备充分,内容丰富,每次开展活动之前,他都会精心准备提纲,仔细阅读主题书籍并查阅相关资料,反复修改分享内容,力求做到内容准确、引人入胜。例如,2021年,在分享《曾国藩传》时,为了全面地了解曾国藩其人以及晚清的时代背景,他用时1个月,先后查阅了6本相关书籍,收集了不少于80万字的各类资料。他每次的分享无论长短,都是干货满满,并且能够为听众提供大量所分享图书内容之外的知识和观点,深入浅出,具有很强的感染力,使广大书友沉浸其中,收获良多。先后获得"镇江市优秀阅读分享人""镇江市阅读明星""镇江市全民阅读工作先进个人""镇江市优秀阅读服务志愿者"荣誉称号,2022年被选聘为江苏省全民阅读推广人。

朱玲萍。江苏大学法学院党委书记、江苏大学教职工读书俱乐部负责人,长期从事留学生对外汉语教学,专注于向外国留学生传播中国文化,带领留学生写中国字、读中国书,走进中国传统文化。践行"人类命运共同体"理念,用优秀的中国传统文化,培养知华、友华的"中国通",培养了近200名"一带一路"国家留学生。编撰出版《汉语综合教程》,培养了以日本驻重庆领事馆外交官、大学教师等为代表的优秀汉语人才,通过他们,将中国优秀传统文化传播得更远。作为江苏大学教职工读书俱乐部发起人和负责人,长期开展以红色文化传播为核心的阅读推广活动,组织红色读物《中国精神》宣讲团;面向社会主讲"唐诗可以这样读""春江花月夜""长征主题诗词"等大量公益讲座,获评"江苏省书香家庭"称号。在《新华日报》《中国教育报》等媒体发表作品近百篇。参与出版《网络文化与大学生思想政治教育创新》《江苏大学史话》等学术专著与教材;作为副主编,编撰《故事里的中国》《中国传统廉政文化故事的创造性转换》等文化书籍。

丹阳半沁轩文化发展有限公司。成立于2016年10月,是致力于传播中华文化、践行生活美学的文化企业,旗下有"然逅茶空间""然逅茶院""樊登读书丹阳营运中心""齐梁书音"等多个品牌。2018年以来,邀请知名作家、行业专家等各类精英，选择不同主题，从多种角度解读不同类型的书籍，每月定期进行讲书分享，至今举办各类公益读书分享会425场、参与人次超3万，读书会发展成员1 500余人。积极推进阅读分享进企业、进社团组织等，惠及企事业机构300余家。连续4年举办"我是讲书人"活动，结合不同的主题，为大众搭建一个读书交流展示的平台，激励更多人把读书的兴趣付诸行动，吸引众多阅读爱好者加入讲书分享的行列，让更多人对阅读有了全新、深层次的认识。结合不同群体的需求打造"讲书人说"子品牌和公益领读者队伍，为阅读推广贡献力量。

四、全民阅读获得省级及以上表彰情况

在2022年度省级公益阅读推广活动认证中，"书香到万家"、"蒲公英之家"、长山读书社阅读推广系列活动、真人图书馆等活动获评省级三类推广活动。

许若娴、符可燃等10位同学在2022年江苏省"我的书屋·我的梦"农村少年儿童阅读实践活动中获奖。

徐玲获评第四届江苏全民阅读"十佳阅读推广人"，丹阳市融媒体中心《悦读生活》获评第四届江苏全民阅读"十佳阅读推广平台"，句容市融媒体中心公益阅读志愿服务工作室获评第四届江苏全民阅读"十佳阅读志愿服务组织"。

新建成全国"职工书屋"示范点3个、省职工书屋示范点3个。

丹阳和句容市委宣传部荣获第十二届江苏书展优秀组织单位，凤凰新华句容分公司句容书城、云扬书城丹阳人民广场店（镇江云扬文化传播有限公司）、凤凰新华镇江分公司漫书阁店荣获第十二届江苏书展优秀分展场。

五、县（市、区）全民阅读情况

丹阳市。积极优化阅读设施，市图书馆新馆试运行，开放首家城市书房——"悟桐书院"，建成"悦心读书角"150余个、听书墙70面，推广"江苏省数字农家书屋"平台，开展村（社区）书屋提质增效行动。丰富阅读活动，深化"书香丹阳"阅读节内涵，开展"蒲公英之家""红领巾小书虫""悦读时间"等品牌活动。5个作品获"我的书屋·我的梦"省级奖项，《悦读生活》被评为第四届江苏全民阅读"十佳阅读推广平台"，"我是讲书人"被评为江苏省级三类公益阅读推广活动，丹阳市委宣传部被评为第十二届江苏书展优秀组织单位。加大宣传推广，通过电视、电台等广泛宣传，"丹阳发布"开设全民阅读专栏，丹阳电视台围绕"习近平总书记致首届全民阅读大会的贺信"主题，推出3期专题报道，省以

上媒体推出报道57篇。

句容市。深入推进全民阅读工作,巩固提升"书香句容"建设成效。阅读阵地提质增效,建成崇明公园和义台街2所城市书房,华阳街道城上社区、后白镇二圣村获评"省五星级示范农家书屋",在城乡公共场所建成12面"数字阅读资源墙"。阅读活动精彩纷呈,围绕迎接宣传贯彻党的二十大工作主线,开展阅读推广活动超2 000余场,组织开展"带一本好书回家过年"阅读关爱活动、第八届"文昌阅读节"线上答题免费领书券活动、"阅读新时代 喜迎二十大"全民阅读进企业、"弘扬耕读文化 助力乡村振兴"农民读书节、"书润机关 悦读赋能"第十二届机关读书节等活动。阅读组织彰显活力。文昌书院委员读书沙龙、容城悦读会、壹心关爱阅读推广服务社等社会阅读组织积极参与阅读推广,广泛开展阅读活动,市融媒体中心公益阅读志愿服务工作室获评第四届省全民阅读"五十佳",城乡阅读氛围愈发浓厚。

扬中市。通过延伸特色阵地、精细志愿服务、丰富活动形式,持续打造"书香扬中"品牌。一是资源"出新"。积极打造图书馆城东分馆、邻间书房、"同心书院"、"小欢喜"亲子阅读吧、"读来读往"读书角、"有声读书墙"、机关读书角等阅读新空间150余个。打造"埭上书屋""蜂鸟驿站""楼道书房"等基层阅读延伸阵地291个。二是队伍"出众"。积极组建遍布城乡的全民阅读社会组织6个、阅读志愿服务队89支,常态化开展理论宣讲、公共阅读服务进基层、农家书屋示范推广、"小手拉大手"亲子阅读等阅读推广活动。三是活动"出彩"。以"阅读新时代,逐梦新征程"为主题,高质量举办"江洲读书节",面向党员干部开展"新思飞扬""E起学理"等主题活动;面向青少年开展"书香为伴,文明同行""同沐书香"等阅读活动;面向企业职工开展职工读书节、"'读'具匠心,品味书香"等阅读活动;面向农村群众持续开展"弘扬耕读文化 助力乡风文明"等主题阅读活动千余场次,推动全民阅读进机关、进企业、进农村、进社区、进军营、进校园,激发全民参与的热情。

丹徒区。举办第七届"宜文读书节",实施34个"书香丹徒"建设项目,持续放大"悦'库'书香""道谷熟了""宜文·清风"等阅读品牌效应。开展新时代乡村阅读季、"全民阅读春风行动"、"强国复兴有我"主题宣传教育、"我的书屋·我的梦"少年儿童阅读实践等系列活动。依托农家书屋、新时代文明实践中心(所、站)等平台,面向农民群众和留守儿童,开展农技培训、课后辅导、亲子阅读等各类活动600余场。持续加强"江苏省数字农家书屋"平台推广,通过书单推荐、心得分享、有声读书等"微阅读"模式,进一步提升全民阅读群众参与性与活跃度。建好用好24小时自助图书馆服务,打造"书香惠谷""君康图书馆""康乃馨驿站"等阅读新空间,点亮城市书香新地标。

京口区。围绕"阅享京口"品牌,以线上线下相结合的方式,开展"阅读新时代·建功新征程"职工读书季、"故事青年说"阅读分享、"阅读红色经典·传承红色基因"主题阅读等300余场主题阅读活动;组织"礼赞新时代·追梦复兴路"主题宣讲百余场;依托农家书屋、新时代文明实践所(站)、家长学校、未成年人活动中心等载体,开展亲子绘本阅读、读书会、红色经典诵读比赛等活动。完善区级图书馆、街道图书馆、社区(农家)书屋3级公共阅读设施网络,持续发挥辖区内7个大型书城、157家实体书店、2家"24小时城市书房"的作用,面向市民常态化提供各类阅读服务。

润州区。努力打造多元阅读空间,致力形成特色阅读品牌,积极选树阅读典型,重构全民阅读新场景。打造"'阅见西津'——全民阅读示范街区"项目,获评2022年度全市宣传思想文化工作创新奖;南山街道五凤口社区农家书屋获评省五星级示范农家书屋。举办"润心读书节"系列活动60余场,组织"好书推荐""带一本好书回家""阅读点亮童年""全民阅读春风行动""农家(社区)书屋月月读""书香少年"等系列阅读推广活动,持续放大"润心书场""阅享宝塔""阅然七里"等品牌影响力。

镇江新区。打造红色"阅读圈",创建集图书阅读、歌曲(电影)欣赏、"非遗"体验于一体的首个共享研读空间。举办《习近平谈治国理政》第四卷学习等主题阅读活动30多场。发挥"大手拉小手"作用,面向青少年、妇女、老人等群体,开展"书香宜童心 好书伴成长""如花巾帼 绽放芳华""书香飘溢 快乐阅读"等分众化阅读活动40多场。动员社会力量,开展"全民阅读春风行动——书香暖冬,温情护苗"图书赠阅、"喜迎二十大 用心护未来"关爱困境儿童志愿等暖心活动,捐赠图书超3 000本。建成心湖景区"阅读e栈"、心湖社区读书角、机关部门"党建书吧"等阅读空间。推出"线上朗读者",打造"有声图书馆",开设"好书代言人专栏"公众号,丰富读者阅读体验。

镇江高新区。深化"书香高新"建设,组织"你读书 我买单"读书分享会8场,发动全区机关干部、群众和企业职工开展读书分享活动40余次,深化"国学诵读""老年小学"等活动品牌,打造"'智·跃'文化馆"品牌公益阅读项目。优化了全民阅读阵地,打造鲇鱼套村"智·跃"文化馆,悦然广场增设"阅读e栈"。发放全民阅读宣传折页1 000份、海报300张、展架30份、手提袋1 000个,更换阅读公益广告50余处,在"镇江国家高新区"公众号设立"全民阅读"专栏,阅读氛围日益浓厚。

泰州市全民阅读年度报告

一、概述

2022年,泰州市坚持以习近平新时代中国特色社会主义思想为指导,以争创"江苏省书香城市建设示范市"为契机,突出重要机制建设、重大活动开展、重点群体阅读、重心基层下移,阅读氛围持续提升,市民素质持续提高,文化环境持续优化,城市魅力持续彰显。

泰州市委书记朱立凡对全民阅读工作和书香城市创建作出专门批示,专程调研考察泰州安定书院,全程参加2022年"胡瑗读书节"开幕式。市委常委、宣传部部长、市全民阅读活动领导小组组长刘霞带头参加"带一本好书回家过年""书香里年味"、好书推荐等全民阅读活动。各市(区)主要领导积极参与全民阅读活动,投身书香创建工作。市财政拨付150万元全民阅读活动专项资金。制定出台《关于创建江苏省书香城市建设示范市的实施意见》。"建设书香泰州"纳入市委、市政府重点任务分工,"居民阅读指数"纳入全市高质量发展考核体系,全民阅读服务设施建设纳入城乡建设规划、"新时代文明实践中心"建设规划,纳入"文明单位""文明校园""文明小区""祥泰小区""祥泰商超""祥泰酒店"等创建体系。编制和完善"最美阅读空间""四星级农家书屋""公益阅读推广项目"等评价指标体系,实施奖补政策。

以泰州"胡瑗读书节"为引领,全市举办泰州农民读书节、靖江马洲读书节、泰兴朱东润读书节、兴化垛上读书节、海陵红粟读书节、高港柴墟读书节、姜堰王栋读书节等品牌阅读活动,全年共举办线上线下阅读活动2 000余场。形成"主播悦读""寻找最美读书人""坡子街"等靓丽的"阅读名片"。创新推广书香里的致富经、书香里的村规民约、机关里的考学督导、校园里的阅读之星、企业里的书香工作、书屋里的阅读有礼等工作方法。组建泰州市全民阅读志愿服务队,构建"市级引领、市(区)推进、镇街主导、网格服务"的全民阅读服务体系。聘请知名作家担任阅读形象大使,招募全体新闻记者、报刊邮递员、图书发行员、镇街文化工作者、语文老师等为"乐学泰州"服务志愿者。组织全民阅读集中宣传活动,营造浓厚的社会阅读氛围。

创建"党史学习教育红色阅读空间",组织开展"梦想改造＋""泰有爱"等活动。承办"中国小说排行榜",设立"施耐庵文学奖""郑板桥文艺奖",深入推进里下河文学高地建设。依托《泰州晚报》培育"坡子街"文学现象,以写促读,形成7 000多人的写读队伍,建立广泛的大众写作、大众阅读、大众分享、大众推广联盟。举办"乐学泰州 二十四节气"中外读书交流分享会、"泰州红色珍档"百集广播宣传活动、"书香里的致富经"融媒体集中行动、"书香里的年味"主题阅读活动,引领大家朗诵泰州本地作家书写泰州的美文,讲述发生在泰州的红色故事,把阅读变得可亲可感,让书香进入寻常百姓家。开展"童心里的诗篇"少儿诗会和"童话里的世界"创作征集活动,启动"泰好读"绘本进校园进课堂活动,组织小记者开展"跟着绘本看家乡"活动。实施"成长护航"关爱行动,引入15家社会阅读组织参与市区2 136名困境儿童的阅读关爱活动。

初步建成"市有四馆、县有两馆、乡有一站、村有一室"公共文化设施体系,市少儿图书馆正式挂牌开放。加强城市社区阅读服务点的空间布局,全市农家书屋与新时代文明实践站(所)建设同部署、同规划、同设计、同实施,全面实现与县级图书馆"一卡通"通借通还服务。全市宾馆、车站、机场、商超、咖啡馆等公共场所建成一批图书角和阅读驿站,实现社区公共阅报栏(屏)全覆盖、社区公共数字阅读终端(含听书设施)全覆盖。完成泰州新华书店门店选址规划,靖江、泰兴、兴化、姜堰新华书店积极升级各门店业态,大力推进阅读新空间建设。全市建成3家校园实体书店。蓝亭书城、大众书局、几何书店、慧源书城、当当书店等品牌、特色书店陆续进驻泰州。举办江苏书展泰州分展场活动,向读者发放总额20万元的购书消费券,带动实体书店600万元的图书销售。

利用网站、数字资源实体产品、手机移动应用等新兴媒体手段,为广大读者提供数字阅读内容及丰富的线上阅读活动。"学习强国"泰州平台开设"书香泰州"专栏,开发运营"乐学泰州"微信小程序,推出"书香泰州地图""悦读有礼"等栏目。举办"栀子花讲堂""凤城讲坛""主播悦读""蒲公英普法云课堂"等线上阅读活动,开展"点亮满天星 书送新希望·红色经典进乡村""习语问答""党旗飘扬·红'兴'闪闪"青少年在线诵读等活动,制作推出"习语常读"系列H5、"奋进新征程"网络公开课等新媒体产品,拓展线上阅读渠道,丰富阅读内容。

二、阅读场馆、阅读空间建设情况

全市建成校园实体图书馆3家、新型书报亭10个、24小时自助图书馆14家、城市书房42家、阅报栏(屏)879座,其中容湖书房、泰慢书房等30个城市书房被评为泰州"最美城市书房","凤凰书苑桃李书屋"等18个读书角被评为泰州"最美书香驿角",从市文化产业发展专项资金中拿出300多万元进行奖补。市少儿图书馆正式挂牌开放。泰州市新华书店购买5 000多平方米的闲置大楼,设计建设新型综合实体书店。全市宾馆、车站、机场、商超、咖啡馆等公共场所建成一批图书角和阅读驿站,实现社区公共阅报栏(屏)全覆盖、社区公共数字阅读终端(含听书设施)全覆盖。

三、阅读促进机构、阅读组织发展情况

2020年12月,成立泰州市全民阅读促进会,促进会共有个人会员347人、单位会员5家。目前,泰州市所辖的靖江市、兴化市、海陵区、姜堰区、医药高新区(高港区)已成立全民阅读促进会,泰兴市正在积极筹建中,确保2023年成立到位。目前,泰州市有各类阅读组织268个、各级阅读推广人519人、领读者363人。

四、社会阅读力量培育发展情况

招募全民阅读志愿者5 000人,组建泰州市全民阅读志愿服务总队,广泛发动社会各界人士,特别是联合市教育局、团市委,共同发动大学生青年加入全民阅读志愿服务队伍,积极培训全民阅读志愿者,选拔优秀者为领读者和全民阅读推广人。不断加大阅读组织和阅读推广人的培育力度,定期组织志愿者队伍开展导读荐读、读书沙龙等丰富多彩的阅读活动。

五、阅读推广媒体宣传情况

高度重视全民阅读宣传工作,一些经验先后被《人民日报》、《新华日报》、"学习强国"全国平台等国家级和省级主流媒体宣传推介,全年在省级以上媒体(含新媒体)刊播稿件3 000多篇,"胡瑗读书节"开幕式登上央视新闻频道,《江苏新闻出版(版权)信息》10多次刊登我市全民阅读做法。全市利用宣传海报、公益广告、音频视频、手机短信等进行全覆盖宣传,在本地主流媒体开辟专刊、专栏、专题,刊播全民阅读公益广告50条以上,不断扩大主题阅读活动的影响力、辐射力。持续深化"网格化+铁脚板"机制,运用农村大喇叭等,宣传到户、调研上门,推动全民阅读理念在潜移默化中深入基层、扎根群众,让阅读浸润每个"社会细胞"。

六、全民阅读品牌活动、阅读推广先进典型

泰州市用心打造"胡瑗读书节""农民读书节""书香里的年味""二十四节气中外读书交流分享会"等活动,各市(区)分别打造"垛上读书节""我把兴化读给你听""红粟读书节""红粟文艺讲坛""书香马洲读书节""三味书屋公开课""引凤巢家长学校读书班"等阅读活动品牌。举办第五届施耐庵文学奖评奖,获人民日报客户端、中国青年网、中国作协网等40余家媒体直播。开展2022年度中国好小说评议,常态化组织毕飞宇工作室·小说沙龙等活动,不断放大"中国小说之乡"品牌优势。

七、全民阅读获得省级及以上表彰奖励情况

在第四届江苏全民阅读"五十佳"评选活动中,《泰州晚报》"坡子街"大众读写平台获评全省"十佳阅读推广平台",泰州市姜堰区"妇"阅人生巾帼志愿服务队获评全省"十佳阅读志愿服务组织"。

"阅读红色经典 传承红色基因"职工读书月活动成功入选省公益阅读推广活动。

泰兴市委宣传部、兴化市委宣传部获评第十二届江苏书展优秀组织单位。凤凰新华泰兴分公司龙河书局店、凤凰新华姜堰分公司中心门店获评第十二届江苏书展优秀分展场。

毛泓懿入选第三批江苏省全民阅读推广人。

杨爱平获评江苏省总工会"优秀职工领读员"。

殷欣荣获2022年江苏省"筑梦向未来"中华经典诵读大赛教师组特等奖。

八、县(市、区)全民阅读情况

靖江市。持续打造"书香马洲"读书节、"三味"书屋公开课、"靖显风华"等阅读品牌,开展全民阅读活动3 000余场次,参与人数逾10万人。承办省全民阅读办"阅读新时代 喜迎二十大——9·28大江大河主题诵读活动"。发布"书香百企"创建指标体系标准。建成显华书院、容湖书房、水街书屋、牧城书驿胜利街站、牧城书驿中天站、新港书馆。建有市民共享的公益性书屋、书吧等小型阅读空间22个,全力推动建成"15分钟阅读圈"。

泰兴市。投入118万元,配足配好计算机、"一村一码"有声读书墙、阅报栏

等阅读设施,更新书屋图书26 457册,全力保障基层阅读阵地提档升级,为基层群众提供更多更优质的阅读选择。推广线上线下"好书推荐—读者选书—新华书店服务运营"模式,将图书选购权交给读者。开放襟江书院、朱东润故居等泰兴文脉遗存,打造读书"网红打卡点",自建"无人值守"式阅读微空间,开辟"餐饮＋图书""健身＋阅读""商圈＋阅读"等延伸阅读区,让书香触手可及,形成"15分钟优质阅读圈"。深入开展"校园读书节""农民读书节""职工读书月"等"朱东润读书节"系列活动,邀请知名作家、优秀教师、医护人员、科技工作者、法律工作者等组建"领读者"讲师团,通过"线上＋线下"的方式,开展全民阅读推广示范活动,自创"半亩方塘"乡村阅读品牌,将阅读与旅游、非遗、市集等融合,打造"半亩方塘"文旅助农品牌,坚持志愿服务"定单式"、特殊群体"定制式"、书香系列"定向式",让阅读深入基层、惠及全民,让基层百姓感受阅读温度。大力开展"书香机关""书香校园""书香村居""书香家庭""书香企业"等主题读书活动,邀请黄蓓佳、祁智、韩青辰等10位知名作家在新华书店龙河书局店开展名家读书见面会,形成"月月有活动、处处有书香"的全民阅读氛围。邀请知名作家庞余亮开展"书香泰兴·全民阅读大讲堂"阅读推广活动,线上参与近9.4万人次,实现文化供需"云端""指尖"有效对接,为读者提供高质量的公共数字化服务。

兴化市。开展读书节各类子活动300余场,举办"垛上"大课堂、"凤凰姐姐讲故事""朗读者"、好书推荐等阅读活动,提供超值的购书优惠,新华书店的出版物零售额达到了24万元(实洋),兴化市为农民选好书的做法被《新华日报》采访报道。在"农民读书节"期间,创新开展"阅读,让乡风更文明"活动,助力提升乡风文明。围绕迎接宣传贯彻党的二十大精神,组织开展"喜迎二十大 阅享新时代""学习二十大报告 农家书香润征程"等主题阅读、宣讲、读书沙龙活动千余场。

海陵区。举办县处级领导干部读书班,在全市率先建立新提拔乡局级领导干部教育"考学"制度。以红粟书房联盟为引领,组建海陵区全民阅读促进会,吸纳樊登读书、大众书局等社会力量共同参与,截至目前,促进会共吸纳各级各类阅读组织68家、活跃会员达1.8万人。组织32家区级部门(单位)成立"梅兰清风""阅享·城之美"等特色机关读书会,覆盖600余名党员干部,延伸至退休党员,实现全覆盖、全参与。出台《海陵区星级"红粟书房"评定标准》,评选出"红粟书房"一星级60家、二星级8家。

姜堰区。创新打造"堰尚书香"全民阅读品牌,凤凰新华书店凤凰新华姜堰分公司中心门店获评第十二届江苏书展优秀分展场。举办第四届"王栋读书节"系列全民阅读活动1 000余场次,参与人数逾十万人。建成大于100平方米的市民共享的公益性书房、书屋等大型阅读空间3个，100平方米以下的市民共享的公益性书屋、书吧等小型阅读空间22个，打造"三水集"城市书房、溱湖文旅书房、河横生态书房区镇村"全景式"阅读空间，以阵地促阅读、以阅读养习惯，引导全社会爱读书、读好书、会读书。

泰州医药高新区（高港区）。成立全民阅读促进会，以"书香漂流包"项目为实施抓手，开展了形式多样的公益阅读推广活动，在12个镇（街）、部分社区的少年儿童中推广"书香漂流包"，购置、添置各类图书近6 000册，做成多主题、跨学科的"拼盘式"阅读包。开设"周末读书会""亲子阅读与家庭教育""古诗文赏析""春节民俗故事会"等线上线下专题讲座近40场，超过1万人次参与。组织开展"跟着绘本看泰州"阅读实践活动，先后吸引近4 000人次学生参与。

宿迁市全民阅读年度报告

一、概述

2022年，宿迁市紧紧围绕学习宣传贯彻党的二十大精神和习近平总书记致首届全民阅读大会贺信精神，认真落实中央和省委省政府、省全民阅读活动领导小组关于促进全民阅读的工作部署。全市阅读氛围愈发浓厚，阅读环境持续优化，书香城市建设取得显著成效。

（一）突出书香城市创建目标

2022年，围绕全市建成书香城市总目标，市全民阅读办召开全市书香城市创建工作推进会并印发《关于组织争创第四批江苏省书香城市建设示范县（城区）的通知》，对照省书香城市测评体系制定任务分解表，扎实推进市本级书香城市创建，督促指导各县（区）积极申创第四批省书香城市示范县（城区）。

成立书香城市创建工作专班，通过三轮征集整理，高质量完成台账资料申报，为创建书香城市打下了坚实基础。制定下发《实地测评标准》，围绕18类创建点位开展13轮实地抽测，通过检查交办推动问题整改和重难点指标提升。

（二）办好读书节、书展

4月23日，宿迁市第十届读书节暨"全民悦读 豫'见书香"活动云启动仪式在宿豫区大剧院举行。读书节活动首次实行云启动直播，给传统的读书节带来新的气象。发动全媒体宣传引流，直接吸引了57万市民参与。

7月2日，第十二届江苏书展宿迁分展在宿迁书城正式启动。书展为期5天，共设置9个分展场，开展3大类36项100多场活动。主要包括"阅读新时代 喜迎二十大"主题书展、"省全民阅读活动领导小组推荐12本好书"、"凤凰好书"等展销活动，以及"强国复兴有我"百场阅读推广活动、"阅动花香·每天阅读1小时"等群众性阅读推广活动。市"全民阅读1计划"主题图书花样造型亮相苏州主展场。

（三）举办重大阅读活动

宿迁市唱好全民阅读活动"四季歌"。举办2022年"全民阅读春风行动"启动仪式,扎实做好农民读书节、新时代乡村阅读季等主题阅读活动,市区两级常态开展"阅读马拉松""七彩的夏日"等阅读系列活动。打造鲜活的地域性阅读项目,形成了泗洪县"书香'泗'溢 阅润'洪'城"、泗阳县"美丽泗阳·浸润书香"、沭阳县"沭水流长 阅动花乡"、宿豫区"每天阅读1小时 文明宿豫我接力"、宿城区"书香满宿城 阅读'1'起来"等系列活动。

（四）主要工作进展

一是坚持市县同创,扎实推进书香城市建设。宿豫区和泗洪县与市本级一起顺利通过省书香城市实地测评验收。

二是市县公共图书馆提档升级。全市新建大型公共图书馆3个,总投资8.4亿元,高起点规划建设市图书馆新馆、宿豫区图书馆新馆和沭阳县图书馆新馆。市少儿图书馆在市图书馆挂牌成立。

三是纸质阅读资源更新到位。全市6个公共图书馆通过公开招标、"你选书我买单"读者荐书等活动新增纸质图书9.92万册、报纸419种、期刊1907种。利用省级专项资金112.75万元,配套投入250.6万元,为全市845家农家书屋补充更新图书17.91万册。

四是数字阅读资源普及到位。以"书香宿迁"微信公众号为平台汇聚各类数字阅读资源,用好"京东读书"App海量数字阅读资源,年内向市民提供5万多张京东读书VIP卡;推广江苏省数字农家书屋,全市共注册数字农家书屋用户42.51万人;市图书馆采购"中国知网""读秀""省少儿图书馆"3个数字阅读资源库,满足大数据时代城乡居民随时随地阅读的需求。

五是聚力打造宿迁"全民阅读1计划"。突出问题导向,注重末梢发力,打通全民阅读服务"最后一公里"。通过百场示范推广、百日打卡等活动,直接带动参与群众超过120万人次,"每天阅读1小时,每月读(听)完一本书"的阅读新理念深入人心。

二、阅读场馆、阅读空间建设情况

宿迁市加快构建覆盖城乡、便捷高效、惠及全民的阅读服务体系,高标准建设市图书馆新馆,城乡阅读空间不断拓展,各类阅读阵地更加多元。

宿城区建成大型书店4家、24小时自助图书馆14处。高标准打造镇街道图书室15个、城市社区图书室33个、邻里驿站阅读空间等阅读阵地148个。全区114家农家书屋全部实现规范化管理,并与区图书馆实现通借通还服务。

宿豫区建设公益性大型阅读空间2个、公益性小型阅读空间22个。大力推进数字阅读进基层行动,在全区各图书馆分馆和农家书屋设置"书香宿豫 码上阅读"有声图书墙。依托 24 小时自助图书馆等阅读新空间,试点设置网易蜗牛有声图书馆。

沭阳县提升改造城区阅读空间 4 个、新建 24 小时自助图书馆 7 个,设置城市书巢。建设县图书馆新馆,项目建筑面积 1.54 万平方米,设置阅览座位 1 000 个,规划藏书 200 万册。在县内服务大厅设立便民阅读角 100 余个。沭阳新华书店青条石书屋获得"2022 年度省级现代服务业(新闻出版)发展专项资金"奖励 100 万元。

泗阳县拥有县级公共图书馆和少儿图书馆各 1 座,全县 235 个村居(社区)图书馆分馆和农家书屋实现全覆盖,数字农家书屋用户突破 8 万人。建成 24 小时自助图书馆 8 所、图书自助借还便民阅读角 16 个,与 40 余处"漂流书屋"互为补充。升级改造泗阳新华书店众兴路店,百余家中小型实体书店与凤凰书苑、来思城市书房等公益阅读场所,方便群众就近阅读。

泗洪县建立县乡村三级公共阅读服务体系。推动全县乡镇(街道)图书分馆、农家(社区)书屋 100% 深度融合新时代文明所(站)建设,100% 实现通借通还服务,并对全县 200 余家农家(社区)书屋、便民阅读角开展提质增效,补充各类书籍 20 余万册。新建 24 小时城市书房 3 个、24 小时书店 1 家。

宿迁经济技术开发区现有城市书房 1 个、实体书店 20 家、阅读新空间 3 个、公共数字阅读终端 40 个、农家书屋 32 家。目前,30 家农家书屋与市图书馆实现通借通还,新购图书约 1.5 万册,图书总量 62 221 册。

湖滨新区建有 100 平方米以下小微型阅读空间 13 个、大中型阅读新空间 2 个;规模较大的实体书店 18 家;24 小时城市书房 4 个。全区共 44 家农家书屋完成建设工作,其中 42 家农家书屋实现与辖区内文化站图书室、农家书屋间的通借通还;全区 46 个村居全部开通"扫码听书"。

洋河新区现有 46 家农家书屋,均实现了与市图书馆间的通借通还。目前,所有村居全部建成有声书屋并统一建设公共阅报栏。同时,充分整合村居有利资源,通过村级活动中心、党群活动中心、新时代文明实践所(站)等场所,扩大农家书屋的活动阵地。

三、阅读促进机构建设、阅读组织发展情况

宿迁市、县(区)均成立了全民阅读促进会,携手 402 家社会阅读组织常态化开展各类阅读推广活动。

宿城区成立三级全民阅读促进会(读书会),分别是区、乡、村全民阅读促进会。区全民阅读促进会设立在区图书馆,促进会团结和组织全区有志于阅读推

广事业的机构、团体和个人促进全民阅读工作,累计开展线上线下阅读推广活动 800 余场次。

宿豫区全民阅读促进会于 2022 年 6 月换届,主管单位为宿豫区委宣传部;另有区全民阅读协会,主管单位为宿豫区妇联。此外,还有其他各级各类社会阅读组织 50 余个。宿豫区先后开展社会组织公益创投活动,出台相关文件,加强对社会阅读组织的引导扶持和有效管理。

沭阳县全民阅读促进会于 2018 年 2 月成立,带领全县 100 余家社会阅读组织开展公益阅读推广重点活动 150 余场次,形成政府推动、行业带动、社会组织和群众积极参与的良好阅读氛围。

泗阳县全民阅读促进会于 2017 年 12 月成立,已换届改选,正常履行全民阅读促进会工作职责。从 2002 年成立新袁镇小学梦幻童年文学社开始,经过 20 年的发展,泗阳县各类阅读组织已突破 100 家。

泗洪县全民阅读促进会于 2020 年 4 月 26 日成立。全县共有 23 家社会阅读组织,全年开展各类阅读活动 500 余场。其中泗洪县读书协会拥有注册会员 5 000 余人,会员来自众多行业,最小的年龄 3 岁、最大的年龄 80 多岁,先后组织开展阅读推广活动 300 余场次。

宿迁经济技术开发区新成立非法人性质社会阅读组织 4 个,共有非法人性质社会阅读组织 8 个。湖滨新区共有社会阅读组织 11 家,社会阅读组织人数共计 570 人。

四、社会阅读力量培育发展情况

宿城区已成立 50 支全民阅读志愿服务队。评选出金牌阅读推广人 20 人、领读者 10 人,500 余名阅读推广人参加了相关培训。

宿豫区聘请优秀教师、乡贤、地方文化名人 300 余人担任全民阅读推广人,致力于为读者打造"点单式"全民阅读服务。每年举办 1 期全民阅读推广人培训班,实施"阅读推广人+阅读空间"结对共建,推动全民阅读宣传推广由单向传播向互动式、场景式传播转变。

沭阳县共有全民阅读活动推广人 214 人、领读者 247 人。在 35 个"美丽宜居乡村"成立以村干部、教师、乡贤、"五老"志愿者为主的"美丽乡村读书会"。开展阅读推广人培训班,常态化开展阅读活动。

泗阳县先后设立全民阅读志愿服务站 300 余个,扶持公益阅读组织 100 余家。加强阅读队伍的管理和培训,每年开展培训 2 次以上。以农家书屋为活动阵地,形成"领读者+管理员"阅读服务模式。

泗洪县成立全民阅读志愿服务队300余支,县全民阅读办聘请89名同志担任全民阅读推广人。举办专题培训班,全面提升阅读推广人的业务水平。

宿迁经济技术开发区选树阅读推广人7人、领读者5人,组建阅读志愿服务队52个,选聘阅读志愿者157人。湖滨新区选树金牌阅读项目推广人5人、领读者3人,阅读志愿者96人。洋河新区有金牌阅读项目推广人2人,阅读志愿者58人,定期参与到全民阅读宣传推广工作中,积极参与"全民阅读I计划"培训。

五、阅读推广媒体宣传情况

宿迁市继续打造全民阅读全媒体推广矩阵,通过报纸、电视、广播、室内外电子屏、网络等媒体开展好书荐读、阅读公益广告、阅读栏目、活动报道等全方位阅读推广宣传工作。

宿城区全年省市区等各类媒体宣传报道全民阅读工作500余篇,其中省级及以上媒体报道60余次。3月1日,《江苏宣传工作动态》刊登《宿迁宿城区"三个坚持"引领全民阅读新风尚》;9月13日,《人民日报》以《全民阅读厚植文化底蕴》为题报道宿城区全民阅读工作。

宿豫区全年通过广播、电视、微信公众号刊播阅读公益广告。在《新华日报》、人民网、"学习强国"等媒体上稿680余篇。制作原创视频《书香派对》在微信朋友圈投放,累计覆盖人群120万余人次;编发全民阅读公益短信120万条,累计覆盖人群120万余人次。

沭阳县全年在省级及以上媒体发布全民阅读工作报道26篇。在"爱沭阳"App报道县内各级阅读活动,开设《沭水流长 悦读花乡》可视化广播阅读栏目。"沭阳发布""沭阳图书馆""沭阳新华书店""印咸书局"及各学校微信公众号等不定时发布阅读活动链接,宣传全民阅读工作。

泗阳县2022年阅读推广工作报道在中央媒体上稿4篇、省级媒体上稿31篇、市级媒体上稿106篇。"我的泗阳""文明泗阳"等媒体均设置阅读专栏。优秀农家书屋管理员戎宏宽的事迹以《办好农家书屋 共享阅读乐趣——一名农村党员的选择》为题在《人民日报》刊发。

泗洪县全年在省市县等媒体发布全民阅读工作报道400余篇,其中人民网、新华网、中国江苏网等省级及以上媒体发布报道50余篇。在"爱泗洪""书香泗洪"等平台置顶阅读公益广告,会同融媒体中心开设《阅读时间》栏目。

洋河新区加强阅读推广宣传,充分利用新区微信公众号、"醉美在洋河"等新媒体平台,开设了《好书荐读》《书香洋河 一起阅读》等6个专栏,全年在省级媒体上稿6篇。

六、全民阅读品牌活动、阅读推广先进典型

（一）全民阅读品牌活动

"全民阅读 1 计划 每天阅读 1 小时"宿迁市全民阅读基层推广百场示范活动。活动由市委宣传部、市文明办、市全民阅读办主办。全市开展阅读推广活动 135 场，观众达 18.64 万人次。活动内容丰富多彩，每到一处都受到好评。"每天阅读 1 小时"有奖打卡小程序依托"速新闻"和"书香宿迁"推出，在活动期间，全市共有 132.7 万人参与，涵盖各行各业。

"童阅书香'豫'悦成长"关爱青少年阅读推广活动。宿豫区全民阅读办组织了 30 场"童阅书香'豫'悦成长"关爱青少年阅读推广活动，受益人次超过 12 万。另外还捐赠图书、学习用品、有声阅读机等爱心礼品 8 000 余份。

"一颗红心向党生 红色诵读走宿迁"系列活动。近年来，宿迁日报社先后组织诵读爱好者、志愿者、记者 1 000 余人次参与活动，共吸引 1 万余人现场观看。活动被中国文明网、"学习强国"等媒体转载，总浏览人数过 2 000 万。

"阅读推广进社区"全民阅读推广活动。宿迁市阳光全民阅读服务社组织阅读推广进社区活动 92 场次，受到广大社区群众的一致好评，并多次受到新华社媒体客户端、宿迁市妇联自媒体等部门宣传报道。

（二）全民阅读推广先进典型

宿迁艾妮绘本馆。艾妮绘本馆获评第四届江苏全民阅读"十佳阅读推广机构"。绘本馆热衷于妇女儿童公益阅读的推广，曾先后配合宿迁市妇联开展了五届宿迁市"书香润童年 传承好家风"儿童讲故事大赛，开展了 1 万余场亲子阅读推广和家庭教育指导活动。

王虎。中国图书馆学会会员、市全民阅读促进会秘书长。长期从事全民阅读管理和阅读推广工作，每年独立组织各类主题阅读推广活动不少于 50 场。个人被评为"省文化志愿服务优秀个人"和"省全民阅读工作先进个人"。组织策划的"宿迁市经典诵读活动"获评省全民阅读优秀活动项目，"旧书换新书、绿植捐赠小书巢"活动获评第二届江苏全民阅读"十佳推广活动"。撰写的《关于加强全民阅读 推动书香宿迁建设的调研报告》入选全省新闻出版广电（版权）工作调研成果汇编。

胡继风。中国作家协会会员，宿迁市作家协会副主席兼秘书长。获得第九届全国优秀儿童文学奖、冰心儿童图书奖，代表作有《鸟背上的故乡》《就像一株野蔷薇》等。多年来，先后深入宿迁本地中小学特别是农村中小学，以及社区、街道，举办公益阅读推广活动 100 余场；他还走出宿迁，走进广东、安徽、湖南等

地举办优秀图书的推广和讲授活动,覆盖群众近 10 万人次。

杨海燕。江苏省全民阅读推广人、宿迁经济技术开发区青海湖路小学校长。她是儿童阅读不懈的推广者,参加省市级阅读示范课、推广讲座达 100 余场次;她是书香校园的建设者,先后走过的 3 所学校均被评为市"十佳书香校园";她是阅读课程的创建者,所开设的课程获得江苏省优秀校本课程一等奖;她是优秀传统文化的传承者,同时具备国际视野,主持江苏省特色文化课程项目 1 项,省级童趣化国学课题 2 项,"四季美 中国风""二十四节气"课程与法国友好学校、缅甸果农学校互动交流。

七、全民阅读获得省级及以上表彰奖励情况

宿迁市全民阅读办"全民阅读 1 计划"基层推广百场示范活动获省级一类公益阅读推广活动认证。

宿迁市人大常委会办公室"'大'写书香 让阅读成为一种习惯"活动获省级二类公益阅读推广活动认证。

宿迁市图书馆获评 2022 年度全省红领巾读书征文活动优秀组织奖。

宿小图社科阅读系列活动入选省社科联社科普及项目资助。

宿迁市图书馆文化志愿服务队获评第四届江苏全民阅读"十佳阅读志愿服务组织"。

艾妮绘本馆获评第四届江苏全民阅读"十佳阅读推广机构"。

冯克品获评第四届江苏全民阅读"十佳阅读推广人"。

宿城区委宣传部、泗阳县委宣传部获评第十二届江苏书展优秀组织单位。

凤凰新华宿迁分公司发展大道店获评第十二届江苏书展优秀分展场。

凤凰新华沭阳分公司南京路店获评第十二届江苏书展优秀分展场。

宿豫区实验小学获评第十二届"江苏职工读书月"优秀职工读书组织。

八、县(市、区)全民阅读情况

宿城区。以"三个坚持"引领全民阅读新风尚。一是坚持系统谋划推动。制定《宿城区创建书香城市实施方案》,形成党委领导、政府主导、部门联动、全民参与的阅读服务工作体系。二是坚持城乡融合发展。围绕打造"15 分钟阅读圈",引进 14 个 A 类和 N 个 B 类喜马拉雅有声图书馆,设置扫码阅读设施 1 万余处,群众线上扫码听书达 30 余万人次。三是坚持活动引领风尚。围绕"阅读引领文明 书香浸润宿城"主题,打造"小手拉大手·全家爱阅读""国学经典吟咏赏析"等阅读活动。

宿豫区。着力构建机制完善、氛围浓郁的"爱阅之城"。一是阅读空间更"接地气"。现有图书馆、小镇书房、农家书屋、城市书吧等阅读阵地1 000余个。二是活动品牌更"聚人气"。排定特色主题、示范推广、分众分类三大类目全民阅读活动。三是阅读推广更"暖人心"。实施"阅读推广人＋阅读空间"结对共建,发挥书香单位的示范带动作用。四是书香理念更"入人心"。线下组织志愿者发放全民阅读宣传手册等50余万份；线上制作全民阅读原创歌曲《一起看书》等,累计观看量200余万,做到全民阅读公益宣传全覆盖。

沭阳县。强化高位统筹,精准发力。制定全民阅读工作考核细则,锚定目标抓落实,切实提升全民阅读工作的针对性和有效性,提升社会公众的参与度和满意度。通过"大喇叭""快板书"等形式宣传推广全民阅读活动。结合"支部进小区",推动社区公共阅报栏(屏)、公共数字阅读终端(含听书设施)、阅读室(读书角)等的建设,加大"每天阅读1小时"推广力度。

泗阳县。一是构建阅读网络。完善公共图书馆体系,持续开展"六进"送书活动。二是拓展阅读服务。扎实开展"美丽泗阳·浸润书香"公益阅读推广活动400余场次。三是强化组织保障。坚持实施"一月一主题,一周一通报"工作模式,将通报结果纳入年度目标考核,推进全民阅读工作深入开展。阅读队伍不断壮大,居民阅读指数实现提升。

泗洪县。一是机制持续优化。将省书香城市建设示范县创建纳入为民办实事项目,成立以县委、县政府分管领导为双组长的领导小组,先后投入1 300余万元用于开展创建工作。二是阅读阵地全面提升。建成县、乡、村三级阅读阵地体系,新建、改造阅读阵地400余个。三是阅读供给更加优化。全县募集20万余册图书补充到基层阅读阵地,为群众提供优质数字阅读资源。四是阅读活动深入开展。开展"文明实践阅读推广"等主题阅读活动1 200余场次。

宿迁经济技术开发区。承办市级全民阅读示范推广活动4场、区级阅读示范推广活动2场,乡街道和村社区级阅读活动105场。积极开展"全民阅读春风行动",持续推动数字阅读,阅读百日打卡注册数约2.79万。

湖滨新区。承办市级全民阅读示范推广活动3场、区级阅读示范推广活动5场,充分做好全民阅读公益宣传活动,在各类公共阅读空间及小区主出入口、公园广场出入口等人流密集区域张贴宣传海报400余张,发布公共阅读设施指示图60余份。

洋河新区。在辖区28个小区内设立地插200余个,联合小区党支部开展活动45场、赠书1 000余本、收集问卷2 000份,设计制作了洋河新区独有的全民阅读LOGO。

附录一

重要文件

2022年江苏省全民阅读工作要点

2022年是党的二十大召开之年,也是贯彻落实省第十四次党代会精神开局之年。全省全民阅读工作要坚持以习近平新时代中国特色社会主义思想为指导,深入贯彻党的十九大、十九届历次全会精神和今年全国两会、全国宣传部长会议精神,全面落实省第十四次党代会和全省两会、全省宣传部长会议部署要求,弘扬伟大建党精神,深刻领悟"两个确立"的决定性意义和实践要求,增强"四个意识"、坚定"四个自信"、做到"两个维护",紧紧围绕学习宣传贯彻习近平新时代中国特色社会主义思想这个首要任务,突出迎接宣传贯彻党的二十大这条工作主线,自觉承担起举旗帜、聚民心、育新人、兴文化、展形象的使命任务,加快构建现代公共阅读服务体系,更好满足人民群众高质量阅读需求,为加快建设社会主义文化强国先行区贡献全民阅读力量。

一、深入推进主题出版和主题阅读

推动主题出版多出精品。围绕迎接宣传贯彻党的二十大工作主线,聚焦学习贯彻习近平新时代中国特色社会主义思想、歌颂新时代、弘扬伟大建党精神、推进共同富裕、提升我国国际形象等重大主题以及"强富美高"新江苏现代化建设等江苏实践,更高质量推进主题出版。评选公布2022年省主题出版重点出版物选题。围绕"书写新时代、献礼二十大"主题,集中推介一批优秀主题出版物。支持各类媒体在重要时政报道、重点理论评论、特色文化副刊等方面下功夫,生产更多精品主题阅读内容,满足人民群众日益增长的主题阅读需求。

广泛开展主题阅读活动。围绕学习宣传阐释习近平新时代中国特色社会主义思想,广泛深入开展主题读物阅读推广活动,提升重点读物到达率、阅读率、点赞率、影响力。精心做好《习近平谈治国理政》第四卷和反映总书记在正定、福建、浙江、上海工作经历的四部重要纪实作品《总书记足迹》的发行工作。以"阅读新时代 逐梦新征程"为主题,省、市、县联动办好第十八届江苏读书节,引导人们在阅读中深刻感悟新时代党和国家的新变化新面貌新气象、人民群众的获得感幸福感安全感,营造阅读逐梦未来、奋进新征程的浓厚文化氛围。精心策划举办"时代先锋讲坛""马克思主义·青年说""中华经典诵读"等品牌活动,以立体化呈现、精准化传播、通俗化表达等方式,引导党员干部和广大人民群众增进政治认同、思想认同、情感认同,让党的创新理论走到群众身边,走进百姓心间。

二、提升全民阅读公共服务效能

加强优质阅读内容供给。编制实施省"十四五"重点出版物规划项目,打造符合国家意志、体现江苏特色和时代印记、彰显专业优势的国家、省、社三级重点出版规划体系,通过规划引领、重点扶持、跟踪服务,继续保持江苏精品出版走在全国前列的良好态势。加强优秀读物发行推介,继续举办"12本好书""新华书房""苏版好书"等好书推选活动,加大各类媒体推介力度,提升各类好书的影响力。鼓励支持教育、科技、文化、农业农村、司法、老龄等部门单位和工青妇等群团组织分众分类推介阅读书目。

组织开展重点阅读活动。以第十八届江苏读书节为统领,在江苏全民阅读日前集中发布省、市、县(市、区)重点阅读活动安排,形成联动声势,扩大阅读活动影响力。创新举办第十二届江苏书展,做优苏州主展场,做大一批分展场和线上分展场。组织举办"奋进新征程"中华经典诵读系列活动、第十三届"江苏职工读书月"活动、第十二届江苏农民读书节暨农家书屋万场主题阅读推广活动、"书香飘万家"家庭亲子阅读活动等,大力推进全民阅读进农村、进社区、进校园、进军营、进企业、进机关、进家庭。

加强阅读阵地设施建设。加强县级以上公共图书馆、乡镇(街道)图书馆分馆、行政村(社区)农家书屋等建设,落实人员配备、通借通还、图书定期流转、每周开放时间、年均使用人次等管理制度和使用规范。推动高校图书馆向社会读者开放,提高纸质资源利用效率。推动农家书屋深度融入新时代文明实践中心建设,为农民群众提供更优更多乡村阅读项目和常态长效志愿服务。加强数字农家书屋建设,更好服务农民群众数字化阅读需求。鼓励支持图书馆等阅读阵地广泛开展读者喜闻乐见的活动,不断提升读者的使用率和满意度。

三、加强分众阅读推广服务

推动党员干部阅读。把推动党员干部读书学习作为一项重要工作内容,突出党组中心组学习和青年理论武装两个重点,深化党史学习教育,引导党员干部爱读书读好书善读书,既做读书的自觉实践者,又做学习型政党、学习型社会建设的积极倡导者、精心组织者、大力推动者。

保障少儿和老人阅读。加强中小学校课程教材重大主题阅读内容建设,帮助学生打好中国底色、植入红色基因。在有效减轻中小学生过重作业负担的同时,积极开展有利于培养阅读兴趣和阅读习惯的活动。推动各类高校把阅读纳入课程体系,组建阅读指导委员会、举办校园读书节、组织学生阅读社团,积极参与全民阅读。适应人口老龄化趋势,结合老年人身心特点,扩大优质阅读内容供给,推出更多针对老年人的高质量阅读服务。

保障特殊群体阅读。动员社会力量深入开展"全民阅读春风行动",重点满足残障人员、农村"三留守"人员、进城务工人员及其随迁子女等特殊困难群体的基本阅读需求。加强无障碍阅读阵地设施建设,及时提供读书分享、在线选书、送书上门等服务。

加强分级分类阅读研究和科学引导。组织专家学者和出版、教育行业单位,积极参与国家中文分级阅读标准的制定及应用。充分发挥各级全民阅读活动领导小组成员单位作用,针对不同人群个性化需求,分类推介优秀文学作品、历史读物、科普和普法读物等,分众举办形式多样的阅读活动。

四、创新阅读推广形式

借助新技术赋能阅读。利用短视频平台、线上领读、直播阅读课程等阅读推广模式,推动优质阅读内容多元呈现、多端传播,把更多包含文字、图片和音视频等的融合内容带给读者。支持建设"书香江苏·云书房"等数字阅读服务平台。

加强典型示范带动。选树测评第四批书香城市建设示范市,制定实施《江苏省书香城市建设示范市(县、城区)动态管理办法(试行)》,对书香城市建设先进典型实行动态管理,巩固拓展书香城市建设示范市建设成果。继续开展"书香企业""青年书香号""书香家庭""书香校园""全民阅读五十佳""全民阅读推广人"等典型选树活动。探索实施"全民阅读五十佳"等先进典型动态管理机制。加大典型宣传报道力度,营造浓厚的阅读氛围。

加强社会力量参与。采用政府购买服务等形式,引导和促进教育机构、文化团体和社会组织参与全民阅读"十四五"重点工程项目建设。推动全民阅读促进会在县(市、区)实现全覆盖,支持"凤凰读书会"等社会阅读组织发展,实施

"百家校园文学基地"项目计划。加强全省全民阅读"领读者"人才库建设,健全"领读者""阅读推广人"等选拔、培训、认证和使用制度。

五、切实加强组织领导

严把政治方向。把党的领导贯彻到全民阅读工作全过程、各方面,坚定不移做"两个确立"的忠实拥护者、示范引领者,带头增强"四个意识"、坚定"四个自信"、做到"两个维护",确保全民阅读工作始终沿着正确的政治方向前进。严格落实意识形态工作责任制,进一步加强对阅读内容、阵地、活动、社会组织和个人等的管理工作,及时发现和查处苗头性、倾向性问题,确保全民阅读工作领域意识形态安全。

坚持齐抓共管。不断完善党委、政府分管领导任组长,党委宣传部门牵头协调、各有关部门单位共同参与的全民阅读活动领导小组工作制度机制。充分调动各级领导小组及其成员单位的能动性,进一步细化重点任务清单,落实人员和经费保障制度,形成全民阅读工作合力。深入贯彻全民阅读工作法律法规,鼓励各地制定全民阅读工作地方性法规,适时开展执法检查,为依法促进全民阅读提供坚强法律保障。

强化绩效评价。完善居民阅读状况调查和发布机制,探索建立委托第三方权威专业机构调查和主管部门考核相结合的评价机制。推动建立反映受众阅读需求的征询反馈制度,健全人民群众对全民阅读公共服务质量的评价和反馈机制。完善江苏省公益阅读推广活动认证扶持工作三级认证扶持制度,推动各地出台配套文件、逐级开展认证扶持工作。加强全民阅读理论研究,为高质量促进全民阅读提供智力支持。

第十八届江苏读书节总体方案

为举办好第十八届江苏读书节,现提出如下总体方案:

一、指导思想

以习近平新时代中国特色社会主义思想为指导,深入贯彻党的十九大、十九届历次全会精神和今年全国两会、全国宣传部长会议精神,全面落实省第十四次党代会和全省两会、全省宣传部长会议部署要求,紧紧围绕学习宣传贯彻习近平新时代中国特色社会主义思想这个首要任务,突出迎接宣传贯彻党的二十大这条工作主线,自觉承担起举旗帜、聚民心、育新人、兴文化、展形象的使命任务,以"阅读新时代 逐梦新征程"为主题,广泛动员社会各界深入开展丰富多彩的阅读推广活动,加快构建现代公共阅读服务体系,更好满足人民群众高质量阅读需求,为加快建设社会主义文化强国先行区贡献全民阅读力量。

二、活动时间

2022年4月23日至2023年4月22日

三、主要活动安排

(一)主题阅读引领

1. 主题出版物宣传推荐活动

围绕迎接党的二十大胜利召开,聚焦歌颂新时代、弘扬伟大建党精神、"强富美高"新江苏现代化建设、提升我国我省形象,精心策划重点选题,努力打造一批既精准对接党和国家需要,又有效满足人民群众阅读需求,且富有江苏特色的优秀主题出版物。评选公布2022年省主题出版重点选题,举办"书写新时代、献礼二十大"重点出版物发布会。举办"喜迎二十大 书香谱新章"主题图书系列展陈活动,在全省线下阅读阵地开设专柜、在线上平台开设专栏,展示推介《习近平谈治国理政》第四卷和反映总书记在正定、福建、浙江、上海工作经历的四部重要纪实作品《总书记足迹》,为广大党员干部和人民群众学习新思想搭建平台、提供方便。

责任单位:省委宣传部、省新闻出版局、省作家协会、省全民阅读办、凤凰出版传媒集团

2. 主题阅读系列活动

紧扣迎接宣传贯彻党的二十大这条工作主线,组织开展"新思想e起学""马克思主义·青年说""时代先锋讲坛"等活动,切实提高党员干部理论素养、政治能力和业务本领。围绕弘扬中华优秀语言文化和江苏地域优秀语言文化,在广大青少年中开展"逐梦向未来"中华经典诵读活动。以"老少心向党、喜迎二十大"为主题,开展老少同台节目展演、千站万人寻访体验和主题征稿等活动。围绕庆祝建团100周年,全省各级团组织开展系列"诵读学传"活动。以"中国梦·劳动美——喜迎二十大 建功新时代"为主题,举办第十三届江苏职工读书月活动。举办"党的光辉照我心,童心喜迎二十大"主题征稿活动,激发青少年读书学史热情。

责任单位:省文明办、省委省级机关工委、省教育厅、省文化和旅游厅、省总工会、团省委、省妇联、省科协、省关工委,各市、县(市、区)全民阅读办,省全民阅读促进会

(二)品牌活动示范

3. 第十八届江苏读书节

4月23日前后,在南京举办第十八届江苏读书节暨第二十七届南京读书节启动活动和2022江苏全民阅读日活动,发布2022年省全民阅读活动领导小组向社会推荐的12本好书,公布2021年度省级公益阅读推广活动(项目),举办"书香中国·全民阅读大讲堂"等阅读活动。发布第十八届江苏读书节重点活动安排,省全民阅读活动领导小组及有关成员单位、各市县全民阅读活动领导小组、各级各类企事业单位和社会阅读组织等多级联动,覆盖全年举办阅读活动。

责任单位:省、市、县(市、区)全民阅读活动领导小组

4. 第十二届江苏书展

以"阅读新时代、喜迎二十大"为主题,设苏州主展场,同步举办南京文学之都主题书展、淮海书展,在江苏凤凰新华书店集团各分公司及南京新港物流基

地、部分民营书城设立130个左右分展场,在江苏凤凰新华官网、江苏书展App等线上平台设立网上分展场。书展期间举办"书写新时代、献礼二十大"重点出版物集中展示及相关主题阅读推广活动、"喜迎二十大 筑梦向未来"中小学生诵读大赛、"强国复兴有我"百场阅读推广活动等。举办"我们云上见"全媒体直播和"云逛展、云阅读、云购书、云互动"活动。举办江苏全民阅读年会、江苏全民阅读"五十佳"发布、全省领读者培训活动。统筹安排苏州主展场和南京、徐州分展场的图书、活动和名人名家资源,向其他城市的分展场辐射。

责任单位:省委宣传部、省新闻出版局、省全民阅读办、苏州市人民政府、苏州市委宣传部、凤凰出版传媒集团,各市、县(市、区)党委宣传部,省全民阅读促进会

5. **全民阅读春风行动**

2023年1月至2月,在全省组织开展"全民阅读春风行动"。结合科技文化卫生"三下乡"等活动,发动全社会为农村留守儿童赠送新春阅读礼包,开展"带一本好书回家过年"活动,帮扶关爱重点困难群体。动员社会各界与农村中小学、幼儿园、农家书屋(社区和职工书屋)、老年活动中心、"残疾人之家"精准开展结对帮扶,组织公务员、教师、科技工作者、新闻出版工作者、大学生、"百姓名嘴""五老志愿者"等深入乡镇(街道)和村(社区),开展全民阅读志愿服务。

责任单位:省全民阅读活动领导小组各成员单位,各市、县(市、区)全民阅读活动领导小组,省、市、县(市、区)全民阅读促进会

6. **各地品牌阅读活动**

举办南京读书节、无锡太湖读书月、徐州读书节、常州秋白读书节、苏州阅读节、南通韬奋读书节、连云港读书节、淮安周恩来读书节、盐城盐渎风读书节、扬州朱自清读书节、镇江文心阅读节、泰州胡瑗读书节、宿迁读书节。各县(市、区)结合实际,组织开展覆盖城乡人群的读书活动,积极打造彰显地方特色、群众喜闻乐见的阅读活动品牌。

责任单位:各市、县(市、区)全民阅读活动领导小组

(三)重点群体阅读

7. **儿童和青少年阅读**

组织全省红领巾读书征文评奖和"水韵江苏·经典诵读"品牌活动,举办第二届江苏青少年阅读季,引导广大青少年在阅读经典中厚植爱党爱国情怀。推选省第五届"书香家庭",举办"书香飘万家"家庭亲子阅读活动,开展家庭亲子阅读指导,开设家庭亲子阅读线上线下课堂,提升家长科学阅读水平,帮助孩子

养成阅读习惯。组织大中专学生志愿者走进农家书屋，开展"千镇万村"全民阅读志愿服务活动。举办第二届东方娃娃原创绘本奖颁奖仪式，邀请知名作家和儿童阅读推广人开展专题讲座，推出一批优秀儿童原创绘本。举办"绿色阅读，健康成长"护苗绿书签活动。

责任单位：省文明办、省文化和旅游厅、团省委、省妇联、省作协、省科协、省"扫黄打非"办公室、凤凰出版传媒集团、省全民阅读促进会

8. 职工阅读活动

以"中国梦·劳动美——喜迎二十大 建功新时代"为主题，举办第十三届江苏职工读书月活动，开展读书征文、演讲比赛、微电影拍摄评选等阅读推广活动。承办全国工会职工书屋建设成果展示交流活动，以视频、现场参观、文艺展演等方式，全面展示近年来全省职工阅读组织、职工书屋建设等成果。继续开展江苏工会职工书屋示范点、最美职工书屋网上推选展示活动，提升全省职工书屋品牌影响力。

责任单位：省总工会、省全民阅读办

9. 农民阅读活动

以"弘扬耕读文化，助力乡风文明"为主题，举办第十二届江苏农民读书节暨农家书屋万场主题阅读活动。实施"点亮满天星，书送新希望"网络阅读公益项目、"经典润乡土"行动，开展农家书屋"巡展巡讲巡演"阅读推广活动。举办农民读书网络学习竞赛，引导基层农技人员和农村居民运用农业科技网络书屋参与纸质阅读、知农云课堂等线上学习活动。以"书香乡村 畅晓农禾"为主题举办农民读书月知识答题活动。

责任单位：省委宣传部、省文明办、省委网信办、省教育厅、省农业农村厅、省新闻出版局，各市、县(市、区)相关部门单位

10. 残障人士阅读活动

以基层"残疾人之家"为阵地，开展"家里的读书会"残疾人读书活动，推动"书香残疾人之家"建设，推选100个省级"书香残疾人之家"。举办全省残疾人读书分享会，讲述通过读书改变人生的励志奋斗故事。继续开展残疾人文化周活动和文化进残疾人家庭"五个一"项目。

责任单位：省和各设区市残联、全民阅读办、省全民阅读促进会、省书香全民阅读基金会

（四）宣传推广普及

11. 文学阅读活动

实施"双百校园文学基地"项目计划，组织江苏作家走进中小学校开展文学

阅读推广活动。开展"到人民中去"文学惠民志愿服务活动,组织著名作家走进中小学校和其他阅读阵地,开展文学讲座、交流研讨等。邀请省内文学期刊主编、青年评论家担任指导老师,举办"文学新人现场"对话改稿活动,对全省40岁以下、有创作潜力的青年作家进行推荐和遴选,组织现场对话和改稿活动,发掘和培养文学新人。举办文学阅读活动,设立"扬子江文学驿站",开展文学图书捐赠、经典诵读和导读等活动,带动机关干部、教师、学生和基层群众参与文学阅读。

责任单位:省作协、凤凰出版传媒集团、省全民阅读促进会

12. 科技、法律和社科普及活动

举办科普阅读校园行活动,组织院士专家和科普名家走进校园,开展科普阅读讲座、阅读写作培训等,指导青少年阅读优秀科普读物、参与科普科幻创作,培养科技创新精神。开展第三届"诗词里的科学"挑战赛活动,引导青少年从诵读诗词经典中发掘优秀传统文化中的科学内涵。以"法润江苏"品牌活动为引领,常态化开展法治宣传教育进机关、进校园、进村居、进社区、进企业、进单位等活动。开展全省第十九届社科普及宣传周活动,建设全省性社科普及网络云平台,组织编撰社科普及年度主题读物,推进"江苏社会科学普及系列丛书"出版资助项目。

责任单位:省科协、省司法厅、省社科联

13. 媒体宣传推广活动

组织书香江苏媒体联盟走进2022江苏全民阅读日、第十八届江苏读书节、第十二届江苏书展,走进书香城市、书香校园、书香机关、书香企业和书香家庭,深入挖掘、及时总结、积极推广在全民阅读活动中涌现的新鲜经验和先进事迹,开展集中宣传报道,加大典型示范引领。继续办好"书香江苏在线"网站、微博和"书香江苏"微信公众号,以及各市县全民阅读微博、微信公众号,全面报道江苏读书节活动信息。省级媒体重点打造"新华书房"、《读品周刊》《百名主播诵经典》《我爱古诗词》等栏目节目,做好荐读导读和阅读推广。

责任单位:省委宣传部、省新闻出版局、省全民阅读办、新华报业传媒集团、省广电总台(集团)、凤凰出版传媒集团,各市、县(市、区)全民阅读办

四、工作要求

(一)加强组织领导

各地各部门各单位要深入学习贯彻习近平总书记关于推进全民阅读、建设

书香社会的重要论述重要指示，充分认识促进全民阅读对提高人民思想境界、增强人民精神力量和促进人民精神生活共同富裕的重大意义，以高度的政治责任感和使命感，精心组织好读书节各项活动。相关部门要加强沟通、密切配合，形成合力。县级以上各级政府每年举办读书节（阅读节、读书月、书展）等全民阅读活动，已纳入《江苏省基本公共服务实施标准（2021年版）》，各地要加大经费投入，为活动开展提供保障。

（二）严格把好导向关

各地各部门各单位要严格落实意识形态工作责任制，按照《江苏省阅读推广活动管理办法（试行）》要求，加强对内容、活动、阵地、社会阅读组织和个人等的监督管理，把好政治方向、舆论导向、价值取向，明确责任主体，守好宣传阵地。特别要严把迎接宣传贯彻党的二十大主题阅读活动的正确导向关，弘扬主旋律、传递正能量，坚决杜绝杂音噪音。

（三）确保活动效能

要坚持以人民为中心的工作导向，既要办好全民阅读日等重要时间节点的重大活动，更要注重常态化开展阅读活动，加强活动内容和形式的创新，努力扩大活动的影响力、提高群众的参与率和满意率，不断增强人民群众的获得感和幸福感。要大力弘扬求实务实作风，深入城乡基层对接群众需求，把更多力量和资源向基层下沉，在务实功、求实效上下功夫，力戒形式主义、官僚主义。

附件：第十八届江苏读书节重点活动安排表

附件

第十八届江苏读书节重点活动安排表

序号	活动名称	主办单位	举办时间	举办地点
1	第十二届江苏书展	省政府,省委宣传部、省新闻出版局、苏州市政府、凤凰出版传媒集团	2022年7月	苏州及全省各地
2	第十八届江苏读书节启动活动	省委宣传部、省全民阅读活动领导小组	2022年4月	南京市
3	书香中国·全民阅读大讲堂	省委宣传部、省全民阅读办	2022年4—7月	南京、苏州线上
4	"书写新时代、献礼二十大"重点出版物发布会	省委宣传部、省新闻出版局	2022年7月	苏州
5	第十二届江苏农民读书节暨农家书屋万场主题阅读活动启动活动	省委宣传部、省文明办、省农业农村厅等	2022年4月	盱眙县
6	全民阅读春风行动	省、市、县(市、区)全民阅读办	2023年1—2月	全省
7	江苏全民阅读年会暨领读者培训班	省全民阅读办、省全民阅读促进会	2022年7月	苏州
8	农家书屋万场主题阅读活动	省、市、县(市、区)宣传部、文明办、农业农村局等	2022年4—12月	全省
9	"点亮满天星 书送新希望"网络公益项目	省委网信办、省新闻出版局	2022年4—12月	全省
10	"经典润乡土"行动	省语委、省教育厅、省新闻出版局,各地语委、教育局、新闻出版局	2022年4—12月	全省
11	2022"新时代乡村阅读季"	省和各地新闻出版局、农业农村局	2022年5—11月	全省

(续表)

序号	活动名称	主办单位	举办时间	举办地点
12	农家书屋"巡展巡讲巡演"阅读推广	省和各地新闻出版局、江苏凤凰数字传媒有限公司	2022年4—12月	全省
13	数字阅读服务系列活动	省、市、县(市、区)新闻出版局、农业农村局	2022年4—12月	全省
14	"绿色阅读,健康成长"护苗绿书签活动	省、市、县(市、区)"扫黄打非"办公室	2022年4—6月	全省
15	2022"我的书屋·我的梦"暑期农村少年儿童阅读实践活动	省教育厅	2022年7—8月	全省
16	江苏数字农家书屋"全民阅读春风行动"集中服务活动	省新闻出版局、江苏凤凰数字传媒有限公司	2023年1—2月	线上
17	市级农家书屋阅读推广示范活动	设区市和省管县(市)新闻出版局	2022年4—12月	全省
18	新思想e起学	省委省级机关工委	2022年4—12月	省级机关
19	"筑梦向未来"中华经典诵读系列活动	省语委、省教育厅、省文明办等	2022年4—10月	全省
20	农民读书网络学习竞赛	省农业农村厅	2022年4月—2023年4月	全省
21	农民读书月知识答题活动	省农业农村厅	2022年4—5月	全省
22	水韵江苏·经典诵读	省文化和旅游厅、省教育厅、省语委等	2022年4—12月	全省
23	红领巾读书征文活动	省文化和旅游厅、省文明办、省少工委	2022年4—12月	全省
24	百馆荐书·全省共读	南京图书馆	2022年全年	全省
25	"中国梦·劳动美——喜迎二十大 建功新时代"主题阅读活动	省总工会	2022年全年	全省
26	职工书屋建设成果展示交流活动	省总工会	2022年9月	南京市
27	全省中小学生诵读大赛	团省委	2022年下半年	全省中小学

(续表)

序号	活动名称	主办单位	举办时间	举办地点
28	"我爱古诗词"	团省委、省广电总台	2022年全年	全省中小学
29	推选江苏省(第五届)最美书香家庭	省妇联、省全民阅读办	2022年4月23日或2022年5月15日	线上
30	"书香飘万家"家庭亲子阅读活动	各级妇联、"三全"社区家庭教育支持行动试点社区、全国及省级家庭亲子阅读基地	2022年4月—2023年4月	全省
31	科普阅读校园行	省科协	2022年4月—2023年1月	全省中小学
32	"诗词里的科学"网络挑战赛	省科协	2022年6—10月	全省
33	科学博览会·科学悦读活动	省科协	2022年8—9月	南京市
34	"扬子江文学驿站"活动	省作协	2022年4月	扬州市
35	"到人民中去"文学惠民志愿服务活动	省作协	2022年4月	宿迁市
36	"大手牵小手"儿童文学进校园志愿服务活动	省作协	2022年5—6月	盐城市
37	"书香残疾人之家"推选活动	省残联	2022年4—10月	全省
38	全省残疾人读书分享会	省残联	2022年4—10月	全省
39	"老少心向党、喜迎二十大"主题阅读活动	省关工委	2022年全年	全省校园、校外教育辅导站
40	"千场党史报告进校园"读书宣讲活动	省关工委	2022年全年	全省
41	"喜迎二十大 书香谱新章"主题图书系列展陈活动	省全民阅读办、凤凰新华书店等	2022年4月—2023年4月	全省新华书店实体和线上店
42	"喜迎二十大 筑梦向未来"全省中小学生诵读大赛	省教育厅、省语委、省新闻出版局等	2022年4—7月	全省

(续表)

序号	活动名称	主办单位	举办时间	举办地点
43	推选表彰第四届"江苏全民阅读'五十佳'"	省全民阅读促进会	2022年3—7月	全省
44	第二届"江苏青少年阅读季"	省全民阅读办、省文明办、省教育厅、省全民阅读促进会、团省委	2022年6—9月	全省
45	2022年全省"9·28经典诵读活动"	省全民阅读促进会等	2022年9月	全省
46	"玄武湖读书汇"四季颂	省全民阅读促进会、省广电总台、南京文学之都促进中心	2022年全年	南京市
47	"强国复兴有我"百场阅读推广活动	凤凰新华书店等	2022年5—7月	全省
48	校园文学基地推选活动	江苏凤凰出版传媒集团、省全民阅读促进会	2022年4—12月	全省
49	译林名作家校园行	译林出版社	2022年全年	南京市中小学
50	第二届"夏天的语文"全国征文大赛	凤凰传媒数字化中心、凤凰新华书店等	2022年7—12月	全国
51	微博世界读书日话题活动	新浪微博读书频道、江苏凤凰美术出版社	2022年4月	线上
52	"大师小匠"非遗传统文化研学活动课程	江苏凤凰电子音像出版社、江苏凤凰数字传媒有限公司	2022年4月—2023年4月	全省星级农家书屋等
53	书香江苏·云书房阅读推广活动	江苏凤凰电子音像出版社、江苏凤凰数字传媒有限公司	2022年4月—2023年4月	线上
54	农家书屋青少年科普主题阅读巡讲活动	江苏凤凰电子音像出版社、江苏凤凰数字传媒有限公司	2022年4月—2023年4月	全省各地星级农家书屋
55	青鸟大咖科普讲堂	江苏凤凰出版传媒集团	2022年7—10月	全省+线上
56	"喜迎二十大,夸夸家乡美"全国小学生征文暨短视频大赛	江苏凤凰出版传媒集团	2022年6—9月	线上
57	第四届七彩语文青少年"讲·读·演"大赛	江苏凤凰少年儿童出版社	2022年4—12月	全国

（续表）

序号	活动名称	主办单位	举办时间	举办地点
58	第三届东方娃娃原创绘本大赛暨第二届原创绘本奖颁奖	江苏凤凰少年儿童出版社	2022年7月	苏州
59	"传承红色基因,传播阅读文化"环省行	中国邮政集团江苏省分公司	2022年9—12月	全省
60	"传红色,诵经典"文化校园行	中国邮政集团江苏省分公司	2022年全年	全省中小学
61	"最美读报人"评选	中国邮政集团江苏省分公司	2022年9—12月	全省
62	第二十七届南京读书节暨"4·23世界读书日"阅读推广活动	南京市委宣传部、市全民阅读办、各区全民阅读办	2022年4月	南京市
63	"2022共读南京"阅读推广活动	南京市全民阅读办、市广电集团	2022年全年	南京市
64	党史"七进"活动	南京市委党史办、南京中共党史学会等	2022年4—12月	南京市
65	中小学师生"读书节"活动	南京市教育局	2022年4—12月	南京市中小学
66	公共图书馆共建共享系列阅读推广活动	南京市文旅局、金陵图书馆等	2022年全年	南京市
67	"云上领读人"阅读推广活动	南京报业集团、紫金山新闻客户端	2022年全年	南京市
68	市民学堂	南京市委宣传部、市广电集团	2022年全年	南京广电集团
69	"一起向未来"诵读会	南京出版传媒集团、南京市全民阅读促进会	2022年4月23日	南京市青春会客厅
70	"世界读书日"主题阅读直播活动	金陵图书馆	2022年4月22日	抖音直播平台
71	"在南京看见世界"系列读书活动	南京市文学之都促进会	2022年4—5月	南京文学客厅、文学之都地标
72	"书香南京晚七点"和"凤凰文化早市"阅读推广活动	凤凰新华书店	2022年全年	南京市

（续表）

序号	活动名称	主办单位	举办时间	举办地点
73	打造有温度的地铁阅读空间	南京地铁运营有限责任公司	2022年全年	南京地铁全域空间
74	"喜迎二十大·筑梦向未来"——2022年"小鼓小楼杯"经典诵读大赛	南京市鼓楼区文明办、区全民阅读办、鼓楼团区委等	2022年3—12月	南京市鼓楼区各学校
75	第六届"读创栖霞"读书节系列活动	南京市栖霞区图书馆	2022年4—5月	南京市栖霞区
76	"阅读悦美"全民阅读竞赛活动	南京市浦口区阅读办、区全民阅读促进会	2022年4—6月	南京市浦口区图书馆等
77	"棠邑领读阅接力"读书节活动	南京市六合区全民阅读办、区全民阅读促进会	2022年全年	南京市六合区
78	秦淮源头阅见美	南京市溧水区委宣传部等	2022年4—11月	南京市溧水区
79	钟书名家讲坛	无锡市委宣传部、市全民阅读办	2022年4—10月	无锡市
80	第九届"故事家族"亲子故事大赛暨第五届"乡音记忆 魅力童谣"征集诵读大赛	无锡市委宣传部、市全民阅读办、市档案史志馆等	2022年4—11月	无锡市博物馆、各市区图书馆等
81	"书香无锡"公益广告设计大赛	无锡市委宣传部、市全民阅读办、市委网信办等	2022年4—7月	线上
82	"为你悦读"阅读推广活动	江阴市融媒体中心	2022年4—11月	江阴市
83	"我们的节日 我们的宜兴"朗诵会	宜兴市委宣传部、市文联等	2022年全年	宜兴市
84	"氿韵墨香 阅读怡心"——百场阅读进万家系列活动	宜兴氿味道文化创意有限公司	2022年4月—2023年4月	宜兴市
85	"全民都阅读 书香漫锡山"锡山区全龄层共读活动	无锡市锡山区委宣传部、区新闻出版局	2022年全年	无锡市锡山区
86	"二泉阅谈"——身·心·灵共成长名家名师导读经典系列讲座	无锡市全民阅读促进会	2022年4—11月	无锡市图书中心

（续表）

序号	活动名称	主办单位	举办时间	举办地点
87	"吾阅吴地"百场阅读活动进基层	无锡高新区党工委宣传部等	2022年4—6月	无锡市新吴区
88	"读党史读原著读经典"——百草园书店党史学习教育网络诵读活动	无锡市百草园书店	2022年4—12月	线上
89	第五届淮海书展暨第十二届江苏书展徐州分展场	徐州市全民阅读活动领导小组、市委宣传部、市新闻出版局	2022年7月	徐州市
90	第十三届"徐州职工读书月"	徐州市总工会	2022年5月	徐州市
91	"喜迎二十大 礼赞新征程"经典诵读大赛	徐州市全民阅读活动领导小组	2022年5—10月	徐州市
92	第二届徐州市劳模工匠故事宣讲大赛	徐州市委宣传部、市级机关工委、市总工会	2022年5月	徐州市
93	"汉之源"读书节	徐州市教育局、市教育科学研究院	2022年4月22日	徐州市
94	阅读大会	徐州市教育局、市教育科学研究院、市语委办	2022年4—6月	徐州市
95	"农家书屋+"公益阅读活动	新沂市委宣传部	2022年4—12月	新沂市
96	第五届大运河文化经典诵读大赛	邳州市委宣传部、市全民阅读促进会、市大运河文化促进会	2022年4月	邳州市文化馆
97	"百名作家进校园"阅读推广活动	无锡市铜山区全民阅读促进会、区妇联、区作家协会	2022年4—12月	徐州市铜山区中小学
98	"悦读鼓楼"荐读官招募活动	徐州市鼓楼区委宣传部、区教育局、区文体旅局等	2022年4—10月	徐州市鼓楼区图书馆
99	"书香沛县"读书分享会	徐州市沛县县委宣传部、县全民阅读办、县全民阅读促进会等	2022年7月	徐州市沛县沐风书房

(续表)

序号	活动名称	主办单位	举办时间	举办地点
100	"全民阅读·阅享泉山"图书惠民周周行活动	徐州市泉山区全民阅读办、区全民阅读促进会、凤凰徐州书城等	2022年4—12月	徐州市泉山区
101	"喜迎二十大 书香溢新沂"花厅诵读系列活动	新沂市全民阅读办、市融媒体中心	2022年4—12月	新沂市融媒体中心
102	第六届经典诵读比赛活动	徐州市贾汪区全民阅读活动领导小组	2022年4月	徐州工业园区
103	2022年常州市秋白读书节暨首届"五一"职工读书节	常州市委宣传部、市总工会、市全民阅读促进会等	2022年4—10月	常州市重点企业
104	第七届龙城淘书节	常州市委宣传部、市新闻出版局、市全民阅读促进会等	2022年9—10月	常州市部分实体书店
105	第二届邻里读书节	常州市委宣传部、中国邮政集团有限公司常州市分公司	2022年5—10月	常州市
106	第三届斗书大赛	常州广播电视台、常州市委市级机关工作委员会、市总工会等	2022年5—10月	常州市
107	中小学生"好书伴我成长"读书活动	常州市委宣传部、市文明办、市新闻出版局等	2022年4—12月	常州市中小学
108	"阅享经开"读书分享会	常州市经开区党群工作部，各镇、街道党工委	2022年4—10月	常州市经开区
109	春晖朗读	溧阳市委宣传部、市教育局等	2022年4—12月	溧阳市图书馆、市新华书店
110	青果思享会	常州市天宁区委宣传部	2022年4—12月	常州市天宁区青果巷松健堂
111	"运河明珠 阅享钟楼"——大咖读书分享活动	常州市钟楼区委宣传部、各街道党工委、现代快报	2022年4—12月	常州市钟楼区
112	大咖读书分享会	常州市新北区委宣传统战部	2022年4—12月	常州市新北区
113	第十七届苏州阅读节暨"好书荐读——我是领读者"系列活动	苏州市全民阅读办	2022年4—11月	苏州市

（续表）

序号	活动名称	主办单位	举办时间	举办地点
114	"共读沙洲 阅动港城"张家港市庆祝建县（市）60周年全民阅读主题系列活动	张家港市委宣传部、市新闻出版局、市文明办等	2022年全年	张家港市
115	阅亮童心·少儿阅读领跑计划	常熟市委宣传部、市新闻出版局、市教育局等	2022年4月—2023年3月	常熟市
116	3×3长三角人文漫步计划	长三角一体化阅读联盟、太仓市图书馆等	2022年4—9月	线上太仓图书馆
117	全城共读1小时	昆山市全民阅读活动工作领导小组、市图书馆等	2022年4月23日	昆山市
118	阅江南行垂虹	苏州市吴江区全民阅读活动工作领导小组、区图书馆等	2022年全年	苏州市吴江区
119	"百村千人"全民阅读志愿服务活动	苏州市吴中全民阅读办、区文明办、区图书馆	2022年6—9月	苏州市吴中区部分农家书屋
120	"书'相'伴·启新'城'"全民阅读系列活动	苏州市相城区委宣传部、区新闻出版局等	2022年4—12月	苏州市相城区
121	"书香姑苏·全民阅读"活动	苏州市姑苏区委宣传部、区教育体育和文化旅游委员会、区文联	2022年4—12月	苏州市姑苏区
122	全民阅读嘉年华	苏州工业园区宣传和统战部、区公共文化中心	2022年4—12月	苏州市工业园区
123	"走读运河"系列阅读推广活动	苏州高新区工委宣传部、区文化体育和旅游局、区图书馆等	2022年4—10月	苏州市高新区
124	韬奋大讲坛（濠西书苑）系列活动	南通市委宣传部、市全民阅读办	2022年全年	南通市崇川区韬奋书房
125	第四届南通濠滨夏夜书市	南通市委宣传部、市新闻出版局、各县（市）区委宣传部等	2022年8月	南通市
126	"阅享未来·读在海安"——中国文学之乡"文学阅读家"系列活动	中华文学基金会、海安市委宣传部、市新闻出版局等	2022年全年	海安市

（续表）

序号	活动名称	主办单位	举办时间	举办地点
127	"习习书香浸润希望田野"农民读书节	如皋市全民阅读办	2022年7—9月	如皋市
128	"五彩如东·扶海书香创建年"	如东县委宣传部、县新闻出版局、县全民阅读促进会	2022年全年	如东县
129	"最美海湾书香岸线"主题阅读活动	启东市新闻出版局	2022年4—12月	启东市
130	"农家书屋里飘出党的理论宣讲声"系列活动	南通市通州区委宣传部、区新闻出版局、各镇（街道）党（工）委	2022年全年	南通市通州区各农家书屋
131	阅享崇川·领读者计划	南通市崇川区全民阅读办等	2022年全年	南通市崇川区
132	"榉树下月季开"书香农家系列	南通市海门区委宣传部、区全民阅读办、凤凰新华书店海门分公司	2022年4月—2023年4月	南通市海门区各农家书屋
133	"一起向未来，共圆中国梦"万人诵读活动	南通开发区党工委宣传部、区社会事业局、区各中小学	2022年4月23日	南通市开发区区内各中小学
134	第十届花果山读书节开幕式暨图书漂流活动	连云港市阅读办	2022年4月	连云港市
135	"我的书屋·我的梦"农村少儿主题阅读实践活动	连云港市新闻出版局、市教育局等	2022年7—9月	连云港市农家书屋
136	"每天阅读一小时"全市中小学生暑假实践行动	连云港市阅读办、市教育局	2022年7—10月	连云港市中小学
137	"千村百里书香"暨农家书屋千场主题阅读活动	连云港市委宣传部、市农业农村局等	2022年10—12月	连云港市农家书屋、小镇书房
138	首届"共享读书节"	连云港市阅读办、市文广旅局、各县区等	2022年11月	连云港市
139	"书香飘万家 悦读伴成长"亲子阅读活动	连云港市阅读办、市妇联	2022年全年	连云港市各级妇女儿童之家
140	"梦想书架"农村少儿公益阅读活动	连云港市委宣传部、各县区	2022年全年	连云港市农家书屋和小镇书房

(续表)

序号	活动名称	主办单位	举办时间	举办地点
141	"一书好书"推荐活动	连云港市全民阅读办、市报业集团等	2022年全年	线上
142	"请党放心 强国有我"主题读书活动	东海县全民阅读办、东海县教育局	2022年5月	东海县各中小学
143	第三届水晶读书节系列活动	灌南县全民阅读活动领导小组	2022年全年	东海县
144	"海西"读书节系列活动	灌南县全民阅读活动领导小组	2022年全年	灌南县
145	第六届"书香海州"读书节暨首届镜花缘文化节	连云港市海州区委宣传部	2022年全年	连云港市海州区各城市书房
146	大伊山读书节系列活动	连云港市灌云县全民阅读活动领导小组	2022年4—12月	灌云县
147	"榆您悦读"领读经典系列活动	连云港市赣榆区全民阅读办	2022年4—11月	连云港市赣榆区
148	第三届徐福读书节	连云港市赣榆区全民阅读活动领导小组	2022年全年	连云港市赣榆区
149	"四季悦读"主题系列活动	连云区委宣传部	2022年全年	连云港市连云区
150	淮安市第十三届"周恩来读书节"启动仪式	淮安市委市政府、市委宣传部等	2022年4月20日	盱眙县
151	世界读书日系列主题阅读活动	淮安市委宣传部、市新闻出版局、全市各级全民阅读办等	2022年4月23日	淮安市
152	中小学生阅读地图体验护照打卡2022版活动	淮安市委宣传部、市新闻出版局、全市各级全民阅读办等	2022年4—12月	淮安市
153	阅读结对帮扶进基层活动	淮安市委宣传部、市新闻出版局、全市各级全民阅读办等	2022年全年	淮安市
154	全民阅读活动课程库征集评选活动	淮安市委宣传部、市新闻出版局、市全民阅读办	2022年全年	淮安市
155	"悦读·善为"主题读书活动	淮安市委市级机关工委	2022年全年	淮安市市级机关

（续表）

序号	活动名称	主办单位	举办时间	举办地点
156	"悦读·职工书简"读书专题栏目活动	淮安市总工会	2022年全年	淮安市
157	"青春阅读达人"选树活动	淮安市全民阅读办、团市委	2022年4—5月	淮安市
158	"学新旅学回信永远跟党走"青少年主题阅读实践活动	淮安市淮安区全民阅读办、区教体局	2022年全年	淮安市淮安区
159	"全民阅读推广百村行"活动	淮安市洪泽区全民阅读办等	2022年4—12月	淮安市洪泽区
160	"'金'彩有'悦'"活动	淮安市金湖县全民阅读办、各镇街	2022年全年	金湖县
161	"小手拉大手"系列活动	盱眙县全民阅读办、县教体局	2022年全年	盱眙县
162	"勤学苦读涟水人"阅读标识品牌打造工程	涟水县委宣传部、县文旅局等	2022年全年	涟水县
163	"盐渎风"盐城市第十届读书节启动仪式	盐城市全民阅读活动领导小组、市委宣传部、市新闻出版局等	2022年4月下旬	盐城市
164	"铸铁军魂、走烈士路、读经典书"——走、读、写、讲红色文化主题系列活动	盐城市委宣传部、市文明办、市文广旅局等	2022年4—10月	盐城市图书馆
165	"面向未来"儿童读书节启动仪式	盐城市委宣传部、市文广旅局等	2022年6月	盐城市少儿图书馆
166	"农家书屋乐享阅读"百村千场全民阅读活动	阜宁县全民阅读办、县各村居新时代文明实践站	2022年9—11月	阜宁县各村居农家书屋
167	第十二届大众读书节启动仪式	滨海县全民阅读办	2022年4月	滨海县清水湖公园
168	第三届"聆听心语"朗诵大赛	响水县委宣传部、县全民阅读办、县文广旅局	2022年4—5月	响水县文化艺术中心
169	名家阅读讲座进校园	盐城市大丰区委宣传部、区教育局、区图书馆	2022年5月12日	盐城市大丰区各中小学
170	"喜迎二十大、一起向未来"主题演讲比赛	盐城市大丰区委宣传部、区图书馆	2022年9月26日	盐城市大丰区图书馆

（续表）

序号	活动名称	主办单位	举办时间	举办地点
171	"书香农家"乡村阅读季	盐城市盐都区全民阅读办、区尚庄镇华泽书社	2022年9月	盐城市盐都区华泽书社
172	"亭印共迎二十大 携手奋进新征程"全民阅读交流活动	盐城市亭湖区委宣传部、陕西省铜川市印台区委宣传部	2022年4月23日	盐城市亭湖区图书馆、陕西省铜川市印台区图书馆
173	第八届"朱自清读书节"启动活动	扬州市委宣传部、市新闻出版局、市关工委等	2022年4月	扬州市
174	"书香宝应·缤纷四季"全民阅读活动启动	宝应县委宣传部、县新闻出版局、县全民阅读办等	2022年4月	宝应县
175	第十五届读书节暨汪曾祺读书节	高邮市委宣传部、市全民阅读办	2022年4月	高邮市
176	仪征市第四届读书节	仪征市委宣传部、市新闻出版局、市全民阅读办	2022年4月23日	仪征市
177	"书香江都"读书节启动活动	扬州市江都区委宣传部、区新闻出版局、区全民阅读办	2022年4月23日	扬州市江都区
178	第八届阮元读书节	扬州市邗江区全民阅读领导小组、区全民阅读办、区文体旅局	2022年4月下旬至年底	扬州市邗江区
179	"书香广陵 读书有福"活动	扬州市广陵区全民阅读办	2022年全年	扬州市广陵区
180	第二十一届"你选书我买单"读者荐购活动	扬州市文广旅局、扬州市图书馆	2022年4—5月	扬州市图书馆门前广场
181	"人人都是朗读者"——扬州市图书馆朗读亭推广活动	扬州市图书馆	2022年全年	扬州市城市书房
182	第四届"溢彩飞扬悦动童年"亲子阅读嘉年华暨少图4·23朱自清读书节系列活动	扬州市少儿图书馆	2022年4—6月	扬州市少儿图书馆

（续表）

序号	活动名称	主办单位	举办时间	举办地点
183	第十九届"爱我家乡欢乐暑假"少儿科技文化节暨第二十四届少儿图书交换节	扬州市文明办、市关工委、市少儿图书馆等	2022年7—8月	扬州市少儿图书馆
184	2022年度红领巾读书征文活动	扬州市教育局、市文广旅局、市图书馆等	2022年6—12月	扬州市
185	"喜迎二十大筑梦向未来"主题阅读活动	镇江市阅读办	2022年4—12月	镇江市
186	"爱阅读爱镇江"全民阅读系列活动	镇江市委宣传部	2022年4—12月	镇江市
187	"诗歌咏镇江 启航新时代"阅读节启动活动	镇江市委宣传部、市全民阅读活动领导小组	2022年4月	镇江市艺术剧院
188	"手机阅读达人"大赛	镇江市阅读办	2022年4—12月	镇江市
189	"品味书香畅享阅读"主题读书分享会	镇江市阅读办、市委市级机关工委	2022年3—12月	镇江市各机关事业单位
190	"诗词里的镇江"阅读接力活动	镇江市阅读办	2022年4—12月	镇江市
191	"镇享读"阅读推广行动	镇江市委宣传部、市文广集团	2022年全年	镇江市
192	"书香少年"亲子阅读行动	镇江市阅读办、市教育局、团市委、市文广集团	2022年4—12月	镇江市
193	第五届"金山诵读"大赛	镇江市阅读办、市朗诵协会	2022年10—12月	镇江市
194	第三十五届"增华阁"阅读写作大赛	镇江市委宣传部、市教育局、市报业集团	2022年9—12月	镇江市各中小学
195	"书香校园·馆校联盟"系列活动	镇江市阅读办、市文广旅局、市教育局	2022年全年	镇江市各中小学、各图书馆
196	第九届"书香镇江 关爱学子"年末暖心行动	镇江市委宣传部、市报业集团	2022年12月—2023年1月	镇江市
197	"梦想书架"圆梦行动	镇江市阅读办	2022年5—12月	镇江市

（续表）

序号	活动名称	主办单位	举办时间	举办地点
198	"书香企业"阅读活动	镇江市阅读办、市总工会	2022年5—12月	镇江市各企业
199	百村千场"农家书屋读书会"	镇江市委宣传部、市农业农村局	2022年4—12月	镇江市
200	第四届"我是讲书人"活动	丹阳市委宣传部	2022年9—10月	丹阳市
201	"农家书屋——是TA影响了我"系列活动	丹徒区委宣传部	2022年10—12月	镇江市丹徒区
202	"民家白话"系列活动	镇江市京口区文化体育和旅游局	2022年全年	镇江市京口区
203	胡瑗读书节开幕式	泰州市委宣传部、市全民阅读办	2022年4月	泰州市
204	"走读泰州 悦读幸福"阅读推广工程	泰州市全民阅读办	2022年全年	泰州市
205	"泰书香·e起阅读"书香网络活动	泰州市全民阅读办、市网信办、市文明办	2022年全年	线上
206	农民读书节暨乡村阅读季活动	泰州市、泰兴市全民阅读办	2022年5—10月	泰州市
207	"云上书房"创建活动	泰州市全民阅读办	2022年全年	线上
208	"悦读有爱"系列活动	靖江市全民阅读办、市图书馆	2022年4月—2023年1月	靖江市
209	朱东润读书节——书香校园6小时不间断直播	泰兴市委宣传部、市教育局	2022年4月23日	泰兴市新时代文明实践中心
210	农家书屋"喜迎二十大"主题巡回宣讲	兴化市全民阅读办	2022年4月23日	兴化市
211	"堰尚书香"品牌推介会暨"王栋读书节"启动仪式	泰州市姜堰区全民阅读办、区融媒体中心	2022年4月23日	泰州市姜堰区三水剧场
212	柴墟读书节	泰州市医药高新区（高港区）宣传和统战部、教育局、图书馆	2022年4月22日	泰州市医药高新区

303

（续表）

序号	活动名称	主办单位	举办时间	举办地点
213	"全民阅读1计划"示范推广活动	宿迁市和各县（区）全民阅读办、宿迁市全民阅读活动领导小组成员单位	2022年4—12月	宿迁市各县区
214	"书香微光点亮乡村阅读"百村示范活动	宿迁市全民阅读办、各县（区）全民阅读办、各示范村居试点	2022年4月—2023年4月	宿迁市100个示范村居试点
215	红领巾读书暨宿图大讲堂进校园活动	宿迁市文旅局、市教育局、市图书馆等	2022年5—10月	宿迁市图书馆、市中心城区部分学校
216	市级职工书屋示范点建设暨领读员培训班	宿迁市总工会、各县（区）总工会、企业工会	2022年4—8月	宿迁市各企业单位
217	"青春正是读书时"诵读学传系列活动	共青团宿迁市委、市广电总台等	2022年4—12月	宿迁市
218	巾帼读书志愿行	宿迁市妇联、市巾帼读书会	2022年4—12月	宿迁市
219	"云相约·'艺'周乐"文艺+阅读推广活动	沭阳县委宣传部、各乡镇（街道）	2022年4—12月	沭阳县
220	"声动西楚"遇见最美朗读者评选活动	宿迁市宿豫区全民阅读办、宿城区全民阅读办	2022年4—10月	宿迁市
221	"书香泗洪 阅美社区"全民阅读推广活动	泗洪县全民阅读办、县读书协会、各乡镇（街道）社区	2022年4月—2023年4月	泗洪县各乡镇（街道）社区
222	"阅读时光"专题广播栏目	泗阳县委宣传部、县融媒体中心	2022年4月—2023年4月	泗阳县

关于开展第四批江苏省
书香城市建设示范市（县、城区）
选树测评工作的通知

各市、县（市、区）全民阅读办，省全民阅读活动领导小组各成员单位：

  为深入学习贯彻习近平总书记关于推进全民阅读、建设书香社会的指示精神，贯彻落实省委、省政府关于加快推进书香江苏建设的部署要求，根据《江苏省人民代表大会常务委员会关于促进全民阅读的决定》、省全民阅读活动领导小组关于书香城市建设选树测评工作的部署，现就开展第四批江苏省书香城市建设示范市（县、城区）选树测评工作，通知如下：

  一、选树测评范围

  第四批书香城市建设示范市（县、城区），从2020—2021年度全民阅读促进和书香社会建设工作成绩突出的设区市和县（市、区）中选树。已入选前三批的书香城市建设示范市（县、城区）不列入选树范围。

  二、申报推荐名额

  第四批书香城市建设示范市（县、城区），设区市自主申报，名额不限；县（市、区）由设区市推荐申报，每个设区市推荐名额不超过2个。

  三、选树测评程序

  1. 自测自评。7月15日前，拟申报的设区市和县（市、区）对照《江苏省书香城市建设指标体系》（以下简称"指标体系"）进行自测自评。申报单位根据"指标体系"评估标准中的得分依据进行自测打分，所有得分项均需书面材料佐证。

  2. 扎口申报。7月31日前，各设区市全民阅读办扎口向省全民阅读办提交申报材料。申报材料包括《第四批书香城市建设示范市（县、城区）申报表》、2020—2021年度书香城市建设工作总结（3 000字以内）、自测自评表（自测自评表请各申报单位自制，可在"指标体系"表格最右侧加一竖栏"自测自评得分"）

和相关书面佐证材料(均一式三份),另提供电子文档1份。

3. 材料审核。9月15日前,省全民阅读办组建材料审核工作组,对所有申报材料进行审核打分。

4. 实地测评。10月31日前,省全民阅读办组建实地测评工作组,赴申报城市(材料审核得分不低于90分的地区)进行实地测评。实地测评主要采取实地考察、问卷调查和调研座谈等形式进行。

5. 综合评审。11月30日前,省全民阅读办组建综合评审专家组,结合材料审核、实地测评和第三方调查数据,进行综合评审,提出书香城市建设示范市(县、城区)建议名单。

6. 评定表扬。省全民阅读活动领导小组审定书香城市建设示范市(县、城区)名单,经向社会公示后,予以通报表扬。

四、工作要求

1. 加强组织领导。各级全民阅读活动领导小组要高度重视,把选树测评工作摆上重要位置,切实加强领导,精心组织实施。各设区市全民阅读办要充分发挥牵头组织、协调联络作用,认真对照指标体系,紧密结合实际,制定具体实施方案,确保申报工作严谨规范,以评促建取得实效。

2. 坚持群众公认。各地要充分发挥群众在书香社会建设中的主体作用,坚持现代公共阅读服务体系建设的公益性、便利性和标准化、均等化,保障群众的阅读权益。要注重工作实效,听取群众意见,对接群众需求,力戒形式主义,把群众赞成和满意作为最高标准。

3. 严肃工作纪律。各地在申报过程中,要坚持实事求是,如实提供各类书面佐证材料,凡弄虚作假的,一律取消选树资格。参与选树测评工作的同志,在材料审核、实地测评过程中,要严格坚持标准,严守工作纪律,自觉接受监督,确保选树结果公平公正。

附件:1.《江苏省书香城市建设指标体系(设区市)》
2.《江苏省书香城市建设指标体系(县市区)》
3.《第四批书香城市建设示范市(县、城区)申报表》

江苏省全民阅读办
2022年6月1日

附件1

江苏省书香城市建设指标体系(设区市)

一级指标	二级指标	三级指标	评估标准	评估方法	分值设置
1 阅读设施与服务(38分)	1.1 公共图书馆(17分)	1.1.1 市级公共图书馆	市级公共图书馆达到部颁一级图书馆标准,得1分;常态化开展阅读推广活动,年度开展活动不少于50场次,得1分。	材料审核	2
		1.1.2 区级公共图书馆	所辖区均建有区级公共图书馆(辖区内有省、市级图书馆的视同),此项按区级图书馆占比得分,满分1分;区级公共图书馆达到部颁一级图书馆标准,此项按达标区级图书馆占比得分,满分1分;常态化开展阅读推广活动,年度开展活动不少于20场次,此项按开展活动数量达标的区级图书馆占比得分,满分1分。	材料审核	3
		1.1.3 街道(乡镇)综合文化服务中心(文化站)	每个街道(乡镇)均建有图书馆分馆或综合文化服务中心(文化站),此项按分馆占比得分,满分1分;每个分馆自有藏书量不少于5 000册,报刊不少于20种,年新增图书不少于200册,此项按数量达标分馆占比得分,满分1分;常态化开展阅读推广活动,年度开展活动不少于6场次,此项按开展活动数量达标的分馆占比得分,满分1分。	材料审核 实地测评	3

(续表)

一级指标	二级指标	三级指标	评估标准	评估方法	分值设置
		1.1.4 社区(行政村)书屋	每个社区(行政村)均建有书屋,此项按书屋占比得分,满分1分;每个书屋自有藏书量不少于1 500册,报刊不少于10种,年新增图书不少于80册,此项按达标书屋占比得分,满分1分;常态化开展阅读推广活动,年度开展活动不少于3场次,此项按开展活动数量达标的书屋占比得分,满分1分。	材料审核 实地测评	3
		1.1.5 图书馆总分馆制	区级公共图书馆对辖区内街道(乡镇)实施总分馆制,街道(乡镇)分馆设置率达到100%,得2分。	材料审核 实地测评	2
		1.1.6 24小时自助图书馆建设	设置24小时自助图书馆或自助借还设备,1个自助图书馆得0.3分,1个自助借还设备得0.1分,满分1分。	材料审核 实地测评	1
		1.1.7 少儿图书馆	有市级独立的少儿图书馆,得2分。无市级独立少儿图书馆,有不小于200平方米的独立少儿图书阅览室,得1分。	材料审核 实地测评	2
		1.1.8 数字阅读服务	市级图书馆数字化服务网络健全,常态化为当地读者免费提供无限制的数字阅读服务,得1分。	材料审核 实地测评	1
	1.2 实体书店(6分)	1.2.1 政策引导扶持	积极应对疫情对实体书店的影响,出台本地区为实体书店纾困解难、支持实体书店发展的具体政策措施,得1分;对本地区实体书店有资金扶持政策,得1分。	材料审核	2

（续表）

一级指标	二级指标	三级指标	评估标准	评估方法	分值设置
		1.2.2 实体书店建设	每万人拥有实体书店数达0.5个,得0.5分,每增加0.1个,增加0.1分,此项总得分1分；主城区各区均建有出版物经营面积1 000平方米以上书店,此项按达标区占比得分,满分1分。	材料审核 实地测评	2
			有1个达到建设标准的高校校园书店(经营面积不少于200平方米,出版物品种不低于3 000种,每季度举办阅读推广活动不少于2次),得0.5分；50%以上高校设立校园书店的,得0.5分。	材料审核 实地测评	1
		1.2.3 品牌书店建设	全市(含所辖县市区)获评省级最美书店,每个得0.2分,满分1分。	材料审核 实地测评	1
	1.3 其他阅读设施 (5分)	1.3.1 公共阅报栏(屏)建设	50%以上社区建有公共阅报栏(屏)得1分,每提高10个百分点增加0.2分,满分2分。	材料审核 实地测评	2
		1.3.2 公共数字阅读设施建设	50%以上社区拥有公共数字阅读终端(含听书设施)或提供免费数字阅读内容,得0.5分,每提高10个百分点增加0.1分,满分1分。	材料审核 实地测评	1
		1.3.3 阅读新空间建设	建有市民共享的公益性书房、书屋(不小于100平方米)等大型阅读空间,1个得0.2分,满分1分；建有市民共享的公益性书屋、书吧等小型阅读空间,5个得0.1分,满分1分。	材料审核 实地测评	2

(续表)

一级指标	二级指标	三级指标	评估标准	评估方法	分值设置
	1.4 阅读服务设施评价（10分）	1.4.1 公众对阅读服务设施知晓率	根据第三方对参评城市2020年、2021年度公众对身边阅读服务设施知晓率调查结果（2年调查结果的均值）计分，基础分1分。最后1名加0分，名次每进1位加0.05分，得分超过全省平均值加0.2分，两年得分呈增长趋势加0.2分，两年得分呈下降趋势减0.2分，满分2分。	阅读状况调查	2
		1.4.2 公众对阅读服务设施使用率	根据第三方对参评城市2020年、2021年度公众对阅读服务设施使用率调查结果（2年调查结果的均值）计分，基础分2分。最后1名加0分，名次每进1位加0.1分，得分超过全省平均值加0.4分，两年得分呈增长趋势加0.4分，两年得分呈下降趋势减0.4分，满分4分。	阅读状况调查	4
		1.4.3 公众对阅读服务设施满意率	根据第三方对参评城市2020年、2021年度公众对阅读服务设施满意率调查结果（2年调查结果的均值）计分，基础分2分。最后1名加0分，名次每进1位加0.1分，得分超过全省平均值加0.4分，两年得分呈增长趋势加0.4分，两年得分呈下降趋势减0.4分，满分4分。	阅读状况调查	4

(续表)

一级指标	二级指标	三级指标	评估标准	评估方法	分值设置
2 阅读推广活动(36分)	2.1 重点阅读活动(10分)	2.1.1 市级重点阅读活动	举办市级读书节(月)活动,得4分。	材料审核	4
		2.1.2 区级重点阅读活动	所辖区均举办读书节(月)活动,按达标区在所辖区占比得分,满分4分。	材料审核	4
		2.1.3 重点公益阅读活动	2020年、2021年度,全市(含所辖县市区)获省级认证的重点公益阅读活动数量,省级一类每个得0.5分,省级二类每个得0.3分,省级三类每个得0.2分,满分2分。	材料审核	2
	2.2 分类分众阅读活动(16分)	2.2.1 党员干部阅读	市级组织开展党员干部系列阅读活动,覆盖全市党员干部,满分4分。	材料审核	4
		2.2.2 儿童和青少年阅读	市级组织开展儿童和青少年系列阅读活动,覆盖大学生、中小学生、学龄前儿童,每项得1分,满分3分。	材料审核	3
		2.2.3 基层阅读活动	市级组织开展全民阅读进企业活动,得1分;开展全民阅读进农村活动,得1分;开展全民阅读进社区活动,得1分。	材料审核	3
		2.2.4 特殊群体阅读关爱	市级组织开展特殊群体阅读关爱行动,开展残疾人阅读关爱行动,得1分;开展进城务工人员及其子女或留守儿童阅读关爱行动,得1分;实施生活困难群众阅读关爱行动,得1分。	材料审核	3
		2.2.5 优秀出版物导读荐读活动	市级组织开展优秀出版物导读荐读活动,在新华书店、图书馆、基层书屋设立专架专区向读者推荐省"12本好书"、红色经典图书、省主题出版重点出版物等优秀出版物,得2分;通过媒体等多种形式,进行导读荐读,得1分。	材料审核	3

（续表）

一级指标	二级指标	三级指标	评估标准	评估方法	分值设置
	2.3 阅读活动评价（10分）	2.3.1 公众阅读活动知晓率	根据第三方对参评城市2020年、2021年度公众对身边阅读活动知晓率调查结果（2年调查结果的均值）计分，基础分1分。最后1名加0分，名次每进1位加0.05分，得分超过全省平均值加0.2分，两年得分呈增长趋势加0.2分，两年得分呈下降趋势减0.2分，满分2分。	阅读状况调查	2
		2.3.2 公众阅读活动参与率	根据第三方对参评城市2020年、2021年度公众阅读活动参与率调查结果（2年调查结果的均值）计分，基础分2分。最后1名加0分，名次每进1位加0.1分，得分超过全省平均值加0.4分，两年得分呈增长趋势加0.4分，两年得分呈下降趋势减0.4分，满分4分。	阅读状况调查	4
		2.3.3 公众阅读活动满意率	根据第三方对参评城市2020年、2021年度公众阅读活动参与满意率调查结果（2年调查结果的均值）计分，基础分2分。最后1名加0分，名次每进1位加0.1分，得分超过全省平均值加0.4分，两年得分呈增长趋势加0.4分，两年得分呈下降趋势减0.4分，满分4分。	阅读状况调查	4
3 全民阅读保障（36分）	3.1 组织领导（10分）	3.1.1 党委政府重视	市委、市政府将全民阅读列入年度工作要点和考核指标，得2分；市委、市政府主要领导帮助协调解决重要问题，带头参加全民阅读活动，得1分。	材料审核	3
		3.1.2 领导机制	全民阅读活动领导小组定期召开重要会议，研究决定重大事项，协调解决重大问题，得2分。	材料审核	2

（续表）

一级指标	二级指标	三级指标	评估标准	评估方法	分值设置
		3.1.3 工作机制	市全民阅读办配有专兼职工作人员3人以上，保障日常工作开展，得1分；各区全民阅读办配有专兼职工作人员2人以上，保障日常工作开展，得1分。	材料审核	2
		3.1.4 制度建设	市委、市人大、市政府或全民阅读活动领导小组出台促进全民阅读的制度性文件，全面落实省人大常委会《关于促进全民阅读的决定》，得3分。	材料审核	3
	3.2 经费投入（6分）	3.2.1 财政投入	全民阅读工作经费纳入市级年度财政预算，得3分。全民阅读工作经费未纳入市级年度财政预算，从其他经费中列支，得1分。	材料审核	3
		3.2.2 社会投入	动员社会力量支持重点阅读设施建设，得1.5分；动员社会力量支持重点阅读活动开展，得1.5分。	材料审核	3
	3.3 宣传引导（11分）	3.3.1 舆论宣传	在当地报刊、广播、电视、网站、微信公众号等开设常态化阅读专栏专题节目，每开设1个得0.5分，满分2分；每年在当地报刊、广播、电视、网站、微信公众号刊播全民阅读公益广告，每刊发1条得0.1分，满分2分；在当地主要商业街、交通枢纽、主要城市社区常年有全民阅读户外公益广告，得1分。	材料审核	5
		3.3.2 典型示范	开展全民阅读先进典型选树宣传活动，总结推广全民阅读和书香系列建设先进经验，得2分；选树典型获省级以上主流媒体宣传推广，得1分。	材料审核	3

(续表)

一级指标	二级指标	三级指标	评估标准	评估方法	分值设置
		3.3.3 净化阅读环境	加强对出版物市场和阅读推广活动的监管,净化阅读环境,出版物市场无各类非法违禁出版物,阅读推广活动无导向问题,得3分。	材料审核实地测评	3
	3.4 社会力量(9分)	3.4.1 阅读促进组织	建立市级全民阅读促进会,得1分;依法开展阅读组织登记管理工作,得1分;对社会阅读组织实施引导扶持和有效管理,得1分。	材料审核实地测评	3
		3.4.2 领读者和专家队伍	建立市级全民阅读领读者、阅读推广人队伍,得1分;充分发挥领读者和阅读推广人队伍在全民阅读促进中的作用,得1分;市级层面每年至少开展一次领读者(阅读推广人)培训,得1分。	材料审核	3
		3.4.3 志愿服务队伍	建立市级全民阅读志愿服务团队,得1分;在公共图书馆和基层阅读场所设立全民阅读志愿服务站,得1分;开展经常性志愿服务活动,得1分。	材料审核	3
4 居民阅读水平(10分)	4.1 阅读率(6分)	4.1.1 居民综合阅读率	根据第三方对参评城市2020年、2021年度居民综合阅读率调查结果(2年调查结果的均值)计分,基础分3分。最后1名加0分,名次每进1位加0.15分,得分超过全省平均值加0.6分,两年得分呈增长趋势加0.6分,两年得分呈下降趋势减0.6分,满分6分。	阅读状况调查	6
	4.2 阅读时长(4分)	4.2.1 人均阅读时长	根据第三方对参评城市2020年、2021年度人均阅读时长调查结果(2年调查结果的均值)计分,基础分2分。最后1名加0分,名次每进1位加0.1分,得分超过全省平均值加0.4分,两年得分呈增长趋势加0.4分,两年得分呈下降趋势减0.4分,满分4分。	阅读状况调查	4

附件 2

江苏省书香城市建设指标体系(县市区)

一级指标	二级指标	三级指标	评估标准	评估方法	分值设置
1 阅读设施与服务(38分)	1.1 公共图书馆(17分)	1.1.1 县级公共图书馆	县(市、区)公共图书馆达到部颁一级图书馆标准,得2分;常态化开展阅读推广活动,年度开展活动不少于20场次,得1分。	材料审核	3
		1.1.2 乡镇(街道)综合文化服务中心(文化站)	乡镇(街道)均建有图书馆分馆或综合文化服务中心(文化站),此项按分馆占比得分,满分1分;每个分馆自有藏书量不少于5 000册,报刊不少于20种,年新增图书不少于200册,此项按数量达标分馆占比得分,满分1分;常态化开展阅读推广活动,年度开展活动不少于6场次,此项按开展活动数量达标的分馆占比得分,满分1分。	材料审核 实地测评	3
		1.1.3 行政村(社区)书屋	每个行政村(社区)均建有书屋,此项按书屋占比得分,满分1分;每个书屋自有藏书量不少于1 500册,报刊不少于10种,年新增图书不少于80册,此项按数量达标书屋占比得分,满分1分;常态化开展阅读活动,年度开展活动不少于3场次,此项按开展活动数量达标的书屋占比得分,满分1分。	材料审核 实地测评	3

(续表)

一级指标	二级指标	三级指标	评估标准	评估方法	分值设置
		1.1.4 图书馆总分馆制	县(市、区)公共图书馆对辖区内乡镇(街道)分馆、农家书屋实施总分馆制,乡镇(街道)分馆设置率达到100%,得2分;农家书屋分馆设置率达到100%,得1分。	材料审核实地测评	3
		1.1.5 24小时自助图书馆建设	设置24小时自助图书馆或自助借还设备,1个自助图书馆得0.4分,1个自助借还设备得0.2分,满分1分。	材料审核实地测评	1
		1.1.6 少儿图书馆(室)	有独立少儿图书馆,或县(市、区)图书馆内有不小于200平方米的独立少儿图书阅览室,得2分。	材料审核实地测评	2
		1.1.7 数字阅读服务	县(市、区)图书馆数字化服务网络健全,常态化为当地读者免费提供无限制的数字阅读服务,得2分。	材料审核实地测评	2
	1.2 实体书店(6分)	1.2.1 政策引导扶持	积极应对疫情对实体书店的影响,出台本地区为实体书店纾困解难、支持实体书店发展的具体政策措施,得1分;对本地区实体书店有资金扶持政策,得1分。	材料审核	2
		1.2.2 实体书店建设	不少于1个出版物经营面积1 000平方米的书店,得1分。	材料审核实地测评	1
		1.2.3 基层书店(发行网点)建设	县(市)乡镇书店覆盖率达到100%,得1分;农村发行网点占行政村比率50%以上得0.5分,每提高10个百分点增加0.1分,满分1分。中心城区拥有书店数量,每个得0.1分,满分2分。以上两项不重复计分。	材料审核实地测评	2
		1.2.4 品牌书店建设	获评省级最美书店,1个得0.5分,满分1分。	材料审核实地测评	1

（续表）

一级指标	二级指标	三级指标	评估标准	评估方法	分值设置
	1.3 其他阅读设施（5分）	1.3.1 公共阅报栏(屏)建设	50%以上行政村（社区）建有公共阅报栏(屏)得1分,每提高10个百分点增加0.2分,满分2分。	材料审核实地测评	2
		1.3.2 公共数字阅读终端（含听书设施）建设	50%以上行政村（社区）拥有公共数字阅读终端（含听书设施）或提供免费数字阅读内容,得0.5分,每提高10个百分点增加0.1分,满分1分。	材料审核实地测评	1
		1.3.3 阅读新空间建设	建有市民共享的公益性书房、书屋（大于100平方米）等大型阅读空间,1个得0.5分,满分1分;建有市民共享的公益性书屋、书吧等小型阅读空间,2个得0.1分,满分1分。	材料审核实地测评	2
	1.4 阅读服务设施评价（10分）	1.4.1 公众对阅读服务设施知晓率	根据第三方对参评城市2020年、2021年度公众对身边阅读服务设施知晓率调查结果（2年调查结果的均值）计分,基础分1分。最后1名加0分,名次每进8位加0.06分,得分超过全省平均值加0.2分,两年得分呈增长趋势加0.2分,两年得分呈下降趋势减0.2分,满分2分。	阅读状况调查	2
		1.4.2 公众对阅读服务设施使用率	根据第三方对参评城市2020年、2021年度公众对阅读服务设施使用率调查结果（2年调查结果的均值）计分,基础分2分。最后1名加0分,名次每进8位加0.12分,得分超过全省平均值加0.4分,两年得分呈增长趋势加0.4分,两年得分呈下降趋势减0.4分,满分4分。	阅读状况调查	4

(续表)

一级指标	二级指标	三级指标	评估标准	评估方法	分值设置
		1.4.3 公众对阅读服务设施满意率	根据第三方对参评城市2020年、2021年度公众对阅读服务设施满意率调查结果(2年调查结果的均值)计分,基础分2分。最后1名加0分,名次每进8位加0.12分,得分超过全省平均值加0.4分,两年得分呈增长趋势加0.4分,两年得分呈下降趋势减0.4分,满分4分。	阅读状况调查	4
2 阅读推广活动(36分)	2.1 重点阅读活动(10分)	2.1.1 县(市、区)读书节	举办县(市、区)读书节(月)活动,得4分。	材料审核	4
		2.1.2 乡镇(街道)阅读活动	所辖乡镇(街道)举办全域性阅读推广活动,此项按达标乡镇(街道)占比得分,满分4分。	材料审核	4
		2.1.3 重点公益阅读活动	2020年、2021年度获省级认证的重点公益阅读活动数量,每个得1分,满分2分。	材料审核	2
	2.2 重点阅读项目(16分)	2.2.1 党员干部阅读	县(市、区)组织开展党员干部系列阅读活动,覆盖全市党员干部,满分4分。	材料审核	4
		2.2.2 儿童和青少年阅读	县(市、区)组织开展儿童和青少年系列阅读活动,覆盖中小学生、学龄前儿童,每项得2分,满分4分。	材料审核	4
		2.2.3 基层阅读活动	县(市、区)组织开展全民阅读进企业活动,得1分;开展全民阅读进农村活动,得1分;开展全民阅读进社区活动,得1分。	材料审核	3
		2.2.4 特殊群体阅读关爱	县(市、区)组织开展特殊群体阅读关爱行动,开展残疾人阅读关爱行动,得1分;开展进城务工人员及其子女阅读关爱行动,得1分;实施生活困难群众阅读关爱行动,得1分。	材料审核	3

(续表)

一级指标	二级指标	三级指标	评估标准	评估方法	分值设置
		2.2.5 优秀出版物荐读活动	县(市、区)组织开展优秀出版物荐读活动,在新华书店、图书馆、基层书屋设立专架专区向读者推荐省"12本好书"、红色经典图书、省主题出版重点出版物等优秀出版物,得1分;通过媒体等多种形式进行荐读,得1分。	材料审核	2
	2.3 阅读活动评价(10分)	2.3.1 公众阅读活动知晓率	根据第三方对参评城市2020年、2021年度公众对阅读活动知晓率调查结果(2年调查结果的均值)计分,基础分1分。最后1名加0分,名次每进8位加0.06分,得分超过省平均值加0.2分,两年得分呈增长趋势加0.2分,两年得分呈下降趋势减0.2分,满分2分。	阅读状况调查	2
		2.3.2 公众阅读活动参与率	根据第三方对参评城市2020年、2021年度公众阅读活动参与率调查结果(2年调查结果的均值)计分,基础分2分。最后1名加0分,名次每进8位加0.12分,得分超过全省平均值加0.4分,两年得分呈增长趋势加0.4分,两年得分呈下降趋势减0.4分,满分4分。	阅读状况调查	4
		2.3.3 公众阅读活动满意率	根据第三方对参评城市2020年、2021年度公众对阅读活动满意率调查结果(2年调查结果的均值)计分,基础分2分。最后1名加0分,名次每进8位加0.12分,得分超过全省平均值加0.4分,两年得分呈增长趋势加0.4分,两年得分呈下降趋势减0.4分,满分4分。	阅读状况调查	4

(续表)

一级指标	二级指标	三级指标	评估标准	评估方法	分值设置
3 全民阅读保障(36分)	3.1 组织领导(10分)	3.1.1 党委政府重视	县(市、区)党委、政府将全民阅读列入年度工作要点和考核指标,得2分;主要领导帮助协调解决重要问题,带头参加全民阅读活动,得1分。	材料审核	3
		3.1.2 领导机制	全民阅读活动领导小组定期召开重要会议,研究决定重大事项、协调解决重大问题,得2分。	材料审核	2
		3.1.3 工作机制	县(市、区)全民阅读办配有专兼职工作人员,得1分;专兼职人员2人以上,得2分。	材料审核	2
		3.1.4 制度建设	县(市、区)党委、人大、政府或全民阅读活动领导小组出台促进全民阅读的制度性文件,全面落实省人大常委会《关于促进全民阅读的决定》,得3分。	材料审核	3
	3.2 经费投入(5分)	3.2.1 财政投入	全民阅读工作经费纳入县(市、区)年度财政预算,得3分;全民阅读工作经费未纳入县(市、区)年度财政预算,从其他经费中列支,得1分。	材料审核	3
		3.2.2 社会投入	动员社会力量支持重点阅读设施建设,得1分;动员社会力量支持重点阅读活动开展,得1分。	材料审核	2
	3.3 宣传引导(11分)	3.3.1 舆论宣传	在当地报刊、广播、电视、网站、微信公众号等开设常态化阅读专栏专题节目,每开设1个得0.5分,满分2分;每年在当地报刊、广播、电视、网站、微信公众号等刊播全民阅读公益广告,每刊发1条得0.2分,满分2分;在当地主要商业街、交通枢纽、社区等发布户外公益广告,得1分。	材料审核	5

（续表）

一级指标	二级指标	三级指标	评估标准	评估方法	分值设置
		3.3.2 典型示范	开展全民阅读先进典型选树宣传活动,总结推广全民阅读和书香系列建设先进经验,得2分;选树典型获市级以上主流媒体宣传推广,得1分。	材料审核	3
		3.3.3 净化阅读环境	加强对出版物市场和阅读推广活动的监管,净化阅读环境,出版物市场无各类非法违禁出版物,阅读推广活动无导向问题,得3分。	材料审核实地测评	3
	3.4 社会力量（10分）	3.4.1 阅读促进组织	建立县（市、区）全民阅读促进会,得2分;依法开展阅读组织登记管理工作,得1分;对社会阅读组织实施引导扶持和有效管理,得1分。	材料审核实地测评	4
		3.4.2 领读者和专家队伍	建立县（市、区）全民阅读领读者、阅读推广人队伍,得1分;充分发挥领读者和阅读推广人队伍在全民阅读促进中的作用,得1分;县级层面每年至少开展一次领读者（阅读推广人）培训,得1分。	材料审核	3
		3.4.3 志愿服务队伍	建立县（市、区）全民阅读志愿服务团队,得1分;在公共图书馆和基层阅读场所设立全民阅读志愿服务站,得1分;开展经常性志愿服务活动,得1分。	材料审核	3
4 居民阅读水平（10分）	4.1 阅读率（6分）	4.1.1 居民综合阅读率	根据第三方对参评城市2020年、2021年度居民综合阅读率调查结果（2年调查结果的均值）计分,基础分3分。最后1名加0分,名次每进8位加0.18分,得分超过全省平均值加0.6分,两年得分呈增长趋势加0.6分,两年得分呈下降趋势减0.6分,满分6分。	阅读状况调查	6

（续表）

一级指标	二级指标	三级指标	评估标准	评估方法	分值设置
	4.2 阅读时长（4分）	4.2.1 人均阅读时长	根据第三方对参评城市2020年、2021年度人均阅读时长调查结果(2年调查结果的均值)计分,基础分2分。最后1名加0分,名次每进8位加0.12分,得分超过全省平均值加0.4分,两年得分呈增长趋势加0.4分,两年得分呈下降趋势减0.4分,满分4分。	阅读状况调查	4

附件3

第四批书香城市建设示范市(县、城区)申报表

申报选树城市名称			
填表人		联系方式	
2020—2021年度书香城市建设工作总结	(文字材料另附页,3 000字以内)	自测成绩	
县(市、区)全民阅读活动领导小组意见			(签章)
设区市全民阅读活动领导小组意见			(签章)
省全民阅读活动领导小组意见			(签章)

关于开展2022年度省级公益阅读推广活动认证扶持工作的通知

各设区市全民阅读活动领导小组，省全民阅读活动领导小组各成员单位，省全民阅读促进会，各有关单位：

根据《江苏省公益阅读推广活动认证扶持办法（试行）》（苏阅发〔2019〕3号）（以下称《办法》），按照2023年省全民阅读工作安排，经省全民阅读活动领导小组领导同意，现就开展2022年度省级公益阅读推广活动认证扶持工作有关事项，通知如下：

一、认证范围和重点

纳入认证的公益阅读推广活动，须由江苏省内各级国家机关、事业单位、企业、人民团体或在民政部门登记备案的社会组织主办，在江苏省内或以江苏省为主跨区域开展，活动主办方承担全部活动经费，未向参与对象摊派、收取或变相收取费用，且活动的组织开展符合国家相关法律法规。2022年度省级公益阅读推广活动重点认证以下9类活动：

1. 围绕学习宣传阐释习近平新时代中国特色社会主义思想，学好用好习近平总书记重要著作开展的主题阅读推广活动。

2. 围绕迎接和学习贯彻党的二十大精神开展的主题阅读推广活动。

3. 围绕歌颂新时代、弘扬伟大建党精神、扎实推进共同富裕等主题以及"强富美高"新江苏现代化建设开展的主题阅读活动。

4. 列入第十八届江苏读书节和各市、县（市、区）读书节的其他重点公益阅读推广活动。

5. 针对党员干部、儿童、大学生、农村居民、老人等重点群体开展的分众阅读推广活动。

6. 围绕关爱农村留守儿童、城市流动儿童、贫困家庭儿童、孤残儿童、阅读障碍者等特殊群体开展的公益阅读推广活动。

7. 围绕推进全民阅读进农村、进社区、进校园、进军营、进企业、进机关和进家庭开展的公益阅读推广活动。

8. 依托公共图书馆、实体书店、基层书屋(农家书屋、职工书屋、社区书屋)、城市书房、新时代文明实践中心(所、站)等阵地,开展文学、科普和法治宣传教育等分类阅读推广动。

9. 在全省范围内具有创新性、引领性、示范性的其他公益阅读推广活动。

二、认证类别和条件

2022年度省级公益阅读推广活动实施分类认证,分为省级一类、省级二类和省级三类。具体认证分类条件如下:

1. 省级一类。省级重点品牌活动,连续开展2年以上,列入第十八届江苏读书节重点活动;活动成规模成系列开展,直接参与活动人数不少于5万人,2022年活动场次不少于10场,主承办单位经费投入不少于40万元;在全国率先开展,在省内外具有较强的社会影响力,群众知晓率、参与率和满意度高,中央媒体有宣传报道。

2. 省级二类。省级品牌活动,列入省、设区市读书节重点活动;活动具有较大规模,直接参与活动人数不少于2万人,2022年活动场次不少于6场,主承办单位经费投入不少于20万元;在全省率先开展,在省内外具有一定的影响力,省级媒体有宣传报道;活动成效明显,参与活动的读者反响好、对活动评价高。

3. 省级三类。省级创新性活动,主要在市、县(市、区)开展;活动具有一定的规模,直接参与活动人数不少于1万人,2022年活动场次不少于3场,主承办单位经费投入不少于10万元;活动形式新颖、内容创新,引领性好、示范性强,在全省特定行业系统或设区市具有较强的影响力,省级媒体有宣传报道;活动成效明显,参与活动的读者反响好、对活动评价较高。

三、认证程序和时间

1. 自主申报。2023年2月5日前,公益阅读推广活动主承办单位对照"认证类别和条件",填写《2022年度江苏省公益阅读推广活动认证扶持申报表》,并按属地管理原则报送至各设区市全民阅读办。省属相关行业系统单位报送至省全民阅读活动领导小组成员单位,其他省属单位报送至省全民阅读促进会。由省属单位指导、非面向全省开展的公益阅读推广活动,按属地管理原则由主承办单位报送至活动开展地的设区市全民阅读办。

2. 设区市认证。2023年2月15日前,各设区市全民阅读办根据《办法》,结合当地全民阅读工作实际,组织开展2022年度市级公益阅读推广活动认证扶持工作。被各设区市全民阅读办认证为2022年度市级公益阅读推广活动的,方可申报2022年度省级公益推广活动。

3. 择优推荐。2023年2月25日前,各设区市按照分配名额对自主申报活动项目进行择优推荐,报送至省全民阅读办。获评"江苏省书香城市建设示范市"的设区市推荐活动项目不超过5个,其他设区市推荐活动项目不超过4个。省属单位不受名额限制,由省全民阅读活动领导小组成员单位和省全民阅读促进会择优报送至省全民阅读办。

4. 综合评定。2023年3月15日前,省全民阅读办会同省全民阅读促进会组成2022年度省级公益阅读推广活动认证专家组,对推荐活动项目进行综合评选,结合网络投票情况,提出2022年度省级公益阅读推广活动认证建议名单,报省全民阅读活动领导小组领导审定。

5. 发布结果。2023年3月31日前,在"书香江苏在线"网站和"书香江苏"微信公众号上对入选名单进行公示。省全民阅读活动领导小组根据公示结果,确定认证对象,发布认证结果。

6. 表扬奖励。2023年4月下旬,在第十九届江苏读书节启动活动现场,对获得认证的公益阅读推广活动颁发认证证书。同时对符合相关扶持条件的活动项目进行资金扶持。

四、资金扶持

按照《办法》规定,拟对符合条件的省级公益阅读推广活动项目实施资金扶持。

1. 扶持原则。坚持突出重点、择优扶持、公开公正、注重实效的原则。

2. 扶持条件。申请资金扶持的活动项目须同时具备以下几项条件。(1)获得2022年度省级公益阅读推广活动认证。(2)主承办单位为差额拨款事业单位、自收自支事业单位、企业、具有法人资质的社会组织。各级党委政府部门、全额拨款事业单位主承办的活动项目不予扶持。(3)同一活动项目未获得过2020年度、2021年度省级公益阅读推广活动扶持,且未获得2022年度省级财政其他类专项资金扶持。(4)主承办单位举办的其他同类活动项目未获得过2020年度、2021年度省级公益阅读推广活动资金扶持。

3. 扶持额度。2022年度拟扶持资金总额为100万元,扶持活动项目50个以内,从省全民阅读专项经费中列支。按照认证类别分别给予不同额度资金扶持,原则上扶持资金不高于主承办单位投入经费的20%。各类别的扶持额度范围为:省级一类6万—10万元,省级二类3万—5万元,省级三类1万—2万元。

4.扶持程序。(1)符合扶持条件的单位填写《2022年度江苏省公益阅读推广活动认证扶持申报表》时,提出扶持申请。(2)各设区市全民阅读办、省全民阅读活动领导小组成员单位、省全民阅读促进会分别审核推荐,提出推荐扶持的活动项目和扶持资金。(3)省全民阅读办组织专家综合审核申请单位资质、活动经费决算、活动综合成效,提出扶持对象和具体金额建议。(4)在"书香江苏在线"网站和"书香江苏"微信公众号上公示,接受社会监督。(5)公布结果,向获扶持单位一次性拨付扶持资金。

5.资金用途。扶持资金主要用于公益阅读推广活动补贴。

五、相关要求

1.各地各有关部门单位要进一步深化思想认识,切实加强组织领导,把省级公益阅读推广活动扶持认证工作作为深入贯彻落实党的二十大精神和习近平总书记致首届全民阅读大会贺信精神的切实举措,作为更好满足广大人民群众高质量阅读需求的实际行动,积极动员符合条件的公益阅读活动项目参与认证扶持。

2.各设区市全民阅读办要落实逐级认证制度,安排配套扶持资金。各设区市全民阅读办、省全民阅读活动领导小组成员单位和省全民阅读促进会要严格落实意识形态工作责任制,把坚持正确政治方向贯彻认证扶持工作全过程,严把推荐活动项目的舆论导向关、价值取向关和内容质量关。

3.各申报单位要坚持实事求是原则,客观真实地提供申报材料。对于通过提供虚假材料获得认证扶持的活动项目,省全民阅读办将取消其认证扶持资格,并按照有关规定收回扶持资金,同时对活动申报单位负责人进行问责。要规范使用专项资金,按财务管理要求做好会计核算,并配合各地全民阅读办和省全民阅读活动领导小组成员单位做好项目绩效评价,自觉接受监督管理。

江苏省全民阅读办
2023年1月10日

关于开展 2023 年 "全民阅读春风行动"的通知

各设区市全民阅读办，省全民阅读活动领导小组各成员单位，省全民阅读促进会：

为深入贯彻落实党的二十大精神和习近平总书记致首届全民阅读大会贺信精神，深化全民阅读活动，高质量推进新时代书香江苏建设，更好满足广大人民群众特别是儿童和青少年阅读需求，经省全民阅读活动领导小组领导同意，决定 2023 年元旦和春节期间在全省广泛开展"全民阅读春风行动"。现就有关事项通知如下：

一、指导思想

以习近平新时代中国特色社会主义思想为指导，全面学习贯彻党的二十大精神，深入贯彻落实习近平总书记关于推动全民阅读、建设书香社会的重要论述重要指示精神，按照省委宣传部关于开展"文化进万家活动"的有关部署要求，紧紧围绕践行社会主义核心价值观、传承中华优秀传统文化，以保障农村留守儿童、贫困家庭儿童和孤残儿童等群体的基本阅读需求为重点，结合"两中心一平台"建设，结合全省科技文化卫生"三下乡"服务活动和"农家书屋万场主题阅读活动"，广泛动员社会各方面力量开展高质量阅读推广和志愿服务活动，着力推动基层夯基础、补短板、强弱项、促提升，不断增强人民群众的文化获得感和幸福感。

二、主要任务

（一）**捐赠优质阅读物资**。动员社会力量向农村幼儿园和中小学校图书室（馆）捐赠少儿书报刊、数字阅读产品和视听终端。组织机关、企事业单位、群团组织、社会阅读组织和个人等，向农村留守儿童、城市流动儿童和贫困家庭儿童捐赠优质图书和学习用品。省全民阅读办会同省全民阅读促进会和书香全民阅读基金会,在南京开展"带一本好书回家过年"活动,动员社会力量向进城务工人员、农民工子弟学校学生等群体捐赠图书。定制 2 000 套"书香江苏"阅读礼包,支持徐州市、连云港市、淮安市、盐城市和宿迁市对农村留守儿童、城市流动儿童和贫困家庭儿童开展阅读关爱活动。

(二)提升阅读阵地效能。推动公共图书馆利用馆藏和活动等资源优势与幼儿园和中小学校图书馆(室)合作,共同为学生提供优质的阅读指导服务。动员社会阅读组织、阅读推广人经常深入乡镇(街道)图书馆分馆、中小学图书馆和基层书屋,开展更多读者喜闻乐见的活动,不断提升阅读设施使用率和满意率。引导出版社、实体书店、电商平台、数据库运营商、科研院校、企业等社会力量,在交通便利、人流密集场所广泛参与建设和运营一批便民化阅读阵地,打通公共阅读服务最后一公里。省全民阅读办将会同七彩语文杂志社和东方娃娃杂志社,分别支持盐城市盐都区一所幼儿园和小学图书室建设。

(三)**组织阅读推广活动**。组织作家、院士专家和科普名家、法律工作者走进中小学校,分类开展文学阅读、科普阅读和法治宣传教育等活动,提升中小学生的文学素养、科学素养和法治素养。依托新时代文明实践中心(所、站),组织"农家书屋万场主题阅读活动""巡展巡讲巡演"活动和"经典润乡土"行动,实施"点亮满天星,书送新希望"网络阅读公益项目。依托江苏省家庭亲子阅读体验基地,面向社区和家庭开展阅读讲座、家庭故事会、好书分享会等活动。依托基层"残疾人之家"等阵地,举办全省残疾人读书分享会、"家里的读书会"残疾人读书等活动。

(四)**开展结对帮扶和志愿服务**。动员社会各界与农村中小学、幼儿园、农家书屋(社区和职工书屋)、老年活动中心、"残疾人之家"精准开展结对帮扶。组织公务员、教师、科技工作者、新闻出版工作者、"百姓名嘴""'五老'志愿者"等人员,深入乡镇(街道)和村(社区)开展阅读志愿服务。组织大中专学生志愿者走进农家书屋,开展"千镇万村"全民阅读志愿服务活动。组织作家、文学评论家、期刊编辑等,开展"到人民中去"文学惠民志愿服务活动。组织省全民阅读"五十佳""全民阅读领读者"等先进典型,深入中小学校、公共图书馆、基层书屋等阅读阵地开展志愿服务。省全民阅读办、省全民阅读促进会组织 6 家出版发行单位与盐都区有关部门单位开展结对帮扶和志愿服务活动。

三、工作要求

(一)**提高思想认识,强化组织领导**。要充分认识开展"全民阅读春风行动",既是深化全民阅读活动、高质量推进新时代书香江苏建设的务实举措,也是补齐农村公共阅读服务短板、助力乡村振兴的实际行动。各地各有关部门单位要根据通知要求，强化组织领导，周密部署实施，充分调动资源，组织开展富有地方特色和行业特点的"全民阅读春风行动"。对符合《江苏省公益阅读推广活动认证扶持办法(试行)》的活动，省全民阅读办视情予以扶持。

（二）**突出读者本位，注重活动效果**。要紧紧围绕读者的实际需求捐赠阅读物资、提供阅读服务，切实满足广大读者阅读需求。要适应阅读内容和人群细分、纸质阅读和数字阅读融合的发展形势，创新阅读推广的内容和形式、媒体传播方式，把"全民阅读春风行动"有机融入"两中心一平台"建设，与各级全民阅读活动领导小组成员单位的日常工作统筹推进，不断扩大阅读活动的群众参与率和满意率，完善关爱重点群体的长效机制。

（三）**严格把好导向，筑牢安全防线**。要严格落实意识形态工作责任制，按照《江苏省阅读推广活动管理办法(试行)》要求，加强对内容、活动、阵地、社会阅读组织和阅读推广人的管理，明确责任主体，把好政治方向、舆论导向、价值取向。要按照新阶段疫情防控要求，从严从实做好疫情防控工作。要压实安全主体责任，落实落细安全措施，坚决防范意外事故发生，为人民群众参与阅读活动营造安全稳定环境。

江苏省全民阅读办

2023 年 1 月 10 日

扬州市城市书房条例

(2022年8月30日扬州市第九届人民代表大会常务委员会第四次会议通过　2022年9月29日江苏省第十三届人民代表大会常务委员会第三十二次会议批准)

目　录

第一章　总则

第二章　建设

第三章　运行

第四章　服务

第五章　附则

第一章　总　则

第一条　为了规范城市书房建设、运行和管理,加强公共文化服务体系建设,彰显城市文化特质,提高社会文明程度,根据《中华人民共和国公共文化服务保障法》《中华人民共和国公共图书馆法》《江苏省公共文化服务促进条例》等法律、法规,结合本市实际,制定本条例。

第二条　本条例所称城市书房,是指依托各级公共图书馆资源建立的,方便公众,免费提供阅读、文献信息查询、借阅等相关服务的新型公共文化设施。

前款所称文献信息,包括图书报刊、音像制品、缩微制品、数字资源等。

第三条　城市书房应当宣传习近平新时代中国特色社会主义思想,弘扬社会主义核心价值观,传承中华优秀传统文化和扬州地方文化,推进全民阅读,倡导良好的社会风尚。

第四条　市、县(市)人民政府应当将城市书房建设纳入国民经济和社会发展规划,有计划地推进城市书房建设,建立城市书房管理综合协调机制,研究解决城市书房规划建设、运行和管理等重大事项。

各级人民政府应当将城市书房建设、运行与维护经费列入本级财政预算。

第五条　文化行政主管部门负责城市书房建设、运行和管理的综合协调、指导监督、考核评估等工作。

发展和改革、公安、财政、自然资源和规划、住房和城乡建设、卫生健康、应急管理、消防救援等部门和单位,按照各自职责协同做好城市书房有关工作。

第六条　市、县(市)人民政府可以制定有关政策措施,鼓励和支持社会力量参与城市书房建设、运行和管理。

第七条　新闻媒体应当对城市书房进行宣传和推广,引导市民树立崇尚阅读、终身阅读的理念。

第八条　市、县(市)人民政府应当根据有关规定,对在城市书房建设、运行和管理中作出突出贡献的单位、个人给予表扬、奖励。

第二章　建设

第九条　市、县(市)文化行政主管部门应当编制城市书房发展规划,报同级人民政府批准后实施。

编制城市书房发展规划,应当根据本地经济社会发展水平、人口状况、环境条件、文化特色和公众需求等因素,合理确定城市书房发展方向、数量、规模、类型和布局等。

城市书房发展规划经批准后,不得擅自变更;确需变更的,应当按照原审批程序报批。

第十条　城市书房建设应当按照因地制宜、方便公众的要求,遵循政府主导、属地管理、社会参与、共建共享的原则,保证城市书房公益属性。

第十一条　市人民政府负责统筹实施江都区、邗江区、广陵区和扬州经济技术开发区、生态科技新城、蜀冈—瘦西湖风景名胜区的城市书房建设,县(市)人民政府负责统筹实施本行政区域内的城市书房建设。

第十二条　鼓励单位、个人通过免费提供场馆或者捐赠资金、文献信息、设施设备等方式,参与城市书房建设。市、县(市)公共图书馆应当与参与城市书房建设的单位、个人签订合作协议。参与城市书房建设的单位、个人,可以依法冠名。

免费提供场馆的合作协议内容包括运作模式、建设标准、场馆的所有权和使用权归属、费用承担、合作期限、安全责任以及协议解除条件、违约责任等。

第十三条　市、县(市)文化行政主管部门应当按照下列程序进行城市书房的建设选址:

(一)公开征集选址。根据建设计划向社会公开建设数量,征集建设地点,征求公众意见。

(二)组织评审。对建设地点进行实地考察,组织专家评审后确定选址。

（三）公告。确定选址后，向社会公告选址的信息。

第十四条　根据人口规模、分布区域和服务需要，城市书房可以按照下列类型建设：

（一）建筑面积较大、文献信息资源丰富的中心城市书房；

（二）利用乡镇（街道）公共服务设施建设的社区城市书房；

（三）居住区配套建设的体现生活品质的居住区城市书房；

（四）依托本地文化旅游资源建设的旅游特色主题城市书房；

（五）依托地方优势产业和重要行业建设的专业类城市书房；

（六）城市书房发展规划规定的其他类型。

第十五条　城市书房建设应当符合下列要求：

（一）选址位于人口集中、交通便利、配套设施良好的区域；

（二）外观设计应当与周边景观相协调，体现地域人文特色；

（三）采用统一文字、图像标识，规范命名；

（四）合理设置内部分区，配备阅览座席以及无障碍设施；

（五）配备文献信息管理系统和自助借还设施设备；

（六）配备防火、防盗、防潮、防有害生物、消毒、容灾备份、视频监控等必要设施设备；

（七）房屋质量符合安全规定，建筑面积一般不少于一百平方米；

（八）纳入城市路标、路牌、公共交通等城市识别系统和互联网地图标注系统；

（九）其他标准规范要求。

第十六条　城市书房建设不得有下列情形：

（一）未按照相关标准和合作协议的约定建设城市书房的；

（二）无正当理由停止城市书房的建设的；

（三）擅自改变城市书房用途，或者缩减城市书房建设面积的。

有前款规定情形，法律、法规有规定的，依照规定处理；合作协议有约定的，按照约定处理。

第三章　运　行

第十七条　城市书房遵循文化行政主管部门统一管理、公共图书馆分级负责原则，纳入本级公共图书馆通借通还服务网络、数字图书馆服务网络。

第十八条　公共图书馆是城市书房的运行机构。

市公共图书馆负责对江都区、邗江区、广陵区、扬州经济技术开发区、生态科技新城、蜀冈—瘦西湖风景名胜区的城市书房实施标准化运行，对县（市）公共图书馆开展城市书房业务进行指导。

县(市)公共图书馆负责对本行政区域的城市书房实施标准化运行。

城市书房建设运行服务标准由市文化行政主管部门负责起草,经法定程序报批后发布。

第十九条　市、县(市)公共图书馆履行下列职责:

(一)负责城市书房的日常运行和维护,组织实施城市书房建设运行服务标准;

(二)负责统一配置文献信息,统筹建设城市书房文献信息管理系统和通借通还服务网络;

(三)负责城市书房设施设备的提升改造;

(四)负责配备和培训城市书房管理员;

(五)负责落实安全管理责任,制定各类应急预案;

(六)负责组织招募、培训志愿者;

(七)法律、法规以及同级人民政府确定的其他职责。

第二十条　依照合作协议约定负责城市书房日常运行的单位、个人,应当接受公共图书馆的业务指导,按照运行标准提供服务,保证城市书房安全有序运行。

第二十一条　城市书房实行名录管理。城市书房名录应当包括城市书房的名称、地址、开放时间、服务范围、服务内容、联系方式等。

城市书房名录编制、公布、调整的标准和程序,由市、县(市)人民政府确定。

第二十二条　市、县(市)公共图书馆负责编制不同类型城市书房的文献信息配置标准。城市书房应当根据服务范围和服务对象的年龄结构、文化程度、阅读需求等配置相应的文献信息,并且符合下列要求:

(一)配置文献信息应当兼顾纸质信息、数字信息和其他信息;

(二)中心城市书房应当设置党建资料阅览区、少年儿童阅览区、视听阅览区;

(三)中心城市书房、旅游特色主题城市书房应当设置地方历史文化专区;

(四)专业类城市书房应当设置相关专业领域中外文献信息专区。

第二十三条　城市书房应当做好文献信息的保存和保护工作,落实有关安全管理制度。

对不宜外借的城市书房文献信息,市、县(市)公共图书馆应当按照国家有关规定和标准采取专门的保护措施。

第二十四条　城市书房内的空气、微小气候、采光、照明、噪音、消毒和卫生设施等,应当符合国家卫生标准和要求。

重大传染病疫情发生时,城市书房应当执行所在地人民政府采取的防控措施,通过暂停开放、部分开放、预约限流、线上服务等方式,保障读者生命健康安全。

第二十五条　公共图书馆应当建立健全城市书房的安全管理制度,制定突发事件应急预案,配备安全保护设施和人员,定期组织安全检查,开展消防演练,保证安全运行。

文化行政主管等部门应当依法对城市书房日常运行情况进行监督管理,保障公共文化设施和公众活动的安全。

第二十六条　城市书房应当按照公示的开放时间免费开放。城市书房内人员数量达到额定人数时,应当采取合理的限流措施。

城市书房因故变更开放时间、暂停部分服务或者暂停开放的,应当经市、县(市)文化行政主管部门同意,并提前向社会公告。

第二十七条　市、县(市)文化行政主管部门应当制定城市书房检查、考核标准,对城市书房的建设、运行与服务情况进行检查、考核,定期开展读者需求、满意度调查,并根据考核、调查的结果督促整改,提高服务质量。

第二十八条　城市书房有下列情形之一的,由市、县(市)文化行政主管部门报同级人民政府审查批准后,从城市书房名录中移除并公布:

(一)城市书房服务内容违反有关法律、法规和社会主义核心价值观;

(二)城市书房管理混乱且产生不良社会影响;

(三)城市书房不按照标准规范提供服务,经限期整改仍不达要求;

(四)免费提供场馆的城市书房合作单位在合作协议期满后不再续签或者在期满前停止合作;

(五)其他应当退出城市书房名录的情形。

第四章　服　务

第二十九条　城市书房免费提供下列服务:

(一)查询、借阅文献信息;

(二)开放阅读、学习的公共空间;

(三)举办公益性讲座、培训、展览;

(四)开展阅读推广和文化交流活动;

(五)其他服务项目。

第三十条　城市书房服务应当符合下列要求:

(一)在显著位置公示开放时间、服务范围、服务承诺、投诉电话、管理制度等内容;

（二）文献信息按照标准配置，有序摆放、及时更新；

（三）设施设备安全正常运行；

（四）为未成年人、老年人、残疾人等特殊群体提供使用便利；

（五）内部环境安静、整洁、有序；

（六）解答咨询和提供服务热情、专业、快捷；

（七）城市书房其他服务规范。

第三十一条　市、县(市)公共图书馆负责建立本行政区域城市书房读者服务平台，在线发布城市书房电子地图和相关活动信息，接受读者咨询，听取读者对城市书房的意见建议。

第三十二条　城市书房应当采用大数据、物联网等技术，创新数字资源样态，为读者提供一体化、集成式平台服务。

城市书房应当创新服务模式，加强物流合作，为读者提供点对点、订单式网络借阅服务。

第三十三条　城市书房应当通过推荐阅读书目、开展阅读指导、组织阅读交流活动、推广读者积分激励机制等多种形式，推动、引导和服务全民阅读。

第三十四条　鼓励公民参与城市书房志愿服务。文化行政主管等部门应当对城市书房志愿服务给予必要的指导和支持。

市、县(市)公共图书馆应当建立志愿服务工作档案，对良好志愿服务记录的志愿者提供优待。

城市书房负责组织志愿者参与图书管理、借阅咨询、阅读辅导和阅读推广等具体服务工作。

第三十五条　城市书房读者应当遵守城市书房管理制度，爱护文献信息和设施设备，共同维护良好的阅读学习环境。

在城市书房内禁止下列行为：

（一）损坏文献信息；

（二）损毁城市书房设施设备；

（三）携带宠物；

（四）占座、打游戏；

（五）吸烟，在阅览区用餐、吃零食；

（六）聊天喧哗、嬉戏、吵闹、拨打接听手机；

（七）其他违反城市书房管理制度的行为。

违反前款规定的，城市书房管理员应当予以劝阻、制止；经劝阻、制止无效的，城市书房可以停止为其提供服务；造成财产损失或者其他损害的，依法承担民事责任；构成违反治安管理行为的，依法给予治安管理处罚；构成犯罪的，依法追究刑事责任。

第三十六条　未成年读者的父母或者其他监护人应当依法履行监护职责，承担其未尽监护义务而产生的法律责任。

第五章　附　则

第三十七条　本条例自 2022 年 12 月 1 日起施行。

附录二

荣誉与奖励

江苏省第四批书香城市建设示范市(县、城区)名单

根据《江苏省人民代表大会常务委员会关于促进全民阅读的决定》,经自主申报、材料审核、第三方评估、实地测评、综合评审、会议研究、向社会公示,省全民阅读活动领导小组决定选树淮安市等4个设区市和如东县等18个县(市、区)为"江苏省第四批书香城市建设示范市(县、城区)"。

设区市(4个)

淮安市、宿迁市、泰州市、连云港市。

县(市、区)(18个)

如东县、南京市玄武区、宿迁市宿豫区、徐州市泉山区、溧阳市、盱眙县、无锡市锡山区、盐城市盐都区、泗洪县、淮安市淮安区、邳州市、苏州市吴中区、靖江市、南京市浦口区、泰州市海陵区、无锡市新吴区、常州市天宁区、苏州市相城区。

2022年度省级公益阅读推广活动认证名单

  为引导和推动全省各类社会力量积极举办公益阅读推广活动,省全民阅读活动领导小组2019年印发了《江苏省公益阅读推广活动认证扶持办法(试行)》,并决定自2019年起对全省各类阅读推广活动进行省级认证。2022年度省级公益阅读推广活动认证工作,经自主申报、择优推荐、资格审核、专家推选、网络投票和评委会审定,拟认证"经典浸润童年 童声传唱乡间——苏北农村地区儿童推普系列活动"等60个活动。

一、省级一类(共6个)

  1. 经典浸润童年 童声传唱乡间——苏北农村地区儿童推普系列活动(徐州幼儿师范高等专科学校)
  2. "阅美四季"(金陵图书馆)
  3. "亲子共成长"书香家庭支持行动(常州市幸福种子亲子阅读中心)
  4. 常州市"邻里读书节"(中国邮政集团有限公司常州市分公司)
  5. 淮安市阅读地图体验护照打卡活动(淮安市委宣传部)
  6. 宿迁市"全民阅读1计划"基层推广百场示范活动(宿迁市全民阅读办)

二、省级二类(共13个)

  1. 家门口的童书馆(常州市钟楼区乐童亲子阅读中心)
  2. "喜迎二十大"青少年科普阅读推广行动(江苏省科学传播中心)
  3. "还有好书"公益阅读计划(江苏苏酒文化传播有限公司)
  4. "共读文都计划"活动(南京金陵书苑图书发行有限公司)
  5. "阅读点亮童年"(江苏书式童年文化传播有限公司)
  6. 悦读宝贝计划(苏州图书馆)
  7. "梦想书架"乡村少儿公益阅读推广项目(连云港市道德风尚基金会)
  8. "遇见喜马拉雅音乐书房"音乐阅读公益活动(淮安爱乐协会)

9. 盐城邮政新型阅读文化整合推广项目(中国邮政集团有限公司盐城市分公司)

10. "聆听光明"无障碍阅读服务活动(扬州市少儿图书馆协会)

11. 运河流古今　书香传雅韵——全媒体阅读项目《运河书房》(扬州广播电视总台)

12. 城市书房点亮心中的诗与远方(扬州市图书馆)

13. "大"写书香让阅读成为一种习惯(宿迁市人大常委会办公室)

三、省级三类(共 41 个)

1. 品诵·演绎·传承——红色浸润乡土 公益阅读诵经典(三江学院)
2. 讲好三农故事　致力乡村振兴——农耕文化阅读节系列活动(苏州农业职业技术学院)
3. 全民阅读春风行动(扬州市广陵区曲江街道文昌花园社区)
4. "江宁共读"计划(南京市江宁区委宣传部)
5. "诗礼中的四时八节"阅读活动(南京君荷礼韵文化传播有限公司)
6. 书香政协·风雅秦淮(南京市秦淮区政协)
7. "锡阅再出发 书香向未来"全民阅读引领计划(无锡市锡山区委宣传部)
8. "阅行走·悦成长"公益阅读推广项目(无锡市墨读书房文化传播有限公司)
9. "郑"在开讲·经典领读(江阴市青阳镇成人教育中心校)
10. "书香童年·阅享四季"儿童创新阅读推广活动项目(无锡绘加悦儿文化传播有限公司)
11. "品书香思书味"百场阅读进万家系列活动(宜兴市氿味道文化创意有限公司)
12. "跟着书本去旅行"——鼓楼图书馆文旅研学活动(徐州市鼓楼区图书馆)
13. 共"童"阅读 分享快乐(丰县凤城书院)
14. 大运河文化经典诵读大赛(邳州市全民阅读促进会)
15. 书润心菲阅读空间公益阅读推广活动(徐州菲凡文化传媒有限公司)
16. "阅读赋能乡村振兴"——常州市武进区乡村阅读节(常州市武进区委宣传部)
17. "空间益读"计划(张家港市委宣传部)
18. "书香吴中 云上悦读"全民阅读节(苏州市吴中区委宣传部)

19. "喜迎二十大 书香润我心"——第十七届"校园阅读节"系列活动(苏州市职业大学)

20. 跟着节气去阅读(南通市崇川区全民阅读办)

21. "五彩如东 扶海书香"阅读接力活动(如东县全民阅读促进会)

22. 983悦读阅美(如皋市融媒体中心)

23. 慧源夜校(江苏泛书房创客空间有限公司)

24. "点亮小镇书房"苏北首家小镇书房全覆盖项目(连云港市赣榆区委宣传部)

25. 打造"4+X"阅读模式,开辟阅读新空间(东海县白塔埠镇党委)

26. 《夜读》公益阅读活动(连云港市广播电视台)

27. "三驾马车"驱动农家书屋提质增效(金湖县委宣传部)

28. "弘扬古城文化 深化全民阅读"诗词诵读活动(淮安市淮安区诗词楹联协会)

29. "阅"见美好乡村盐城市全民阅读镇村行(盐城市全民阅读促进会)

30. "满天星"公益阅读(江苏凤凰新华书店集团有限公司建湖分公司)

31. 和悦读书润盐都(盐城市盐都区图书馆)

32. "书香助残 助学扶智"关爱残疾儿童阅读活动(盐城市亭湖大洋湾读书社)

33. "做有根的中国人"经典诵读(扬州市邗江区朗诵协会)

34. 蒲公英之家(丹阳市蒲公英关爱留守儿童志愿者协会)

35. 书香到万家(镇江市老约翰绘本馆)

36. 长山读书社阅读推广系列活动(江苏易蝶软件科技有限公司)

37. 真人图书馆(扬中市秋水轩茶馆)

38. "书香马洲"读书节(靖江市全民阅读办)

39. "堰尚书香·大篷车"进基层(泰州市姜堰区全民阅读办)

40. "美丽泗阳·浸润书香"公益阅读推广活动(泗阳县全民阅读办)

41. "榜样指引人生 阅读照亮未来"——大学生进社区、话阅读主题志愿活动(沭阳县全民阅读办)

第四届江苏全民阅读"五十佳"名单

为推进书香江苏建设,引领全民阅读风尚,根据省全民阅读活动领导小组2022年工作安排,江苏省全民阅读促进会开展了第四届江苏全民阅读"五十佳"推选活动,名单如下。

一、十佳阅读推广机构

省广电总台未来科学家编辑部
南京金陵书苑图书发行有限公司
无锡百草园书店
邳州市咏盛阅读文化发展中心
常州钟楼区乐童亲子阅读中心
南通崇川区欣欣然亲子俱乐部
连云港格林书虫馆
盐城邮政会读文化休闲馆
扬州市妇女儿童活动中心
宿迁艾妮绘本馆

二、十佳阅读推广人

史婕(省广电总台)
梁雯雯(南京图书馆)
杨峥(金陵图书馆)
刘晓亚(江苏凤凰新华书店集团苏州分公司)
镇翔(南通赤子情华侨图书馆)
蒋洋桥(连云港赣榆区彩虹岛阅读馆)
奚刘琴(淮阴师范学院)
陈永全(陈羌)(盐城亭湖大洋湾读书社)

徐玲（镇江市外国语学校）
冯克品（宿迁学院图书馆）

三、十佳阅读推广活动

"童心向党·百年辉煌"主题阅读暨教育实践活动（江苏凤凰少年儿童出版社）

童声讲述——连环画里的党史故事（中国江苏网）

南京大学出版社名家名作人文行（南京大学出版社）

"'声'入人心　红动溧水"阅读活动（南京市溧水区委宣传部）

凤凰文化早市（江苏凤凰新华书店集团南京分公司）

"阅百年历程　传精神力量"系列活动（无锡市图书馆）

我把《红色家书》读给你听（苏州市教育局、苏州市朗诵协会）

"梦想书架"乡村少儿公益阅读推广项目（连云港市委宣传部）

"把一切献给党"吴运铎精神接力阅读系列活动（淮安市总工会）

"做有根的中国人"经典诵读活动（邗江区文明办、邗江区朗诵协会、邗江区图书馆）

四、十佳阅读推广平台

"学习强国"江苏学习平台

省广电总台荔枝读书会

江苏文艺广播全民阅读推广传播矩阵

新沂市融媒体中心

常州广播电视台

苏州市广电总台《月月书房》节目

"阅读海门"微信公众号

《书香淮安》广播读书节目

丹阳市融媒体中心《悦读生活》节目

泰州晚报"坡子街"大众读写平台

五、十佳阅读志愿服务组织

江苏省肿瘤医院志愿服务队

高淳区图书馆文化志愿者服务队
徐州书润心菲读书志愿队
常州市图书馆志愿者团队
张家港"益空间"伙伴志愿服务团
盐城市图书馆(盐城市少儿图书馆)志愿服务队
扬州市全民阅读志愿服务总队
句容市融媒体中心公益阅读志愿服务工作室
泰州姜堰区"妇"阅人生巾帼志愿服务队
宿迁市图书馆文化志愿服务队

第三批江苏省全民阅读推广人名单

(按姓氏笔画排序)

根据《江苏省全民阅读促进会阅读推广人选聘办法》,省全民阅读促进会于2022年选聘了第三批江苏省全民阅读推广人。

姓名	单位及职务/所服务的阅读组织或社团
毛泓懿	泰州市姜堰区全民阅读促进会副会长兼秘书长
仇素文	宝应县图书馆馆长,宝应县全民阅读促进会秘书长
庄惠芬	常州市武进区星河实验小学党支部书记、校长,中国教育学会学校文化研究会常务理事
刘 全	新沂市教育局新教育办公室主任
孙立芸	常州市钟楼区乐童亲子阅读中心负责人
孙莉玲	东南大学图书馆党总支书记
苏宇波	盐城市图书馆阅读推广部主任,盐城市全民阅读促进会监事
杨海燕	宿迁市经济技术开发区青海湖路小学校长,全国五一劳动奖章获得者
吴 赟	南京市鼓楼区全民阅读促进会会长
张春梅	江南大学人文学院院长助理,无锡市全民阅读促进会副会长
陈 玲	淮阴师范学院第一附属小学学生发展部副主任
周玉暄	南通市崇川区新城桥街道欣欣然亲子俱乐部
承江涌	镇江市司法局干部
徐梦华	张家港市图书馆(张家港市少年儿童图书馆)副馆长,张家港市全民阅读促进会副会长、秘书长
曹 卫	苏州图书馆借阅中心主任
程 艳	无锡广播电视台新媒体中心平台运营负责人,《程子读书》主理人
蔡骥鸣	连云港市民族宗教局副局长,连云港花果山下读书会负责人

江苏省第五届书香家庭名单

(按姓氏笔画排序)

为推进书香江苏建设,引导全社会注重培育书香家庭,营造多读书、读好书浓厚氛围,2022年省妇联和省全民阅读办联合开展了江苏省第五届"书香家庭"评选表彰活动。

南京市
丁咏梅家庭　王　洁家庭　王　莹家庭　李　锐家庭
张　婕家庭　张为良家庭　林海玲家庭　聂济松家庭

无锡市
丁伟峰家庭　匡一松家庭　吕建国家庭　步潞荪家庭
陈燕华家庭　顾　青家庭　蒋菊妹家庭　蔡文花家庭

徐州市
王春侠家庭　刘红莲家庭　杨莉萍家庭　张清梅家庭
赵　建家庭　潘　森家庭

常州市
万庆东家庭　王　飞家庭　王　瑛家庭　王兰兰家庭
孙立芸家庭　柳　心家庭　章公台家庭　潘志刚家庭

苏州市
闫宏业家庭　李金珠家庭　沈佐明家庭　范　嵘家庭
俞　亮家庭　贺　倩家庭　顾小煜家庭　黄　芳家庭
曹春英家庭

南通市
丁年凤家庭　宁尚洁家庭　张国新家庭　陈　皓家庭
周　兵家庭　周　健家庭　葛　静家庭　谭松平家庭

连云港市
王　婷家庭　孔雪薇家庭　张　勇家庭　周　怡家庭
莫延安家庭　钱兰华家庭　高　翔家庭　董毛毛家庭
蔡骥鸣家庭

淮安市
刘大亮家庭　孙　茜家庭　连芳芳家庭　吴玉山家庭
张秋寒家庭　郝宇铭家庭　满媛媛家庭

盐城市
江　华家庭　杨　莺家庭　周彭鹏家庭　施亚芳家庭
徐社文家庭　葛华娣家庭

扬州市
朱洪志家庭　乔家明家庭　芮名扬家庭　严　磊家庭
陈科山家庭　魏宝芹家庭

镇江市
田　飞家庭　张黎明家庭　陈洲同家庭　倪荣臻家庭
唐　军家庭　葛树英家庭　蔡玉凤家庭

泰州市
于跃先家庭　叶国平家庭　仲一晴家庭　刘付刚家庭
张明乔家庭　周春山家庭　姜伟婧家庭　袁开勇家庭
黄金木家庭

宿迁市
王　刚家庭　王利芹家庭　刘　仲家庭　孙明明家庭
杨　静家庭　周　辉家庭　梁　弘家庭

省　直
李　舒家庭　贾冰一家庭

第十三届"江苏职工读书月"获奖名单

根据《关于开展第十三届"江苏职工读书月"活动的通知》要求,省总工会、省全民阅读办于 2022 年举办第十三届"江苏职工读书月"活动,评出 2022 年江苏省工会"职工书屋示范点"(64 家)、"最美职工书屋"(16 家)、"服务大厅职工书屋"(13 家),优秀职工读书组织(13 家),优秀职工领读员(26 名),优秀组织奖(10 家)。

2022 年江苏省工会"职工书屋示范点"

1. 南京农副产品物流配送中心有限公司
2. 南京工艺美术有限责任公司新工·创艺硅巷园区
3. 南京市栖霞区总工会职工服务中心
4. 南京浦口城乡建设集团有限公司
5. 国电南京自动化股份有限公司
6. 南京无想山文化旅游发展有限公司
7. 南京银行股份有限公司
8. 江苏省六合高级中学
9. 村田新能源(无锡)有限公司
10. 江阴城市发展集团有限公司
11. 中辰电缆股份有限公司
12. 无锡方盛换热器股份有限公司
13. 国家税务总局邳州市税务局官湖税务分局
14. 国家税务总局徐州市贾汪区税务局
15. 徐州市烟草公司沛县分公司
16. 徐州仁慈医院
17. 溧阳市古县街道工会
18. 江苏通达建设集团有限公司
19. 常州市武进区交通运输综合行政执法大队

20. 常嘉建设集团有限公司
21. 苏州苏高新集团有限公司工会联合会
22. 昆山花桥经济开发区创新东区工会联合会
23. 苏州市姑苏区党群服务中心"红悦书房"
24. 苏州建筑服务产业园工会联合会
25. 南通大学附属医院
26. 南通江苏鹿得医疗电子股份有限公司
27. 南通中国天楹股份有限公司
28. 中共南通市委市级机关工作委员会
29. 国家税务总局连云港经济技术开发区税务局
30. 连云港市海州区路南街道工会委员会
31. 灌南县海西智慧书屋
32. 灌云经济开发区实验学校
33. 江苏金湖建源集团有限公司
34. 淮安高新控股有限公司
35. 淮安市淮安区淮城街道恩来社区
36. 江苏银行股份有限公司淮安分行
37. 响水县财政局
38. 盐城市大丰区欣荣文化产业发展有限公司·卯酉书局
39. 盐城市亭湖区先锋街道办事处
40. 江苏医药职业学院
41. 盐城市住房公积金管理中心
42. 北京新东方扬州外国语学校
43. 扬州市邗江区蒋王街道和月社区工会联合会
44. 中国船舶集团有限公司第七二三研究所
45. 仪征市扬子投资发展集团有限公司
46. 诺得物流股份有限公司
47. 江苏句容农村商业银行股份有限公司
48. 航发优材（镇江）高温合金有限公司
49. 江苏飞船股份有限公司
50. 国家税务总局泰兴市税务局
51. 国家税务总局泰州市高港区税务局
52. 江苏太平洋精锻科技股份有限公司
53. 江苏润民环境集团有限公司

54. 宿迁市宿豫区顺河街道总工会
55. 沭阳县城乡水务发展有限公司
56. 江苏斯迪克新材料科技股份有限公司
57. 江苏省徐州监狱
58. 中国邮政集团工会淮安市委员会
59. 江苏国信扬州发电有限责任公司
60. 江苏高速公路联网营运管理有限公司
61. 国网江苏省电力有限公司管理培训中心工会委员会
62. 苏州中设建设集团有限公司
63. 苏北航务管理处徐州航务中心
64. 江苏省洪泽湖水利工程管理处

2022年江苏省工会"最美职工书屋"

1. 国网江苏省电力有限公司南京市溧水区供电分公司
2. 无锡灵山文化旅游集团有限公司
3. 国家税务总局丰县税务局
4. 北汽重型汽车有限公司
5. 太仓市城市发展集团有限公司
6. 南通海星电子股份有限公司
7. 连云港市第一人民医院
8. 国家税务总局金湖县税务局
9. 滨海县人民法院
10. 国家税务总局宝应县税务局安宜分局
11. 国网江苏省电力有限公司扬中市供电分公司
12. 国家税务总局靖江市税务局
13. 中国移动通信集团江苏有限公司宿迁分公司
14. 江苏京沪高速公路有限公司
15. 国网江苏省电力有限公司徐州供电分公司
16. 江苏省骆运水利工程管理处

2022年江苏省工会"服务大厅职工书屋"

1. 国家税务总局南京市六合区税务局

2. 无锡市工人文化宫
3. 江苏睢宁农村商业银行股份有限公司
4. 龙城红色驿站—户外劳动者驿站
5. 苏州市旅游咨询中心（凤凰街中心站）
6. 南通市海安经济技术开发区党群服务中心户外驿站"24 小时职工书房"
7. 中国电信股份有限公司盐城分公司
8. 高邮市政务服务中心
9. 镇江市政务服务管理办公室
10. 中国移动通信集团江苏公司兴化分公司
11. 江苏百盟物流有限公司
12. 江苏银行股份有限公司南通分行如皋支行
13. 镇江惠龙易通货运物流工会

第十三届"江苏职工读书月"活动获奖名单

优秀职工读书组织（13 家）

1. 南京长安汽车有限公司书"适"
2. 光大环保能源（江阴）有限公司读书俱乐部
3. 徐州高新区税务局"星火税月"读书会
4. 漫柏（常州公寓管理有限公司）漫柏认知俱乐部工会委员会
5. 昆山市张浦镇总工会（张工"会"悦读）
6. 南通市海安市滨海新区"天天向上"学习小组
7. 连云港市第二人民医院书香义德·叙事阅读
8. 淮安市税务局"淮税蓝"悦读家
9. 盐城市大丰区大中街道大中卯酉悦读读书会
10. 仪征市扬子投资发展集团有限公司"书香扬子读书会"
11. 国网镇江供电公司工会读书俱乐部
12. 樊登读书泰州运营中心
13. 沭阳县朗诵协会

优秀职工领读员（26 名）

许李琰、王奕（南京）

袁小琼、杨岑（无锡）

常秀玲、董方（徐州）

李哲、邱奕娇（常州）

封伟铭、张斌(苏州)
顾莉、徐芹霞(南通)
朱必勇、庄忠明(连云港)
胡红艳、纪毓(淮安)
孙成栋、顾涛(盐城)
汪小娟、汪泉(扬州)
周昶、李燕敏(镇江)
宫欣宇、杨爱平(泰州)
吴文玲、王家俊(宿迁)

优秀组织奖（10家）
南京市总工会
无锡市总工会
徐州市总工会
苏州市总工会
南通市总工会
连云港市总工会
淮安市总工会
镇江市总工会
泰州市总工会
宿迁市总工会

附录三

受捐与资助

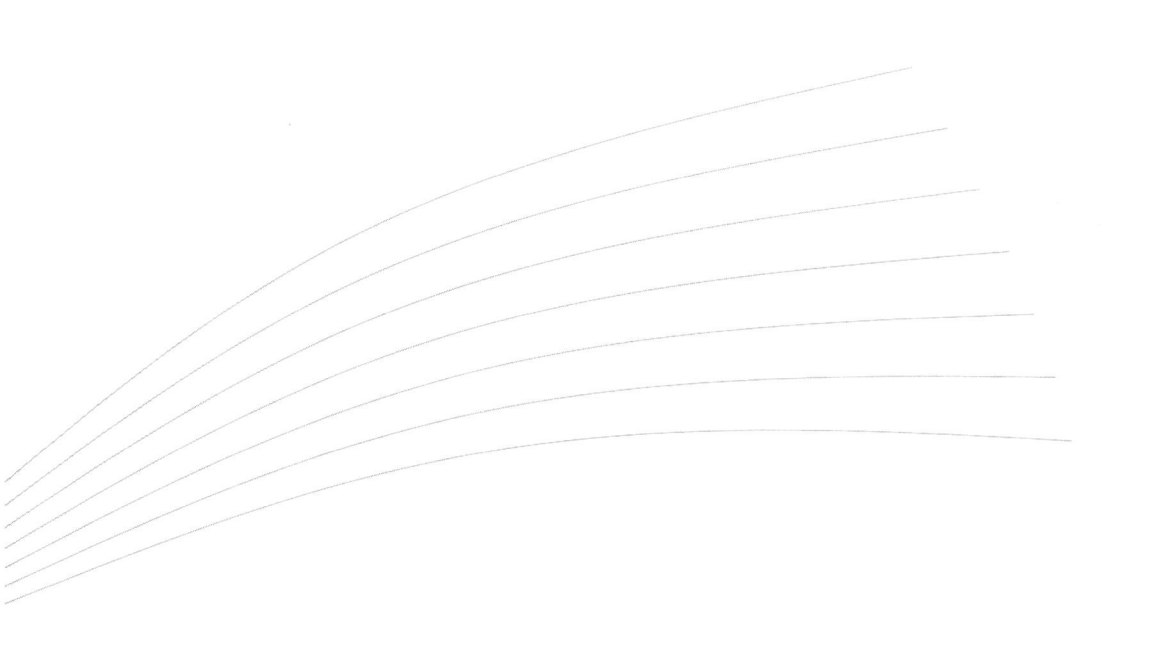

向江苏省书香全民阅读基金会捐赠资金和出版物的企业名录

(2022年度)

1. 江苏省沿海开发集团有限公司
2. 江苏凤凰出版传媒股份有限公司
3. 江苏凤凰新华书店集团有限公司
4. 江苏凤凰文艺出版社有限公司

江苏省书香全民阅读基金会资助项目

(2022 年度)

1. 实施江苏"万名青少年助读计划",向省内 10 000 名困难学生发放助读卡
2. 援建陕西汉中市洋县溢水镇木家村村民文化活动中心
3. 开展"携手共读,阅读关爱"公益项目,资助全省 13 市全民阅读促进会,并联合开展阅读关爱活动
4. 资助"玄武湖读书汇",开展全民阅读推广示范活动
5. 联合开展"勿忘国耻·圆梦中华"读书分享会

后 记

《江苏全民阅读促进工作年度报告(2020)》《江苏全民阅读年度报告(2021)》出版以后,得到了主管全民阅读工作的领导和单位、有关专家以及从事这一工作的人士的普遍欢迎和肯定;更有专家学者撰写书评甚至研究文章予以推介。这对参加编撰工作的所有人员无疑是莫大的激励和鞭策。

《江苏全民阅读年度报告(2022)》的编撰工作一如既往得到了江苏省全民阅读活动领导小组的关心和指导,江苏省全民阅读活动领导小组办公室(以下简称省全民阅读办)给予了直接指导和支持。省全民阅读活动领导小组副组长、省委宣传部常务副部长、省全民阅读办主任梁勇审定年度报告编撰方案,省全民阅读办副主任、省出版局副局长李贞强审阅主要书稿,省委宣传部出版处(全民阅读处)处长孙敏、副处长叶明生做了大量编撰协调工作并参与有关篇目撰写。在省政协支持下,年度报告第一次对省政协"书香政协"委员读书活动予以专题概述。省委省级机关工委、省新闻出版局、省教育厅、省文旅厅、省总工会、团省委、省妇联、省科协、新华报业传媒集团、江苏广电总台、江苏现代快报股份有限公司、江苏凤凰新华书店集团、江苏凤凰七彩语文文化有限公司、江苏东方娃娃期刊有限公司等,对编写工作提供了有力支持和帮助。各设区市全民阅读办会同本市全民阅读促进会撰写了各市的分报告。南京大学出版研究院常务副院长张志强教授继续率领团队参与编写总报告和部分重大活动报告,具体分工如下:江苏全民阅读概况(任同、张志强),江苏全民阅读好书推荐概况(刘禹汐),江苏全民阅读组织发展概况(姜兴黔),江苏全民阅读典型发展概况(任同),江苏全民阅读推广人发展概况(刘禹汐),江苏全民阅读领读者培训概况(刘禹汐),江苏全民阅读理论研究概况(任同),江苏全民阅读宣传概况(刘禹汐,姜兴黔),高校阅读活动综述(李洪晨),纸媒阅读推广活动综述(李洪晨),第二届"江苏青少年阅读季"活动综述(李洪晨),新媒体阅读推广综述(李洪晨),第十八届江苏读书节综述(姜兴黔),全民阅读春风行动活动综述(姜兴黔),书香中国·全民阅读大讲堂活动综述(姜兴黔)。于奎潮、刘恩汝、徐姜、张中心、高佳丹、孙晨、高荣、赵全全、陈冬梅、卢云岭、杨静路、赵之辰、邵永玉、赵勇、赵媛等同志,承担了相关内容的撰稿任务。

  年度报告编撰出版工作得到了很多人的无私帮助,对此我们表示衷心感谢。特别要感谢省全民阅读促进会左玉梅副秘书长和省书香全民阅读基金会于奎潮秘书长,他们细心审阅书稿并提出诸多修改意见;感谢省全民阅读促进会秘书处赵媛女士在联系协调以及材料收集整理上付出的辛勤劳动;感谢南京大学出版社的支持和帮助,特别是石磊总编辑、束悦主任和责任编辑,他们为书稿得以理想地呈现付出了诸多努力。

  因编撰水平和条件所限,本书可能存在种种不足,我们衷心期待关心全民阅读工作的广大读者、专家学者、主管该项工作的各级领导和从事这一工作的各界人士提出批评和意见,以助我们不断完善。我们的联系方式是:南京市高云岭65号,电话为83370421,电子邮箱为2645947636@qq.com。

编　者

2023年7月